I0070381

MANUEL

DU NÉGOCIANT FRANÇAIS

EN

CHINE,

OU

COMMERCE DE LA CHINE CONSIDÉRÉ AU POINT DE VUE FRANÇAIS.

PAR M. C. DE MONTIGNY,

Attaché à l'Ambassade du Roi en Chine.

1846

TABLE DES MATIÈRES.

Pages.

AVANT-PROPOS I

NAVIGATION. — ATTÉRAGES DES PORTS DE LA CHINE. — Formalités, usages, etc........ 1

RÉGLEMENT GÉNÉRAL auquel le commerce est soumis dans les cinq ports de la Chine (*Canton*, *Amoy*, *Fu-Chow*, *Ning-Po* et *Shang-Haï*.)........ 10

IMPORTATIONS en Chine. Tableau des principaux articles. — Tarifs, prix et importations annuelles........ 17

Nomenclature descriptive et étude des articles à importer....... 25

Variations du prix des articles d'importation, à Canton, en 1845. 76

EXPORTATIONS de Chine et de l'archipel Indien. Tableau des principaux articles. — Tarifs, prix et exportations annuelles...... 85

Nomenclature descriptive et étude des articles à exporter....... 91

Variations du prix des articles d'exportation, à Canton, en 1845. 113

OBSERVATIONS SUR LES TABLEAUX d'importation et d'exportation, et sur la VALEUR TOTALE DU COMMERCE CHINOIS........ 118

NOMENCLATURE DES MARCHANDISES PORTÉES AU TARIF, tant en français qu'en anglais, avec la prononciation chinoise......... 121

VOCABULAIRE des principales phrases du dialecte européen parlé par les Chinois de Canton et de Macao........ 127

Pages.

ORGANISATION ET RÉGIME DES DOUANES à Canton. — Formalités commerciales. — Modèles des déclarations à faire au *Hoppo* (Chef des Douanes)..................................... 130

LISTE ET NOMS des anciens marchands hongs ou *hanistes* de Canton, ainsi que des linguistes établis en cette ville. — Des *compradores* et de leurs attributions.............................. 133

TARIF DES DROITS CONSULAIRES anglais en Chine................. 135

FORMALITÉS POUR L'ACQUITTEMENT DES DROITS de douanes et de tonnage; *Chop-note* ou main-levée (quittance générale) pour le départ des navires. Correspondance entre le Consul et le *Hoppo* à ce sujet.. 136

DE L'ÉTUDE des envois de marchandises dans les ports du Nord de la Chine. — RÉGLEMENS spéciaux à ces ports.

1° *Port d'Amoy*.. 143

2° *Port de Ning-Po*... 144

3° *Port de Shang-Haï*....................................... 149

TABLEAU COMPARATIF DE RÉDUCTION DES MONNAIES étrangères en pur argent *Sycée* (numéraire légal du fisc chinois)........ 151

RENSEIGNEMENS SUR LE NUMÉRAIRE TANT CHINOIS QU'ÉTRANGER ayant cours en Chine, et sur les poids et mesures chinois....... 153

FALSIFICATION DES MONNAIES en Chine. Notice de M. Clarke, secrétaire de la Compagnie des Indes.......................... 156

TABLEAU DE CONVERSION DES piastres en taëls et en francs, et des taëls en piastres et en francs........................ 160

TAUX DU CHANGE DE CHINE sur l'Angleterre et l'Inde, depuis 1832 jusqu'en juillet 1844.. 161

TABLEAU DES MONNAIES ET POIDS CHINOIS. Réduction en monnaies et poids français.. 166

MESURES DE CAPACITÉ CHINOISES. Réduction en mesures françaises.. 170

— LONGUEUR idem...................... 171

— DISTANCE idem...................... 172

— SUPERFICIE idem...................... 173

Pages.

ROD DE STANBURY (mesure logarithmique pour le cubage des colis, ballots, etc., en usage à Canton.). — Manière d'en faire usage et TABLE y relative........ 174

MONNAIES, POIDS ET MESURES DES DIFFÉRENS PAYS DE L'ORIENT commerçant avec la Chine, convertis en monnaies, poids et mesures français.

1° Japon........ 179

2° Cochinchine........ 182

3° Royaume de Siam........ 185

4° Singapore, Malacca, Poulo-Pinang, Hong-Kong........ 186

5° Tavoy et Merguy........ 189

6° Bengale ou Calcutta, Madras et Bombay........ 190

7° Goa (colonie portugaise)........ 200

8° Iles Philippines. Manille........ 201

9° Indes hollandaises. Java........ 202

DE L'OR ET DE L'ARGENT EN CHINE. Exportation de ces métaux. Mines d'argent; Banque; Mont-de-piété ou prêt sur nantissement, en Chine........ 204

Liste et noms des AGENS D'ASSURANCES MARITIMES établis en Chine 207

TAUX DES ASSURANCES maritimes en Chine........ 208

TAUX DES COMMISSIONS de vente et d'achat et autres opérations commerciales payées généralement, sur les marchés de la Chine, aux consignataires, entrepositaires et agens........ 209

SERVICE DES POSTES. Réglement de l'administration des postes anglaises, en Chine. Tarif des droits perçus à Hong-Kong, et conditions d'affranchissement........ 211

NOMENCLATURE DES CONSULS européens en Chine; Réglemens de juridiction; Instructions données aux Consuls anglais........ 214

MAISONS DE COMMERCE et agens européens, américains et parsis établis en Chine à Canton, Whampoa, Macao, Hong-Kong, et trafiquant avec l'Europe, l'Inde et l'Amérique. Liste générale........ 216

TABLEAU COMPARATIF de l'année chrétienne avec l'année et le cycle chinois........ 228

Pages.

ESQUISSE HISTORIQUE et descriptive et plan de CANTON............ 229

NOTICE descriptive et plan de MACAO............................ 281

CLIMAT ET VARIATIONS ATMOSPHÉRIQUES de la Chine.............. 297

CONCLUSION. AVIS AUX CAPITALISTES, ARMATEURS ET FABRICANS.. 301

AVANT-PROPOS.

Le traité de Whampoa, conclu entre la France et la Chine, le 24 octobre 1844, a donné à notre pays le rang et les prérogatives auxquels il avait droit de prétendre dans les ports du Céleste Empire.

Lorsque la guerre des Anglais eut amené le premier traité régulier de paix et de commerce que la Chine ait conclu avec une nation civilisée, le commerce français s'en est ému et la presse a manifesté la crainte que nos intérêts ne fussent négligés; on croyait que nous arriverions trop tard pour saisir l'occasion qui nous était offerte d'établir de bonnes et durables relations avec le Céleste Empire; mais cette crainte n'était pas fondée: la sollicitude du gouvernement avait prévenu les vœux du commerce. Depuis plusieurs années, nos consuls et des agens spéciaux avaient reçu ordre de parcourir la Chine et les pays limitrophes, et d'y faire toutes les études nécessaires pour l'envoi d'une ambassade qu'accompagnerait une Mission commerciale; plusieurs officiers de la marine royale, d'un mérite reconnu, avaient, de leur côté, mission de visiter les ports chinois, d'y faire connaître notre pavillon, de recueillir tous les documens utiles à notre navigation commerciale, aux intérêts de nos échanges; l'urbanité, les sentimens distingués, l'instruction de nos agens diplomatiques et des officiers de notre marine, ont fait estimer et aimer notre nation partout où ils se sont montrés. D'autres Français encore, hommes modestes et presque ignorés, font honorer en Chine le nom de notre pays : ce sont les Pères des Missions-Etrangères et de Saint-Lazare. Parcourant en tous sens, dans leurs longues et dangereuses pérégrinations, le vaste Empire du Milieu, et visitant ses provinces les plus reculées, respectés pour leurs vertus évangéliques, ils savent nous acquérir autant d'amis qu'ils y font de Chrétiens. Le nombre des conversions opérées par ces hommes courageux et persévérans dépasse toute croyance. Elles auront, pour nos relations futures, des résultats faciles à prévoir : nous rencontrerons chez les nouveaux co-religionnaires beaucoup plus de sympathie que toute autre nation ; le commerce français, en outre, trouvera naturellement parmi eux une clientelle toute formée.

Parfaitement au courant de toutes les choses de la Chine, le gouvernement, nous le répétons, s'était montré plein de prévoyance, et s'il temporisa, c'est qu'il voulait sans doute avoir des précédens pour établir son traité ; il voulait discuter les conditions du commerce français avec l'expérience acquise des traités anglais et américains, et se faire ainsi une position meilleure. C'était agir sagement et habilement à la fois : ce n'est pas toujours en se pressant qu'on arrive le plus sûrement au but.

En attendant, le gouvernement faisait répandre et considérer en Chine le nom français, et le titre de *Falancé* (Français) y est aujourd'hui en quelque sorte une sauve-garde, au milieu de populations encore animées des plus vives défiances contre les *Barbares d'Occident.*

Le moment parut enfin propice, et une légation fut envoyée en Chine vers le mois de novembre 1843. Dans le choix du chef de cette mission (M. de Lagrené), le gouvernement donna une nouvelle preuve de sa sollicitude éclairée ; partout la légation française a trouvé un parfait accueil, et, grâce au caractère aussi loyal que ferme et digne de M. l'Ambassadeur du Roi, elle n'a rencontré aucune difficulté sérieuse dans ses rapports avec les Chinois. Les intérêts du commerce français se trouvent maintenant assurés par un traité dont les stipulations sont à notre avantage (1).

Le gouvernement a ainsi rempli sa tâche ; c'est à présent au com-

(1) Voir aux CONCLUSIONS, page 301, le résumé des conditions auxquelles nous croyons subordonnés l'établissement et le progrès de notre commerce en Chine.

merce à commencer la sienne, et le gouvernement la lui a déjà tracée en publiant les nombreux documens que ses agens consulaires ou ses délégués spéciaux lui ont successivement transmis sur la nature et la situation du commerce dans les ports du Céleste-Empire. — S'il est exact de dire, toutefois, que les relations qu'il s'agit d'établir avec la Chine présentent de nombreux élémens de succès, il convient de ne pas perdre de vue qu'elles exigent une suite de sérieuses études et d'essais persévérans.

Pour mettre le commerce français à même de faire ces études et le guider dans ces essais, nous avons cru utile de rassembler et de placer sous les yeux des négocians, nos compatriotes, les renseignemens et documens relatifs aux transactions commerciales que la Chine fait aujourd'hui avec les nations européennes et les Américains. C'est l'objet de cet ouvrage : le négociant y trouvera tout ce dont il peut avoir besoin pour entreprendre et conduire à bonne fin une opération commerciale avec le peuple chinois.

Nous avons recueilli ces renseignemens sur les lieux mêmes, près de négocians européens et chinois d'une expérience reconnue, et dans divers ouvrages commerciaux anglais et américains. Pour guider le capitaine marchand aussi bien que le négociant, nous croyons devoir donner d'abord les instructions nautiques à l'usage des marins anglais pour les attérages en Chine.

En disant les *marins anglais*, il est bien entendu que les instructions et réglemens dont il sera question dans le cours de cet ouvrage sont également applicables à la marine et au commerce français, ou plutôt à ceux de tous les pays qui ont passé des traités avec la Chine. Le commerce anglais étant celui qui y a conquis le plus d'importance, qui s'y est formé une clientèle et des habitudes fort anciennes, il nous a paru préférable de traduire littéralement les instructions qui lui sont propres, et de faire connaître avant tout à nos marins et négocians les obligations et usages divers auxquels, tout prépondérant qu'il est dans ce pays, il a cru devoir lui-même se soumettre.

Diverses publications ont du reste été successivement faites par le département du commerce, sur les réglemens et la législation qui régissent nos relations propres avec la Chine (1). Les données que cet ouvrage a réunies dans un même corps de travail sont en concordance avec les textes officiels qu'avait déjà fait paraître le ministère, et dont le complément, c'est-à-dire le texte du *traité conclu entre la France et le Céleste-Empire*, vient d'être récemment publié (2).

Si, dans ce travail, quelques différences, peu importantes d'ailleurs, se faisaient remarquer entre nos évaluations de poids, mesures et monnaies, et celles que les publications officielles ont de tout temps adoptées, cela peut résulter soit de ce que ces dernières ont été établies sur des moyennes, soit, pour les monnaies en particulier, de ce que le change varie considérablement d'une année ou même d'un semestre à l'autre, et de ce qu'il est loin, en outre, d'être pour Paris ce qu'il serait pour Londres ou New-York. Des explications sont au reste données sur ce point aux chapitres qui traitent de ces objets; et, dans tous les cas, ayant résidé en Chine, ayant eu sous les yeux des pièces de comptabilité administrative, ayant, en un mot, jugé des faits par nos propres yeux, nous prenons, sur toute chose, la responsabilité de nos assertions.

---

(1) Voir, *Documens sur le commerce extérieur*, — CHINE, *Législation commerciale*, n^os de la série, 32, 113, 124, 151, 174 et 183 (d'avril 1843 à mai-juin 1844).
(2) Livraison de février-mars des Documens précités.

NAVIGATION.

ATTÉRAGES DES PORTS DE LA CHINE.

FORMALITÉS, USAGES, ETC.

La meilleure saison pour naviguer dans les mers de la Chine commence à la fin d'avril et se prolonge jusqu'à la fin de septembre. Avant la première de ces époques, l'attérage ordinaire est d'une grande difficulté, à moins que ce ne soit avec un *clipper* (1) ou un bâtiment très fin voilier. Il n'y a d'ailleurs, pour les navires allant charger des thés, aucun motif d'arriver avant la saison indiquée, les thés noirs n'étant généralement pas livrables avant le mois d'octobre, et les verts avant la dernière quinzaine de novembre. Cependant, en remontant vers l'ouest, les navires, trouvant des vents plus favorables, peuvent arriver et partir en toute saison.

Un navire, en découvrant les îles en avant des embouchures du Tigre (rivière de Canton), verra en général, par un beau temps, un grand nombre de *bateaux pêcheurs* à quelque distance du rivage ; ces bateaux que l'on pourrait parfois confondre avec les *bateaux pilotes*, lesquels vont souvent en mer, à des distances considérables, au devant des bâtimens, seront facilement reconnus aux indices suivans :

1° Ils naviguent toujours par couples ;

2° Ils sont de grandes dimensions ;

3° Ils ont de larges poupes et sont très hauts sur l'eau.

Les bateaux des pilotes et des *compradores* (2) sont au contraire

(1) Espèce de navire employé au commerce de l'opium et construit spécialement pour la marche.

(2) Espèces de pourvoyeurs des navires. A terre les compradores peuvent se comparer à nos maîtres d'hôtel. Voir, en outre, ce qui en est dit au chapitre : *Listes et noms des hanistes, linguistes*, etc.

très bas, avec des mâts courts et fort inclinés à l'arrière. Les pilotes cherchent d'ailleurs à se faire remarquer autant que possible.

A leur approche durant la mousson du sud-ouest, on doit diminuer la voilure, et s'il leur arrivait néanmoins de ne pas atteindre le bâtiment, il serait plus prudent d'amener des voiles que de virer de bord, même par une vitesse de six à sept nœuds, parce que les courans, appelés tourbillons (*chowchow water*) par les pilotes, sont parfois tellement forts pendant les brises fraîches qu'un navire perd beaucoup de temps avant de pouvoir remettre le cap en route.

En recevant un de ces pilotes à bord, le capitaine fera bien de ne pas marquer trop d'empressement à le garder ; autrement ils sont assez fins pour demander beaucoup plus qu'il ne leur est généralement alloué. Leur salaire doit être fixé par le capitaine selon les exigences de la situation : s'il fait un temps ordinaire, 10 à 12 dollars (1) (60 à 72 fr.) peuvent être considérés comme une rémunération suffisante pour conduire le navire dans les eaux des rades de Macao et de Hong-Kong ; mais, par de mauvais temps, 30 dollars (180 fr.) ne seraient pas un prix trop élevé.

Aussitôt qu'un navire entre dans les eaux de la rade de Hong-Kong, il est abordé par le bateau du capitaine du port et conduit à l'ancrage ; mais, en arrivant à Macao, il n'y a aucune règle fixe.

Quand un navire a jeté l'ancre sur la rade de Macao ou de Hong-Kong, le capitaine prend les arrangemens convenables pour faire remonter son navire dans la rivière. Comme il est très rare qu'un navire la remonte directement en venant du large, il est inutile d'en parler au pilote pris en haute mer, par la raison qu'il n'a aucune pratique du fleuve. Son bateau est cependant en relation avec l'établissement des pilotes à terre, et il s'informera probablement, pour en instruire cet établissement, de l'époque à laquelle le navire aura besoin d'un pilote de la rivière. Primitivement, il fallait demander un de ces pilotes 24 à 30 heures à l'avance, parce qu'il était obligé d'aller déclarer au sous-préfet (*Kiunmin-Foo*), à Casa-Branca, qu'un navire étranger allait remonter le Tigre, et de faire connaître la nation, le chargement et le

(1) Piastre à colonne, du millésime de Charles IV, ayant cours en Chine, dans nos relations avec ce pays, pour 6 francs. (Cours moyen ; il est du reste assez variable : c'est celui qui sera constamment assigné à la piastre dans cet ouvrage.) Voir les explications données sur cet objet au chapitre : *Renseignemens sur le numéraire tant chinois qu'étranger ayant cours en Chine.*

commerce dudit navire, afin d'obtenir un permis de passe relatant ces renseignemens. Actuellement un pilote se rend à bord aussitôt qu'il est requis.

Les droits de pilotage étaient précédemment fixés à 60 dollars (360 fr.) par bâtiment, quel que fût d'ailleurs son tonnage. Cette somme devait être payée au moment où l'on mettait le pilote en réquisition. Sur ces 60 dollars, 25 étaient répartis entre les postes de la Douane de Macao, Casa-Branca, du Bogue, Whampoa et Canton, à titre d'indemnité pour examen du permis. L'établissement des pilotes était autrefois placé sous l'inspection du *Kiunmin-Foo*, et comptait 22 pilotes chefs, chacun desquels payait environ 600 dollars (3,600 fr.) pour sa station; il répondait du caractère des navires qu'il remontait dans la rivière et de la conduite des personnes à leur bord. Cette mesure avait pour but d'empêcher qu'aucun navire de guerre ne fût indûment remonté, et qu'il ne se trouvât aucune personne étrangère à l'équipage à bord des navires par lui pilotés. En 1834, le pilote du navire le *Fort William* fut poursuivi pour un fait de ce genre. Lord Napier avait remonté de Whampoa à Canton dans le canot de ce navire.

On compte à présent 20 maîtres pilotes, qui, répartis dans les stations de Canton, Macao et Hong-Kong, monopolisent tout le pilotage, en divisant par parts égales entre eux toutes les sommes reçues dans les trois bureaux; ils ne payent rien aux officiers locaux.

Les premières autorités de Canton décrétèrent, en 1843, un acte permettant à tout pêcheur de piloter les navires étrangers à l'égal des pilotes anciennement et légalement autorisés par des licences, pourvu toutefois que ces navires eussent un permis pour remonter à Whampoa. Le chef supérieur du commerce anglais à Hong-Kong publia, à la même époque, une note par laquelle il autorisait les capitaines des navires de commerce à délivrer à tels marins qu'ils jugeraient expérimentés un certificat de capacité; trois de ces certificats étaient suffisans pour faire accorder au porteur un diplôme de pilote par le consul; mais, par suite de leur vieille expérience dans la manœuvre des navires à voiles carrées, de la connaissance qu'ils ont de la langue anglaise, et surtout de la concurrence qu'ils peuvent faire par leur grand nombre, les anciens pilotes chinois ont conservé le monopole du pilotage de la rivière.

Par un arrangement récent, le droit de pilotage en rivière est fixé à

5 cents par tonneau enregistré; le pilote reçoit son salaire après que le navire est ancré à Whampoa. L'établissement des pilotes à Macao est près du débarcadère du nord et est appelé le *Taishin-Koon*, ou *Yanshin-Koon.*

Formalités à remplir près des autorités chinoises, avant qu'un navire ne puisse remonter la rivière de Canton.

Avant qu'un navire ne remontât la rivière, il était nécessaire d'obtenir une déclaration du consul ou agent consulaire, constatant le nom du navire, sa nationalité, etc., etc.; cette déclaration devait être remise au Bogue (1). Elle était primitivement faite de vive voix au pilote à Macao, ou inscrite au livre qu'il tenait, et en était extraite et mentionnée dans le permis du bureau de *Kiunmin-Foo*, qui était remis en passant au Bogue, et, de là, envoyé au bureau du *Hoppo* à Canton, il était conçu en anglais et en chinois ainsi qu'il suit :

« (Richard, etc.), capitaine du navire (nationalité) le, etc., etc., par « le présent, déclare que je suis arrivé à (Hong-Kong ou tout autre lieu) « avec une cargaison complète, et me rends actuellement avec le même « chargement à Whampoa.

« Donné à la maison de la station de la douane de Wangtong du « Nord le (quantième) jour de (nom du mois) 184 à heures. »

> N. B. *Il est recommandé au capitaine du navire d'apporter le plus grand soin à écrire exactement la date de l'émission de ce certificat; il lui est aussi recommandé de remettre à son consul le duplicata des caractères chinois servant à écrire son nom personnel et celui de son navire, afin d'éviter qu'il y ait confusion dans ces noms en français.*

Si une personne du bord désire se rendre à Canton, elle peut aisément se procurer un bateau chinois. Ces bateaux sont appelés *Fai-teng* (*fast-boats*); ils sont très commodes et parfaitement sûrs en temps ordinaire.

Le prix habituel de Macao à Hong-Kong ou Canton, quand on loue le bateau entier, est de 10, 12, 15 et jusqu'à 18 piastres (60, 72, 90 et

(1) On appelle ainsi les forts situés à l'entrée du Tigre ou les bouches de cette rivière.

108 francs), suivant la vitesse demandée et le nombre de marins. — Aucune marchandise ne peut être transportée par ces bateaux, parce que, n'étant pas destinés à ce service, ils ne sont pas visités par les officiers de la douane. Si l'on a des marchandises à transporter, il y a des *Lorchas* et des goëlettes sous pavillons européens, qui sont, en observant certains règlemens, autorisés à faire ces transports et qu'on doit employer à cet effet; il y a aussi des goëlettes européennes remontant et descendant la rivière, sur lesquelles on peut se procurer passage de Macao à Hong-Kong ou Canton pour 10 piastres (60 fr.).

Nous avons dit que des bateaux de *compradores* (pourvoyeurs) abordent souvent des navires au large, aussi bien que les bateaux pilotes; quelquefois le pilote et le *compradore* sont sur le même bateau. On trouvera le *compradore* très utile, et son concours n'entraîne presque aucune augmentation de dépense (les gains qu'il fait sur le capitaine ne peuvent pas être évités); il y a donc peu ou point de différence dans leurs prix, et il est bon d'employer le premier qui se présente, parce que cela les encourage à aller plus au large à la rencontre des navires.

Le mode de ravitaillement n'étant plus suivi aussi régulièrement à présent qu'il l'était autrefois, souvent un capitaine ne veut faire aucun arrangement avec un *compradore* avant d'être ancré à Whampoa. Quand une fois il est engagé, le *compradore* accompagne le navire, lui apporte des provisions fraîches, loue les ouvriers, achète tout ce qui est nécessaire et agit en tout comme son commis, durant tout le temps de sa relâche. Des navires américains ont été, pendant bien des années, servis par une société de *compradores* qui a maintenant une succursale à Macao. Les navires anglais sont en général approvisionnés par des *compradores*. On en trouve aussi facilement à Macao.

Dès que le pilote de rivière vient à bord, le navire fait voile pour le Bogue; pendant son trajet dans la baie de Lintin et dans tous les canaux et passages parmi les îles, il est sujet aux *chowchow water* (tourbillons); souvent il arrive que, remontant avec une bonne et forte brise, un navire est entraîné, tourbillonne, devient tout à fait ingouvernable et même court contrairement à l'influence de son gouvernail. Ce phénomène est de nature à effrayer et à inspirer la crainte de faire côte, mais il ne présente en réalité aucun danger et n'est causé que par de fortes barres. Si le navire arrive au Bogue à la nuit, il jettera l'ancre où il le jugera le plus convenable, à la hauteur de *Chuenpé;* s'il arrive pendant le jour, par une brise légère, il peut continuer sa route, pourvu qu'un bateau pêcheur ou un autre pilote vienne le long du bord, le diriger pendant le temps que son pilote de Macao va à terre déclarer le navire à la station de la douane, sur l'île de Waugtong du Nord. Les pilotes de la rivière sont en rapport avec la société de ceux de Macao et reçoivent d'elle 4 piastres (24 francs) pour piloter le navire à Whampoa et 6 (36 francs) pour le conduire dehors. Dans ce dernier cas, ils restent le long du bord jusqu'à ce qu'ils aient atteint Macao. Le pilote qui se tient dans le Tigre, est le seul vraiment expérimenté dans la navigation de la rivière, et connaît le canal bien mieux que celui qui est pris à Macao. Il est bon qu'on sache que ces pilotes, pour faire montre d'expérience et d'habileté, sont constamment à crier : *hors du port*, ou *tribord*, jusqu'à ce que le timonnier ait entièrement mis la barre au vent ou sous le vent; alors ils crient : *arrête*, et, avant que la barre puisse être redressée, le navire s'arrête et se trouve en travers du courant qui le pousse hors de sa route et lui fait perdre beaucoup de temps.

En pareil cas, ce qu'il y a de mieux à faire est d'engager les pilotes à modérer ce grand éclat de zèle, ou plutôt de ne pas leur accorder grande attention, et seulement leur faire indiquer la route et commander soi-même au timonnier, parce que le canal étant étroit, avec une brise fraîche et contraire, il n'y a pas beaucoup d'espace pour manœuvrer. Il existe cependant une grande différence parmi ces pilotes : quelques-uns sont très expérimentés pour piloter un navire dans la rivière, mais ne connaissent pas la manœuvre des bâtimens européens, tandis que d'autres la savent et connaissent très bien le canal; quelquefois, expérimentés ou non, ils sont durement et injustement traités par les capitaines ou les officiers : cela est fâcheux parce que alors ils prennent de l'humeur et se préoccupent très peu que le navire arrive ou non.

Quand un navire approchera de la seconde barre, le pilote proposera les *bateaux spéciaux des barres :* ce sont des bateaux pêcheurs, loués pour cette occasion et ancrés des deux côtés du chenal, sur les bas fonds, pour indiquer le bon passage. Le prix de ces bateaux est de 1 dollar (6 fr.) et 6 bateaux sont un nombre convenable pour chaque navire; 6 ou 8 dollars (36 ou 48 fr.) sont suffisans pour le passage des deux barres ; on doit s'attendre à ce que le pilote se récrie et demande davantage, mais il ne faut pas se rendre à ses raisons, cette rémunération étant plus que suffisante. Il est cependant utile que les capitaines se montrent généreux à l'égard du pour-boire (*camshow*) à donner à ces bateaux des barres, depuis surtout qu'une grande diminution des prix du pilotage lui permet de le faire sans léser en rien ses intérêts, car, pour un navire de 150 à 200 tonneaux, le pilote, en recevant 7 piastres 1/2 ou 10 piastres (45 ou 60 fr.), n'est pas payé en raison de ses peines, et, pour un navire de 300 tonneaux, la société des pilotes rentre à peine dans ses déboursés.

A l'arrivée du navire à la hauteur de Whampoa ou de Blenheim, le pilote ayant accompli sa tâche, il est d'usage de lui faire présent de 2 ou 3 piastres (12 ou 18 fr.); ce n'est cependant pas une obligation, mais comme il s'y attend et que sa paie est minime, il convient de suivre cet usage.

Les bateaux de toute espèce qui environnent le navire, excepté ceux qui sont officiellement employés, doivent être attentivement surveillés et éloignés à l'approche de la nuit, car il se trouve beaucoup d'adroits voleurs parmi leurs équipages. Il y a cependant des bateaux appelés *Tanka* qui sont loués pour le service du navire par le *compradore* et qui méritent toute confiance.

Si un capitaine est pressé de se rendre de suite à Canton, et que son équipage soit fatigué ou que la brise soit contraire, il pourra se faire transporter par un bateau appelé *Dollar-Boat* (bateau d'une piastre), mais dont le prix réel est de 4 piastres (24 fr.). Il peut aussi remonter dans d'autres bateaux du pays, mais le premier moyen est le plus commode. Les *Dollar-Boats* sont de beaux et fins bateaux qui remontent à Canton, distant de Whampoa de 12 milles (20 kilom.), avec une brise modérée, en trois heures et même moins, suivant la marée.

Aucune espèce de marchandises ne doit être embarquée sur ces bateaux, et il n'est pas non plus convenable ni même sans danger d'en charger sur les embarcations des navires européens, parce que, si elles sont saisies, les navires deviennent responsables et se trouvent exposés à être de suite envoyés hors de la rivière. Les droits sont d'ailleurs à présent si peu élevés qu'il y a tout intérêt à les acquitter, tandis que naguère ils étaient frappés d'une manière si arbitraire que, pour accomplir une opération de quelque importance, il fallait nécessairement avoir recours à la contrebande.

Les marins venant à Canton sont très souvent exposés aux séductions des Chinois des basses classes, qui cherchent à leur faire boire des liqueurs enivrantes. La vente des liqueurs fortes aux marins étrangers est cependant fort sévèrement interdite par le Gouvernement chinois, disons-le à sa louange; mais il en est de cette interdiction comme de toutes celles qui contrarient les intérêts personnels des indigènes, ils n'y obéissent pas, ni les étrangers non plus et la police chargée de prévenir cette vente, étant gagnée par des présens, ferme les yeux sur les délits. Les petits marchands qui débitent le *samshoo*, liqueur tirée du riz (autrement *triple feu*, c'est-à-dire trois fois distillée), cachent leur commerce frauduleux aux yeux du public, et cherchent en même temps à tenter les marins par l'exhibition de marchandises communes et de rebut, telles que porcelaines, peintures, chaussures et autres articles que ces derniers ont l'habitude d'acheter.

Ces petits marchands demeurent principalement dans une étroite ruelle située entre les consulats et le *Chow-chow-hong*, et justement appelée *Hog-Lane* (ruelle aux cochons), à cause de sa malpropreté. Une troupe de marins, ou même l'équipage d'un canot n'est pas plutôt débarqué qu'il est environné par les émissaires de ces marchands, qui cherchent à les entraîner en leur montrant des échantillons de marchandises, et dès qu'ils sont entrés dans une des boutiques, on s'attache à leur faire boire de cette liqueur enivrante, rendue encore plus forte et plus subtile que les Chinois ne la boivent eux-mêmes par l'infusion de poisons narcotiques. Si le marin se laisse séduire et en boit, ils lui dérobent son argent, le dépouillent de ses vêtemens et le reconduisent dans la rue. Ainsi ont été causés naguère une foule de conflits désastreux, de rixes suivies de blessures et de meurtres, amenant quelquefois l'interruption du commerce.

Un des réglemens du traité porte que, pour éviter ces désordres à l'avenir, chaque canot se rendant à Canton sera accompagné d'un officier pour surveiller les marins. Mais il n'en est pas moins nécessaire de leur apprendre que ces liqueurs contiennent souvent des infusions de tabac, d'acide sulfurique, de cocculus indien, ainsi que différentes huiles essentielles, et que leur usage produit des malaises, du délire, donne la fièvre et souvent la mort pendant les chaleurs.

Il y a nombre d'autres boutiques à Canton, renfermant les articles nécessaires aux matelots, aux mêmes prix, et où ces derniers ne sont pas exposés à la tentation de ces liqueurs enivrantes. La mortalité des marins dont les bâtimens sont ancrés à Whampoa, pendant l'automne et l'hiver, peut être en grande partie attribuée autant à ces pernicieuses boissons qu'à l'influence de la température.

Il existe aussi, sur l'île des Danois, des boutiques dans lesquelles les Chinois vendent du *samshoo* aux marins qui vont s'y promener en permission ; on apporte également cette boisson le long du bord dans des bateaux du pays ; on ne saurait prendre trop de soins pour les tenir éloignés des matelots ni trop souvent prévenir ceux-ci des effets pernicieux de cette liqueur afin de les empêcher d'en boire. C'est d'ailleurs une bien grande honte pour le nom d'Européens et de Chrétiens que le repoussant spectacle donné aux Chinois par des marins ivres morts, couchés dans les ruisseaux, ou courant les rues en jetant des cris aigus, comme font les sauvages.

RÉGLEMENT GÉNÉRAL

AUQUEL LE COMMERCE ANGLAIS (1) EST SOUMIS DANS LES CINQ PORTS DE CANTON, AMOY, FU-CHOW, NING-PO ET SHANG-HAI.

Art. 1er. — *Pilotes.*

Toutes les fois qu'un navire marchand arrivera en vue d'un des cinq ports de Canton, d'Amoy, de Fu-chow, de Ning-po ou de Shang-Haï, il sera permis à des pilotes, institués *ad hoc*, de le faire entrer de suite dans ledit port; et de même lorsqu'un navire de commerce, après avoir réglé tous les droits et charges légalement dus, sera sur le point de remettre en mer, un pilote lui sera donné sans aucun retard ou délai quelconque. Quant à la rémunération à accorder à ces pilotes, elle sera équitablement réglée par le consul anglais dudit port, suivant la distance parcourue ou le danger qu'il y avait à courir.

Art. 2. — *Gardiens des douanes.*

Le chef des douanes de chaque port prendra les mesures qu'il jugera les plus convenables pour empêcher toute fraude et toute contrebande. Dès que le pilote aura conduit un navire anglais dans le port, le chef des douanes enverra soit à bord même, soit dans une embarcation, qui se tiendra le long du navire, un ou deux officiers chargés de veiller à ce qu'on acquitte régulièrement les droits. L'administration des douanes leur fournira leur nourriture jour par jour, et ils ne pourront exiger ni recevoir du capitaine

---

(1) Voir, pour expliquer cette expression : le *commerce anglais*, ce qui est dit à la fin de l'AVANT-PROPOS, page III.

ou du consignataire, aucun droit ou taxe quelconque, sous peine d'être punis proportionnellement à l'importance de la somme qu'ils auraient perçue.

Art. 3. — *Déclarations et devoirs du capitaine à son arrivée.*

Toutes les fois qu'un navire de commerce anglais aura jeté l'ancre dans un des cinq ports susmentionnés, le capitaine devra, dans les vingt-quatre heures qui suivront son arrivée, se rendre au consulat et y déposer, dans les mains du consul, les papiers de bord, le connaissement du chargement, le manifeste, etc. La négligence de cette formalité le rendrait passible d'une amende de 200 dollars (1,200 fr.); s'il présentait un faux manifeste, l'amende serait de 500 dollars (3,000 fr.). S'il commençait le déchargement avant d'y être autorisé, il serait pareillement passible d'une amende de cette dernière somme, et les marchandises déchargées seraient confisquées.

Dès que le consul aura en sa possession les papiers de bord, il en verra au chef des douanes une déclaration écrite, spécifiant le tonnage du navire et la nature de son chargement. Toutes ces formalités dûment remplies, la permission de déchargement sera immédiatement délivrée et les droits seront perçus ainsi qu'il a été statué au tarif.

Art. 4. — *Transactions commerciales entre les Chinois et les Anglais. — Moyens de procéder contre les débiteurs chinois.*

Comme il a été stipulé que les marchands anglais pourront commercer avec tous les marchands chinois qu'il leur plaira de choisir, si quelques-uns de ces derniers contractaient des dettes qu'ils seraient incapables de payer ou qu'ils chercheraient à ne pas acquitter, une plainte pourra être portée devant l'autorité chinoise, qui prendra des mesures immédiates pour les obliger à payer. Mais il demeure cependant bien entendu que si les débiteurs disparaissent, meurent ou deviennent banqueroutiers, les marchands anglais ne pourront plus en appeler à l'ancienne coutume des marchands chinois *Hongs*, qui étaient solidaires les uns des autres; ces derniers n'existant plus, les autorités ne pourront, dans aucun cas, être rendues responsables des pertes que les susdits marchands anglais auront essuyées.

Art. 5. — *Visites des marchandises par les douanes. — Difficultés sur l'appréciation de la valeur des marchandises taxées* ad valorem. *— Comment ces difficultés sont levées. — Tare des caisses et autres contenans. — Manière d'aplanir les difficultés qui peuvent s'élever dans l'appréciation de ces tares.*

Tous les marchands anglais ayant une cargaison à charger ou à décharger doivent en faire la déclaration en forme, et en remettre le double au consul, lequel enverra immédiatement le *linguiste,* ou interprète du consulat, au chef des douanes, afin de requérir la visite légale des marchandises et d'éviter ainsi qu'aucun intérêt ne soit lésé. Les marchands anglais devront avoir sur le lieu de l'examen des marchandises une personne dûment autorisée par eux, pour être présente et surveiller leurs intérêts pendant cet examen, si lesdits marchands ne peuvent y assister eux-mêmes ; faute de cette précaution, aucune réclamation, s'il y avait lieu à contestation, ne serait admise. Quant aux marchandises, qui sont taxées *ad valorem* par le tarif, si leur évaluation amenait un différent entre les négocians et l'officier des douanes, chacune des parties appellerait dans ce cas deux ou trois négocians pour estimer lesdites marchandises, et le meilleur prix qui en serait offert par un de ces marchands servirait de base à l'évaluation.

Pour apprécier la tare des caisses, barils ou autres contenans, à déduire des marchandises taxées au poids, telles que les thés et autres, si les marchands anglais ne peuvent tomber d'accord avec l'officier des douanes, chacune des parties choisira un certain nombre de colis parmi chaque centaine ; ces colis, ainsi choisis, seront d'abord pesés bruts, puis tarés, et la tare ainsi établie, servira de tare moyenne pour le tout.

Si un différent entre les négocians et l'officier des douanes ne pouvait être concilié, les négocians devraient porter leur réclamation devant le consul qui la fera connaître au chef des douanes, et tous les deux arrangeront l'affaire d'une manière équitable. Mais la réclamation devra être faite dans les vingt-quatre heures, faute de quoi elle ne serait plus admise. Pour faciliter l'arrangement d'un pareil différent, le chef des douanes conservera un blanc dans ses registres et n'y portera cette affaire que lorsqu'elle sera entièrement terminée.

Art. 6. — *Mode d'acquittement des droits.*

Droit de tonnage. — Chaque navire marchand anglais, en entrant dans un des cinq ports, devra payer un droit de tonnage de 5 *maces* (1) (3 fr. 75) par chaque tonneau porté au registre pour tous droits, toutes les taxes existant primitivement ayant été abolies.

Droits d'entrée et de sortie. — Les marchandises importées dans ou exportées de l'un des cinq ports seront taxées suivant le tarif établi, et aucune autre taxe ne pourra plus être exigée. Tous les droits dus par un navire marchand anglais, soit sur des marchandises importées ou exportées, soit sur le tonnage, doivent être payés intégralement; puis le chef des douanes délivrera un permis de départ, au vu duquel le consul rendra au capitaine les papiers de bord, et lui permettra de partir.

Garanties et formalités. — Tout navire marchand anglais entré dans l'un des cinq ports, devra, avant d'être autorisé à repartir, acquitter l'intégralité des droits dus pour tonnage et marchandises. Le chef des douanes choisira des agents de change ou banquiers d'une réputation de solidité et d'habileté reconnue, qu'il autorisera légalement à recevoir, pour le compte du gouvernement chinois, les droits à percevoir sur chaque navire et à donner des reçus des sommes payées, lesquels reçus seront considérés par les autorités chinoises comme des décharges du Gouvernement. Les négocians anglais pourront acquitter les droits avec des monnaies étrangères; mais comme ces monnaies contiennent plus d'alliage que l'argent *sycée* (2), les consuls anglais s'entendront avec les chefs des douanes pour évaluer, eu égard au temps, au lieu et aux circonstances, la valeur de ces monnaies étrangères relativement aux monnaies chinoises ou aux lingots d'argent pur, et établir le tant pour 0/0 à payer pour différence.

---

(1) Le *mace*, 10e partie du *tael* = 0 fr. 75 c.
(2) Voir le chapitre spécial à l'*argent sycée*.

Art. 9. — *Poids et mesures légaux pour l'évaluation des droits.*

Des étalons des poids et mesures pour peser l'argent et les marchandises, exactement semblables à ceux qu'emploient les douanes de Canton, seront déposés, dûment scellés et estampillés, chez les chefs des douanes et aux consulats anglais de chacun des cinq ports. Tous les droits seront perçus d'après ces étalons, et si quelques contestations venaient à s'élever dans la taxation des droits à payer, c'est aux étalons qu'on aurait recours pour vider le différent.

Art. 10. — *Location et emploi des alléges, gabares et bateaux de transport.*

Toutes les fois qu'un marchand anglais aura à charger ou à décharger une cargaison, il pourra, à sa convenance, louer et engager toutes les alléges, gabares et autres embarcations qui lui seront nécessaires, et les prix de la location de ces embarcations pourront être débattus entre les parties, sans qu'il soit besoin de recourir à l'intervention du Gouvernement; le nombre de ces embarcations ne sera pas limité, et chacun en pourra louer autant qu'il le désirera; aucun monopole pour leur location ne sera autorisé. Si dans un de ces bateaux on se permettait de faire la fraude, le délinquant serait passible des peines prononcées par la loi. Si l'équipage d'une des embarcations employées par un marchand anglais s'emparait frauduleusement des marchandises qui composent son chargement et les emportait, les autorités feraient tous leurs efforts pour le faire arrêter, mais il faut aussi que de leur côté les négocians anglais prennent toutes les précautions possibles pour la sûreté de leurs marchandises.

Art. 11. — *Transbordement des marchandises.*

Aucun navire de commerce anglais ne pourra transborder des marchandises sans une permission légale. S'il arrivait que, par suite de circonstances fortuites, le transbordement devînt rigoureusement nécessaire, la connaissance de ce fait devrait être donnée au consul, qui délivrerait un certificat constatant l'urgence du transbordement immédiat, et, sur le vu de ce certificat, le chef des douanes accorderait la permission et enverrait un officier spécial pour surveiller l'opération. S'il arrivait qu'un marchand y procédât sans avoir rempli ces formalités et obtenu le permis, toutes les marchandises transbordées seraient confisquées au profit de l'État.

Art. 12. — *Agens subordonnés aux consuls.*

Aux différens ancrages des navires marchands anglais, le consul pourra établir un agent qui sera revêtu d'un caractère public et qui lui sera subordonné ; cet agent devra être choisi parmi des hommes d'une moralité sûre. Il sera chargé par le consul de surveiller et de contrôler la conduite des matelots anglais et autres nationaux employés à bord des navires, et d'empêcher les querelles entre eux et les Chinois, ce dernier point étant de la plus grande importance. Si, malgré sa surveillance, une querelle ou un conflit avait lieu, ledit agent ferait tous ses efforts pour l'apaiser ou en prévenir les conséquences. Quand des marins iront à terre en permission, ils seront accompagnés par des officiers qui seront responsables de la conduite des hommes confiés à leur surveillance. Les officiers chinois n'auront pas droit d'empêcher les natifs d'aller le long du bord des navires, vendre des vêtemens et autres marchandises aux marins restant à bord.

Art. 13. — *Contestations entre Anglais et Chinois.*

Toutes les fois qu'un sujet anglais aura à se plaindre d'un Chinois, il devra se rendre à son consulat et y déposer sa plainte. Le consul examinera l'affaire, et, s'il y a lieu d'y donner suite, il fera tous ses efforts pour l'arranger à l'amiable. D'un autre côté, si un sujet chinois avait à se plaindre d'un sujet anglais, le consul devrait recevoir sa plainte avec la même sollicitude et faire également tous ses efforts pour arranger l'affaire d'une manière amicale.

Quand un marchand anglais aura à s'adresser aux autorités chinoises, il enverra sa requête à son consul, lequel examinera si le style en est correct et convenable, et, s'il le juge ainsi, y donnera cours; dans le cas contraire, il y fera faire les corrections qu'il croira nécessaires. Si le requérant se refuse à les faire, le consul défendra la transmission de la requête. Si malheureusement il survenait des disputes d'une nature assez grave pour que le consul ne pût les terminer à l'amiable, il devra requérir l'assistance d'un magistrat chinois avec lequel il examinera le sujet de la contestation et la jugera équitablement.

Quant à la punition des Anglais qui se rendront coupables, le gouvernement britannique établira des lois pour atteindre ce but et donnera à ses consuls le pouvoir de les faire mettre à exécution. Pour ce qui concerne les Chinois, ils seront jugés et punis selon leurs propres lois, ainsi qu'il a été statué dans la correspondance qui a eu lieu à Nankin après la conclusion de la paix.

Art. 14.— *Des bâtimens de guerre anglais croisant et ancrant dans les cinq ports.*

Un bâtiment croiseur anglais stationnera dans chacun des cinq ports pour donner aux consuls de plus énergiques moyens d'empêcher et de prévenir tous désordres et conflits entre les marins et sujets anglais et les Chinois. Mais ces croiseurs ne pourront pas être traités sur le même pied que les navires marchands, parce que, n'apportant aucune marchandise et ne venant pas pour affaires commerciales, ils ne paieront aucun droit ni taxe quelconque. Le consul informera officiellement le chef des douanes de l'arrivée et du départ de ces bâtimens croiseurs, afin que ce dernier prenne des mesures en conséquence.

Art. 15. — *Des garanties à donner par les navires marchands.*

Quand autrefois un navire marchand anglais entrait dans le port de Canton, un marchand chinois *hong* en répondait, et tous les droits et taxes dus étaient payés par ce marchand et sous sa garantie. Mais les marchands hongs n'existant plus, désormais les consuls établis dans les cinq ports répondront et se porteront garans des droits et taxes à payer par ceux de leurs navires marchands qui relâcheront dans lesdits cinq ports.

NOTA. Voir, en outre, le chapitre : ORGANISATION ET RÉGIME DES DOUANES *à Canton ; formalités commerciales*, etc., page 127.

IMPORTATIONS EN CHINE.

TABLEAU DES PRINCIPAUX ARTICLES,

TARIFS, PRIX,

ET IMPORTATIONS ANNUELLES.

TABLEAU DES PRINCIPAUX ARTICLES, TARIFS,

NATURE DES MARCHANDISES.	UNITÉS.	DROIT impérial.	DROIT effectif.	NOUVEAUX DROITS. Monnaies chinoises.	Monnaies espagnoles	Monnaies anglaises.	Monna[ies] françaises
		(1) t. m. c. c.	t. m. c. c.	t. m. c. c.	p. c.	l. s. sh. d.	fr.
Argent et or (Fils d') 1re qualité ou fins	le catty.	» 1 2 8 8	» 1 2 9 2	» 1 3 »	» 18	» » 7 1 ½	1
Argent et or (Fils d') 2e id. ou faux	id.	» » 2 8 7	» » 2 9 1	» » 3 »	» 04	» » 1 1 ½	»
Assa-fœtida	le picul.	1 2 » » »	3 4 1 » »	1 » » »	1 40	» 5 » » ½	8
Bétel (Noix de)	id.	» 1 4 1 2	» 3 2 3 3	» 1 5 »	» 21	» » 9 »	1
Bézoard de vache	le catty.	1 9 2 5 »	1 9 2 6 »	1 » » »	1 40	» 5 » 1	8
Bicho de mar. 1re qualité ou noir	le picul.	» 3 » 8 1	» 6 4 » 9	» 8 » »	1 12	» 4 » » ¾	6
Bicho de mar. 2e id. ou blanc	id.	» » » » »	» » » » »	» 2 » »	» 28	» 1 » »	1
Bois. Ebène	id.	» 1 7 9 1	» 3 6 2 »	» 1 5 »	» 21	» » 9 »	1
Bois. Sandal	id.	1 1 4 2 3	1 6 2 4 4	» 5 » »	» 70	» 2 6 » ¼	4
Bois. Sapan	id.	» 2 » » »	» 6 7 » »	» 1 ½ »	» 14	» » 6 »	»
Bois. non dénommés	ad valorem.	» » » » »	» » » » »	» » » »	» »	» » » »	»
Cachou ou cutch (terre rouge du Japon, gomme odorante)	le picul.	» 3 3 3 »	» 9 3 3 »	» 3 » »	» 42	» 1 6 »	2
Camphre malais. 1re qualité ou nettoyé	le catty.	» » » » »	» » » » »	1 » » »	1 40	» 5 » » ½	8
Camphre malais. 2e id. ou brut	id.	» » » » »	» » » » »	» 5 » »	» 70	» 2 6 » ¼	4
Cire d'abeilles	le picul.	» 8 » » »	2 1 4 » »	1 » » »	1 40	» 5 » » ½	8
Cochenille	id.	1 3 3 4 8	1 8 1 6 9	5 » » »	6 94	1 5 2 » ½	41
Cornalines 100 pierres, évaluées 6 catties	le 100.	1 6 » 7 5	1 6 » 9 5	» 5 » »	» 70	» 3 » »	4
Cornalines en perles	le picul.	12 8 8 5 9	12 9 1 8 »	10 » » »	13 89	2 10 4 1 ½	83
Cornes de bœuf, de buffle	id.	» » » » »	» » » » »	2 » » »	2 78	» 10 1 »	16
Cornes de rhinocéros	id.	18 » » » »	23 6 » » »	3 » » »	4 17	» 15 1 1	25
Coton en laine	id.	» 2 9 8 »	1 7 4 » »	» 4 » »	» 56	» 2 » » ¾	3
Coton filé	id.	» 4 8 3 4	2 4 » 6 4	1 » » »	1 40	» 5 » » ½	8
Dents de veau marin	id.	» » » » »	» » » » »	2 » » »	2 78	» 10 1 »	16
Ginseng 1re qualité	id.	38 5 5 4 9	47 5 8 7 »	38 » » »	52 77	9 11 7 »	316
Ginseng 2e id.	id.	3 9 » 1 9	3 9 3 4 »	3 5 » »	4 86	» 17 7 1 ½	29
Girofle (Clous de) 1re qualité ou trié	id.	2 » » » »	8 8 » » »	1 5 » »	2 10	» 7 6 1 ½	12
Girofle (Antofle ou griffes de) 2e qé	id.	1 4 » » »	2 » 2 » »	» 5 » »	» 70	» 2 6 » ¼	4
Gommes et résines. Benjoin	id.	» 2 » » »	2 6 2 » »	1 » » »	1 40	» 5 » » ½	8
Gommes et résines. Oliban	id.	» 9 4 9 8	1 1 3 1 9	» 5 » »	» 70	» 2 6 » ¼	4
Gommes et résines. Myrrhe	id.	1 6 3 » »	2 1 1 2 1	» 5 » »	» 70	» 2 6 » ¼	4
Gommes et résines. non qualifiées	ad valorem.	» » » » »	» » » » »	» » » »	» »	» » » »	»
Horlogerie. Montres et pendules. Longues-vues. Pupitres à écrire, de toute sorte. Nécessaires de toilette. Coutellerie et autres quincailleries. Parfumerie	id.	» » » » »	» » » » »	» » » »	» »	» » » »	»
Intestins de poissons	le picul.	» » » » »	1 5 8 » »	1 5 » »	2 10	» 7 9 1 ½	12
Ivoire, dents d'éléphant. 1re qualité, entières	id.	4 4 1 5 1	5 6 4 7 2	4 » » »	5 55	1 » 2 »	33
Ivoire, dents d'éléphant. 2e id. brisées	id.	3 9 » 1 9	3 9 3 4 »	2 » » »	2 78	» 10 » »	16
Kino (suc de gambier)	id.	» » » » »	» » » » »	» 1 5 »	» 21	» » 9 »	1
Laine filée	id.	» » » » »	» » » » »	3 » » »	4 17	» 15 1 » ½	25

(1) Voici l'explication des lettres initiales qui se trouvent en tête des colonnes d'unités étrangères :
Monnaies chinoises : taëls, maces, cash, candarins et centièmes.
— espagnoles : piastres, cents.
— anglaises : livres sterling, shillings, deniers et demi-deniers.
Pour l'évaluation de ces diverses unités, voir les chapitres qui traitent spécialement des *monnaies*.

RIX ET IMPORTATIONS ANNUELLES.

RTATIONS ANNUELLES			PRIX MOYENS.		VALEUR ANNUELLE.		DROIT	TOTAL DES DROITS.	
ités oises.	Unités françaises.		Monnaies espagnoles.	Monnaies françaises.	Monnaies espagnoles.	Monnaies françaises.	p. °/o.	Monnaies chinoises.	Monnaies françaises.
tlies.	kil.	gr.	p. c.	fr. c.	p. c.	fr. c.		taëls.	fr. c.
100	61	750	25 » le catty.	150 »	2,500 »	15,000 »	» $\frac{1}{2}$	13	104 »
160	98	800	5 » le picul.	30 »	800 »	4,800 »	» $\frac{3}{4}$	5	40 »
iculs.									
150	9,262	500	10 » id.	60 »	1,500 »	9,000 »	13	150	1,200 »
5,000	1,543,750	»	2 25 id.	13 50	56,250 »	337,500 »	9	3,750	30,000 »
atties.									
300	185	250	10 » le catty.	60 »	3,000 »	18,000 »	13	300	2,400 »
iculs.									
100	6,175	»	50 » le picul.	300 »	5,800 »	30,000 »	2	80	640 »
100	6,175	»	12 » id.	72 »	1,200 »	7,200 »	2	20	160 »
2,000	123,500	»	2 » id.	12 »	4,000 »	24,000 »	10	300	2,400 »
7,000	432,250	»	6 » id.	36 »	42,000 »	252,000 »	10 $\frac{1}{2}$	3,500	28,000 »
1,000	61,750	»	1 50 id.	9 »	1,500 »	9,000 »	9	100	800 »
»	»	»	» » »	» »	» »	» »	10	»	» »
5,000	308,750	»	3 » id.	18 »	15,000 »	90,000 »	13	1,500	12,000 »
atties.									
150	92	625	20 » le catty.	120 »	3,000 »	18,000 »	7	150	1,200 »
100	61	750	10 » id.	60 »	1,000 »	6,000 »	7	50	400 »
piculs.									
100	6,175	»	25 » le picul.	150 »	2,500 »	15,000 »	5	100	800 »
200	12,350	»	100 » id.	600 »	20,000 »	120,000 »	6 $\frac{1}{2}$	1,000	8,000 »
»	»	»	6 » le cent.	36 »	» »	» »	36	»	» »
»	»	»	130 » le picul.	780 »	100,000 »	600,000 »	10	7,500	60,000 »
400	24,700	»	30 » id.	180 »	12,000 »	72,000 »	9	800	6,400 »
300	18,525	»	50 » id.	300 »	15,000 »	90,000 »	8	900	7,200 »
0,000	30,875,000	»	10 » id.	60 »	5,000,000 »	30,000,000 »	5 $\frac{1}{4}$	200,000	1,600,000 »
25,000	1,543,750	»	25 » id.	150 »	625,000 »	3,750,000 »	5 $\frac{3}{4}$	25,000	200,000 »
200	12,350	»	30 » id.	180 »	6,000 »	36,000 »	9	400	3,200 »
1,000	61,750	»	60 » id.	60 »	60,000 »	360,000 »	80	38,000	304,000 »
500	30,875	»	10 » id.	60 »	5,000 »	30,000 »	50	1,750	14,000 »
200	12,350	»	20 » id.	120 »	4,000 »	24,000 »	10	300	2,400 »
100	6,175	»	7 » id.	42 »	700 »	4,200 »	9 $\frac{1}{2}$	50	400 »
100	6,175	»	15 » le picul.	90 »	1,500 »	9,000 »	9	100	800 »
5,000	308,750	»	4 » id.	24 »	20,000 »	120,000 »	16	2,500	20,000 »
10	617	500	7 » id.	42 »	70 »	420 »	10	5	40 »
»	»	»	» » »	» »	» »	» »	10	»	» »
»	»	»	» » »	» »	130,000 »	780,000 »	5	5,000	40,000 »
1,500	92,625	»	50 » le picul.	300 »	75,000 »	450,000 »	4	2,250	18,000 »
500	30,875	»	50 » id.	300 »	25,000 »	150,000 »	10 $\frac{1}{2}$	2,000	16,000 »
100	6,175	»	25 » id.	150 »	2,500 »	15,000 »	10 $\frac{1}{2}$	200	1,600 »
4,000	247,000	»	2 25 id.	13 50	9,000 »	54,000 »	9	600	4,800 »
100	6,175	»	75 » id.	450 »	7,500 »	45,000 »	5	300	2,400 »

SUITE DU TABLEAU

NATURE DES MARCHANDISES.	UNITÉS.	DROIT impérial.	DROIT effectif.	NOUVEAUX DROITS. Monnaies chinoises.	Monnaies espagnoles	Monnaies anglaises.	Monnaies françaises
		t. m. c. c.	t. m. c. c.	t. m. c. c.	p. c.	l.s. sh. d.	fr. c.
Métaux... Acier non ouvré..........	le picul.	» 4 3 6 5	» 6 1 8 6	» 4 » »	» 56	» 2 » » $\frac{1}{4}$	3 3[illegible]
Métaux... Cuivre en saumons.......	id.	» » » » »	» » » » »	1 » » »	1 40	» 5 » 1	8 4[illegible]
Métaux... Cuivre en feuilles et en barres...........	id.	» 4 » » »	1 6 2 » »	1 5 » »	2 10	» 7 6 1 $\frac{1}{2}$	12 6[illegible]
Métaux... Étain en saumons.........	id.	1 » 7 8 2	1 5 1 5 3	1 » » »	1 40	» 5 » 1	8 4[illegible]
Métaux... Fer-blanc en feuilles.	id.	» » » » »	» » » » »	» 4 » »	» 56	» 2 » » $\frac{1}{4}$	3 3[illegible]
Métaux... Fer en gueuses..........	id.	» 1 7 9 9	» 2 1 2 »	» 1 » »	» 14	» » 6 »	» 8[illegible]
Métaux... Fer en barres et en tringles..............	id.	» 1 7 9 9	» 2 1 2 »	» 1 5 »	» 21	» » 9 »	1 2[illegible]
Métaux... Plomb en saumons et ouvré.	id.	» 4 3 6 5	» 6 » 3 6	» 4 » »	» 56	» 2 » » $\frac{1}{4}$	3 3[illegible]
Métaux... Vif-argent (Mercure).....	id.	1 5 9 1 6	1 6 2 3 7	3 » » »	4 17	» 15 1 1	25 0[illegible]
Métaux... Zinc....................	id.	» » » » »	» » » » »	» 4 » »	» 56	» 2 » » $\frac{1}{4}$	3 3[illegible]
Métaux... non dénommés............	*ad valorem.*	» » » » »	» » » » »	» » » »	» »	» » » »	» »
Monnaie, argent monnayé de toute espèce	exempts.	» » » » »	» » » » »	» » » »	» »	» » » »	» »
Morue et poissons secs et salés........	le picul.	» » » » »	» » » » »	» 4 » »	» 56	» 2 » » $\frac{1}{4}$	3 3[illegible]
Muscade (Fleurs de) ou Macis.....	id.	» » » » »	» » » » »	1 » » »	1 40	» 5 » 1	8 4[illegible]
Muscade (Noix)..... 1re qualité...	id.	1 8 4 8 2	4 2 8 » 3	2 » » »	2 78	» 10 1 »	16 6[illegible]
Muscade (Noix)..... 2e id. ...	id.	» 6 » » »	» 9 8 » »	1 » » »	1 40	» 5 » 1	8 4[illegible]
Nacre de perle, brute...............	id.	» 1 7 9 9	» 3 6 2 »	» 2 » »	» 28	» 10 » »	1 6[illegible]
Nids d'hirondelle.. 1re qualité ou nettoyés....	id.	3 9 » 1 9	4 » 8 4 »	5 » » »	6 94	1 5 2 » $\frac{1}{2}$	41 6[illegible]
Nids d'hirondelle.. 2e id. bonne moyenne	id.	3 9 » 1 9	4 » 8 4 »	2 5 » »	3 47	» 12 7 » $\frac{1}{4}$	20 8[illegible]
Nids d'hirondelle.. 3e id. non nettoyés..	id.	3 9 » 1 9	4 » 8 4 »	» 5 » »	» 70	» 2 6 » $\frac{1}{4}$	4 2[illegible]
Peaux et pelleteries. Peaux de bœuf et vache, tannées ou non....	id.	» 2 » » »	» 4 6 » »	» 5 » »	» 70	» 2 6 » $\frac{1}{4}$	4 2[illegible]
Peaux et pelleteries. Peaux de loutre de mer....	la pièce.	1 2 8 8 6	1 2 9 1 8	1 5 » »	2 10	» 9 1 »	12 6[illegible]
Peaux et pelleteries. Peaux de renard grandes..	id.	» » 5 » »	» 1 4 5 »	» 1 5 »	» 21	» » 10 1 $\frac{1}{2}$	1 2[illegible]
Peaux et pelleteries. Peaux de renard petites...	id.	» » 2 5 »	» » 7 2 5	» » 7 5	» 10	» » 5 1	» 6[illegible]
Peaux et pelleteries. Peaux de tigre léopard et martre...........	id.	» 1 » » »	» 1 3 2 »	» 1 5 »	» 21	» » 10 1 $\frac{1}{2}$	1 2[illegible]
Peaux et pelleteries. Peaux de loutre de terre, de rackoons et de requin...........	le cent.	» 2 4 » »	2 3 1 2 »	2 » » »	2 78	» 12 » »	16 6[illegible]
Peaux et pelleteries. Peaux de castor...........	id.	2 4 » » »	7 3 » » »	5 » » »	6 94	1 5 » »	41 6[illegible]
Peaux et pelleteries. Peaux de lièvre, lapin et hermine..........	id.	» 2 4 » »	» 5 1 2 »	» 5 » »	» 70	» 3 » »	4 2[illegible]
Pierres à fusil.......................	le picul.	» » 6 4 2	» 4 6 3 »	» » 5 »	» 07	» » 3 »	» 4[illegible]
Poivre malais........................	id.	» 5 6 4 9	» 8 9 7 »	» 4 » »	» 56	» 2 » » $\frac{1}{4}$	3 3[illegible]
Putchuk (Racine odorante du Sinde [Inde])...........................	id.	1 » 1 » 4	1 5 8 6 »	» 7 5 »	1 04	» 3 9 » $\frac{1}{4}$	6 2[illegible]
Requins. Ailerons de 1re qualité ou blancs................	id.	» 4 3 6 5	1 » » 8 6	1 » » »	1 40	» 5 » 1	8 4[illegible]
Requins. Ailerons de 2e qualité ou noirs	id.	» 4 3 6 5	1 » » 8 6	» 5 » »	» 70	» 2 6 » $\frac{1}{4}$	4 2[illegible]
Riz mondé en balles, grains de toute sorte............................	exempts.	» » » » »	» » » » »	» » » »	» »	» » » »	» »
Rose Maloes.........................	le picul.	3 » » » »	5 9 » » »	1 » » »	1 40	» 5 » 1	8 4[illegible]
Rotins...............................	id.	» 1 7 9 9	» 3 6 2 »	» 2 » »	» 28	» 1 » »	1 6[illegible]
Salpêtre.............................	id.	» » » » »	» » » » »	» 3 » »	» 42	» 1 6 » $\frac{1}{4}$	2 5[illegible]
NOTA. On ne peut en vendre qu'au Gouvernement.							
Savon................................	le picul.	» » » » »	» » » » »	» 5 » »	» 70	» 2 6 » $\frac{1}{4}$	4 2[illegible]
Smalt ou émail.......................	id.	8 1 3 7 1	8 6 1 9 2	4 » » »	5 55	1 » 2 »	33 3[illegible]

DES IMPORTATIONS.

[Im]portations annuelles.			Prix moyens.					Valeur annuelle.				Droit	Total des droits.		
[U]nités [chi]noises.	Unités françaises.		Monnaies espagnoles.			Monnaies françaises.		Monnaies espagnoles.		Monnaies françaises.		p. °/₀.	Monnaies chinoises.	Monnaies françaises.	
piculs.	kil.	gr.	p.	c.		fr.	c.	p.	c.	fr.	c.		taëls.	fr.	c.
500	30,875	»	5	50	le picul.	33	»	2,750	»	16,500	»	10	200	1,600	»
10	617	500	30	»	id.	180	»	300	»	1,800	»	4	10	80	»
50	3,087	500	40	»	id.	240	»	2,000	»	12,000	»	5	75	600	»
5,000	308,750	»	14	»	id.	84	»	70,000	»	420,000	»	9 ½	5,000	40,000	»
boites. 1,000	boites. 1,000		8	»	la boite de 112 livres.	48	»	8 000	»	48,000	»	6	300	2,400	»
piculs. 2,000	kilog. 123,500	»	1	»	le picul.	6	»	2,000	»	12,000	»	13	200	1,600	»
23,000	1,420,250	»	2	»	id.	12	»	46,000	»	276,000	»	10	3,450	27,600	»
30,000	1,852,500	»	4	»	id.	24	»	120,000	»	720,000	»	13	12,000	96,000	»
100	6,175	»	100	»	id.	600	»	10,000	»	60,000	»	4	300	2,400	»
100	6,175	»	6	»	id.	36	»	600	»	3,600	»	9	40	320	»
»	»	»	»	»	»	»	»	»	»	»	»	10	»	»	»
»	»	»	»	»		valeur présumée.		1,000,000	»	6,000,000	»	»	»	»	»
300	18,525	»	6	»	le picul.	36	»	1,800	»	10,800	»	9	120	960	»
10	617	500	100	»	id.	600	»	1,000	»	6,000	»	1 ⅓	10	80	»
40	2,470	»	70	»	id.	420	»	2,800	»	16,800	»	4	80	640	»
10	617	500	35	»	id.	210	»	350	»	2,100	»	4	10	80	»
2,000	123,500	»	4	»	id.	24	»	8,000	»	48,000	»	6	400	3,200	»
catties. 100	61	750	30	»	le catty.	180	»	3,000	»	18,000	»	» ¼	5	40	»
100	61	750	15	»	id.	90	»	1,500	»	9,000	»	» ¼	2 ½	20	»
100	61	750	3	»	id.	18	»	300	»	1,800	»	» ¼	» ½	4	»
piculs. 10	617	500	10	»	id.	60	»	100	»	600	»	6 ½	5	40	»
[va]leur [pré]sumée	»	»	»	»		»	»	100,000	»	600,000	»	5 ⅓	4,000	32,000	»
piculs. 1,000	61,750	»	»	50	le picul.	3	»	500	»	3,000	»	14	50	400	»
10,000	617,500	»	5	»	id.	30	»	50,000	»	300,000	»	11	4,000	32,000	»
1,000	61,750	»	10	»	id.	60	»	10,000	»	60,000	»	10	750	6,000	»
1,000	61,750	»	30	»	id.	180	»	30,000	»	180,000	»	4	1,000	8,000	»
2,000	123,500	»	15	»	id.	90	»	30,000	»	180,000	»	4	1,000	8,000	»
»	»	»	»	»		»	»	500,000	»	3,000,000	»	»	»	»	»
50	3,087	500	15	»	id.	90	»	750	»	4,500	»	9	50	400	»
10,000	617,500	»	3	»	id.	18	»	30,000	»	180,000	»	9	2,000	16,000	»
10,000	617,500	»	7	»	id.	42	»	70,000	»	420,000	»	6	3,000	24,000	»
1,000	61,750	»	7	»	le picul.	42	»	7,000	»	42,000	»	9	500	4,000	»
100	6,175	»	50	»	id.	300	»	5,000	»	30,000	»	10 ½	400	3,200	»

SUITE DU TABLEAU

NATURE DES MARCHANDISES.	UNITÉS.	DROIT impérial.	DROIT effectif.	NOUVEAUX DROITS. Monnaies chinoises.	Monnaies espagnoles	Monnaies anglaises.	Monn (françai
		t. m. c. c.	t. m. c. c.	t. m. c. c.	p. c.	l. s. sh. d.	fr.
Tissus de coton. — Batiste et mousseline........	la pièce.	» 2 8 4 8	» 2 8 6 »	» 1 5 »	» 21	» » 10 1 $\frac{1}{2}$	1
Tissus de coton. — Blancs (longcloths) — 1re et 2e qualités, pesant 5 catties la pièce...........	id.	» 6 4 4 3	» 6 4 5 9	» 1 5 »	» 21	» » 10 1 $\frac{1}{2}$	1
Tissus de coton. — Blancs (longcloths) — 3e qualité, écru ou non blanchi.....	id.	» » 6 9 3	» 3 7 3 »	» 1 » »	» 14	» » 7 » $\frac{1}{4}$	»
Tissus de coton. — Twilled cloth blanc et écru...	id.	» 2 8 4 8	» 2 8 6 4	» 1 » »	» 14	» » 7 » $\frac{1}{4}$	»
Tissus de coton. — Chintz (toile perse) et indiennes de toute qualité............	id.	» 2 5 9 3	» 2 6 » 9	» 2 » »	» 28	» 1 » »	1
Tissus de coton. — Mouchoirs. — grands, au-dessus de 36 et 28 pouces.	id.	» » 2 » »	» » » 3 »	» » 1 5	» 2 $\frac{1}{2}$	» » 1 »	»
Tissus de coton. — Mouchoirs. — petits, au-dessous de 36 et 28 pouces.	id.	» » 1 » »	» » 1 5 »	» » 1 »	» 1 $\frac{3}{5}$	» » » 1 $\frac{3}{5}$	»
Tissus de coton. — Guingamps, Paliacates, cotonnades teintes................ Velours, tissus coton et soie, coton et laine............... Nouveautés de tous genres.....	*ad valorem.*	» » » » »	» » » » »	» » » »	» »	» » » »	»
Tissus de laine. — Broadcloth, draps en grande largeur. Spanish stripes, etc....	le chang.	» 7 1 1 8	1 2 4 2 »	» 1 5 »	» 21	» » 11 »	1
Tissus de laine. — Bunting (étamine étroite)......	id.	» 1 9 5 1	» 9 6 7 »	» » 1 5	» 02	» » 1 » $\frac{1}{4}$	»
Tissus de laine. — Camelot... hollandais........	id.	1 2 8 8 6	1 2 9 1 8	» 1 5 »	» 21	» » 11 »	1
Tissus de laine. — Camelot... anglais...........	id.	» 7 7 5 2	» 7 7 8 4	» » 7 »	» 09 $\frac{3}{4}$	» » 5 » $\frac{1}{4}$	»
Tissus de laine. — Couvertures. — hollandaises......	la pièce.	» 1 » » »	» 2 » » »	» 1 » »	» 14	» » 7 » $\frac{1}{4}$	»
Tissus de laine. — Couvertures. — anglaises.........	id.	» 1 » » »	» 2 » » »	» 1 » »	» 14	» » 7 » $\frac{1}{4}$	»
Tissus de laine. — Imitation de Bombazette.......	le chang.	» 3 8 7 6	» 3 8 9 2	» » 3 5	» 05	» » 2 1 $\frac{1}{4}$	»
Tissus de laine. — Long-ells....................	id.	» 2 1 4 9	» 3 6 9 5	» » 7 »	» 09 $\frac{3}{4}$	» » 5 » $\frac{1}{4}$	»
Tissus de laine. — Worleys ou flanelles..........	id.	» 3 8 7 6	» 3 8 9 2	» » 7 »	» 09 $\frac{3}{4}$	» » 5 » $\frac{1}{4}$	»
Tissus de laine. — non désignés, purs ou mélangés de soie et de coton..........	*ad valorem.*	» » » » »	» » » » »	» » » »	» »	» » » »	»
Tissus de lin et de chanvre. — Toile.. — à voile de 30 à 40 yards de long sur 24 à 31 pouces de large......	la pièce.	» 3 » » »	» 5 9 » »	» 5 » »	» 70	» 3 » »	4
Tissus de lin et de chanvre. — Toile.. — fine, de lin, de 20 à 30 yards sur 29 à 37 pouces................	id.	» » » » »	» » » » »	» 5 » »	» 70	» 3 » »	4
Tissus de lin et de chanvre. — Grosses toiles de fil et coton, fil de soie, etc................	*ad valorem.*	» » » » »	» » » » »	» » » »	» »	» » » »	»
Verre, verrerie et cristaux............	le picul.	3 » » » »	4 6 » » »	» » » »	» »	» » » »	»
Vins, bière, liqueurs, spiritueux, etc. — en bouteilles. — dites quarts.	les 100 bouteilles.	» 5 6 4 9	» 5 9 7 »	1 » » »	1 40	» 6 » »	8
Vins, bière, liqueurs, spiritueux, etc. — en bouteilles. — dites pintes.	id.	» 5 6 4 9	» 5 9 7 »	» 5 » »	» 70	» 3 » »	4
Vins, bière, liqueurs, spiritueux, etc. — en fûts..............	le picul.	» 5 6 4 9	» 5 9 7 »	» 5 » »	» 70	» 3 » »	4
Articles non dénommés au Tarif......	*ad valorem.*	» » » » »	» » » » »	» » » »	» »	» » » »	»

DES IMPORTATIONS.

IPORTATIONS ANNUELLES		PRIX MOYENS.		VALEUR ANNUELLE.		DROIT	TOTAL DES DROITS.	
Unités hinoises.	Unités françaises.	Monnaies espagnoles	Monnaies françaises.	Monnaies espagnoles.	Monnaies françaises.	p. °/o	Monnaies chinoises.	Monnaies françaises.
			fr. c.	p. c.	fr. c.		taëls.	fr. c.
»	» »	» » »	» »	» »	» »	9	»	» »
pièces. 100,000	pièces. 100,000	3 » la pièce.	18 »	300,000 »	1,800,000 »	6 1/2	15,000	120,000 »
400,000	400,000	2 50 id.	15 »	1,000,000 »	6,000,000 »	5 1/3	40,000	320,000 »
20,000	20,000	2 50 id.	15 »	50,000 »	300,000 »	5 1/3	2,000	16,000 »
10,000	10,000	3 » id.	18 »	30,000 »	180,000 »	9	2,000	16,000 »
douz^es. 50,000	douz^es. 50,000	1 50 la douz^e.	9 »	75,000 »	450,000 »	10	6,000	48,000 »
»	»	» » »	» »	10,000 »	60,000 »	5	400	3,200 »
yards 400,000	mèt. c. 334,438 80	1 » la yard.	6 »	400,000 »	2,400,000 »	5	1,500	120,000 »
pièces. 500	pièces. 500	2 » la pièce.	12 »	1,000 »	6,000 »	5	38	304 »
1,500	1,500	30 » id.	180 »	45,000 »	270,000 »	6 1/2	2,250	18,000 »
3,000	3,000	20 » id.	120 »	60,000 »	360,000 »	6	2,835	22,680 »
paires. 1,000	paires. 1,000	5 » la paire.	30 »	5,000 »	30,000 »	5 1/2	200	1,600 »
1,000	1,000	5 » id.	30 »	5,000 »	30,000 »	5 1/2	200	1,600 »
500	500	5 » id.	30 »	2,500 »	15,000 »	4 1/2	86	688 »
pièces. 75,000	pièces. 75,000	7 » la pièce.	42 »	525,000 »	3,150,000 »	8	31,500	252,000 »
yards. 2,000	mèt. c. 1,672 19	» 50 la yard.	3 »	1,000 »	6,000 »	4 3/4	35	280 »
»	» »	» » »	» »	» »	» »	5	»	» »
pièces. 200	pièces. 200	8 » la pièce.	48 »	1,600 »	9,600 »	8	100	800 »
yards. 16,000	mèt. c. 13,377 55	» 50 la yard.	3 »	8,000 »	48,000 »	6	400	3,200 »
»	» »	» » »	» »	» »	» »	5	»	» »
»	» »	» » »	» »	10,000 »	60,000 »	5	400	3,200 »
'aleur ésumée.	» »	» » »	» »	10,000 »	60,000 »	5	400	3,200 »
»	» »	» » »	» »	» »	» »	5	»	» »

RÉCAPITULATION

DES TABLEAUX D'IMPORTATION QUI PRÉCÈDENT.

MARCHANDISES.	VALEURS IMPORTÉES en monnaies espagnoles.	VALEURS IMPORTÉES en monnaies françaises.	Droits p. o/o.	DROITS PERÇUS en monnaies chinoises.	DROITS PERÇUS en monnaies françaises.
	piastres.	fr.		taëls.	fr.
Opium, riz, argent monnayé et perles (Exempts de droits, fraudés ou entrant en conbande)	15,594,630	93,567,780	»	»	»
Ginseng, des deux qualités, dont la plus grande partie passée en fraude	65,000	390,000	80	39,750	318,000
Coton. non manufacturé	5,000,000	30,000,000	5 ¼	200,000	1,600,000
Coton. manufacturé de toutes sortes (tissus et fils)	2,090,000	12,540,000	6	90,400	723,200
Laine manufacturée	1,047,000	6,282,000	6	52,244	417,952
Métaux de toutes sortes	261,650	1,569,900	11	21,575	172,600
Autres marchandises	941,720	5,650,320	7 ½	52,306	418,448
TOTAUX	25,000,000	150,000,000 (1)	......	456,275	3,650,200

(1) Voir, pour l'appréciation de cette valeur officielle, qui est évidemment trop faible, le chapitre intitulé : *Observations sur les tableaux d'importation et d'exportation, et sur la valeur du commerce chinois.*

NOMENCLATURE DESCRIPTIVE

ET ÉTUDE

DES ARTICLES D'IMPORTATION.

La nomenclature descriptive qu'on va lire est, comme celle qui sera donnée plus loin pour les marchandises d'exportation, en grande partie extraite du *Chinese Repository* et des documens ou renseignemens spéciaux que l'auteur a lui-même recueillis en Chine. Les articles qu'elle embrasse constituent le commerce actuel de ce pays avec l'étranger. L'exposé ci-après se trouve donc être un guide aussi complet que possible et d'une utilité toute pratique.

Agar-Agar.— C'est le nom malais d'une gelée ou glu fort compacte, faite principalement avec le *Gigartina tenax*, ou fucus marin. L'*agar-agar* est importé en Chine des îles de l'Océan Indien, du détroit de Malacca, de la Nouvelle-Hollande et de la Nouvelle-Guinée; on en fabrique aussi en Chine. Cette glu y est employée dans un grand nombre d'industries; le papier qui en a été enduit devient transparent et imperméable. On l'emploie dans la fabrication de la soie et du papier. Cuite dans du sucre, elle compose une confiture agréable et stomachique. On en importe en Chine, annuellement, 400 à 500 piculs (25 à 31,000 kilog.) aux prix de une piastre et demie à deux piastres le picul (15 à 20 centimes le kilog.). Cette denrée peut devenir fort utile en France.

Dans un pays avec lequel on veut établir des relations commerciales, on ne doit négliger aucun article susceptible d'entrer dans la composition des chargemens; il faut avant tout rechercher avec grand soin les produits propres à accroître la somme des échanges. L'*agar-agar*, par la modicité de son prix, offrirait un article de retour avantageux, si l'emploi en était adopté par l'industrie française. Le commerce français doit d'autant plus chercher à utiliser tous les produits de l'Orient, que nous n'avons pas, comme les Anglais, d'immenses quantités de thés à acheter à la Chine, non plus que des quantités, également considérables, d'opium à introduire chez elle.

Le port franc de Singapore, situé à quelques jours seulement des côtes de la Chine, à l'entrée du détroit de Malacca, pourra offrir des entrepôts d'*agar-agar*. Les navires qui retournent en Europe y relâchent presque toujours et pourraient y charger de cette denrée, ainsi que d'autres produits peu connus en France. Car il ne faut pas le perdre de vue, et nous aurons fréquemment l'occasion d'appeler sur ce point l'attention de nos commerçans, il y a considérablement à faire dans les pays de l'Indo-Chine pour toute navigation qui, indépendamment des transactions directes, y entretiendra un actif commerce d'escale, c'est-à-dire des opérations entre les divers entrepôts de ce vaste bassin des mers orientales.

Il existe aussi, dans le détroit, une gomme (espèce de caoutchouc) d'une odeur fort agréable, et dont les Malais fabriquent des cannes, des fouets, etc. La finesse, la beauté, l'extrême élasticité de cette gomme et son prix peu élevé la rendraient propre à une foule d'industries. Ce serait encore un article de retour.

Ailerons de requin.—Ils servent à composer un mets que les Chinois prisent beaucoup et regardent comme un puissant stimulant et un tonique. Ceux d'une couleur blanchâtre sont plus estimés que les noirs. On les pêche dans tout l'espace de mers compris entre l'Océan Indien et les îles Sandwich, mais le plus grand nombre vient du golfe Persique et de Bombay. Ils doivent être parfaitement secs et tenus avec grand soin éloignés de l'humidité. Il faut environ 500 *ailerons de requin* pour faire un picul dont le prix varie de 6 à 60 dollars (de 58 c. à 5 fr. 83 c. le kilog.). Ce commerce paraît devoir augmenter.

Ambre.—C'est un fossile qu'on trouve sur presque toutes les côtes de l'archipel Indien. Une grande partie de celui que l'on vend sur les marchés de l'Orient vient des côtes orientales de l'Afrique, et, autant que les investigations ont pu le faire connaître, il paraît exister sur toutes les grandes étendues de côtes. On sait qu'on le rencontre également sur le littoral de l'Europe, de l'Amérique et des îles du sud de l'Asie. Sa valeur était autrefois très grande sur les marchés de l'Orient. On l'employait comme encens et comme ornement; mais, depuis, d'autres substances odorantes et moins chères l'ont remplacé et lui ont fait perdre une partie de son prix.

On préfère, sur les marchés chinois, les morceaux bien limpides, d'une couleur brune brillante. Ceux dans lesquels se trouvent des insectes sont d'une valeur beaucoup plus grande; l'*ambre* opaque et de couleur terne n'en a aucune.

Le prix de l'ambre varie de 8 à 14 piastres par catty (de 77 à 136 fr. le kilog.), suivant la qualité et la grosseur des morceaux. On vend, sur le marché de Canton, de faux ambre venant de l'Inde, à des prix presque aussi élevés que l'ambre véritable.

Ambre gris. — A souvent été confondu avec l'ambre; il en a quelque peu l'apparence, et est employé à presque tous les mêmes usages. L'origine de ces deux substances est cependant bien différente: l'ambre gris est une substance animale et se trouve dans les intestins de la grande baleine *à spermaceti* (*Physeter Macrocephalus*); il paraît qu'il s'y forme pendant une maladie de l'animal, maladie dont on ne sait pas encore s'il est la cause ou l'effet. 362 onces anglaises (environ 10 kilogr. 389 grammes) ont été extraits du corps d'une seule baleine; Kaempfer affirme que les Japonais le récoltent de cette manière. Quoi qu'il en soit, la plus grande partie est ramassée, après de forts coups de vent, sur les côtes de presque toutes les îles de l'Océan Indien et de l'Océan Pacifique; on en trouve aussi une grande quantité, en gros morceaux, sur les côtes de l'Afrique.

Le bon *ambre gris* est une substance inflammable, solide, opaque, grasse au toucher, de couleur cendrée et marbrée de petits points noirs; beaucoup plus légère que la cire, mais en ayant, jusqu'à un certain point, l'apparence. Elle répand une odeur agréable lorsqu'on l'échauffe. Les Chinois s'assurent de la bonté de l'*ambre gris*, en le versant, un peu réduit en poudre, dans du thé bouillant; lorsqu'il est entièrement pur il s'y fond de suite et ne laisse aucune trace. Quand l'ambre gris est froid il ne répand aucune odeur, mais dès qu'il est échauffé par la main, il dégage un parfum agréable. L'*ambre gris* surnage dans l'eau; les Chinois le rejettent et le réputent falsifié lorsqu'il est de couleur blanchâtre, doux et uniforme au toucher.

Arack. — C'est une liqueur spiritueuse distillée de différentes substances, qui varient suivant les pays où il est fabriqué. Il a beaucoup de goût et de force. En Orient il y en a de trois espèces, celui de Batavia, celui de Goa et celui de Colombo. Le premier est le plus fort en esprit, il est distillé d'un composé de 62 parties de mélasse de sucre, 3 de *toddy* ou vin de palmier et 35 de riz. Le procédé pour le faire est presque le même que celui qui sert à la fabrication du *samshoo* (eau-de-vie de riz). Le riz est premièrement bouilli, et, lorsqu'il est refroidi, on y met une bonne quantité de levain de bière ; ensuite le tout est pressé dans des paniers et placé à égoutter sur une cuve dans laquelle on laisse la liqueur s'écouler pendant huit jours ; puis on y ajoute de la mélasse et du vin de palmier ; on laisse fermenter pendant une semaine dans de grandes cuves. Quand la fermentation est finie, on distille cette liqueur deux ou trois fois, selon la force qu'on désire obtenir. Les qualités de ce spiritueux sont les mêmes que celles du rhum ou du genièvre, avec moins de force en degrés ; il détermine, parmi les nombreuses classes qui en font usage, la même ivresse et le même malaise que les liqueurs alcooliques des autres pays. Les propriétés enivrantes de cette liqueur s'accroissent encore par d'autres substances que les natifs y ajoutent, telles que chènevis, etc. L'*arack* fait à Java est principalement destiné à la métropole ; on en exporte cependant en Chine et dans l'Inde, où il se vend 40 cents le gallon (65 centimes le litre), la première qualité, et de 27 à 30 la seconde (45 à 50 centimes le litre). L'*arack* de Goa est entièrement fabriqué avec le vin de palmier, au moyen de distillations répétées ; il est beaucoup plus doux que celui de Batavia, et les Indous le préfèrent pour cette qualité, quoiqu'il soit inférieur en esprit et ne contienne qu'un septième de pur alcool.

Assa foetida. — C'est le suc en pâte de l'arbre nommé *Ferula assa fœtida*, qui croît en Perse. Pour l'obtenir, on couvre les racines, après que la terre en a été retirée, de feuilles destinées à les défendre des rayons du soleil ; on les laisse ainsi pendant 40 jours, puis on les fend transversalement, et un lait épais s'épanche et sèche sur la fente. Lorsque ce lait est durci, on l'enlève et on fait une autre coupure, et ainsi de suite jusqu'à ce que le lait de la racine soit tari. Cette gomme est nauséabonde et amère, elle perd ses qualités en vieillissant. Les masses de gomme d'*assa fœtida* sont formées de grains de couleurs variées. La meilleure couleur est celle d'un rouge pâle avec les grains presque blancs; l'odeur doit être pénétrante, et, lorsqu'un morceau est cassé, la cassure doit avoir une apparence marbrée. Les vaisseaux qui transportent cette gomme sont tellement infectés de son odeur, qu'un grand nombre d'autres marchandises s'y perdent lorsqu'on les transporte en même temps. L'*assa fœtida* est apporté sur les marchés chinois par Bombay; les Chinois s'en servent beaucoup dans leurs préparations pharmaceutiques, et cette drogue occupe un haut rang dans leurs matières médicales.

Benjoin. — C'est le suc solidifié d'un petit arbre, le *Styrax Benzoin*, qui pousse dans les plaines de Bornéo et de Sumatra. Il lui faut un terrain riche et humide; il demande d'ailleurs les mêmes conditions géographiques et climatériques que le *camphrier;* mais, contrairement à ce dernier, le *benjoin* exige une culture. Lorsqu'il a atteint sept ans, on pratique des incisions dans son écorce, et, pendant trois ans, la gomme qui en découle est considérée comme étant de première qualité et appelée *head* (en anglais, tête); celle qu'on récolte ensuite pendant les 8 ou 10 saisons suivantes est d'une couleur brune et inférieure en qualité; elle s'appelle *belly* (ventre); au bout de ce temps, on coupe l'arbre, et la dernière gomme qu'on récolte alors s'appelle *foot* (pied). Les différentes variétés sont d'un prix proportionné à leur qualité; celle dite *head* varie de 50 à 100 dollars par picul (de 4 fr. 85 c. à 9 fr. 75 c. par kilog.); celle dite *belly*, de 25 à 45 (de 2 fr. 42 c. à 4 fr. 95 c. par kilog.), et enfin celle dite *foot*, de 8 à 20 dollars par picul (de 77 c. à 1 fr. 96 c. par kilog.).

Cette gomme, dans son pays de production, vient de l'intérieur, sous forme de grands gâteaux, et représente une valeur intrinsèque, comme les lingots d'or et d'argent dans d'autre pays.

Pour les ramollir, il faut que ces gâteaux soient bouillis avant de les emballer, et il est nécessaire d'apporter le plus grand soin à les débarrasser de tous les corps étrangers qui pourraient s'y être attachés. Le bon *benjoin* doit offrir un grand nombre de petits points de couleur claire, et, quand on le casse, paraître marbré : il est presque sans odeur, mais lorsqu'on le frotte ou qu'on l'échauffe, il dégage un parfum très agréable. Cette gomme est le fameux *frank-incense* de l'Orient;

elle diffère de celui des Arabes, qui n'est autre que l'*oliban*. On a employé le *benjoin* comme encens, dans les cérémonies religieuses des catholiques romains, des israélites, des mahométans, des Indous et des boudhistes. Autrefois presque tous les peuples recherchaient avidement cette substance. Les chefs arabes l'estiment infiniment plus que leur meilleur *oliban*. Les chefs javanais fument le *benjoin* avec leur tabac, et les riches Chinois s'en servent pour parfumer leurs habitations. Les Parsis sont les seuls étrangers qui importent le *benjoin* en Chine; l'importation en est considérable, mais le chiffre n'en est pas connu. La cherté du *benjoin* lui fait souvent préférer l'*oliban*.

Bézoard. — On donne ce nom à une espèce de calcul qui se forme dans les intestins de certains animaux. Les premiers *bézoards* connus sur les marchés chinois y venaient de Perse et s'étaient trouvés dans des chèvres; ils étaient très estimés, fort rares, et se vendaient dix fois leur pesant d'or. Depuis qu'on a importé successivement des *bézoards* de vaches, de chameaux et de divers autres animaux, le prix de cette denrée a beaucoup diminué; elle est cotée actuellement de 20 à 25 dollars le *catty* (de 192 à 246 fr. le kilog.).

Le *bézoard* est employé, en Chine, dans la pharmacie. On imite le *bézoard* animal avec une perfection telle que le marchand, qui lui-même est habitué à extraire ce produit de l'animal, y est trompé. On reconnaît qu'un *bézoard* est bon, lorsque, avec une aiguille rougie au feu, on ne peut en enlever que de petites écailles, ou qu'en le plongeant dans l'eau bouillante il ne change pas d'aspect, ou enfin, lorsqu'en le frottant contre du plâtre, il laisse une trace jaune, et, contre de la chaux, une trace verte. Le *bézoard* oriental factice est un composé de bile et de résine; d'autres le sont de poils, de bois et principalement de magnésie et de phosphate de chaux; les mieux imités sont ceux qui sont composés avec de la craie et du fiel de bœuf. Les *bézoards* qui se vendent en Chine y viennent principalement de l'Inde. Cet article n'est pas d'un commerce considérable.

Bétel (Noix de).—La feuille du *poivrier bétel* et la noix du *palmier areca* (*Areca cathecu*) constituent ensemble l'article appelé *noix de bétel*, qu'on emploie comme masticatoire dans tout l'Orient. Comme article de commerce, la noix d'arèque est toujours vendue séparément.

L'habitude de chiquer cette préparation s'est étendue depuis les îles où croît l'aréquier jusqu'au continent de l'Asie, et l'on en fait aujourd'hui usage depuis la mer Rouge jusqu'à l'Océan Pacifique. La noix d'arèque est le fruit d'un palmier d'environ 16 centimètres 1/2 de diamètre et 10 mètres de hauteur; ce palmier produit du fruit depuis l'âge de cinq ans jusqu'à celui de vingt-cinq. Les noix d'arèque ressemblent aux noix muscades par la forme, la couleur et la construction intérieure, mais elles sont un peu plus larges et plus dures.

La moyenne du produit annuel d'un aréquier est de 6 à 7 kilog., et le peu de frais et de soins qu'entraîne sa culture permet de vendre les noix d'arèque au taux d'environ un demi-dollar le picul (5 fr. environ les 100 kilog.). Dans le Décan, les dépenses de culture sont plus grandes et les récoltes plus précaires.

La feuille de *bétel* se cueille sur une liane appelée *poivrier bétel*, qui n'est cultivée que pour ses feuilles; elle exige un sol riche et humide; on doit l'appuyer et la faire grimper sur un arbre. On prétend que la qualité et la quantité des feuilles se ressentent du choix de cet arbre. La feuille du *bétel* a un goût piquant et tenant le milieu entre une saveur herbacée et aromatique. On cultive le *bétel* dans tout le sud de la Chine.

La préparation de la noix de *bétel* est fort simple : la noix d'arèque est coupée en tranches; on enveloppe une de ces tranches dans une feuille de *bétel* qu'on a frottée avec assez de chaux pour lui donner du goût.

Tous les habitans des îles, hommes, femmes et enfans, chiquent le *bétel*. Il prétendent que son usage adoucit l'haleine, soutient, réconforte l'estomac et conserve les dents. L'emploi du *bétel* donne aux lèvres, aux gencives et aux dents une couleur d'un rouge foncé. Plus cette couleur est foncée, plus elle est regardée comme un signe de beauté. Au point de vue hygiénique, on aurait moins d'objections à produire contre l'usage du *bétel* que contre celui du tabac; car il renferme moins de qualités narcotiques, et le goût en est d'ailleurs beaucoup plus agréable.

Les personnes de qualité portent le *bétel* préparé dans de riches boîtes d'or et d'argent à compartimens : ces boîtes, renfermées dans de jolis sachets brodés, pendent à leur ceinture. Un présent d'une de ces boîtes est regardé comme une grande faveur et une marque d'amitié parmi les habitans de l'Archipel; refuser une noix de *bétel* est faire une insulte dont il est demandé raison.

Les noix préparées sont de deux sortes : les cuites et les crues. Les unes sont les noix seules, les autres les noix coupées par tranches, cuites avec un peu de *cutch* (terre rouge du Japon) et séchées ensuite.

Une autre manière de les préparer est de les fendre et de les faire sécher promptement sur le feu, ou de les y faire sécher lentement sans les fendre.

La noix de *Bétel* est rarement expédiée en Europe ou en Amérique. La plus grande partie importée en Chine vient de Java, Singapore, Sumatra et Pénang. L'*aréquier* pousse aussi avec abondance dans l'île d'Haïnan, et de grandes quantités de noix sont, de là, envoyées dans le pays. Les Chinois les préparent comme les insulaires, excepté qu'ils teignent leur chaux avec du cinabre. La noix de *bétel* n'est pas d'un usage aussi général dans le midi de la Chine que dans les îles et dans le nord de l'Empire; ce n'est qu'un article de luxe, parce que la liane du poivrier *bétel* n'y croît pas spontanément. Cet article, avec le poivre et les autres épices produits par l'archipel Indien, et communément appelés produits du détroit, ont été, jusqu'à ce jour, en grande partie importés par Macao, à cause des droits et des charges de port qui sont trop élevés à Whampoa; mais, à l'avenir, ces denrées, suivant le cours général du commerce en Chine, s'importeront directement par les cinq ports. La navigation chinoise des jonques déclinera probablement, lorsqu'elle se trouvera en concurrence avec les navires européens, qui sont d'un plus grand tonnage et offrent plus de sécurité et de bon marché; et il est à présumer qu'avant peu le cabotage entre la Chine et les îles de l'Archipel cessera presque entièrement.

La moyenne du prix de la noix de *bétel* est, en Chine, plutôt 3 piastres le picul (30 c. le kilog.) que 2 1/2, comme il est porté sur les tableaux.

Bicho de mar. — On dénomme ainsi une espèce de grosse limace que l'on trouve dans les eaux salées; c'est un des plus importans articles du commerce entre la Chine et l'Archipel indien. On trouve le *bicho de mar* sur les plages de toutes les îles, depuis la Nouvelle-Hollande jusqu'à Sumatra, et aussi dans les îles de l'Océan-Pacifique; on le rencontre en plus grande abondance dans les petites îles de corail, et principalement dans l'Archipel des îles Soo-Loo. Parmi les insulaires, le *bicho de mar* se nomme *trypang*; les Chinois, à Canton, l'appellent *hog-shum*, nom qui signifie *ginseng* de mer. Le *bicho de mar* (*holothurie*) est un animal d'un aspect repoussant et qui se meut difficilement, comme tous les *gasteropodæ*. Il a quelquefois jusqu'à deux pieds de long, mais sa taille ordinaire est de quatre à cinq pouces et son diamètre de deux ou trois. Ses tentacules sont courtes, et, quand l'animal est pris, elles sont reployées sous son corps. Les *bichos de mar* sont pris à la main, par les natifs, qui souvent plongent pour les atteindre; puis, après les avoir nettoyés, séchés et fumés, ils peuvent les expédier. Longtemps les Chinois seuls s'occupèrent de cet article; mais, depuis peu, les étrangers se sont aussi mêlés de son commerce. Au marché, le *bicho de mar* est d'un brun terne et semble dur et coriace; sur la table, il a meilleure apparence et offre quelque rapport avec de la couenne de porc. Les Chinois en usent comme mets et comme assaisonnement; ils en consomment d'immenses quantités, dans la croyance que ce ver marin est un aphrodisiaque. Ils en comptent trente variétés qu'ils cotent de 1 dollar 1/2 le picul, jusqu'à 80 dollars (de 15 c. à 7 fr. 77 c. le kilog.); mais, à moins d'avoir une connaissance parfaite de cet article, il est bien difficile de distinguer ces différentes espèces. La plus grande partie du *bicho de mar*, consommé en Chine, arrive par Macao, sur des jonques chinoises et des navires portugais. Le *bicho de mar* se divise, comme on le verra au tableau du tarif, en deux espèces : le blanc et le noir.

Bois. — Outre les bois portés au tarif, les Chinois reçoivent encore et consomment d'assez grandes quantités de *bois* de *rose*, d'*aigle*, de *kayabuco*, et de *bois rouge*. Leurs forêts leur donnent un grand nombre de beaux bois propres à l'ébénisterie, et une quantité considérable en est importée en Chine par les frontières de l'ouest. Les bois de mâture et de construction sont apportés de Siam et de Singapore par les jonques chinoises.

Ébène. — L'*ebène* est le cœur du *diospyrus-ebenus*, arbre qui croît dans les îles Maurice, Ceylan, Luçon et autres de l'Océan Indien. Le meilleur *ébène* est d'un noir de jais, sans veines ni défauts. Il y a d'autres bois qui ont l'apparence de l'*ébène* et qu'on lui substitue souvent. L'*ébène* de Maurice se vend sur les marchés chinois 3 dollars le picul (30 centimes le kilog.), et celui de Ceylan, Manille, etc., 2 dollars (20 centimes le kilog.). L'importation n'en est pas considérable.

Sandal. — Le bois de *sandal* est le cœur d'un petit arbre, le *santalum album*, qui croît dans l'Inde et dans beaucoup d'îles de l'Océan Indien et de l'Océan Pacifique. Il ressemble au myrthe et en a la taille. Ses fleurs sont rouges et ses baies noires et juteuses. Après avoir coupé les bûches ou billes, on en enlève l'écorce, et on les enterre, afin de faire manger par les fourmis blanches la partie supérieure du bois qui est molle. La couleur du *sandal* varie du rouge clair au jaune-brun; le foncé est le meilleur : ce bois doit être compact, sans nœuds, ni gerçures ou trous de vers. L'espèce la plus estimée vient du Malabar et vaut de 10 à 18 dollars le picul (de 1 fr. à 1 fr. 75 c. le kilog.), les autres se vendent de 8 à 10 dollars (de 80 c. à 1 fr. le kilog.).

Les Chinois consomment des quantités considérables de *sandal*; ils font avec ce bois une foule de charmans objets, tels qu'éventails, boîtes de jeux, etc., dont le travail est vraiment remarquable. Ils tirent aussi du *sandal* une huile très estimée comme parfum et qui a la propriété de ne pas surnager sur l'eau.

Bois de sapan. — C'est un bois de teinture dans le genre du bois du Brésil. Il est le produit du *cœsalpina sapan*, arbre croissant dans l'Inde, à Luçon, à Siam et à Burnoah. Les propriétés tinctoriales du *sapan* sont inférieures à celles du bois du Brésil; sa valeur est de 2 dollars le picul sur les marchés de Canton (20 centimes le kilog.).

Laurus (Bois de). — Solide et coriace, est excellent pour la construction des navires et pour la confection des coffres, boîtes, etc.; sa forte odeur le préserve des vers et des insectes; le bois qui a été bouilli n'est pas d'aussi bonne qualité que pris sur l'arbre même; il est cependant considéré comme un excellent merrain par les Chinois.

Camphre. — Celui qui est importé en Chine vient de Sumatra et de Bornéo. L'arbre qui le produit est confiné dans une très petite étendue de pays de ces deux îles. Le meilleur *camphre* vient de

Sumatra; il est récolté dans un petit district appelé *Barus*, et de là vient que tout le *camphre* de bonne apparence de Bornéo et de Sumatra est appelé *camphre barus*. Les Chinois lui donnent le nom de *ping-pien*, ou petits glaçons. On ne rencontre l'arbre *dryobalanops camphora*, sur aucun autre point du globe, et, dans ces îles, sa culture ne s'étend pas au delà de 3 degrés nord de l'équateur.

Pour recueillir le *camphre*, les natifs vont dans les forêts, abattent les arbres, les fendent, puis enlèvent, en grattant, les petites cristallisations qui se forment sur les fragmens. On dit que pas un dixième des arbres ainsi abattus ne donne de *camphre*. On ne peut, avant de l'avoir mis à terre, s'assurer si un camphrier donnera des produits. Ceci joint à ce qu'on ne cultive pas le camphrier, rend le *camphre barus* de plus en plus rare. Ce *camphre* est divisé en trois espèces: la première ou la meilleure est le *camphre* qu'on trouve en petits blocs, dans les fissures de l'arbre, comme la concrétion d'une huile essentielle; la seconde est un *camphre* un peu brunâtre, qui contient quelques petits brins de bois; la troisième et la plus mauvaise est le reste du râclage ou grattage. Tout le *camphre barus*, s'élevant environ à 800 piculs (49,000 kilog.) par an, est envoyé en Chine.

La proportion du prix entre le *camphre* malais et le *camphre* chinois est de 18 à 1 dollar. Le premier est plus odorant et moins piquant que l'autre, mais c'est plutôt la fantaisie des Chinois, que l'infériorité réelle du produit, qui cause cette différence énorme. Comme article de commerce, c'en est un peu important, et la plus grande partie de ce qui s'en importe est fraudée.

Presque tout le *camphre* exporté de Chine en Angleterre, en Europe et en Amérique, est extrait du *laurus camphora*, laurier camphre, arbre qui croît dans la partie orientale de la Chine, au Japon et à Formose. L'arbre et ses racines sont coupés en petits morceaux et bouillis; la gomme raffinée, volatilisée est reçue dans des cônes en paille renversés, puis on en fait de petits fragmens granuleux et de couleur grisâtre que l'on porte, ainsi préparés, sur le marché. Celui du Japon est le plus estimé, quoique ni les Japonais ni les Chinois n'aient encore l'art de le rendre pur par le raffinage. L'exportation annuelle du *camphre* de Chine et du Japon en Europe et en Amérique est de 3 à 4,000 piculs (185,000 à 246,000 kilog.): ses prix varient de 20 à 30 dollars par picul (de 1 fr. 94 c. à 2 fr. 92 c. par kilog.).

La plus grande partie de celui qui est apporté à Canton vient du Fo-kien. La moitié du commerce du *camphre* pendant les deux dernières années a été faite par des jonques chinoises venant directement du Fo-kien à Singapore. De là le *camphre* était réexpédié en Europe et en Amérique par des navires anglais, français, américains, hambourgeois et brêmois, chacun pour son pays respectivement. Les mouvemens de ce commerce vont être modifiés en ce que les navires européens pourront aller eux-mêmes charger le *camphre* à Amoy, à Fu-chow, ou sur des jonques à Hong-kong. L'exportation s'en trouvera probablement augmentée, et montera pour la Chine seule à plus de 4,000 piculs au taux moyen de 28 dollars le picul (2 fr. 71 c. le kilog.).

En emballant le *camphre*, on ne saurait prendre trop de précautions; il faut que les caisses soient solides et sans trous ni ouvertures et le fer-blanc parfaitement soudé; autrement on éprouverait un grand déchet par la volatilisation. Le camphre est toujours maintenu un peu humide, pour empêcher l'évaporation. Sur les navires qui ont des thés à bord, on ne peut prendre et charger du camphre que sur le pont; autrement il gâterait le thé. Le bon camphre est fort pénétrant, d'un goût amer et, aromatique, et quand on le met sous la dent, il produit une sensation de froid.

Cardamome. — Il y a plusieurs variétés de graines de *cardamomes* produites par différentes espèces de plantes dans diverses contrées; leurs dimensions plus ou moins grandes constituent leurs qualités. La plus petite est produite par un faible arbrisseau (*elettaria cardamomum*) qui croît sur les côtes du Malabar; ce sont les baies de la plante, et elles n'ont besoin que d'être séchées pour être livrées à la vente; elles ont une saveur douce, et lorsqu'on les mâche, elles donnent une chaleur agréable à la bouche. La baie ou capsule est d'un jaune brillant, d'une odeur pénétrante; elle est solide et se casse difficilement; il faut qu'elle soit parfaitement séchée. La grande espèce de *cardamome* est produite par un arbre (l'*amomum cardamomum*) qui croît en Cochinchine, à Ceylan, Java et autres lieux; ses graines sont d'une forme triangulaire, d'une couleur noire; elles sont plus longues et plus larges que celles de la première espèce, mais inférieures à celle-ci en odeur et en saveur; on ne les emploie que lorsqu'on ne peut pas se procurer l'autre sorte. Les deux qualités sont employées par les Chinois comme assaisonnement culinaire, mais la consommation en est peu considérable, et, comme article de commerce, la *cardamome* a peu d'importance.

Cire d'abeilles.—Elle a été introduite en Chine par les étrangers; elle y est importée d'Europe et des îles de l'archipel Indien. Les Chinois en récoltent aussi un peu dans celles de leurs îles où il y a des abeilles; ils recueillent la *cire* dans les bois et négligent le miel, qui se trouve dans les nids, parce qu'il y est en très petite quantité et de mauvaise qualité. Les îles de Timor et de Timorlan produisent assez de cire pour que les Portugais puissent en expédier annuellement 20,000 piculs en Chine et dans l'Inde, au prix moyen de 5 piastres l'un (48 centimes le kilog.).

Des jonques chinoises la transportent de Macao et de Canton dans le nord de la Chine. La consommation n'en est pas considérable, les Chinois ne se servant de la *cire* que pour envelopper les chandelles du suif qu'ils tirent de l'arbre à suif (*stillingia sebifera*) et de la graisse de porc et de bœuf. Ce suif, par la chaleur du climat et surtout par suite de son imparfaite clarification, reste toujours mou et a besoin, pour être employé en chandelle, d'être renfermé dans de la cire.

Le commerce de la cire s'accroît journellement en Chine et y deviendra un grand objet d'importation, lorsque l'usage de la bougie sera connu dans les provinces du nord.

Cochenille. — Cet insecte est apporté en Chine principalement des États-Unis; il y est employé pour teindre les soieries, crépons, etc. Le *coccus cacti* est un insecte d'environ 1 demi-centimètre de long; comparativement à son état primitif, il a été grandement amélioré par la culture de la plante sur laquelle il se trouve. Il vit solitaire sur les feuilles du *cactus cochinilifer*. Différentes tentatives ont été faites pour le cultiver en Espagne, dans l'Inde et à Java, mais avec peu de succès. Le climat de la Chine étant semblable à celui de Mexico, il est probable que la culture de la plante et de l'insecte y aurait plus de succès. La meilleure espèce de *cochenille* est celle qui est large, dure, sèche et d'une couleur argentée à sa surface. En achetant de la cochenille il faut bien examiner si cette couleur n'a pas été donnée à l'insecte par quelque procédé chimique.

Les insectes sont divisés en deux espèces, l'une sauvage, l'autre domestique; cette dernière est récoltée trois fois par an. En infusant la *cochenille* dans l'eau on obtient une couleur écarlate, et en l'infusant dans l'alcool on obtient un cramoisi foncé; enfin, une infusion alcaline donne un violet vif.

La *cochenille* est ordinairement importée de Mexico, en Chine, par la voie ou le transit de Manille, sans avoir été ni criblée ni nettoyée; mais il en vient aussi beaucoup des États-Unis; celle-ci est criblée et choisie.

L'importation annuelle est d'environ 3 à 400 piculs (18,000 à 25,000 kilog.), et tend à augmenter.

Les îles Canaries se sont, depuis une quinzaine d'années, adonnées à la culture de la *cochenille;* cette culture, qui peut y atteindre la plus grande importance, ne s'y trouve arrêtée que par la difficulté de l'écoulement des produits. Une grande partie de la *cochenille* des Canaries est envoyée aux États-Unis, pour de là, sans doute, aller en Chine.

Les navires français à destination de Chine sont habituellement obligés de relâcher aux Canaries pour y renouveler leur provision d'eau. Dans ces îles existent tous les usages d'Europe, et tous ses produits manufacturés s'y consomment. L'Angleterre les a, jusqu'à ce jour, presque exclusivement alimentées, par la raison fort simple qu'elle prenait, en échange de ses marchandises, des vins de Ténériffe (Madère).

Les marchandises que les Anglais y vendent sont loin d'être de premier choix et à bas prix; elles sont au contraire communes et fort chères. Qui pourrait empêcher notre commerce de fournir ce petit marché qui ne doit pas être dédaigné? Il règne dans ces îles fortunées un luxe extraordinaire, et elles sont fort peuplées. Sauf quelques marchandises du Midi qu'y importent annuellement deux ou trois navires de Marseille, les produits français y sont presque entièrement inconnus.

Les navires français allant en Chine pourraient porter aux Canaries, en échange de la *cochenille* et même des *vins* qu'ils y prendraient, et qui se placeraient fort bien en Chine et dans l'archipel Indien, nos *draperies*, nos *cotonnades*, de la *quincaillerie*, des *modes*, des *comestibles*, etc. Tout y serait bien reçu, si les transactions étaient faites par des négocians français et non, comme il arrive souvent, par des pacotilleurs, et, disons le mot, si les marchandises étaient toujours de bonne qualité.

La *cochenille* des Canaries trouverait un placement assuré et avantageux en Chine, et d'autres produits de ce pays pourraient y être pris en retour, car c'est ainsi qu'au moyen d'échanges successifs on s'assurerait contre les pertes en multipliant les chances de bénéfices. Non-seulement Ténériffe, mais tous les points d'escales possibles, sur la route, pourraient être, comme nous l'avons dit plus haut, exploités par notre commerce. Ainsi l'Afrique, le Cap de Bonne-Espérance doivent échanger contre nos marchandises (modes et articles de fantaisie surtout, qui y sont très connus) l'*ivoire*, la *cire*, les *pelleteries*, les *poissons salés*, etc., tous articles ayant une grande faveur sur les marchés chinois.

Coir. — Fibre filamenteuse tirée de l'écorce d'un palmier, *raphis flabelliformis*, qui croît dans le Haïnan, dans le sud de la Chine et dans l'archipel Indien. Cette espèce de chanvre est importée par les jonques. Pour l'obtenir, on enlève de longues bandes d'écorce du *raphis*, qui atteint au delà de 10 mètres de hauteur; on met rouir cette écorce dans l'eau, et on obtient de bon fil brun foncé ayant beaucoup de rapports avec la fibre qui entoure la noix de coco. Avec ce fil les Chinois fabriquent leurs cordages, les manœuvres de leurs navires, des balais, des pinceaux d'imprimerie, des étoffes imperméables, des sandales, des chapeaux, des brosses, du fil à voile, etc. Le prix de ce filament est de 1 1/2 à 2 dollars le picul (de 15 à 20 centimes le kilog.). On en consomme aussi une grande quantité dans l'Archipel; le meilleur vient d'Amboine.

Cet article peut être un objet de retour en lest, étant pris en écorce et maintenu humide pendant la traversée.

Corail. — Il est importé en Chine par des jonques chinoises. On le trouve dans toutes les îles de l'archipel Indien, et on l'emploie à la fabrication des bijoux, des boutons ou boules officielles des mandarins. Il se vend de 60 à 80 dollars le picul (de 5 fr. 70 c. à 7 fr. 75 c. le kilog.), suivant la couleur, la beauté du grain et la grandeur des morceaux. Autrefois des quantités considérables en étaient importées en Chine par les navires de la Compagnie des Indes venant de la Méditerranée ou d'Angleterre; mais, depuis plusieurs années, cette importation ayant cessé entièrement, cet article n'est pas porté au nouveau tarif des douanes. On pourrait essayer de le reprendre, attendu qu'il est à bas prix en France.

Cornalines ou Agates. — Ces pierres sont importées en Chine

par les *Parsis*. Elles viennent de Bombay où elles sont apportées de Guzarat, province de l'Indoustan. On les apporte brutes ou manufacturées en pierres et en perles. Les Chinois en font des bracelets, des anneaux pour les chevilles des pieds, des bagues, des rosaires et des colliers qui sont de la plus grande beauté et forment de précieux spécimens de leur habileté.

Cornes et Os.— Des *cornes* et des *os* sont introduits en Chine, par les jonques chinoises, des différentes contrées voisines, et forment un article considérable d'importation. Avec des *cornes* de buffle et de bœuf, les Chinois fabriquent des lanternes d'une grande élégance et un grand nombre d'autres objets; avec les *os*, ils font aussi divers ouvrages et de la chaux. Ces deux articles sont d'un placement avantageux dans le pays. Nos navires, en se rendant en Chine, peuvent s'en procurer, en échange de marchandises françaises, au Cap de Bonne-Espérance, où les *cornes* de bœuf et de buffle sont à vil prix, très-nombreuses, de la plus grande dimension et de la plus grande beauté. Dans aucun pays il n'existe de plus grands quadrupèdes que sur ce point de l'Afrique, et dès que des demandes auront été faites, les *os* de rhinocéros, d'hippopotame et autres de même espèce y afflueront. Madagascar peut aussi fournir à des approvisionnemens de *cornes* de bœuf, de buffle et d'*os*, qui seraient établis à Bourbon, pour nos navires allant en Chine.

Cornes de rhinocéros. — La meilleure espèce est importée de Cochinchine, et se vend quelquefois jusqu'à 300 dollars (environ 1,800 fr.) la pièce, sur les marchés chinois. Une espèce inférieure vient de l'Inde, et probablement aussi du midi de l'Afrique, qui se vend 30 dollars (180 fr.) et plus la pièce. Les Chinois fabriquent des coupes admirables et d'autres jolis ouvrages avec les plus belles cornes de rhinocéros, mais ils emploient la plus grande partie de ce produit à leurs préparations médicales. Ils en font aussi un article important de commerce avec le Japon, qu'ils en approvisionnent.

Coton.—Le *coton* brut s'importe en Chine de l'Inde et de l'Amérique. La moyenne des importations est de 750,000 piculs (45,000,000 de kilog.) environ, au taux de 9 1/2 à 10 dollars le picul (95 c. à 1 fr. le kilog.). Les Possessions anglaises de l'Inde ont, depuis que la culture du *coton* a été introduite dans les Présidences de Calcutta, Madras et Bombay, presque entièrement enlevé ce commerce aux Américains, et plus des trois quarts des *cotons* aujourd'hui importés en Chine sont indiens. Les Américains cherchent cependant à soutenir la concurrence et importent en ce moment (mars 1845) leurs *cotons* à perte, pour encombrer le marché et faire tomber ceux des Anglais. Ils trouvent d'ailleurs, comme ces derniers, au moyen de leurs transactions sur les thés et les opiums, des compensations telles que non-seulement leurs pertes se trouvent couvertes, mais qu'ils obtiennent même en définitive des bénéfices.

La lutte commerciale que se livrent depuis plusieurs années les Anglais et les Américains sur les marchés de Chine est en ce moment des plus sérieuses; son issue n'est peut-être pas difficile à prévoir. Ces deux concurrens vont encombrer les marchés chinois, et s'exposent par là à de grands désastres. S'ils n'importaient que des cotons bruts, le commerce français n'aurait pas à s'occuper de cette lutte, puisque malheureusement nous ne produisons pas cette matière; mais les Anglais et les Américains importent aussi en Chine des quantités considérables de coton manufacturé, et s'y font également une vive concurrence sur leurs étoffes de coton, qu'ils vendent à vil prix aux Chinois. Sur ce point nous devons étudier avec soin et leurs transactions et les résultats qu'elles donnent, parce que, nous aussi, nous fabriquons des étoffes de coton, et que nous pouvons entrer en lutte sur les marchés chinois, non-seulement pour la beauté, la qualité des tissus, mais encore pour les prix.

Cette compétition acharnée de l'Angleterre et des Etats-Unis ne saurait, dans notre opinion, qu'être favorable, à la longue, à notre commerce; voici en effet ce qu'on peut prévoir: le *coton* brut tombe déjà et sera de plus en plus déprécié, parce que les Chinois, trouvant des tissus à acheter à vil prix, ne prendront plus la peine d'en fabriquer; d'un autre côté, les immenses importations d'étoffes de coton anglaises et américaines se continuant, amèneront prochainement un encombrement complet des marchés. La compensation sur les pertes de la vente des étoffes de coton importées ne pourra pas non plus durer longtemps, parce que les marchandises chinoises exportées en grande quantité en échange, et qui donnent aujourd'hui ces compensations, finiront par produire également un encombrement sur les marchés d'Europe.

Alors les spéculateurs qui auront été imprudens rencontreront de grands mécomptes : la peur en arrêtera beaucoup d'autres pour l'avenir, et il nous deviendra possible de prendre une place meilleure, plus avantageuse, sur le marché chinois. Nos tissus de coton, de bonne qualité et à des prix raisonnables, seront reçus avec faveur et peut être même recherchés de préférence, car la qualité des tissus anglais et américains se sera probablement ressentie de la rude concurrence que les deux pays se faisaient; ils auront voulu, comme déjà on peut s'en apercevoir, s'indemniser de leur perte sur le prix de vente en économisant sur la fabrication.

Bornons-nous donc, quant à présent, à étudier le marché chinois et à y **faire connaître et apprécier nos tissus de coton par des envois prudens, bien choisis, et plutôt multipliés que considérables.** (Voir, en outre, l'article Tissus de coton.)

Cotons filés et Fils de coton. — Les *cotons filés* et *fils de coton* des marchés chinois étaient naguère presque exclusivement anglais; mais, depuis peu, les Américains en ont aussi importé, et ces derniers sont préférés par les fabricans chinois de la province de Canton. En 1843-44 les Américains en importèrent environ 1,500 balles. L'importation totale de cet article peut s'élever à environ 40,000 piculs (24,000,000 de kilog.), au prix moyen de 25 dollars (2 fr. 45 c. le kilog.) sur le marché.

Les numéros 18 et 32 sont les plus recherchés; ceux d'un numéro plus élevé se placent peu et atteignent à peine le même prix. Il y a en ce moment (mars 1845) un grand encombrement de coton filé de qualité inférieure sur le marché chinois.

Lorsque l'importation des *cotons filés* commença en Chine, elle détruisit entièrement l'industrie des filateurs chinois; ceux-ci, réduits à la misère, formèrent près des autorités une plainte qu'ils basèrent sur le tort que leur causait cette importation; non-seulement il ne fut pas fait droit à leur plainte, mais on n'augmenta nullement les droits de douane sur cette denrée. D'après un tel exemple, on n'accusera pas les Chinois d'abonder par trop dans le sens du régime dit *protecteur*.

Cuivre. — Voir à l'article Métaux.

Cutch ou Terre dite du Japon. — Pendant longtemps on a pris, en

Chine, le *cutch* pour une terre du Japon; mais il est aujourd'hui positivement prouvé que le *cutch* est une gomme résineuse extraite de l'*acacia catechu*, arbre originaire de la Perse, près du golfe de *Cutch*.

Cette gomme est importée en Chine de Bombay et du Bengale : celle de Bombay est friable, d'un brun-rouge, et plus dure que celle du Bengale. Les gâteaux qu'on fait avec cette gomme ressemblent assez à des tablettes de chocolat; quand on les casse, ils sont, à l'intérieur, bigarrés. Le bon *cutch* a une couleur brillante et uniforme, un goût douceâtre et astringent; il fond dans la bouche et ne doit pas être grumeleux. Cette gomme varie considérablement, même lorsqu'elle est de bonne qualité; quelques-unes de ces variétés sont lourdes et compactes, d'autres légères et friables, d'autres enfin sont moins astringentes. Toutes ces différences proviennent, dit-on, de la manière dont la gomme est récoltée, et surtout de la saison de la récolte. On trouve aussi du *cutch* dans le Pégu, dans le royaume de Siam et à Singapore, d'où il est importé en Chine. On s'en sert pour teindre en rouge; les Chinois n'emploient pas le *cutch* avec le *bétel*, comme font les insulaires.

Sa valeur en Chine est de 4 à 5 dollars le picul (40 à 50 centimes le kilog.).

Dammer ou-Dammar. — C'est une espèce de poix qui découle spontanément de différentes espèces de pins de l'archipel Indien. Il y en a de deux espèces : l'une dure, l'autre molle et blanche. On la trouve sous les arbres ou attachée à leur écorce, en petites masses et en grande quantité. En mélangeant la poix dure avec celle qui est plus molle on en obtient une moins cassante qui peut être alors employée à souder les coutures des bordages des navires et autres constructions en bois.

Cette poix n'étant généralement importée en Chine que par des jonques chinoises, on ne saurait préciser le montant de ses importations. On peut se la procurer à Bornéo pour environ un demi-dollar le picul (5 centimes le kilog.).

Dents d'éléphant. — Elles sont importées en Chine du midi de l'Afrique, de Ceylan, du Burmah, de Siam, de Cambodia, etc. On doit les choisir sans pailles ni défauts, solides, droites et blanches. Lorsqu'elles sont cassées au sommet, fendues ou avariées, elles ont beaucoup moins de valeur; toutes, cependant, quelle qu'en soit la grandeur, peuvent servir; les meilleures pèsent de 5 à 8 par picul (de 7 1/2 à 12 kilog. pièce). Elles vont en décroissant de grandeur jusqu'à donner en poids 25 par picul (2 1/4 kilog. pièce). Les fragmens même en sont aussi utilement employés et peuvent faire un article considérable d'importation. Le grand nombre d'ustensiles en ivoire, tels que boîtes, étuis, jeux d'échecs, éventails, etc., qui se fabriquent en Chine; la beauté et le fini admirable de ces objets en font un article d'exportation considérable.

Les *dents d'éléphant* les plus grandes se vendent jusqu'à 120 dollars le picul (12 fr. le kilog.); mais la moyenne de leur prix est de 50 à 80 dollars (de 5 à 8 fr. le kilog.). Cet article va augmenter considérablement par suite de l'ouverture des ports du nord.

La quantité d'ivoire que la France retire de ses possessions d'Afrique et de son commerce avec ce pays mérite d'appeler sur cet article l'attention et les études des négocians. Peu encombrant et d'une grande valeur, il donnera toujours de bons résultats.

Dents de chevaux marins. — Les dents et défenses des divers cétacés, comprises sous la dénomination de *dents de chevaux marins*, sont importées principalement de la Californie et de divers pays de l'Amérique du Sud, par la voie de Macao, et employées par les Chinois aux mêmes usages que l'ivoire.

Écaille de tortue. — La meilleure vient des îles Moluques et de la Nouvelle-Guinée, mais on en trouve dans tout l'archipel Indien et dans presque tout l'Océan Pacifique. Le nom de la première espèce est *hawk's bill tortoise;* elle est plus épaisse, plus claire et plus variée de couleurs qu'aucune autre; elle a la forme d'un cœur et comprend 13 divisions intérieures et 25 marginales. Les parties latérales offrent le plus d'épaisseur vers le milieu. Elles sont aussi les plus grandes et les plus estimées. Les meilleures écailles sont en grandes feuilles sans défauts et presque transparentes.

Les Chinois emploient de grandes quantités d'*écaille* à la fabrication des peignes, des boîtes, jeux, etc. Durant le monopole de la Compagnie, on envoyait cet article en Chine, pour être de là exporté en

Angleterre, mais aujourd'hui on l'apporte à Singapore et on n'en importe plus en Chine que pour la consommation du pays.

Le prix de l'écaille de tortue varie de 200 à 1,000 dollars le picul (de 20 à 100 fr. environ le kilog.), suivant sa qualité.

Estomacs de poissons. — Ils sont regardés en Chine comme un mets des plus délicats et des plus luxueux. D'une nature cartilagineuse, d'une couleur jaunâtre, ils ne demandent d'autre préparation, pour la vente, que d'être convenablement séchés, ce qu'on obtient en les exposant au soleil; dès qu'ils prennent la moindre humidité, ils se gâtent et sont perdus.

Les *estomacs de poissons* sont en partie importés en Chine des îles de l'Archipel par des jonques chinoises; leurs prix varient de 35 à 70 dollars par picul (de 3 fr. 40 à 6 fr. 80 c. le kilog.). De même que les *nids d'hirondelle*, *bichos de mar* et *ailerons de requin*, ils sont très recherchés des Chinois, qui leur accordent des propriétés fortifiantes et aphrodisiaques. Le commerce dont cet article est l'objet va prendre une grande extension par suite de l'ouverture des ports du nord, et il deviendra important pour les Européens s'ils peuvent se procurer cette denrée à meilleur marché que les Chinois. Le Cap de Bonne-Espérance, si riche en poissons de tous genres, pourrait l'offrir à nos navires, s'ils en faisaient préparer dans les sécheries de poissons qui y sont établies.

Étain, Fer. — Voir à l'article Métaux.

Gambier. — On confond quelquefois cette substance avec le *cutch*, mais on l'obtient d'une tout autre manière, bien que ses propriétés soient les mêmes que celles du *cutch* et qu'on l'emploie aux mêmes usages. Le *gambier* se prépare en faisant bouillir les feuilles d'un arbrisseau grimpant de 2 mètres à 2 mètres 50 centimètres de haut, appelé l'*uncaria gambier*, dans une grande chaudière, pendant cinq à six heures, après lesquelles les feuilles sont tirées de l'eau et suspendues au-dessus de la bouilloire pour égoutter. On fait bouillir cette eau jusqu'à ce qu'elle s'épaississe, puis on la laisse refroidir, et, en vidant le vase, on trouve au fond une espèce de pâte savonneuse. Après avoir été séchée et coupée en morceaux, cette pâte est envoyée en Chine.

C'est dans l'archipel Indien, et plus particulièrement à Singapore et à Java, qu'on fabrique le *gambier*. Il est d'une couleur brun-jaune;

on l'emploie dans tout l'Archipel pour chiquer avec le *bétel.* On en importe de grandes quantités en Chine dans des jonques et sur des navires étrangers; il s'y vend 1 piastre 75 cents le picul (17 fr. 50 c. les 100 kilog.). On l'emploie aussi à teindre la soie, le coton, la laine et à tanner les cuirs. Pour ce dernier usage, le *gambier* obtient des résultats bien plus prompts que l'écorce de chêne; son emploi, en somme, mériterait, ce nous semble, de fixer l'attention de nos fabricans, et en particulier de notre industrie lainière, à laquelle les qualités tinctoriales de ce produit pourraient être fort utiles. Le commerce du *gambier*, en Chine, tend à s'accroître par l'ouverture des ports du nord: cette denrée, on le répète, pourrait s'utiliser en France et devenir pour nous un article de retour.

Ginseng. — Ce produit appelé en chinois *jin-sam* est la racine séchée du *panax quinquefolia.* Il croît en Tartarie et en Amérique; de ce dernier pays, on en importe en Chine une grande quantité. Le *ginseng* est considéré par les Chinois comme une panacée: un remède n'est réputé bon et salutaire qu'autant qu'il entre du ginseng dans sa composition. Tout le *ginseng* qui croît en Tartarie est la propriété de l'empereur de la Chine, qui en vend tous les ans une certaine quantité à ses sujets au poids de l'or. Les marchands hongs étaient autrefois obligés d'en acheter pour plus de 140,000 dollars (840,000 fr.); et pour cette énorme somme ils n'en recevaient que quelques kilogrammes.

Les racines de *ginseng* sont environ de la grandeur du petit doigt; lorsqu'on les mâche, elles sont d'une douceur mucilagineuse. Quand elles sont bonnes, elles doivent éclater lorsqu'on les casse, être saines et sans piqûres de vers. Les Chinois considèrent celles qui viennent de la Tartarie comme d'une qualité supérieure, lors même qu'elles n'offrent aucune différence avec celles d'Amérique. Les premiers *ginsengs* importés de ce pays donnèrent des bénéfices de 500 à 600 p. 0/0, mais, au bout de quelque temps, les prix baissèrent au point de laisser quelquefois les importateurs sans aucun profit.

Lors de l'établissement du nouveau tarif des douanes, les Chinois demandèrent pour cet article une réduction sur le droit impérial, notamment pour l'espèce de première qualité qui supporte une taxe considérable (1) ; mais le commissaire impérial Ki-Yng, auquel ils avaient adressé une pétition à ce sujet, décida, tout en maintenant l'ancienne tarification, que chaque importation de *ginseng* serait taxée pour un cinquième d'après le droit applicable à la première qualité, et pour les quatre autres cinquièmes d'après le droit de la seconde qualité. Ce nouvel arrangement réduisit le droit effectif à payer à 10 taëls 2 maces, soit à 14 dollars 17 cents par picul (1 fr. 40 c. par kilog.). On alloue sur le *ginseng* 5 p. 0/0 de perte au poids et l'on prélève cette bonification sur le prix agréé par picul.

On appelle *ginseng clarifié* celui qu'on a fait bouillir et dépouiller de son enveloppe. Après cette opération il devient transparent et se vend de 60 à 100 dollars le picul (de 5 fr. 85 c. à 10 fr. par kilog.); celui qui est cru ne vaut que de 35 à 70 dollars (de 3 fr. 40 à 6 fr. 80 c. par kilog.). En 1837 on en importa en Chine environ 100,000 kilogrammes d'une valeur de 6 à 700,000 francs; la moyenne de l'importation annuelle est à peu près de 3,000 piculs (185,000 kilog.), au taux de 48 dollars (4 fr. 66 c. le kilog.). Ce commerce, entièrement aux mains des Américains, est sujet à des incertitudes et à des fluctuations très multipliées.

Girofle (Clous de). — On en connaît dans le commerce quatre espèces : le commun, la femelle, le royal et le sauvage ou *clou de girofle* de riz. Le royal est le plus petit, le plus noir et le plus rare. Les meilleurs *clous de girofle* sont les plus larges, les plus pesans, dont le goût est chaud et mordant et qui sont huileux au toucher. Les *clous* dont on a extrait l'huile essentielle sont plissés, racornis, et ont presque toujours perdu le bouton du sommet. On augmente souvent le poids des *clous de girofle*, frauduleusement, en mettant les paniers dans lesquels on les emballe au-dessus d'un vase plein d'eau afin qu'ils en absorbent l'humidité.

Le monopole du commerce des *clous de girofle* appartient aux Hollandais. On sait assez les cruelles et injustes précautions qu'ils ont prises pour se l'assurer; ce commerce, toutefois, tend de jour en jour davantage à leur échapper. Les clous des Moluques qui viennent

(1) Voir au Tarif, *Tableau d'importation*, page 18.

d'Amboine sont les plus estimés et se vendent au taux de 28 à 30 dollars le picul (2 fr. 72 c. à 2 fr. 92 c. le kilog.) sur le marché de Canton : ceux de Maurice et de Bourbon jouissent aussi d'une grande faveur sur ce marché et s'y vendent de 20 à 24 dollars (1 fr. 94 c. à 2 fr. 32 c. le kilog.); ceux que l'on appelle malais n'y atteignent que le prix de 12 à 15 dollars (1 fr. 16 c. à 1 fr. 45 c. le kilog.).

Mother-Cloves, ou *clous de girofle-mère.* — On donne ce nom à une espèce plus grande mais de qualité inférieure, qui a été depuis peu importée en Chine du détroit de Malacca. La moyenne de son prix est de 12 à 15 dollars (1 fr. 06 c. à 1 fr. 45 c. le kilog.). Cette sorte sert à faire des parfums.

L'importation du *clou de girofle* dans les ports du nord de la Chine tend à augmenter considérablement. Déjà le chiffre des importations totales de cette denrée, porté sur les tableaux, est bien loin de l'exactitude, et ne représente pas, à beaucoup près, l'importance de l'article.

Le commerce des *clous de girofle* mérite toute l'attention du commerce français; ceux de Bourbon ont une grande faveur sur les marchés chinois et sont importés dans les ports du nord. Cette île pourrait en expédier de 1,500 à 2,000 piculs par an (93,000 à 123,000 kilog.); ils pourraient être pris en passant, en échange de marchandises françaises, par nos navires qui se rendent en Chine.

Girofle (*Huile de*). — On obtient cette huile par la distillation des clous de girofle. On l'emploie à différens usages, entre autres dans les arts. Si l'on a lieu de croire qu'elle est falsifiée par un mélange d'autres huiles, il suffit d'y verser de l'esprit-de-vin, et la séparation a lieu. On peut aussi verser un peu de cette huile sur le feu et on sentira facilement la présence d'une autre huile : sa couleur, lorsqu'elle est pure, est d'un brun pâle tirant sur le rouge et s'obscurcit à mesure que l'huile vieillit.

Gommes. — Outre les *gommes* qualifiées au tarif, un grand nombre d'autres s'importent en Chine en quantités considérables : telles sont les *gommes arabique*, *bdellium*, *copal*, *animi*, *résines*, *dammar* et *camboge*. L'article *gomme*, en général, appelle l'attention du commerce français. Voir aux différens noms.

Herbes marines. — Importées en Chine de l'archipel Indien dans des jonques, elles sont aussi recueillies sur les côtes du pays. Les Chinois se servent principalement de *l'eung-fan-tsoi*, avec lequel ils fabriquent l'*agar-agar*, aliment dont ils sont très friands, et qu'ils font cuire dans de l'huile ou de la graisse. (Voir ce qui a été dit plus haut sur cet article.) On ne connaît pas précisément le chiffre des importations de ces *herbes marines;* mais il doit être considérable, vu la grande quantité d'*agar-agar* qui se consomme dans le pays.

Macis.—C'est l'espèce de pulpe qui recouvre immédiatement la noix-muscade, au-dessus de laquelle s'étend l'enveloppe qui renferme le fruit entier à peu près de la même manière que nos noix. Le *macis* est d'un brillant rouge jaunâtre et exhale un arome fort agréable; son goût est mordant et amer. Le bon *macis* est coriace, frais et huileux. On en fait de petites balles, et il faut avoir le plus grand soin de ne point l'exposer soit à trop de sécheresse soit à trop d'humidité, sans quoi il se gâterait. Le *macis* a toutes les propriétés de la noix-muscade, mais à un moindre degré, et il possède plus d'amertume.

On trouve, dans le Malabar, une espèce de *macis* qui a une si grande ressemblance avec le véritable qu'il faut les voir l'un à côté de l'autre pour n'y être pas trompé; ce *macis* a un goût résineux et peu aromatique. Je n'affirmerai pas que l'arbre qui donne le *macis* du Malabar produise aussi des noix-muscades, mais ce qu'il y a de certain c'est qu'il est d'une qualité très inférieure.

Le commerce du *macis*, en Chine, a diminué, mais il peut reprendre par l'effet des relations nouvellement ouvertes avec le Nord. Il mérite attention, Bourbon et d'autres possessions françaises produisant la muscade.

Métaux. — La consommation des métaux, en Chine, dépend beaucoup de leurs prix, parce que, lorsqu'ils sont chers, les Chinois ont recours à leurs mines et se procurent ainsi le minerai à meilleur marché. Ils ont des mines de *plomb*, de *vif-argent*, de *fer* et de *calamine ;* ils en ont probablement aussi de *cuivre* et d'*étain*. La consommation du *plomb* et de l'*étain* tend à augmenter beaucoup en Chine.

Cuivre. — Ce métal arrive en Chine de la Perse, de Bornéo, de Sumatra et du Japon. Il y a peu de temps qu'on en a découvert à Bornéo. Tous les ustensiles faits en *cuivre* dans ces îles sont fabriqués avec un métal qui contient beaucoup de *fer*, et les lingots eux-mêmes en ont un fort alliage. Il faut un grand travail pour purifier ce cuivre. Celui du Japon contient de l'or en alliage; il vient sur le marché en petites barres de 6 pouces anglais de long (1), d'une couleur rougeâtre plates d'un côté et convexes de l'autre, pesant de 4 à 5 livres anglaises (2) chacune. Ce cuivre est le plus estimé parmi tous ceux de l'Asie. Les Chinois et les Hollandais en exportent annuellement plus de 2,000 tonneaux.

Les cuivres de l'Amérique du Sud sont aussi importés en Chine par les Anglais et les Américains, mais ils vont principalement à la consommation des Européens et de leurs navires, et une grande quantité de cuivre en saumons est envoyée dans l'Inde.

Le cuivre a en Chine un concurrent redoutable dans le *white-copper* (cuivre blanc), alliage naturel trouvé dans le pays et dont les parties constituantes sont inconnues; on suppose qu'il se compose en grande partie de cuivre et de fer. Il sert en Chine à la confection de nombre d'ustensiles ordinairement faits en cuivre. Lorsqu'il est propre et bien poli, il a le brillant et toute l'apparence de l'argent.

Fer. — Le *fer en barres*, en *tringles* et en parcelles ou *bribes de ferraille*, est un bon article d'importation en Chine. Il s'y vend moins de fer en gueuses. Les barres de 2 à 3 pouces anglais de large et les tringles d'un demi-pouce et moins, sont les grosseurs ordinaires. Elles valent de 1 dollar 80 cents à 2 dollars le picul (18 à 20 centimes le kilog.); les *tringles* de 3 dollars à 3 dollars 50 cents (30 à 35 centimes le kilog.); enfin les *fers en bribes* ou parcelles valent 2 dollars 50 cents le picul (25 centimes le kilog.). Lorsque les prix anglais augmentent beaucoup, les Chinois, comme on l'a dit plus haut, retournent à leurs propres mines, qu'on dit très riches et très nombreuses. Le *fer*, considéré comme article d'importation, appelle l'attention de notre commerce et doit être étudié dans ses nombreux détails.

Acier. — Les *aciers* anglais et suédois sont à peu près les seuls qui arrivent en Chine. Deux espèces seulement, l'*acier brut* et l'*acier de forge*, sont employées par les Chinois. L'importation de cet article a été assez considérable; mais elle a diminué pendant ces dernières

(1) Le pouce anglais = 0 mèt. 025.

(2) La livre anglaise = 0 kilog. 453.

années. Les Chinois sont fort ignorans dans la fabrication et dans l'emploi de l'*acier*. Leur coutellerie est extrêmement inférieure.

Plomb.—Ce métal est importé en saumons et en feuilles; son prix varie de 4 à 5 dollars par picul (40 à 50 c. par kilog.). Le *plomb* est assez rare en Asie, et la plus grande partie de celui qui y est consommé vient d'Europe et d'Amérique. Il est plus que présumable que la rareté du plomb, dans ces pays, provient de l'état relativement arriéré, chez eux, des arts industriels, qui n'a pas permis, jusqu'à ce jour, de découvrir toutes les richesses métalliques que renferme le sol.

L'Angleterre a possédé pendant longtemps le monopole de cet article important. Mais les mines du Missouri sont venues le lui ravir et fournissent à présent les plombs au marché chinois à des prix tels que les Anglais ne peuvent plus soutenir la concurrence. L'importation annuelle des Américains est de plus de 40,000 piculs (2,470,000 kilog.). La consommation du plomb est immense en Chine. On renferme dans le *plomb* la rhubarbe, le camphre, les thés, les soieries, sans compter les innombrables soudures que les Chinois sont obligés de faire à toutes leurs enveloppes de fer-blanc, et tous les ustensiles qu'ils fabriquent avec le plomb.

Leur manière de fabriquer les feuilles de plomb est très simple et très expéditive; ils se servent de deux tuiles superposées et couvertes de plusieurs épaisseurs de papier. Dès que le plomb est fondu, l'ouvrier soulève la tuile supérieure d'un côté, et verse sur celle d'en bas la quantité de plomb nécessaire, puis, rabaissant la tuile supérieure, il laisse opérer la soudure, et la feuille est faite. Tout dépend, quant à l'épaisseur de la feuille, de l'habileté de l'ouvrier.

Zinc. — Le *zinc* est employé dans les fonderies de cuivre. Il est importé en Chine en tablettes d'un demi-pouce anglais d'épaisseur d'un blanc bleuâtre. Le commerce du *zinc* était autrefois un monopole en Chine, et se trouvait entre les mains d'un mandarin qui avait seul le droit d'en acheter et d'en vendre. Par suite du nouveau tarif, qui a détruit ce monopole, et du commerce avec le Nord, le commerce du *zinc* doit s'accroître en Chine, si surtout on peut, en le laminant en feuilles assez minces, le rendre propre aux emballages.

Étain.—On trouve ce métal en abondance, et très pur, dans l'île de

Banca. On l'y coule en lingots de 20 à 60 livres anglaises (9 à 27 kilog.). La pureté de ces lingots est supérieure à celle de l'*étain* de Malacca. Tout l'*étain* de qualité supérieure qui est importé en Chine en lingots s'appelle *étain* de Banca, et celui de qualité inférieure *étain* du détroit. On se plaint que l'une et l'autre qualité sont falsifiées avec du plomb. Le prix de l'*étain* de première qualité est d'environ 17 dollars le picul (1 fr. 65 c. le kilog.), et celui de seconde de 14 à 15 dollars (de 1 fr. 35 c. à 1 fr. 45 c. le kilog.). La consommation de l'*étain* étranger a beaucoup diminué en Chine, dans ces dernières années; des feuilles d'*étain* y sont cependant encore importées d'Angleterre et d'Amérique dans des caisses de 112 livres anglaises (50 kilog. 8) pesant, et contenant de 80 à 120 feuilles. Ces boîtes se vendent environ 10 dollars l'une (60 fr.). L'importation des *étains* étrangers, en Chine, ne se monte plus qu'à environ 5,000 piculs (309,000 kilog.) par an.

Toutenague ou *Zinc chinois.*— Le *toutenague* est un alliage de fer, de cuivre et de zinc; il est plus dur que le zinc, compacte, sonore et quelque peu malléable. La cassure en est très brillante, mais se ternit promptement. Bien qu'il ait été presque entièrement remplacé par le zinc de Silésie, le *toutenague* a été clandestinement exporté en grande quantité dans l'Inde. Plus de 25,000 quintaux métriques y étaient envoyés tous les ans. Ce métal a, depuis l'importation du zinc en Chine, perdu beaucoup de son mérite. On l'y emploie à fabriquer des boîtes, des lampes, des chandeliers, des vases et autres ustensiles de ménage. Les Européens ne savent rien de précis sur la manière dont les Chinois fabriquent le *toutenague*. Son prix était, en 1844, de 14 dollars le picul (1 fr. 35 c. le kilog.).

Vif-argent ou *Mercure.* — Celui qui est importé en Chine y vient d'Europe et d'Amérique, dans des bouteilles en fer. On en convertit une grande partie en vermillon par l'oxydation et l'on s'en sert pour les peintures sur porcelaine. Les prix du *vif-argent* sont très variables en Chine; quelques centaines de bouteilles importées ou exportées peuvent en faire baisser ou hausser notablement le prix. Cela vient de ce que, lorsque les Chinois furent obligés d'en consommer des quantités considérables, les prix d'Europe ayant beaucoup augmenté, ils durent recourir à leurs mines qui sont très riches; et aujourd'hui le *vif-argent* peut être considéré, en Chine, comme un article d'exportation plutôt que d'importation. Le *vif-argent* est souvent altéré et mélangé avec du plomb. En le faisant évaporer, la fraude se découvre aisément, le plomb restant dans la cornue. Lorsque la quantité de plomb est considérable, le *vif-argent* devient moins liquide et s'attache aux parois du vase qui le contient, par une croûte composée du plomb qu'on y a mélangé.

Les prix du *vif-argent* sont de 80 à 130 dollars le picul (de 7 fr. 75 c. à 12 fr. 60 c. le kilog.). Celui de Shang-Haï, qui s'exporte en Angleterre, valait, en 1844, 83 dollars le picul (8 fr. le kilog.). Il offre une notable économie sur celui d'Europe, tant sous le rapport du prix que sous celui du transport, les Chinois trouvant le moyen de transporter le leur dans de simples morceaux de bambous, au lieu de vases de fer. Cet important métal mérite une étude toute spéciale de la part de l'industrie française. Il est certain que, si l'envoi en Chine de quelques hommes versés dans la métallurgie venait en aide aux mineurs chinois, les plus grandes opérations sur ce produit deviendraient possibles.

Or. — L'*or* est importé en Chine de Bornéo, généralement en poudre et quelquefois en petites masses impures. Les Chinois en font de petits lingots appelés *shoes*. On n'emploie pas ces lingots comme monnaie, mais seulement pour les fabrications.

Il faut apporter le plus grand soin dans l'achat de l'*or* en Chine pour n'être pas trompé, car les Chinois le mélangent avec d'autres métaux, soit en faisant au lingot une épaisse enveloppe en or pur, soit en introduisant de petites masses d'autres métaux dans le lingot. On essaie, en Chine, l'or comme en Europe, au moyen de pierres de touche et de l'acide nitrique.

Les Chinois fabriquent aussi des aiguilles d'*or* de différens alliages comme point de comparaison. Ils sont très experts dans l'emploi de la pierre de touche; chaque essai a un nom particulier, et le lingot est aussi d'une forme différente, au moyen de laquelle les Chinois en reconnaissent le titre. Le titre de l'*or* varie dans la proportion de 70 à 100. Les Chinois fabriquent et consomment une grande quantité de feuilles d'*or*, pour dorer les bois et ornemens des maisons, pagodes et jonques. Leurs feuilles d'*or* ne sont pas à beaucoup près aussi belles que celles d'Europe; elles sont d'environ deux pouces carrés, et on en exporte de grandes quantités de Chine dans l'Inde. Les *feuilles d'or* méritent l'attention du commerce français, comme article d'importation en Chine; elles donneront de bons résultats, par suite du degré de perfection de cette fabrication et de l'économie que l'industrie française y a introduite.

Les Chinois possèdent aussi des mines d'or, et quelques uns de leurs fleuves charient des sables aurifères; mais l'exploitation de ce précieux métal ne semble pas très productive chez eux, d'après leurs achats d'or étranger.

Fils d'or et d'argent. — Les *fils d'or et d'argent* sont importés en Chine d'Angleterre et des Pays-Bas; ceux de ce dernier pays sont les plus estimés. Ces *fils* sont employés à faire les bordures des belles étoffes de soie, à broder des habillemens d'hommes, de femmes, des bonnets, des souliers, des bourses, etc. L'importation de cet article est considérable; mais comme il représente une grande valeur sous peu de volume, on l'introduit généralement en contrebande pour éviter les droits, et par conséquent le chiffre des importations est peu connu. Si les fabricans français veulent imiter les *fils d'or et d'argent* hollandais, ils auront en Chine un grand placement pour cet article, en fin ou en faux. Nos *fils* ont été trouvés trop grossiers et trop forts. Il faut que les *fils d'or* soient travaillés sur soies jaunes, et les *fils d'argent* sur soies blanches : ceci est très important. Le poids des paquets doit être d'un demi *catty* ou 308 grammes et demi. Il faut emballer ces fils dans du fer-blanc et dans du bois; chaque caisse doit porter le nom du fabricant. Dans les envois, il est nécessaire de mettre les 3/4 de fils en *or* sur 1/4 de fils en *argent*.

Les prix varient de 42 à 46 dollars le *catty* (407 à 446 fr. le kilog.); les droits sont de 18 cents par *catty* (1 fr. 80 c. par kilog.). Des envois de 150 à 200 kilogrammes, si les fils sont bien pareils à ceux des Pays-Bas, peuvent se réaliser facilement.

Myrrhe. — Cette gomme est importée en Chine de l'Arabie et de l'Abyssinie, par Bombay; elle est produite par un acacia et découle spontanément de l'écorce de cet arbre. La goutte ou larme de la *myrrhe* est résineuse, grénue, facile à écraser, d'un rouge jaunâtre, d'un goût âcre et amer. Ces gouttes doivent être claires et transparentes, mais la *myrrhe* est en général mélangée avec d'autres gommes.

Son prix varie sur le marché de Canton, de 4 à 18 dollars le picul (de 40 c. à 1 fr. 75 c. le kilog.). L'importation en a, on ne sait pourquoi, presque entièrement cessé pendant ces dernières années.

NACRE DE PERLE. — Les jonques et navires étrangers qui importent en Chine le *bicho de mar* y importent aussi la *nacre de perle*. Elle vient principalement des îles de l'Océan Pacifique et de l'archipel Soo-Loo; il en arrive aussi de la Californie. Les Chinois font avec la *nacre de perle* une foule de jolis petits ouvrages, qui sont en partie réexportés. Plus la coquille est grande, plus elle a de valeur; il faut surtout éviter avec le plus grand soin que la nacre de l'intérieur de l'écaille soit brisée ou endommagée. Ce commerce n'est pas très important actuellement.

NIDS D'OISEAUX. — Ils jouissent, en Chine, d'une grande célébrité qu'ils ne doivent qu'au goût bizarre du luxe culinaire chinois. On les y apporte principalement de Java et de Sumatra; mais on les trouve sur presque toutes les îles rocheuses de l'archipel Indien. Ces nids sont les habitations d'une petite hirondelle nommée *hirundo esculenta* (hirondelle comestible), parce que son nid est bon à manger. Il est composé d'une substance mucilagineuse, et l'analyse qui en a été faite, jusqu'à ce jour, ne permet pas d'en préciser les parties constituantes. Extérieurement, ces nids ont une apparence de colle de poisson mal cuite et sont d'une couleur blanchâtre tirant sur le rouge; leur épaisseur est à peu près celle d'une cuillère d'argent, et leur poids de 8 à 15 grammes. Secs, ils sont ridés et cassans, et un peu plus gros qu'un œuf d'oie. Ceux qui sont secs, blancs et propres sont les plus estimés; ils sont emballés par paquets enfilés dans des morceaux de rotin fendu.

La qualité de ces nids dépend beaucoup de la grandeur et de la situation des excavations dans lesquelles on les trouve et de l'époque à laquelle on les récolte. Lorsqu'on les prend avant la ponte, et même lorsqu'ils contiennent des œufs, ils sont de la meilleure qualité; mais quand les petits sont dans le nid ou l'ont quitté, les nids ne valent presque plus rien, étant devenus noirs, couverts de sang, de plumes et d'ordures. La récolte s'en fait deux fois par an; on a cru d'abord que les cavernes où ils se trouvaient le plus abondamment étaient celles qui sont situées au bord de la mer, mais on est revenu de cette croyance les dernières cavernes à nids d'hirondelles qu'on a découvertes, et où l'on en rencontre le plus, étant situées à 50 milles dans l'intérieur. Cette circonstance détruit aussi l'opinion où l'on était que les hirondelles construisaient leurs nids avec du frai de poisson ou de mollusques.

On a recours, pour récolter les nids, à une méthode à peu près semblable à celle qu'on emploie dans les Orcades pour attraper les oiseaux. Quelques-unes des cavernes sont de tels gouffres que les nids ne peuvent y être recueillis que par des hommes habitués dès l'enfance à y pénétrer : on n'y arrive que par une descente de plusieurs centaines de pieds, établie au moyen d'échelles de bambous et de rotins, au-dessus d'une mer brisant avec violence contre la base des rochers. Quand on a atteint l'ouverture des cavernes, il faut souvent, pour pouvoir y prendre les nids, observer les plus grandes précautions : là, le moindre faux mouvement serait à l'instant fatal, puisque l'on est entièrement suspendu sur l'abîme où les vagues se brisent avec un bruit effrayant. Dès que les nids sont récoltés, on les nettoie, puis on les sèche soigneusement, on les emballe, et, dans cet état, ils peuvent être expédiés. Les Chinois, seul peuple qui les emploie pour son usage, les apportent chez eux dans des jonques.

Les nids d'oiseaux se vendent sur les marchés chinois aux prix les plus exorbitans : les nids blancs ou de première qualité y valent souvent jusqu'à 1,800 dollars le picul (175 fr. le kilog.), c'est-à-dire deux fois leur poids en argent. La qualité moyenne vaut de 12 à 1,500 dollars (de 116 à 145 fr.), et la qualité la plus inférieure, ou celle des nids pris après la couvaison, coûte de 150 à 200 dollars (de 15 à 20 fr.). C'est sur la classification de ces trois qualités que le droit de douane est prélevé.

La majeure partie de la première qualité est envoyée à Pékin pour la consommation de la cour, circonstance qui confirme ce que nous avons déjà dit, que ce mets curieux est tout à fait de grand luxe parmi les Chinois. Les Japonais n'en font point usage, et l'introduction de cette dispendieuse denrée en Chine ne paraît pas moins étonnante que la persévérance des Chinois à l'employer ; ils considèrent les nids d'hirondelles comme un grand stimulant et un riche tonique. Leur plus grande vertu, peut-être, est d'être entièrement inoffensifs. Il faut un travail très laborieux pour les rendre mangeables, chaque plume, chaque brin de paille devant en être soigneusement détaché; puis, après de nombreux lavages, on les réduit, par la cuisson, à l'état d'une gelée mucilagineuse. La vente des nids d'hirondelles est un monopole des gouvernemens dans les possessions desquels on les trouve. Crawford estime qu'environ 243,000 livres valant 1 million 263,570 dollars (110,000 kilog. valant 7,581,000 fr.) sont annuellement expédiés en Chine de l'archipel Indien; l'île de Java seule en envoie 27,000 (12,230 kilog.) de la première qualité, d'une valeur de 60,000 dollars (360,000 fr.). La majeure partie de ce commerce a jusqu'à ce jour été faite par les Chinois; les Portugais, et en général les étrangers y ont pris peu de part. Cette circonstance, empêchant de fixer le montant et la valeur des arrivages de l'espèce explique le chiffre peu élevé pour lequel ils figurent sur le tableau des importations, chiffre qui ne paraît pas représenter plus de la moitié de l'importation annuelle effective.

Noix-muscade. — La *muscade* est le fruit d'un grand arbre, le *myristica moschata*, qui croît principalement dans les îles Banda et aussi dans l'archipel Indien. Le trafic de la *muscade* était naguère encore, ainsi que celui des épices en général, un monopole entre les mains du commerce hollandais; mais le prix exorbitant auquel il tenait cette denrée a amené la culture du muscadier à Singapore, Malacca, Penang et autres points du détroit. Ce produit a peu d'importance sur le marché de la Chine; il ne faut cependant pas le négliger, l'importation devant en augmenter par le commerce avec le Nord. Il convient d'ailleurs de ne pas oublier que Bourbon et d'autres possessions françaises produisent la *noix-muscade* et peuvent en développer la culture.

Oliban. — Cette gomme est employée comme encens dans les cérémonies religieuses des Chinois, et comme parfum dans leurs demeures. Elle découle naturellement du *libanus thurifera*, grand arbre qui croît en Arabie et dans l'Inde. Les gouttes de cette gomme sont d'une couleur rouge pâle, ont une odeur forte et un peu désagréable, un goût âcre et amer. Lorsqu'on le mâche, l'*oliban* adhère aux dents et rend la salive d'un blanc laiteux. Si l'on en met sur un fer chaud, il s'enflamme, brûle et exhale un parfum agréable. Dans le commerce, l'*oliban* est en larmes d'une couleur rose, cassantes et collantes; chaque boîte en contient environ 50 kilogrammes. Trié, il se vend 6 dollars le picul (60 centimes le kilog.), et non trié de 2 à 3 dollars le picul (de 20 à 30 centimes le kilog.). Sur le marché de Canton, bien qu'il ait considérablement diminué de prix, il se vend encore 10 dollars le picul (1 fr. le kilog.). La plus grande partie de celui qu'on trouve en Chine y est apportée de Bombay par les Parsis.

Opium. — C'est le suc solidifié du *papaver somniferum*, espèce de pavot cultivé dans l'Inde et en Turquie. Le produit de cette plante est l'objet d'un rigoureux monopole, dans l'Inde anglaise, le Malwa et dans d'autres États de l'Inde. La culture en est libre ; mais l'*opium* est frappé de droits énormes, pendant son transit jusqu'au port d'exportation. Celui qu'on récolte à Bahar, appelé *patna* dans le commerce, et celui de Bénarès sont supérieurs à l'opium de *Malwa* et étaient autrefois bien préférés au produit similaire de Turquie. Le bon opium est assez ferme, mais peut cependant recevoir l'impression du doigt; il est d'un brun jaunâtre, en parcelles et vu au jour, mais presque noir lorsqu'il est en masse, d'une forte odeur et pas grenu. L'*opium* varie considérablement de qualité suivant le pays qui le produit, et il faut beaucoup d'expérience pour reconnaître le meilleur. L'*opium* indien gagne pendant quelque temps par l'âge ; ensuite il perd. L'*opium* de Turquie, au contraire, ne vieillit pas, mais, pour le conserver, il faut soigneusement le priver d'air. On falsifie l'*opium* avec des feuilles, diverses poudres et autres corps étrangers; celui qui est très mou est de qualité inférieure.

La grande consommation de cette drogue, en Chine, en a fait un des plus importans articles d'importation. On en vend aux Chinois, depuis un grand nombre d'années, pour plus de 84 millions de francs par an. Les demandes qu'on en fait constamment tendent à augmenter plutôt qu'à diminuer. Le commerce s'en fait en fraude, bien qu'au grand jour, au moyen de navires anglais et américains armés, stationnés sur différens points des côtes, dans le voisinage des principaux centres de population. Ces navires, qui servent d'entrepôts, reçoivent l'*opium* des *clippers*, petits navires fins voiliers, et le réexpédient sur la côte au moyen des bateaux des fraudeurs chinois. L'*opium* est à présent publiquement vendu et fumé en Chine, et il est probable que le gouvernement sera, avant peu, obligé de légaliser ce commerce, dont la fraude lui cause une perte considérable en droits de douane.

L'*opium* qui vient de l'Inde se vend sur les marchés chinois de 550 à 700 dollars la caisse de 1 picul (de 53 fr. 30 c. à 67 fr. 90 c. le kilog.), et celui de Turquie de 370 à 500 dollars le picul (de 37 fr. à 50 fr. le kilog.). Il y a quelques années, ce dernier ne s'y vendait que très difficilement; mais, depuis peu, les Chinois ayant mêlé l'*opium* de Turquie avec celui de l'Inde et trouvé ce mélange agréable, cet article a augmenté d'importance sur les marchés chinois, et les demandes en deviennent de plus en plus considérables. Nos relations avec Smyrne et les échelles du Levant permettraient à notre commerce de faire de grands envois de cet *opium* en Chine, et Marseille qui entretient un si important commerce avec le bassin oriental de la Méditerranée, y serait intéressée. Il serait essentiel aussi que de nombreux essais de la culture du pavot de l'Inde et de Turquie fusssent faits dans nos possessions du nord et de l'ouest de l'Afrique. Ces essais exigeraient peu de temps, puisque l'*opium* est le produit d'une plante herbacée annuelle. L'avantage qu'on en pourrait tirer serait incalculable.

Orseille en poudre. — On dénomme ainsi une mousse lichen (*lichen tartaricus*) qui sert à teindre en violet, en cramoisi et en écarlate. On l'emploie, en général, avec des couleurs dispendieuses, comme l'indigo, la cochenille, etc.; elle leur donne plus de brillant et offre de l'économie.

L'*orseille* croît en abondance dans les îles Canaries, et les navires français qui iraient y charger de la cochenille pourraient, à très bas prix, y prendre ce produit, qui n'est presque plus employé dans la teinture en Europe (1). Il serait avantageux d'importer en Chine l'orseille toute préparée, c'est-à-dire en pâte ou en poudre.

---

(1) Il existe, en outre, aux Canaries, un autre produit qui ne doit pas être négligé par les navires allant en Chine, ni par ceux qui reviennent en France : c'est une pierre noire très poreuse, produit volcanique dont on fabrique à Santa-Cruz, à Ténériffe et dans toutes les Canaries, d'excellens filtres à très bas prix. Ces filtres, pris comme lest, seront d'une défaite très avantageuse, non seulement en Chine, mais dans tout l'archipel Indien. Rapportés en France, ils y seront aussi un excellent article.

Peaux et fourrures. — Il y a une vingtaine d'années le commerce des *fourrures* s'élevait annuellement en Chine à plus de 1 million de dollars (6,000,000 de francs); mais, depuis trois ou quatre ans, aucun article de ce genre n'y a été importé; le peu qu'on en trouve encore dans les forêts d'Amérique se place avec plus d'avantage sur les marchés d'Europe que sur ceux de Chine. L'importation qui s'en fait par le Nord est cependant encore considérable, mais il est certain que les draps remplacent aujourd'hui assez généralement les *fourrures*. Pour les vêtemens d'hiver, les Chinois sont obligés d'avoir recours aux tissus de laine qu'ils doublent avec des peaux de mouton, afin de les rendre plus chauds. Dans le nord, ce sont en grande partie ces peaux de mouton qui servent de vêtemens.

L'importation des *cuirs de bœuf* et de *vache* se fait des îles de l'archipel Indien ; on ne peut encore en préciser les quantités. Qui empêcherait notre commerce, si ce trafic d'importation prenait du développement, de charger des peaux et cuirs sur la côte d'Amérique, à Madagascar ou dans les îles de l'Archipel, et d'en porter aux marchés de Chine?

Pendules. — Moitié de la somme de 130,000 dollars portée sur le tableau d'importation pour pendules, montres, boîtes à musique, etc., appartient au commerce anglais ; l'autre moitié se divise entre les commerces français et suisse. Il y a vingt à trente ans on importait annuellement en Chine pour plus de 500,000 dollars (3,000,000 de francs) de ces objets ; mais les Chinois fabriquant aujourd'hui eux-mêmes des horloges, des pendules, des montres, à l'exception cependant des ressorts en acier, qu'ils sont obligés d'acheter aux étrangers, ce commerce a beaucoup diminué. Néanmoins, l'ouverture des cinq ports, et des prix plus raisonnables que ceux, vraiment exagérés, auxquels ces produits étaient vendus, pourraient lui faire reprendre un nouvel accroissement.

Le nouveau tarif des douanes a beaucoup simplifié, pour ces articles, le mode de perception, qui offrait naguère bien des difficultés.

Perles. — Les *perles* sont importées en Chine de Bombay : la valeur annuelle des importations est d'environ 300,000 dollars (1,800,000 fr.). La toilette des dames chinoises ne serait pas complète, si elles n'avaient de nombreuses perles mêlées à leurs cheveux noirs.

POISSONS SECS. — Importés en Chine, d'Angleterre et de Hollande, ils sont séchés sans sel. L'importation en était, il y a quelques années, très considérable ; mais les Chinois préparent aujourd'hui eux-mêmes des poissons secs, et ce commerce a beaucoup diminué. Il ne faut cependant pas le négliger, les navires, se rendant de France en Chine, pouvant se procurer à bon marché, au Cap de Bonne-Espérance, du poisson sec ou salé, en échange de produits français, et le vendre ensuite aux Chinois à plus bas prix que s'il venait d'Europe. Les pêcheries du Cap de Bonne-Espérance, établies depuis quelques années seulement, sont encore peu exploitées.

POIVRE. — Le *poivre*, produit d'une liane (*piper ingrum*), croît à Sumatra, au Malabar, à Malacca, à Siam, à Bornéo, Penang, etc. Sa culture est facile ; il se plaît dans les roches primitives et rapporte depuis 3 ans jusqu'à 10. Aussitôt que le fruit change du vert au rouge, on le récolte et on l'étend sur des nattes pour le faire sécher, puis on en sépare la capsule, et, lorsqu'il est convenablement sec, il est bon pour la vente.

Le *poivre* est connu, dans le commerce, sous deux noms : le *poivre blanc* et le *poivre noir ;* les deux sortes sont produites par la même liane. La seule différence vient de ce que le blanc est dépouillé de son enveloppe. Le bon *poivre* possède une odeur forte et pénétrante, un goût mordant et chaud ; le plus gros grain et la peau la plus douce au toucher constituent la qualité supérieure. Le *poivre* de Sumatra et de Penang est le meilleur. Il se récolte de 20 à 25 millions de kilogrammes de *poivre* annuellement, dont environ 5 à 600,000 s'exportent en Chine par navires européens, sans compter ce qu'apportent les jonques chinoises.

Le prix du *poivre* varie, sur les marchés chinois, entre 5 et 8 dollars le picul (de 50 à 80 centimes le kilog.). Ce commerce augmentera par suite des relations avec le Nord.

PUTCHUCK. — Racine odorante, qui vient en Chine du Sinde, par la voie de Bombay. Sa couleur et son odeur sont assez semblables à celles de la rhubarbe ; quand on la mâche, elle devient mucilagineuse ; en brûlant, elle exhale un parfum agréable. Le *putchuck* est employé en Chine pour la fabrication des bougies d'encens. Il s'en importe environ 2,000 piculs par an (124,000 kilog.), au prix moyen de 9 dollars le picul (90 centimes le kilog.).

Riz. — Le *riz* est la base de l'alimentation du Chinois : riche ou pauvre, il lui faut du *riz* pour vivre. L'importation de cette denrée est naturellement encouragée par le gouvernement et exempte de droit d'entrée. Formose, Luçon, Siam, toutes les îles de l'archipel Indien et spécialement Bali et Lombock, en envoient d'immenses quantités. Le prix du *riz* varie de 1 dollar 3/4 à 2 dollars 1/4 le picul (de 17 1/2 à 22 1/2 centimes le kilog.), et monte, dans les mauvaises récoltes, de 2 dollars 3/4 à 3 dollars (de 27 1/2 à 30 centimes le kilog.). Aussi le commerce auquel il donne lieu est-il sujet à des fluctuations considérables ; il augmentera nécessairement par l'ouverture des ports du Nord.

Rose maloes. — La *rose maloes* est une huile épaisse, gommeuse et très odorante, ayant la consistance du goudron ; elle vient en Chine de Perse par la voie de l'Inde ; la bonne qualité a une apparence de nacre. Cette huile se vend 30 dollars le picul (3 fr. le kilog.).

Rotins. — Les *rotins* sont les branches d'une espèce de palmier (*calamus rotang*), qui produit aussi la gomme dite *sang de dragon*. Cet arbuste est une espèce intermédiaire entre celle du palmier et les plantes herbacées. Il grimpe le long des arbres ; on le trouve à l'état sauvage dans presque toutes les îles de l'archipel Indien, mais les plus beaux viennent à Banjermassin dans l'île de Bornéo, et à Battak, contrée de Sumatra. On le lie en bottes de cent rotins, qui se vendent de 5 à 6 cents (30 à 35 centimes) l'une ; ceux qui sont noirs ou décolorés, et dont l'écorce s'écaille quand on les ploie, sont mauvais. Environ 20,000 piculs de ces rotins (1,235,000 kilog.) sont annuellement importés en Chine par les navires européens, sans compter ce qui en est introduit par jonques chinoises. Les Chinois les emploient dans la fabrication de leurs chaises, lits, paniers, nattes, etc. Avec des cordages de rotins, du bambou et des feuilles de palmier, le pauvre, dans le Sud, construit sa maison ; pour 5 dollars (30 fr.) il se procure un abri. Les Chinois font aussi un commerce d'exportation de rotins considérable avec le Japon.

Sagou. — Cette fécule est importée en Chine par jonques chinoises, en quantités assez considérables. Le *sagou* est le produit du *métroxylon sagu*, espèce de palmier d'environ 10 mètres de haut et de 50 centimètres de diamètre. On ne peut extraire le *sagou* de cet arbre que lorsqu'il a atteint sa maturité ; à ce moment son tronc devient creux. Ce palmier croît à Sumatra et à Bornéo ; quand l'arbre est abattu, les natifs prennent la moelle du tronc, la pulvérisent, séparent, au moyen du lavage, les filamens qui se trouvent dans la poudre, puis ils la sèchent au four, et avec les feuilles de l'arbre ils font des paniers dans lesquels ils l'envoient à Singapore, où on la raffine ; elle est ensuite réexpédiée, sous forme de fécule, en Chine, où elle se vend de 3 à 4 dollars le picul (de 30 à 40 centimes le kilog.).

Salpêtre. — Tout commerce sur le *salpêtre* était autrefois prohibé en Chine, on ne pouvait en faire entrer que par la fraude ; les Chinois, d'un autre côté, croyaient que les Européens exportaient celui de la Chine, pour fabriquer leurs poudres. Par suite du nouvel arrangement de douane, le *salpêtre* est importé en Chine de Singapore, où il vient de Sumatra et de l'Inde. La province de Chihle en fournit de grandes quantités ; cette importation augmentera probablement sous le nouveau tarif. Les prix du *salpêtre* varient en Chine de 4 dollars 3/4 à 12 dollars le picul (de 45 fr. à 116 fr. les 100 kilog.).

Sang de dragon. — Cette gomme résineuse, connue depuis plusieurs siècles, doit son singulier nom aux anciens Grecs, qui en consommaient d'immenses quantités. C'est le suc solidifié du *calamus rotang*, qui croît spontanément à Bornéo et à Sumatra. Le bon *sang de dragon* est en larmes d'une apparence poudreuse et doit être transparent et de couleur cramoisie lorsqu'on regarde au travers. Les larmes de bonne qualité doivent être dures, très résineuses et pures ; quand cette gomme est noirâtre, réduite en poudre, ou très friable, sa qualité est inférieure. On falsifie souvent le *sang de dragon* en le mélangeant avec d'autres gommes ; lorsqu'il est pur, il fond et brûle entièrement et sans bruit ; il est à peine soluble dans l'eau, mais il se liquéfie dans l'alcool, tandis que le *sang de dragon* falsifié pétille au lieu de s'enflammer et fond dans l'eau.

On emploie cette gomme en Chine à beaucoup d'usages; dans la peinture, pour faire du vernis, dans la médecine et dans d'autres arts. Le meilleur *sang de dragon* s'achète à Banjermassin et à Bornéo, d'où il est apporté à Singapore dans des roseaux, et de là expédié en Chine, au prix de 15 à 35 dollars le picul (de 1 fr. 45 c. à 3 fr. 40 c. le kilog.).

L'importation s'en fait presque entièrement dans des jonques chinoises. Lorsqu'il est trié et purifié, le *sang de dragon* se vend sur le marché de Canton depuis 80 jusqu'à 100 dollars le picul (de 7 fr. 75 c. à 9 fr. 70 c. le kilog.).

Cet article, déjà très recherché en Chine, est aussi l'un de ceux dont l'importation tend à augmenter par suite de l'ouverture des cinq ports du Nord au commerce européen.

Savons. — L'importation de cet article en Chine est un fait sur lequel on est encore peu fixé. Le *savon* que les Chinois emploient à présent est très commun, graveleux et plein de sable; il est presque exclusivement importé du Bengale par des Lascars. On en consomme des quantités considérables, et cet article, comme le précédent, tend à prendre de l'importance, grâce à l'intercourse avec les ports du Nord. Les Chinois ne savent pas faire le *savon* et le remplacent par de mauvaises compositions.

Le commerce des *savons* français avec la Chine devra fixer l'attention de nos expéditeurs et fabricans. Des envois de bonne qualité de *savons communs, de ménage* et *de toilette* y auraient un succès à peu près certain, s'ils étaient faits avec prudence et discernement.

Silex. — On doit de préférence l'importer, en Chine, en cailloux et comme lest. Il y sert de pierres à feu et dans la fabrication du verre. Il vaut de 50 cents à 1 dollar le picul (de 5 à 10 fr. les 100 kilog.).

Smalt ou Émail. — Les Chinois l'emploient pour peindre leurs porcelaines et leurs vases de cuivre émaillés. Cet article est peu important.

Tissus de coton. — L'importation des *long cloths blancs* s'élève à environ 200,000 pièces par an. Elle est faite presque entièrement par les Anglais. La pièce se vendait, il y a quelques années, de 5 à 6 dollars (de 30 à 36 fr.); elle est tombée à 3 dollars (18 fr.).

Les *long cloths* écrus sont aussi presque tous importés par l'Angleterre, au nombre d'environ 600,000 pièces, à 2 dollars 90 cents l'une (17 fr. 40 c.). Les imitations américaines des *long cloths écrus* n'ont pas parfaitement réussi.

Pour les grosses toiles de coton écru, draps de lit, etc., le marché appartient aux Américains; ils en importent annuellement 500,000 pièces, à environ 2 dollars 25 cents (13 fr. 50 c.).

Les *batistes* ne sont pas d'un commerce courant en Chine; il ne faut en apporter qu'avec la plus grande prudence.

Les *chintzes* ou toiles *perses* françaises et suisses sont préférées en Chine aux toiles anglaises. On doit importer de préférence les dessins de fleurs les plus brillans et les plus gais, avec des fonds verts et jaunes. Il ne faut pas envoyer de dessins à figures, ni surtout de sujets chinois. En général, les articles de fantaisie, mouchoirs et autres toiles imprimées en coton, prennent peu faveur sur les marchés de Chine, et, sur tous ces articles, il convient d'opérer avec la plus grande circonspection. Les soieries chinoises sont si supérieures, si riches, à côté de nos étoffes de coton, qu'il faudra bien du temps pour que le peuple de ce pays s'habitue à nos articles de ce genre et en fasse ses vêtemens habituels; mais sa fréquentation avec les Européens l'y amènera probablement, car en Chine comme ailleurs la mode existe, et par conséquent gouverne et modifie les habitudes. On ne doit cependant pas se dissimuler qu'elle y a moins d'empire que chez nous.

Quant à nos étoffes de coton blanches et écrues, elles pourront avoir, à une époque rapprochée, de grand débouchés en Chine; ces articles méritent donc dès à présent une étude sérieuse et approfondie; nos fabricans d'étoffes de coton blanc, calicots, etc., ne doivent pas craindre d'entrer en lutte avec les fabricans anglais et américains; bien loin que la concurrence de ceux-ci puisse nous nuire, elle fera reconnaître la supériorité des tissus français.

J'ai pu apprécier sur les lieux une grande quantité de tissus de coton blancs anglais et américains, et je me suis convaincu que les nôtres sont supérieurs en force, en beauté, et que si nous n'envoyons en Chine que de bonnes marchandises, en nous conformant aux besoins et au goût chinois, ces marchandises seront accueillies avec faveur, surtout si nous nous présentons sur les marchés en temps opportun, c'est-à-dire lorsque l'encombrement des tissus de coton anglais et américains, qui déjà se fait sentir de plus en plus, aura, ainsi que je l'ai dit plus haut, amené sa réaction, à savoir la suspension des envois de nos rivaux. Si nous présentons en Chine nos tissus de coton à ce moment-là, nous y trouverons des chances de succès, parce que le peuple chinois éprouve pour le *Falancé* (Français), pour le peuple à chevelure noire de l'Occident, une vive et sincère sympathie, qu'il est bien loin de ressentir pour les Anglais et les Américains, qu'il confond presque toujours entre eux. Ces dispositions auront, il n'en faut pas douter, d'heureuses conséquences pour notre commerce futur avec la Chine: *nous y sommes bien vus, considérés, et, à conditions égales, nous devons espérer le succès.*

Tissus de laine.—Le commerce des *draps* en Chine a jusqu'à ce jour été presque exclusivement entre les mains des Anglais, et excepté quelques *spanish stripes* et autres *draps légers* de Belgique et d'Allemagne, presque tous les *draps* importés en Chine sont de fabrique anglaise. Il faut encore en excepter cependant les *draps* russes, qui y sont importés par le nord de l'empire.

Voici, à peu de chose près, la position des *draps* européens en Chine. Les chiffres portés sur les tableaux d'importation n'ont pu être formés que très approximativement et sont loin de représenter la quantité réelle des draps introduits annuellement, ainsi que l'indique le relevé ci-après :

	pièces.	*yards* (1).	dollars. c.		dollars.	fr.
Broad-cloths, spanish stripes, etc.........	30,000	600,000	à 1 ¼ »	par *yard*, ci.	750,000	4,500,000
Long-ells..........	50,000	»	à 7 50	par pièce, ci.	375,000	2,250,000
Camelots { *anglais*...	10,000	»	à 22 »	id.	220,000	1,320,000
Camelots { *hollandais*	1,000	»	à 30 »	id.	30,000	180,000
				Total....................	1,375,000	8,250,000

Les *draps* sont importés en balles de couleurs assorties; la couleur préférée est l'écarlate.

Les *flanelles* commencent à être employées en Chine par la classe moyenne; elles doivent être de couleurs variées.

Les *bombasins*, *serges*, *étamines*, *lastings*, imitations de *camelot*,

(1) La *yard* = 0 mèt. 914.

étoffes de laine tricotée, etc., viennent tous sur le marché de Canton, mais en très petite quantité; environ 10 à 11,000 pièces de *bombasins* furent importées en 1836-37.

L'importation des laines manufacturées anglaises a diminué; il est à supposer que cela vient des progrès lents, mais certains, des produits hollandais, belges et allemands. Quant aux produits des manufactures françaises, ils sont encore à peine connus. Quelques essais ont été faits, il est vrai, mais ces essais ont été malheureux. On avait négligé la première et la plus indispensable des conditions, celle de la largeur des draps, qui doit avoir au moins 62 à 63 pouces anglais (1 mèt. 57 à 1 mèt. 60). Il ne faut cependant pas que nos fabricans se découragent: ils doivent étudier avec la plus minutieuse attention le nouveau marché qui s'ouvre pour eux en Chine, car, il n'y a pas à en douter, la place de nos lainages y est marquée. Nos *draps* et *tissus de laine* sont de qualité supérieure à ceux des autres fabriques d'Europe; le tout est d'arriver sur les marchés chinois avec les meilleurs chances possibles, en nous conformant d'abord rigoureusement aux besoins, goûts et usages du peuple auquel nous voulons vendre. Nos fabricans, tout en ne faisant pour la Chine que des draps de bonne qualité, doivent chercher à se rapprocher assez des *draps* qu'y ont introduits nos devanciers, pour pouvoir livrer aux mêmes prix qu'eux. Toutes ces conditions scrupuleusement observées, nos produits réussiront en Chine; mais il ne faudrait pas se créer d'illusion; nos progrès, nos placemens de draps seront lents, et la plus grande prudence doit accompagner les premiers essais. C'est à l'expérience de nos négocians à bien diriger ces opérations.

C'est une erreur de croire que les Chinois ne portent pas de vêtemens de *drap*; l'hiver, même à l'extrémité sud de leur pays, c'est-à-dire à Macao, à Canton, est assez froid pour que la soie et le coton ne puissent suffisamment en garantir, et le Chinois le plus pauvre possède au moins une grande veste ou une espèce de paletot en *drap*, souvent doublé de peau de mouton, pour mettre, les jours de fêtes ou de frimas, par dessus ses autres vêtemens. Le petit marchand, l'artisan et la classe si nombreuse des *coolies*, domestiques et *compradores*, dont chaque maison fourmille, portent, pendant les froids et les temps pluvieux de l'hiver, de ces vestes, et même de grands *surtouts de drap* bien doublés, qui tombent jusqu'aux pieds. Les *compradores*, ou fournisseurs de navires en rade, en portent également pour se rendre à bord pendant les nuits froides et humides ; les pilotes et patrons des *fast boats* se servent aussi de *surtouts* en gros *draps* grossiers, pendant les mauvais temps. Ces vêtemens sont presque toujours en *drap gros bleu* ; beaucoup de femmes et même d'enfans en ont aussi.

Les Chinois portent également, pendant les grands vents de l'hiver, des espèces de camails ayant la forme de ceux de nos prêtres ; ces camails sont en drap noir et leur couvrent la tête et les épaules. Ces renseignemens ne s'appliquent toutefois qu'au midi de la Chine et à la province de Canton. Si, dans ces pays méridionaux, le froid est un bon auxiliaire pour la vente de nos *draps* et *tissus de laine*, que ne sera-t-il pas dans le nord de l'Empire, où la température est plus basse que dans l'Europe septentrionale ? Il faudrait que notre commerce fût bien malheureux, ou s'entendît bien mal à faire valoir ses intérêts, pour n'avoir pas au moins une petite part dans l'approvisionnement d'une population de 300 millions d'âmes ! N'oublions pas d'ailleurs que, comme il a été déjà dit, le commerce des *pelleteries*, qui seul était vraiment à redouter pour nos lainages, est mort en Chine, et qu'il faudra bien remplacer les habits de peaux par des vêtemens aussi chauds.

Voici quelques indications sur les envois de *draps* et *étoffes de laines* françaises à faire en Chine (1) :

L'espèce de *drap* qui mérite le plus d'attention est le *drap léger* connu sous le nom de *spanish stripes*. On peut en importer annuellement de 10 à 12,000 pièces et être assuré de la vente.

La longueur doit être de 18 à 19 yards anglaises (16^{m} 45 à 17^{m} 36) et la largeur de 62 ou 63 pouces anglais en dedans des lisières (de 1^{m} 35 à 1^{m} 375).

L'emballage se fait par colis de quatre ballots, chacun desquels contient 6 pièces, ce qui fait 24 pièces par balle.

Sur chaque pièce la couleur et la longueur doivent être indiquées en anglais.

---

(1) Nous ne donnons les indications qu'on va lire qu'à titre de simple renseignement. On en trouvera de plus détaillées dans les rapports qu'a transmis au Ministère du commerce le délégué, en Chine, de l'industrie lainière, M. N. Rondot, qui n'a pu manquer de s'acquitter avec talent, et en parfaite connaissance de cause, de cette tâche toute spéciale. La nôtre était, on le comprend, de rassembler dans un même cadre les faits généraux.

L'observation ci-dessus s'applique naturellement aussi aux renseignemens que nous avons fournis ou aurons à fournir plus loin sur les tissus de coton, de soie, etc., et par conséquent à ceux qu'ont donnés les collègues de M. Rondot. Quels que soient, au reste, nos renseignemens, et quelque restreints que nous les ait commandés le cadre de cet ouvrage, nous pouvons en pleine assurance répéter qu'ils offrent toute garantie d'exactitude.

Chaque pièce doit être enveloppée de toile noire cirée, en outre de l'emballage ordinaire consistant : 1° en papier gris grossier ; 2° en toile goudronnée (*tarpawling*) ; 3° en toile d'emballage.

Assortiment des couleurs pour une partie de 100 pièces :

20 pièces	bleu foncé.
10	gentiane.
5	bleu clair.
3	brun.
3	gris cendré.
2	vert.
2	jaune.
1	blanc.
19	noir.
13	écarlate.
20	pourpre.
TOTAL...... 100 pièces.	

Les lisières préférées des Chinois sont, pour toute espèce de draps, les couleurs suivantes : jaune, bleu clair, bleu foncé et rouge.

Le drap *habit* ou *lady's cloth* est d'une consommation limitée et il ne faudrait en envoyer que 250 à 300 pièces à la fois. Longueur de 18 à 19 et au plus 20 yards (16^{m} 45, 17^{m}36, et18^{m} 28). Largeur de 62 à 63 pouces anglais entre les lisières. (1^{m}35 à 1^{m}375). Emballage par balle de 6 pièces chacune. On ferait bien d'orner de peintures la toilette (toile cirée) de chaque pièce. Pour le surplus de l'emballage, comme pour le *spanish stripes*, on aura soin d'indiquer en anglais la longueur et la couleur sur chaque pièce.

Assortiment des couleurs pour une partie de 100 pièces :

18 pièces	noir.
24	bleu foncé.
12	gentiane.
4	bleu clair.
13	écarlate.
3	brun.
2	gris.
18	pourpre.
2	vert.
2	jaune.
TOTAL...... 100 pièces.	

Le drap dit *broad cloth* de première et seconde qualité est encore d'une consommation très limitée et il ne faudrait pas en envoyer plus de 100 pièces à la fois. Longueur 24 à 25 yards (21^{m}94 à 22^{m}85). Largeur 63 pouces anglais en dedans des lisières (1^{m}375).

Conditionnement, 6 pièces par balle. Couleur et longueur indiquées en anglais sur chaque pièce. Toilette en toile cirée, décorée du plus de figures et d'ornemens possible. Emballage comme pour les *spanish stripes.*

Assortiment des couleurs pour 100 pièces :

	45 pièces	bleu foncé.
	12	gentiane.
	6	bleu clair.
	6	brun.
	15	noir.
	12	pourpre.
	4	gris cendré.
TOTAL......	100 pièces.	

Les droits d'importation sur les *draps* sont en général payés par l'importateur et s'élèvent à 5 1/2 centièmes de piastre la yard (35 centimes par mètre). Les frais sur la vente ne sont d'aucune importance, excepté la commission, qui est de 5 p. 0/0 y compris le ducroire.

Long-ells. — On en importe environ 100,000 pièces par an en Chine. Longueur, 24 yards (21m 94); largeur, 31 pouces anglais (0m 775). Emballage, 20 pièces par balle. Pour la toilette de chaque pièce, on ferait bien de faire venir un modèle d'Angleterre et de s'en rapprocher le plus possible, car les Chinois attachent la plus grande importance à ces petits détails, et nous devons suivre leur goût et non pas le nôtre. Les balles seront conditionnées comme pour les *spanish stripes.*

Assortiment de couleurs pour 100 pièces de *long-ells :*

	30 pièces	écarlate....	en toilette noire.
	20	pourpre....	en toilette noire.
	2	brun.......	en toilette noire.
	2	jaune......	en toilette noire.
	20	noire......	en toilette rouge brunâtre.
	20	bleu foncé..	en toilette rouge brunâtre.
	2	bleu clair..	en toilette rouge brunâtre.
	2	vert.......	en toilette rouge brunâtre.
	2	gris cendré.	en toilette rouge brunâtre.
TOTAL......	100 pièces.		

Les droits d'importation sont de 50 cents (3 fr.) la pièce, à la charge de l'importateur ou de l'acheteur, suivant convention.

On vend à Canton à deux mois de crédit ou au comptant, avec déduction de 2 p. 0/0.

La meilleure saison pour la vente des *draps* et *étoffes de laine* est depuis le 15 octobre jusqu'au 15 avril. Il faut compter, pour la traversée de France en Chine, par le Cap de Bonne-Espérance, de cinq mois et demi à six mois.

Sur chaque *toilette*, du côté des lisières, il doit y avoir trois attaches de ruban noir, placées à distances égales.

Camelots anglais. — La consommation des *camelots* est considérable en Chine, et quelques milliers de pièces y trouveraient un prompt et facile placement. Longueur, 55 yards anglais (50m 27); largeur, 31 pouces anglais (0m 775). Chaque balle doit contenir 10 pièces; chaque pièce doit être dans une toilette de toile cirée noire, *sans aucun ornement.* Le conditionnement de la balle est d'ailleurs le même que pour les *spanish stripes.*

On compte, parmi les *camelots* importés en Chine, trois qualités désignées ainsi qu'il suit :

D. *Double.*
S. *Single* (simple).
SS. *Second single* (second simple).

Assortiment de 220 pièces par qualités et par couleurs.

D. *Double*	20 pièces.
S. *Single*	120
SS. *Second single*	80
Total	220 pièces, dont le détail ci-après :

Qualité	Pièces	Couleur	Prix
D. *Double*	2 pièces	noir	Le prix du D *double*, est de 29 dollars 31 cents la pièce (175 francs 86 cent.).
	7	pourpre	
	7	bleu foncé	
	1	brun	
	2	écarlate	
	1	bleu clair	
Total	20 pièces.		

Qualité	Pièces	Couleur	Prix
S. *Single*	15 pièces	noir	Le prix du S *single*, est de 25 dollars 26 c. la pièce (151 francs 56 cent.).
	30	bleu foncé	
	12	écarlate	
	45	pourpre	
	6	brun	
	1	cendré	
	2	jaune	
	1	vert	
	8	bleu foncé	
Total	120 pièces.		

SS. *Second single*...	12 pièces	noir......	Le prix du SS *second single*, est de 23 dollars 24 cents la pièce (139 francs 44 cent.).
	20	bleu foncé.	
	8	écarlate...	
	34	pourpre...	
	2	brun......	
	3	bleu clair..	
	1	jaune.....	
TOTAL......	80 pièces.		

TISSUS DE LIN. — Le peu qui en a été importé en Chine a jusqu'à présent été consommé par les résidens européens ; les Chinois en ont peu l'usage et les remplacent par le *grass-cloth* [tissu de filamens végétaux (1)], qui est à bien meilleur marché. Il ne s'ensuit pas toutefois que tous les *tissus de lin* doivent être négligés. En ce qui concerne la toile, il faut que les essais soient très prudens ; de faibles importations de cet article ne présenteront pas de pertes, parce que, au pis aller, il sera acheté par les Européens établis à Macao, Canton, Wampoa, Hongkong et autres lieux. On pourra donc entreprendre et continuer ainsi l'étude des conditions dans lesquelles il doit se produire sur le marché chinois.

Mais, dès aujourd'hui, on peut, en fait de *toile*, placer en Chine les *serviettes ouvrées, damassées*, et même les *serviettes simples* à larges liteaux de couleur. Dans les importations de ce genre, il convient d'envoyer toujours les trois quarts en *serviettes* à bas prix, simples, à liteaux, ouvrées et damassées, contre tout au plus un quart des mêmes sortes en belle qualité.

Toile à voile. — Cet article est presque entièrement consommé par les navires européens et ne paraît pas devoir, de long-temps au moins, prendre une grande extension en Chine, toutes les jonques se servant de voiles faites avec du bambou, et les Chinois substituant très rarement des voiles en toile à ces dernières. Leur contact, de plus en plus fréquent avec la marine européenne, pourra cependant les amener à remplacer leurs lourdes nattes de bambou par de légères voiles de toile d'un usage et d'une manœuvre beaucoup plus faciles.

VERRERIE et VERROTERIE. — La fabrication du *verre* a pris un grand

(1) Voir ce qui est dit sur cet article, page 111.

accroissement en Chine depuis une trentaine d'années. Autrefois, l'importation, même du *verre cassé*, était considérable ; mais les Chinois font à peu près, aujourd'hui, tous leurs ustensiles en verre. Leurs verreries sont peu importantes comme établissemens, mais le nombre en est très multiplié, surtout autour de Canton. Ce sont en partie les articles élégans et riches de *verrerie*, et surtout les *cristaux*, qui peuvent encore trouver placement en Chine. Il importe de ne pas oublier les *carreaux de vitre;* les Chinois se servent encore en général, à la place de vitres, d'une espèce de coquille d'huître ; mais le jour qu'elle donne est sombre, et, bien que déjà l'on commence à fabriquer des carreaux de verre dans le pays, ceux de France, depuis 22 jusqu'à 54 centimètres, solides et à bon marché, seraient bien reçus et de bonne défaite. Cet article mérite l'attention de notre commerce.

Vins et Bière. — L'usage du *vin* est encore peu répandu en Chine; quelques mandarins et riches Chinois seuls, jusqu'à ce jour, connaissent nos *vins* de Bordeaux et de Champagne. Beaucoup de *vins blancs* de Portugal s'importent à Macao, ainsi que des *vins* de Xérès, de Porto et de Madère; mais la majeure partie en est consommée par les Macaïtes et les Européens. Des tentatives sur cet article doivent être faites avec la plus grande prudence; les envois, autant que possible, ne doivent avoir lieu que sur demande. Il conviendrait cependant que les marchés chinois ne fussent jamais entièrement dépourvus de nos vins de *Bordeaux*, de *Sauterne* blanc et de *Champagne*. Ce dernier, pour plaire aux consommateurs, doit être doux et *corsé* tout à la fois. Les bouchons des bouteilles de Bordeaux et de Sauterne doivent être *en verre*, et le Bordeaux doit porter le nom de *Larose* de préférence. Petit à petit et à mesure que les Chinois nous fréquenteront, ils prendront goût à nos vins; et que ne peut-on attendre d'un peuple que sa prédilection pour les produits excitans et enivrans à la fois a conduit à consommer annuellement pour 84 millions de francs d'opium! Les vins français ne pourront-ils pas jusqu'à un certain point faire la guerre à l'opium indien?

Les Chinois boivent volontiers le *cherry-brandy*, espèce de ratafia ou d'eau-de-vie de merises. Notre vin de *cassis* aura aussi un grand succès parmi eux : cet article est à essayer ; il produira de bons résultats.

Les envois d'*eau-de-vie* de Cognac doivent se faire avec prudence ; les Chinois commencent à peine à en boire, et la plus grande partie de ce qui en est importé est consommée par des Européens.

Zinc ou Toutenague, voir à l'article Métaux.

OBSERVATIONS ESSENTIELLES.

Dans cet exposé succinct des importations à faire en Chine, il se trouve nécessairement quelques lacunes : on n'y a pas compris, par exemple, la généralité des articles de l'*industrie parisienne*, non plus que nombre de fabrications similaires des grandes villes et centres de population de France.

Ces articles, d'une nature excessivement variée et dont la nomenclature serait trop étendue, ne doivent cependant pas être négligés ; mais il faut laisser à l'intelligente expérience du négociant importateur le soin d'en faire un choix. Il sait que plus il multiplie et répartit ses chances de gain, plus il diminue en même temps ses chances de perte ; c'est une sorte d'assurance mutuelle qu'il établit entre ses marchandises.

Il doit savoir aussi que dans un pays lointain, avec lequel on veut commencer un commerce d'exportation, il faut faire connaître un grand nombre de produits. Ce qui au premier abord paraît insignifiant peut, dans un pays presque inconnu, devenir très important ; les objets communs chez nous sont rares en Chine et *vice versâ*. On ne doit pas surtout omettre les *outils*, *les instrumens* et tous les autres articles propres à faciliter le travail manuel d'un grand peuple. **Il faut en envoyer peu de chaque espèce, mais une grande variété.**

Nous avons déjà dit, et nous n'hésitons pas à le répéter, que, pour activer et améliorer dès le commencement les expéditions avec la Chine, il convient de prendre, en échange de nos apports, des produits propres à ce pays, en faisant escale sur tous les points de la route.

Ces différens points de relâche, les Canaries, les îles du Cap-Vert, le Cap de Bonne-Espérance, Bourbon, Maurice, Penang, Batavia, Malacca, Singapore et Manille, ou les ports de relâche du détroit de la Sonde, si on prend cette dernière voie, devraient donc être compris dans l'assortiment d'une cargaison pour Chine. **On écoulerait peu à peu, cet assortiment en prenant, en échange, dans les différentes échelles les produits propres aux marchés chinois.** C'est en divisant ainsi nos transactions que nous parviendrons à atténuer la supériorité que possède, relativement au nôtre, le commerce des Anglais et des Américains dans ses deux principaux élémens d'échanges, l'*opium* et le *thé*.

Qu'il me soit permis d'ajouter que la plus indispensable des conditions de succès du commerce français en Chine, sera la bonne qualité de nos marchandises et la sévère probité de nos transactions. *Le moindre envoi de marchandises de pacotille nous perdrait pour toujours sur les marchés de ce pays.*

Les vieilles et honorables traditions du commerce de nos ancêtres dans l'Orient doivent nous demeurer présentes. Là nous n'avons pas démérité sans doute, mais, avec un esprit commercial plus étendu, l'industrie s'est développée davantage, et elle autorise souvent des économies de fabrication qui nuisent par la suite à la réputation des marchandises.

Avant 1789, il existait à Marseille et dans d'autres ports des chambres syndicales. Les marchandises y étaient examinées avant embarquement, et chaque ballot de celles qui étaient jugées de bonne qualité recevait l'empreinte d'un sceau ou estampille qui empêchait toute fraude, et était si bien connu des Orientaux que les ballots, ainsi marqués, se vendaient et passaient dans plusieurs mains sans être ouverts. Ce cachet donnait à ces ballots une valeur courante et pour ainsi dire monétaire, tant la confiance était acquise à ce signe de probité commerciale!

Cette bonne coutume fut abolie; mais, il y a quelques années, en 1843, une de nos villes les plus industrieuses et les plus importantes par la beauté de ses produits, la ville d'Elbeuf, demandait le rétablissement d'une commission d'examen et d'une estampille, pour les marchandises d'exportation. Pour le commerce à créer en Chine, une telle mesure serait un garant certain de succès. Espérons que cette utile pensée ne sera pas oubliée!

TABLEAU DES VARIATIONS DU PRIX DES ARTICLES

PENDANT LES MOIS DE MARS, AVRIL, MAI,

1° PRODUITS DE L'INDE

ÉPOQUES.	ARACK.	NOIX DE BÉTEL		BICHO DE MAR		NIDS D'HIRONDELLE		
		nouvelles.	vieilles.	ordinaire.	1re qualité.	blancs, 1re qualité.	moyens.	noir… 3e q…
	3 lit. 69 c.					(615 grammes.)		lit…
	fr. c.		fr. c.	fr.	fr.	fr.	fr.	f…
Mars	» 90	manque.	19 80	24	240	150	96	3…
Avril	» 90	id.	21 »	fr. fr. 24 à 120	fr. fr. 180 à 240	fr. fr. 150 à 180	fr. fr. 96 à 120	fr. 24
Mai	1 20	id.	fr. c. fr. 22 50 à 24	24 à 120	fr. 240	150 à 168	90 à 108	24
Juin	» »	fr. c. fr. 22 50 à 24	22 50 à 24	18 à 60	fr. fr. 120 à 330	150 à 180	72 à 120	18
Juillet	» »	22 50 à 24	22 50 à 24	18 à 60	120 à 300	150 à 180	72 à 120	18
Septembre	» »	24 » à 27	»	18 à 60	120 à 300	132 à 158	90 à 108	18
Novembre	» »	fr. 24	»	18 à 60	120 à 420	108 à 120	72 à 108	18

ÉPOQUES.	OLIBAN		POIVRE	PUT-CHUCK.	ROTINS		SAL-PÊTRE.	A… o… na…
	trié.	non trié.	noir.		de Banjermassin.	des Détroits.		
Mars	manque.	manque.	manque.	manque.	manque.	manque.	manque.	ma…
Avril	fr. fr. 36 à 66	fr. fr. 18 à 30	fr. c. fr. 31 50 à 33	»	fr. c. fr. 19 50 à 21	fr. fr. c. 18 à 19 50	fr. fr. 33 à 39	fr. 72
Mai	36 à 66	48 à 30	fr. fr. c. 33 à 34 50	fr. 48	fr. c. fr. c. 20 40 à 22 80	18 à 19 20	36 à 42	72
Juin	»	»	fr. fr. 30 à 33	»	fr. 24	fr. fr. 15 à 18	fr. 36	…
Juillet	»	»	fr. fr. c. 30 à 31 50	»	fr. fr. c. 24 à 25 50	fr. c. fr. 15 50 à 21	36	9…
Septembre	30 à 60	12 à 30	fr. c. fr. 31 50 à 33	fr. fr. 60 à 66	21 à 22 80	14 40 à 18	fr. fr. 33 à 3…	9…
Novembre	30 à 60	12 à 30	fr. c. fr. c. 28 50 à 31 50	60 à 66	fr. c. fr. 19 50 à 21	fr. fr. 12 à 18	39 à 42	9…

(1) Les prix indiqués sont ceux du *picul* de 61 kilog. 3/4, pour tous les articles au-dessous desquels se trouve

IMPORTATION SUR LE MARCHÉ DE CANTON, EN 1845,

IN, JUILLET, SEPTEMBRE ET NOVEMBRE (1).

DE L'INDO-CHINE.

…PHRE …e …os.	CLOUS DE GIROFLE de Bourbon.	CLOUS DE GIROFLE des Moluques.	CUIVRE du Japon en barres.	INTESTINS de poissons ordinaires.	INTESTINS de poissons 1re qualité.	GAMBIER.	NACRE de perle.	NOIX MUSCADES. 1re qualité.	NOIX MUSCADES. 2e qualité.
…5 …nes), …que.	fr. 144	fr. 150	manque.	manque.	manque.	manque.	manque.	manque.	manque.
»	144	150	fr. 138 à fr. 150	fr. 144	fr. 240 à fr. 300	fr. 12	fr. 30 à fr. 72	fr. 330	fr. 270
»	144	150	138 à 144	144	240 à 300	12	30 à 72	fr. 300 à fr. 330	fr. 240 à fr. 270
c. 80	fr. 144 à fr. 150	fr. 144 à fr. 150	fr. 144	120	fr. 240	»	»	fr. 360	»
80	fr. 144	fr. 156	144	180	300	»	18 à 42	360	»
80	150	fr. 156 à fr. 162	fr. 144 à fr. 150	180	300	12	30 à 60	390	fr. 360
»	fr. 228 à fr. 240	240 à 252	144 à 150	180	360	12	30 à 60	390	360

…S …ualité	SAVON du Bengale.	ÉTAIN de Banca.	ÉTAIN du Détroit.	COTON de Bombay.	COTON du Bengale.	COTON de Madras.	COTON de Manille.	COTON de Java.	COTON d'Amérique.
…que.	surabondance sans prix	fr. 108	fr. 96	fr. 43 à fr. 57	fr. 43 à fr. 57	fr. 43 à fr. 57	manque.	manque.	manque.
fr. …270	»	fr. 108 à fr. 111	fr. 93 à fr. 96	fr. 40 à fr. c. 48 80	fr. 48 à fr. c. 51 50	fr. 48 à fr. c. 51 50	»	fr. 77	»
…270	»	108 à 111	93 à 99	fr. 43 à fr. 48	fr. 48 à fr. 57	fr. 48 à fr. 56	»	fr. 72 à fr. 104	»
fr. …40	»	111 à 114	96 à 99	48 à 56	52 à 56	48 à 52	»	»	»
[illegible]70	»	111 à 114	96 à 99	41 à 57	43 à 64	40 à 56	»	»	fr. 48
[illegible]70	»	105 à 108	93 à 99	40 à 50	fr. 60	fr. c. 42 50 à fr. 56	»	»	»
[illegible]70	»	102 à 105	90 à 96	fr. 48 à fr. c. 51 50	fr. 56 à fr. 64	fr. 48 à fr. c. 57 50	»	»	»

…cation d'une unité différente.

SUITE DES PRODUITS D

ÉPOQUES.	DENTS D'ÉLÉPHANT				DE PATNA	
	1re qualité, de 5 à 8 au *picul.*	2e qualité, de 12 à 15 au *picul.*	3e qualité, de 18 à 25 au *picul.*	en morceaux.	nouveau.	vieux.
	fr.	fr. fr.	fr.			
Mars	660	534 à 552	300	manque.	manque.	manque
Avril	660	534 à 552	300	»	fr. fr. 3,930 à 3,960	fr. 4,030 à 4,
Mai	660	534 à 552	300	»	4,320 à 4,440	4,260 à 4,
Juin	fr. fr. 600 à 672	300 à 480	fr. fr. 240 à 300	»	4,440 à 4,470	fr. 4,440
Juillet	600 à 630	450 à 510	390 à 420	fr. fr. 180 à 450	4,380 à 4,440	fr. 4,380 à 4,
Septembre	600 à 630	450 à 510	390 à 420	180 à 450	fr. 3,960	»
Novembre	600 à 660	480 à 510	420 à 480	»	fr. fr. 3,810 à 3,870	»

ÉPOQUES.	D'ÉBÈNE	
	de Maurice.	de Ceyla
Mars	manque.	manqu
Avril	»	»
Mai	fr. fr. 12 à 48	fr. 12 à
Juin	» »	»
Juillet	12 à 36	12 à
Septembre	12 à 36	12 à
Novembre	12 à 36	12 à

L'INDE ET DE L'INDO-CHINE.

OPIUM					RIZ			
DE BÉNARÈS		DE MALWA.		de Turquie.	du Bengale.	de Java.	de Manille.	de Bali.
ouveau.	vieux.	nouveau.	vieux.					
anque.	manque.	manque.	manque.	manque.	manque.	manque.	manque.	manque.
fr. fr. … à 3,600	fr. fr. 3,780 à 3,810	fr. 4,080	fr. 4,200	fr. 3,000	»	fr. c. 12 30	fr. c. 13 20	fr. c. 12 60
… à 4,260	4,050 à 4,080	fr. fr. 4,350 à 4,440	»	fr. fr. 3,240 à 3,360	»	fr. fr. c. 12 à 13 80	fr. fr. c. 12 à 13 80	fr. fr. c. 12 à 13 80
fr. 4,260	fr. 4,140	fr. 4,680	4,740	fr. 3,300	fr. c. 10 80	fr. c. 10 80	fr. c. 10 80	fr. c. 10 80
4,290	»	fr. fr. 4,560 à 4,680	fr. fr. 4,560 à 4,680	fr. fr. 3,000 à 3,300	»	fr. 9	9 »	9 60
3,750	»	fr. 4,620	»	fr. 3,090	»	9	9 60	9 60
fr. … à 3,690	»	fr. fr. 4,560 à 4,590	»	fr. fr. 3,000 à 3,060	»	9	9 90	9 90

BOIS			
DE SANDAL			DE SAPAN.
Plnde.	de Timor.	des Sandwich.	
nque.	manque.	manque.	manque.
… c. …4 72	fr. fr. 30 à 42	fr. 36	»
fr. … à 72	30 à 42	fr. fr. 30 à 42	fr. c. fr. 12 50 à 13
… à 60	30 à 48	» »	fr. fr. 9 à 12
… à 72	30 à 42	30 à 42	9 à 12
… à 84	30 à 48	24 à 36	9 à 12
… à 78	48 à 57	48 à 57	fr. c. fr. c. 10 80 à 12 60

2° PRODUITS D'EUROPE,

ÉPOQUES.	ORGES.	EAU-DE-VIE française.	COCHENILLE argentée.	COCHENILLE noire.	GENIÈVRE.	ÉMAIL ou SMALT.	EAU DE SELTZ.	FILS D'OR ET D'ARG[ENT] anglais.	holland[ais]
		la caisse de 12 ½ bout[lles]			la caisse.		le panier.	les 615 gramm[es]	
Mars	fr. fr. 48 à 72	fr. fr. 24 à 30	fr. 900	fr. 810	manque.	fr. fr. 228 à 360	fr. 30	fr. 252	fr. 25[2]
Avril	48 à 72	24 à 30	fr. fr. 840 à 900	fr. fr. 798 à 810	fr. 30	228 à 390	30	fr. fr. 240 à 252	fr. 192 à [illegible]
Mai	48 à 72	24 à 30	fr. 840	fr. 789	fr. c. fr. 22 50 à 24	240 à 390	30	240 à 252	192 à [illegible]
Juin	60 à 72	24 à 30	840	810	fr. fr. 21 à 24	240 à 360	fr. fr. 30 à 36	218 à 240	218 à [illegible]
Juillet	30 à 60	24 à 30	1,380	840	21 à 24	240 à 360	30 à 36	228 à 240	228 à [illegible]
Septembre	fr. 30	24 à 30	1,350	990	21 à 24	240 à 420	30 à 36	210 à 252	210 à [illegible]
Novembre	30	24 à 30	2,700	2,550	21 à 24	150 à 360	30 à 36	210 à 240	210 à [illegible]

ÉPOQUES.	FILS DE COTON. Nos 18 à 21.	FILS DE COTON. Nos 26 à 40.	FILS DE COTON. Nos 18 à 40.	CUIVRE en feuilles et en clous.	CUIVRE de l'Amérique du Sud en saumons.	F[ER] en barres de 3 à 4 pouces anglais.	en triogles 1/4 de po[uce] anglais et au-dess[us]
Mars	fr. fr. 144 à 150	fr. fr. 192 à 198	fr. 180	manque.	manque.	manque.	manque
Avril	156 à 162	192 à 204	fr. fr. 180 à 186	fr. 240	fr. fr. 120 à 138	fr. c. 11 40	fr. fr. 12 à 13
Mai	150 à 156	186 à 192	»	fr. fr. 144 à 150	126 à 132	fr. c. fr. c. 10 80 à 11 40	12 à 13
Juin	156 à 162	198 à 204	»	fr. 150	fr. 126	fr. c. 13 50	fr. 15
Juillet	162 à 168	204 à 210	»	fr. fr. 144 à 150	fr. fr. 120 à 126	13 50	fr. fr. 15 à 16
Septembre	fr. 174	fr. 204	»	162 à 168	fr. 132	16 80	fr. 18
Novembre	fr. fr. 180 à 186	fr. fr. 228 à 240	»	162 à 168	fr. fr. 126 à 132	fr. fr. c. 15 à 15 60	fr. c. fr. 16 80 à 17

…AMÉRIQUE, ETC.

ÉTOFFES DE COTON.					CHINTZ (toile perse, 7 sur 8 à 9, sur 8)		
…mestics …cains de … yards.	Drills de 30 yards.	Long-cloths blancs de 40 yards de long sur 36 pouces anglais de large.	Long-cloths écrus de 38 yards de long sur 40 pouces de large.	Étoffe rouge de Turquie 24 yards sur 34 pouces.	rouge de Turquie.	de meubles.	de fantaisie.
			la pièce.				
fr. c. … 18 60	fr. c. fr. c. 16 50 à 17 40	manque.	fr. c. fr. c. 18 60 à 18 90	manque.	fr. 18	manque.	fr. fr. c. 12 à 16 75
fr. c. … à 17 40	14 40 à 15 60	fr. fr. c. 15 à 18 60	15 60 à 18 90	»	manque.	fr. c. 25 50	fr. fr. 12 à 18
… à 16 80	14 40 à 15 »	12 à 18 60	fr. fr. c. 12 à 18 90	»	fr. 18	fr. fr. 12 à 18	12 à 18
fr. c. … 16 50	15 60 à 16 50	fr. c. fr. c. 15 60 à 18 90	fr. c. fr. c. 15 60 à 18 90	fr. fr. 21 à 24	fr. fr. 12 à 21	12 à 21	12 à 21
… 16 20	15 90 à 16 50	fr. fr. c. 12 à 18 90	fr. fr. c. 12 à 18 90	fr. c. fr. c. 22 80 à 27 60	21 à 24	12 à 18	12 à 18
… 16 50	16 20 à 20 40	12 à 16 80	12 à 18 »	fr. fr. 21 à 30	21 à 27	12 à 18	12 à 18
fr. c. … à 15 30	fr. c. 16 50	fr. fr. 12 à 18	fr. c. fr. c. 10 50 à 17 10	»	18 à 24	9 à 18	9 à 18

…		PLOMB		VIF-ARGENT	ACIERS		ZINC.	ÉTAIN
cercles.	en bribes.	en saumons.	en feuilles.		anglais.	suédois.		en plaques.
								la boîte.
…anque.	manque	manque.	manque.	manque.	fr. 24	fr. c. 28 50	manque.	fr. 39
fr. c. à 12 60	fr. c. 6 90	fr. c. fr. 31 50 à 33	fr. fr. 33 à 36	fr. fr. 768 à 798	fr. fr. 24 à 27	fr. fr. c. 27 à 28 50	fr. 45	39
fr. 12	6 60	fr. fr. c 30 à 31 50	fr. 33	780 à 840	24 à 27	27 à 28 50	fr. fr. 36 à 45	fr. fr. 42 à 45
fr. c. 13 20	» »	33 à 34 50	»	780 à 810	fr. 24	27 à 28 50	42 à 48	fr. 45
fr. 15	» »	33 à 34 50	»	750 à 780	24	fr. fr. 24 à 27	42 à 48	fr. c. 45 50
fr. c. 19 20	9 »	fr. c. 28 80	»	fr. 690	24	fr. 27	fr. fr. c. 33 à 34 50	fr. c. fr. 31 50 à 42
c. fr. c. 10 à 17 40	» »	30 »	»	fr. fr. 650 à 680	fr. fr. c. 21 à 22 50	24	33 à 34 50	fr. fr. 30 à 33

SUITE DES PRODUITS D'EU

ÉPOQUES.	DRAPS.				
	Broad-cloth de 62 pouces anglais de large.	Drap moyen 62 pouces.	Habitcloth 62 pouces.	Spanish stripes 62 pouces.	Long-ells écarlates et assorties.
	la *yard*. —				la pièce. —
Mars	manque.	manque.	manque.	manque.	manque.
Avril	fr. fr. 9 à 15	fr. fr. 9 à 12	fr. c. fr. c. 7 50 à 7 80	fr. fr. c. 6 à 6 60	fr. c. fr. 49 20 à 51
Mai	9 à 15	fr. c. fr. c. 7 80 à 10 50	6 60 à 7 80	fr. c. fr. c. 5 40 à 6 60	fr. c. fr. c. 46 50 à 49 50
Juin	fr. c. fr. c. 7 50 à 13 50	»	» » » »	5 40 à 6 60	fr. fr. 51 à 54
Juillet	fr. fr. 9 à 15	fr. fr. c. 9 à 13 50	6 90 à 7 80	5 40 à 6 90	48 à 51
Septembre	fr. c. fr. 10 50 à 15	fr. c. fr. c. 8 40 à 10 50	6 90 à 7 80	fr. fr. c. 6 à 7 50	fr. c. 50 40
Novembre	10 50 à 15	7 80 à 10 50	6 90 à 7 80	6 à 7 50	51 60

ROPE, D'AMÉRIQUE, ETC.

FLANELLES.	COUVERTURES anglaises.	COUVERTURES hollandaises.	CAMELOTS anglais, 40 yards sur 30 pouces.	CAMELOTS hollandais, 40 yards sur 28 pouces.	CAMELOTS hollandais, 40 yards sur 32 pouces.
la *yard*.	la paire.			la pièce.	
manque.	fr. fr. 9 à 42		manque.	manque.	manque.
fr. c. 2 10	9 à 42		fr. fr. 126 à 138	fr. fr. 180 à 192	fr. fr. 192 à 204
2 10	9 à 42		126 à 138	192 à 205 50	204 à 216
fr. c. fr. 1 80 à 3	12 à 42		114 à 126	186 à 198	186 à 198
1 80 à 3	12 à 42		114 à 132	186 à 204	186 à 204
1 80 à 3	9 à 30		108 à 114	168 à 204	168 à 204
1 80 à 3	9 à 60		102 à 138	168 à 192	168 à 192

EXPORTATIONS DE CHINE.

TABLEAU DES PRINCIPAUX ARTICLES,

TARIFS, PRIX,

ET EXPORTATIONS ANNUELLES.

TABLEAU DES PRINCIPAUX ARTICLES, T

NATURE DES MARCHANDISES.	UNITÉS.	DROIT impérial.	DROIT effectif.	NOUVEAUX DROITS. Monnaies chinoises.	Monnaies espagnoles	Monnaies anglaises.	Mo fran
		t. m. c. c. (1)	t. m. c. c.	t. m. c. c.	p. c.	l. s. s. d.	
Alun	picul.	» 2 1 6 2	» 4 2 3 2	» 1 » »	» 14	» » 6 »	
Anis { étoilé (Badiane)	id.	» 4 8 2 3	» 6 8 9 3	» 5 » »	» 70	» 2 6 » 1/4	
Anis { (Huile d')	id.	» » » » »	» » » » »	5 » » »	6 94	1 5 2 » 1/2	
Arsenic	id.	» » » » »	1 4 3 8 »	» 7 5 »	1 04	» 3 9 » 1/4	
Artifices de toutes espèces	id.	» 5 9 7 2	» 6 5 4 2	» 7 5 »	1 04	» 3 9 » 1/4	
Bambou (Ouvrages en), écrans et autres de toute espèce	id.	» » » » »	1 4 3 8 »	» 2 » »	» 28	» 1 » »	
Bangles ou bracelets en verre	id.	» » » » »	» » » » »	» 5 » »	» 70	» 2 6 » 1/4	
Bois. — Sandal (Ouvrages de)	id.	» » » » »	» » » » »	1 » » »	1 40	» 5 » » 1/2	
Camphre	id.	» 8 4 0 5	1 3 4 7 5	1 5 » »	2 10	» 7 6 » 3/4	
Capoor cutchery	id.	» 2 2 4 9	» 2 8 1 9	» 3 » »	» 42	» 1 10 »	
Casse { (Gousses de)	id.	2 1 3 0 9	2 3 3 7 9	» 7 5 »	1 04	» 3 9 » 1/4	
Casse { (Boutons de)	id.	» » » » »	2 5 1 3 »	1 » » »	1 40	» 5 » » 1/2	
Casse { (Huile de)	id.	1 2 6 9 5	1 3 2 6 5	5 » » »	6 94	1 5 2 » 1/2	
Céruse (Blanc de plomb)	id.	» » » » »	1 4 3 8 »	» 2 5 »	» 35	» 1 3 »	
Colle de poisson	id.	» » » » »	1 1 8 5 »	» 5 » »	» 70	» 2 6 » 1/4	
Conserves et confiseries de toute espèce	id.	» 5 8 4 5	» 6 4 1 5	» 5 » »	» 70	» 2 6 » 1/4	
Corail ou faux corail	id.	» » » » »	» » » » »	» 5 » »	» 70	» 2 6 » 1/4	
Cubèbes (Poivre à queue)	id.	» » » » »	3 7 5 » »	1 5 » »	2 10	» 7 6 » 3/4	
Cuivre { (Feuilles de)	id.	1 3 8 4 4	1 4 4 1 4	1 5 » »	2 10	» 7 6 » 3/4	
Cuivre { et étain ouvré, ustensiles, etc.	id.	» » » » »	» » » » »	» 5 » »	» 70	» 2 6 » 1/4	
Curcuma	id.	[illegible]	[illegible]	» 2 » »	» 28	» 1 » »	
Écaille ouvrée	id.	» » » » »	1 4 3 6 8	10 » » »	13 89	2 10 4 » 3/4	
Esquine ou Squine (Racine de [*China root*])	id.	» 2 2 4 9	» 4 3 1 9	» 2 » »	» 28	» 1 » »	
Étain battu en feuilles minces	id.	» 6 1 » 8	» 6 6 7 8	» 5 » »	» 70	» 2 6 » 1/4	
Éventails { en papier	id.	» » » » »	6 9 5 3 »	» 5 » »	» 70	» 2 6 » 1/4	
Éventails { autres en plumes	id.	» » » » »	» » » » »	1 » » »	1 40	» 5 » » 1/2	
Galanga	id.	» 2 2 4 9	» 4 3 1 9	» 1 » »	» 14	» » 6 »	
Gomme gutte (*Camboge*)	id.	» » » » »	5 6 6 6 »	2 » » »	2 78	» 10 1 »	
Habillement (Effets d') confectionnés	id.	» » » » »	» » » » »	» 5 » »	» 70	» 2 6 » 1/4	
Ivoire ouvré de toute sorte	id.	» » » » »	» » » » »	5 » » »	6 94	1 5 2 » 1/4	
Laque (Ouvrages en)	id.	» » » » »	1 4 3 8 »	1 » » »	1 40	» 5 » 1	
Malles en cuir	id.	» » » » »	» » » » »	» 2 » »	» 28	» 1 » »	
Marbres en tables et en plaques	id.	» » » » »	» » » » »	» 2 » »	» 28	» 1 » »	
Matériaux à construire	Exempt.	» » » » »	» » » » »	» » » »	» »	» » » »	
Meubles de toute espèce	le picul.	» » » » »	» 6 » 5 »	» 2 » »	» 28	» 1 » »	
Minium (Rouge de plomb)	id.	» 5 9 7 2	» 6 5 4 2	» 5 » »	» 70	» 2 6 » 1/4	
Monnaies de toute espèce	Exempt.	» » » » »	» » » » »	» » » »	» »	» » » »	
Musc	le catty.	» 3 4 5 »	» 3 4 4 »	» 5 » »	» 70	» 2 6 » 1/4	
Nacre de perle ouvrée	le picul.	» » » » »	» » » » »	1 » » »	1 40	» 5 » 1	
Nattes en paille, rotin, bambou, etc.	id.	» 2 1 6 2	» 2 7 3 2	» 2 » »	» 28	» 1 » »	
Ombrelles et parasols en papier	id.	» » » » »	» 6 » 5 »	» 5 » »	» 70	» 2 6 » 1/4	
Orpiment ou orpin (*Hartall*)	id.	» 5 9 7 2	» 6 5 4 2	» 5 » »	» 70	» 2 6 » 1/4	
Or et argent ouvré (Joaillerie)	id.	» » » » »	» » » » »	10 » » »	13 89	2 10 4 1 1/4	
Os et corne ouvrés	id.	» » » » »	» » » » »	1 » » »	1 40	» 5 » 1	
Papiers de toute espèce	id.	» 4 8 2 3	» 5 3 9 3	» 5 » »	» 70	» 2 6 » 1/4	
Perles fausses	id.	» » » » »	» » » » »	» 5 » »	» 70	» 2 6 » 1/4	
Porcelaine	id.	» 6 6 8 1	» 9 6 5 1	» 5 » »	» 70	» 2 6 » 1/4	

(1) Voir, pour les unités, la note age 18

…IFS, PRIX ET EXPORTATIONS ANNUELLES.

…RTATIONS ANNUELLES			PRIX MOYENS.		VALEUR ANNUELLE.		DROIT	TOTAL DES DROITS.	
…és …s(s).	Unités françaises.		Monnaies espagnoles.	Monnaies françaises.	Monnaies espagnoles.	Monnaies françaises.	p. °/o.	Monnaies chinoises.	Monnaies françaises.
…culs.	kil.	gr.	p. c.	fr. c.	p. c.	fr. c.		taëls.	fr. c.
…000	1,235,000	»	1 ½ le picul.	9 »	30,000 »	180,000 »	9	2,000	16,000 »
…000	123,500	»	8 » id.	48 »	16,000 »	96,000 »	8 ½	1,000	8,000 »
…50	3,087	500	120 » id.	720 »	6,000 »	36,000 »	5 ½	250	2,000 »
…300	18,525	»	12 » id.	72 »	3,600 »	21,600 »	8 ¼	225	1,800 »
…000	308,750	»	4 » id.	24 »	20,000 »	120,000 »	5	750	6,000 »
…50	3,087	500	10 à 20 par picul.	60 à 120	750 »	4,500 »	2	10	80
…ites.									
…400	400 boîtes.		12 » par boîte.	72 »	4,800 »	28,800 »	6 ½	200	1,600
…icul.	kil.	gr.							
…1	61	750	100 à 300 »	600 à 1,800	200 »	1,200 »	1	1	8 »
…000	123,500	»	25 » par picul.	150 »	50,000 »	300,000 »	8	5,000	24,000 »
…200	12,350	»	6 » id.	36 »	1,200 »	7,200 »	6 ½	60	480 »
…000	1,852,500	»	8 » id.	48 »	240,000 »	1,440,000 »	12	22,500	180,000 »
…400	24,700	»	12 » id.	72 »	4,800 »	28,800 »	11	400	3,200 »
…50	3,087	500	150 » id.	900 »	7,500 »	45,000 »	4 ½	250	2,000 »
…10	617	500	10 » id.	60 »	100 »	600 »	3	2 ½	20 »
…200	12,350	»	10 » id.	60 »	2,000 »	12,000 »	6 ½	100	800 »
…000	1,000	»	3 » id.	18 »	3,000 »	18,000 »	5	125	1,000 »
…ites.									
…200	200 boîtes.		15 » id.	90 »	3,000 »	18,000 »	4 ½	100	800 »
…100	6,175	»	20 » id.	120 »	2,000 »	12,000 »	10	150	1,200 »
…500	500	»	40 » la boîte.	240 »	20,000 »	120,000 »	2 ½	375	3,000 »
…400	24,700	»	50 » le picul.	300 »	20,000 »	120,000 »	1 ½	200	1,600 »
…000	61,750	»	3 » id.	18 »	3,000 »	18,000 »	9	200	1,600 »
…1	61	750	200 à 400 id.	1200 à 2400	300 »	1,800 »	2 ¼	10	80 »
…000	123,500	»	3 » id.	18 »	6,000 »	36,000 »	9	400	3,200 »
…100	6,175	»	40 » id.	240 »	4,000 »	24,000 »	1 à 2	50	400 »
…icul.									
…10	617	500	20 à 100 id.	120 à 600	200 »	1,200 »	1 à 5	5	40 »
…10	617	500	100 » id.	600 »	1,000 »	6,000 »	1 ⅓	10	80 »
…000	308,750	»	1 50 le picul.	9 »	7,500 »	45,000 »	9	500	4,000 »
…100	6,175	»	50 » id.	300 »	5,000 »	30,000 »	5 ¼	200	1,600 »
…10	617	500	20 à 100 id.	120 à 600	400 »	2,400 »	1 à 5	5	40 »
…5	308	750	100 à 300 id.	600 à 1,800	1,000 »	6,000 »	2 à 3	25	200 »
…15	926	250	50 à 100 id.	300 à 600	1,000 »	6,000 »	1 à 3	15	120 »
…eux.	jeux.								
…500	500		20 » le jeu.	120 »	10,000 »	60,000 »	1 à 2	100	800 »
…ues.	plaques.								
…000	10,000		25 » le cent.	150 »	2,500 »	15,000 »	10 ½	200	1,600 »
»	»		» » »	» »	» »	» »	Exempt.	»	» »
…uls.	kil.	gr.							
…250	15,437	500	10 à 50 le picul.	60 à 300	5,000 »	30,000 »	1 ⅕	50	400 »
…10	617	500	20 » id.	120 »	200 »	1,200 »	3	5	40 »
»	»		» » »	» »	11,160,250 »	66,961,500 »	Exempt.	»	» »
…ties.									
…100	61	750	50 » le catty.	300 »	5,000 »	30,000 »	1 ⅓	50	400 »
…culs.									
…10	617	500	20 à 100 le picul.	120 à 600	500 »	3,000 »	2	10	80 »
…ttes.	bottes.								
…300	300		15 » le cent.	90 »	2,250 »	13,500 »	4	60	480 »
…ites.	boîtes.								
…000	2,000		9 » la boîte.	54 »	18,000 »	108,000 »	7	1,000	8,000 »
…uls.	kil.	gr.							
…200	12,350	»	10 » le picul.	60 »	2,000 »	12,000 »	6 ½	100	800 »
…1	61	750	500 à 1,500 id.	3,000 à 9,000	1,000 »	6,000 »	1 ⅓	10	80 »
…10	617	500	50 à 100 id.	300 à 600	750 »	4,500 »	1	10	80 »
…sses.	caisses.								
…000	6,000		10 » la caisse.	60 »	60,000 »	360,000 »	6 1/7	3,000	24,000 »
…ites.	boîtes.								
…500	500		15 » la boîte.	90 »	7,500 »	45,000 »	5	250	2,000 »
…culs.	kil.	gr.							
…000	308,750	»	20 à 200 le picul.	120 à 1,200	50,000 »	300,000 »	1 à 5	2,500	20,000 »

SUITE DU TABLEA

NATURE DES MARCHANDISES.	UNITÉS.	DROIT impérial.	DROIT effectif.	NOUVEAUX DROITS. Monnaies chinoises.	Monnaies espagnoles	Monnaies anglaises.	Monnaies françaises
		t. m. c. c.	t. m. c. c.	t. m. c. c.	p. c.	l. s. sh. d.	fr.
Rhubarbe	le picul.	» 3 9 6 3	» 9 » 3 8	1 » » »	1 40	» 5 » 1	[illegible]
Roseaux et joncs (*Canes*) de toutes espèces	le 1,000.	» » » » »	» » » » »	» 5 » »	» 70	» 2 6 » ½	[illegible]
Rotin (Ouvrages en)	le picul.	» » » » »	1 4 3 8 »	» 2 » »	» 28	» 1 » »	[illegible]
Soies, grége, de Nankin	id.	15 2 7 6 »	23 7 3 3 3	10 » » »	13 89	2 10 4 1 ¼	[illegible]
Soies, grége, de Canton	id.	8 5 7 6 »	10 5 7 » 2	10 » » »	13 89	2 10 4 1 ¼	[illegible]
Soies, grossière ou bourre	id.	4 » 8 6 6	4 1 4 3 6	2 5 » »	3 47	» 13 7 » ½	[illegible]
Soies, Organsins de toute espèce	id.	12 7 2 7 1	12 7 8 4 1	10 » » »	13 89	2 10 4 1 ¼	[illegible]
Soies, Soie moulinée, etc.	id.	8 1 » 6 8	8 1 6 3 8	10 » » »	13 89	2 10 4 1 ¼	[illegible]
Soies, Rubans de toute espèce	id.	8 6 2 » 2	8 6 7 7 2	10 » » »	13 89	2 10 4 1 ¼	[illegible]
Soieries, Satin de 1re qual., de 40 taëls la pièce.	la pièce.	» 2 6 3 4					
Id. 2e id. de 36 id.	id.	» 1 8 2 9					
Senshaws de 32 id.	id.	» » 6 8 1					
Sarsnets de 24 id.	id.	» » 4 » 2					
Pongées de 28 id.	id.	» » 4 » 2					
Mouchoirs de soie de 14 id.	id.	» » 6 8 1					
Écharpes de *parsis* de 9 id.	id.	» 2 1 1 6					
Crépons de Canton de 32 id.	id.	» 4 » 7 1					
Velours de soie de 48 id.	id.	» 3 5 5 2					
Macedonians de 42 id.	id.	» 3 6 9 1	» » » » »	12 » » »	16 67	3 » 5 1 ¼	[illegible]
Fortes lustrines en soie unie, de 28 taëls	id.	» 2 » » 2					
Lustrines, en soie rayée, de 28 taëls.	id.	» 2 1 1 6					
Lustrines, en croisé, de 40 id.	id.	» 2 1 1 6					
Tissus de soie unie et à dessins, de 18 taëls	id.	» » 4 » 2					
Damas d'or à figures, de 18 taëls.	id.	» 1 6 5 5					
Mouchoirs de soie brodés de 1 yard en carré	chacun.	» » 2 3 »					
Châles de soie brodée, de 7 quarts.	id.	» 1 2 5 5					
Tissus de soie et coton, soie et laine.	le picul.	3 5 1 2 3	3 5 6 9 3	3 » » »	4 17	» 15 1 1	[illegible]
Souliers et bottes en cuir et en peau	id.	» » » » »	» » » » »	» 2 » »	» 28	» 1 » »	[illegible]
Soy (Sauce)	id.	» » » » »	» » » » »	» 4 » »	» 56	» 2 » » ½	[illegible]
Sucre, blanc et brun	id.	» 2 6 9 »	» 4 7 5 »	» 2 5 »	» 35	» 1 3 »	[illegible]
Sucre, candi	id.	» 3 2 5 3	» 5 3 2 3	» 3 5 »	» 49	» 1 9 » ¼	[illegible]
Tabacs de toute sorte	id.	» » » » »	» » » » »	» 2 » »	» 28	» 1 » »	[illegible]
Tableaux, grands	la pièce.	» » » » »	» » » » »	» 1 » »	» 14	» » 7 » ¼	[illegible]
Tableaux, petits, sur papier de moelle.	le 100.	» » » » »	» » » » »	» 1 » »	» 14	» » 7 » ¼	[illegible]
Thés de toute sorte	le picul.	1 2 7 9 4	6 » » » »	2 5 » »	3 47	» 12 7 » ¼	[illegible]
Tissus de coton, etc., Nankin	id.	1 8 4 3 7	2 6 5 » 7	1 » » »	1 40	» 5 » 1	[illegible]
Tissus de coton, etc., Id. commun, de Canton	id.	1 » 1 2 8	1 » 6 9 8				
Tissus de coton, etc., Tissus de fil d'ortie, de toutes sortes	id.	» 9 8 2 3	1 » 3 9 3	1 » » »	1 40	» 5 » 1	[illegible]
Vermillon	id.	3 6 » 3 8	3 6 6 » 8	3 » » »	4 17	» 15 1 1	[illegible]
Verre et verrerie de toute espèce	id.	» » » » »	» » » » »	» 5 » »	» 70	» 2 6 » ½	[illegible]
Verroterie (Perles de verre pour colliers)	id.	» 5 3 9 7	» 5 9 6 7	» 5 » »	» 70	» 2 6 » ¼	[illegible]
Articles non dénommés au Tarif	la valeur	» » » » »	» » » » »	» » » »	» »	» » » »	[illegible]
TOTAL de la valeur des articles d'exportation	....	....	....	....	....	....	....
DROITS de port et de tonnage	....	....	....	....	....	....	....
TOTAL GÉNÉRAL	....	....	....	....	....	....	....

…ES EXPORTATIONS.

…RTATIONS ANNUELLES		PRIX MOYENS.		VALEUR ANNUELLE.		DROIT	TARIF DES DROITS.	
…és …ises.	Unités françaises.	Monnaies espagnoles	Monnaies françaises.	Monnaies espagnoles.	Monnaies françaises.	p. %.	Monnaies chinoises.	Monnaies françaises.
…culs.	kil. gr.	p. c.	fr. c.	p. c.	fr. c.		taëls.	fr. c.
…000	61,750 »	45 » id.	270 »	45,000 »	270,000 »	3	1,000	8,000 »
…ille.	mille.							
…200	200	10 » le mille.	60 »	2,000 »	12,000 »	6 ½	100	800 »
…culs.	kil. gr.							
10	617 500	20 à 50 le picul.	120 à 300	300 »	1,800 »	1 à 3	2	16 »
…000	185,250 »	350 » le picul.	2,100 »	1,050,000 »	6,300,000 »	4	30,000	240,000 »
…000	123,500 »	200 » id.	1,200 »	400,000 »	2,400,000 »	6 ½	20,000	160,000 »
…000	185,250 »	75 » id.	450 »	225,000 »	1,350,000 »	5	7,500	60,000 »
…80	4,490 »	400 » id.	2,400 »	32,000 »	192,000 »	3 ½	800	6,400 »
…500	92,625 »	400 » id.	2,400 »	600,000 »	3,600,000 »	3 ½	15,000	120,000 »
…100	6,175 »	400 » id.	2,400 »	40,000 »	240,000 »	3 ½	1,000	8,000 »
…culs.								
…000	1,000 piculs.	400 » le picul.	2,400 »	400,000 »	2,400,000 »	4	12,000	96,000 »
…uls.								
20	1,235 id.	130 » le picul.	780 »	2,600 »	15,600 »	3 ½	60	480 »
	kil. gr.							
10	617 500	10 à 50 id.	60 à 300	300 »	1,800 »	1	2	16 »
…500	30,875 »	6 » id.	36 »	3,000 »	18,000 »	9	200	1,600 »
…,000	2,470,000 »	4 » id.	24 »	160,000 »	960,000 «	8 ½	10,000	80,000 »
…,000	1,852,500 »	7 » id.	42 »	210,000 »	1,260,000 »	6 ½	10,500	84,000 »
…100	6,175 »	10 » id.	60 »	1,000 »	6,000 »	3	20	160 »
…ces.								
…100	100 tabl[x].	5 » la pièce.	30 »	500 »	3,000 »	2	10	80
…,000	10,000 id.	5 » le 100.	30 »	500 »	3,000 »	2	10	80
…culs.	kil. gr.							
…,000	21,612,500 »	27 » le picul.	162 »	9,450,000 »	56,700,000 »	12	875,000	7,000,000 »
…200	12,350 »	50 » id.	300 »	10,000 »	60,000 »	5	200	1,600 »
…300	18,525 »	50 » id.	300 »	15,000 »	90,000 »	2 à 3	300	2,400 »
…i es.								
…,000	1,000 boîtes.	40 » la boîte.	240 »	40,000 »	240,000 »	5	1,500	12,000 »
…culs.	kil. gr.							
…50	3,087 500	10 à 50 le picul.	60 à 300	1,000 »	6,000 »	3	25	200 »
…ites.								
…,500	1,500 boîtes.	15 » la boîte.	90 »	22,500 »	135,000 »	4 ½	750	6,000 »
»	» »	» » »	» »	» »	» »	5	»	»
….	………………	………………	………	24,500,000 »	147,000,000 »	……	1,026,442	8,211,536 »
….	………………	………………	………	500,000 »	3,000,000 »	……	37,500	300,000
….	………………	………………	………	25,000,000 »	150,000,000 »	……	1,063,942	8,511,536

RÉCAPITULATION

DES TABLEAUX D'EXPORTATION QUI PRÉCÈDENT.

MARCHANDISES.	VALEURS EXPORTÉES.		DROIT	DROITS PERÇUS.	
	En monnaie espagnole.	En monnaie française.	p. %.	En monnaie chinoise.	En monnaie française.
	piast.	fr.		taëls.	fr.
Thés	9,450,000	56,700,000	12	875,000	7,000,000
Soies et soieries de toutes sortes	2,747,000	16,482,000	3 ⅓	86,300	690,400
Sucre et sucre candi	370,000	2,220,000	7 ¼	20,500	164,000
Casse	240,000	1,440,000	12	22,500	180,000
Autres marchandises de toutes sortes	532,750	3,196,500	5 ⅚	22,142	177,136
Numéraire (Argent monnoyé exempt de droits)	11,160,250	66,961,500	»	»	
Droits de port et de tonnage.	500,000	3,000,000	10	37,500	300,000
TOTAUX	25,000,000	150,000,000 (1)	......	1,063,942	8,511,536

(1) Voir, pour la juste appréciation de cette valeur officielle, les observations portées page 114.

NOMENCLATURE DESCRIPTIVE

ET ÉTUDE

DES ARTICLES A EXPORTER.

Alun (1). — Exporté de la Chine en quantités considérables pour l'Inde et pour l'Archipel, ce produit se trouve probablement sous les mêmes conditions géologiques en Chine que dans les autres pays, où il se rencontre principalement sous forme d'une espèce d'ardoise.

Le marché chinois est abondamment pourvu d'*alun*, mais cette substance y est souvent impure, soit par l'effet de la falsification, soit par suite du peu de perfection apporté à sa manipulation. Le goût n'en est pas aussi mordant que celui de l'alun d'Europe, mais les morceaux en sont cristallisés et transparens. Les Chinois en consomment beaucoup pour purifier l'eau qu'ils emploient aux usages domestiques. Ils s'en servent aussi pour blanchir leurs papiers de bambous destinés à l'imprimerie étrangère et pour la teinture de leurs tissus de soie et de coton.

Amome. — La graine de l'*amomum verum* a une odeur forte et pénétrante et un goût chaud et aromatique. L'arbre qui la produit croît en Chine et dans l'Inde ; son fruit en grappes ressemble au raisin et contient trois cellules, chacune desquelles est pleine d'une graine noirâtre. Les cosses sont de peu de valeur, de même que la graine elle-même lorsqu'elle est racornie ou ridée et petite. Ces cosses, quand elles sont bonnes, sont lourdes, d'une couleur gris clair et remplies de graines. L'*amome* s'emploie aux mêmes usages que l'anis étoilé, dont il va être parlé.

---

(1) Voir, pour les *noms en chinois et en anglais*, le tableau de nomenclature, page 122.

Anis étoilé ou Badiane.—C'est le fruit d'un petit arbre, l'*illicium anisatum*, qui croît en Chine, au Japon et aux Philippines. Cet *anis* est estimé à cause de sa saveur aromatique et de l'huile essentielle qu'on en extrait. On l'appelle *anis étoilé*, à cause de la structure de la cosse, qui se divise en cinq branches. Les cosses ont un goût plus aromatique que la graine, mais elles sont moins douces. On l'emploie le plus ordinairement comme condiment. Au Japon, on fait offrande de cette graine dans les temples et sur la tombe d'un parent, d'un ami, etc.

L'*anis étoilé* de Chine est principalement exporté en Angleterre et dans le nord de l'Europe, en caisses carrées d'un demi-picul (30 kilog. 875 gram.) jaugeant environ 4 pieds cubes, aux prix moyens de 8 dollars 50 cents le picul (85 centimes le kilog.).

Anis (Huile d').—Cette huile essentielle est presque toute exportée en Europe et en Amérique; elle sert en médecine et en parfumerie. L'exportation moyenne est d'environ 200 piculs (12,000 kilog.), au prix de 110 dollars l'un (10 fr. 67 c. le kilog.).

Arsenic. — L'*arsenic* de Chine est principalement exporté dans l'Inde, où l'on s'en sert pour la médecine. Les Chinois l'emploient aussi, dit-on, dans la culture du riz. Ils le sèment en poudre dans leurs rizières à l'époque de la germination, pour faire périr les insectes.—On l'obtient en sublimant le *sulfure natif d'arsenic*.

Artifices.—La plus grande partie des *pétards* et *artifices* chinois sont exportés pour les États-Unis, l'Amérique méridionale et pour l'Inde. Les Chinois fabriquent les *pétards* avec une économie telle qu'ils en vendent 4 à 5,000 pour un dollar. Nos artificiers, si experts d'ailleurs, trouveraient peut-être chez eux, sous ce rapport, d'utiles modèles à imiter. Cinq boîtes de pétards pèsent environ un picul (61 kilog. 750). Le marché de Canton est presque entièrement approvisionné par Fatshan.

Bambous.—Les usages auxquels les Chinois emploient cette plante sont si nombreux qu'il serait plus aisé d'en faire connaître l'utilité en citant les choses pour lesquelles le *bambou* n'est pas employé, qu'en énumérant ses innombrables emplois. Ses jeunes pousses sont cuites et confites dans du vinaigre ou du sucre; ses racines, taillées et sculptées, forment les figures les plus belles ou les plus bizarres; elles sont façonnées en lanternes, en pommes de cannes, etc.; les jets ou branches sont employés à porter des fardeaux, à soutenir, à échafauder des maisons, à les construire, à confectionner les voiles et vergues des navires, les crocs et rames des embarcations, les filets et verveux des pêcheurs. L'épiderme de l'écorce du *bambou* sert à faire des ouvrages de vannerie, des cordages.

Le *bambou* fournit le lit pour dormir, le matelas pour s'étendre, les instrumens pour manger, les pipes pour fumer, le balai pour nettoyer, la chaise pour s'asseoir, la table pour manger, un mets à mettre dessus, le feu pour le cuire; il donne au maître la férule pour gouverner; à l'élève, le livre pour apprendre, le papier, le pinceau pour écrire et la coupe pour mettre l'encre; au musicien il donne sa lyre, au juge le redoutable instrument du supplice; il fournit le peigne pour les cheveux et le chapeau pour couvrir la tête, la mesure des longueurs et celle des quantités, le sceau pour puiser l'eau, la cage pour l'oiseau. Ses feuilles cousues ensemble fournissent des vêtemens contre la pluie; enfin à tout il est utile, à tout il est bon; sans le bambou, que deviendrait le Chinois? D'immenses quantités d'ouvrages en *bambous* s'exportent annuellement de la Chine, mais on ne sait pas précisément quel en est le chiffre. (Voir aussi le mot Cannes.)

Bangles.—C'est le nom des anneaux que les Orientaux portent en bracelets aux poignets et aux chevilles. Les Chinois les font avec une matière vitreuse imitant le *jade* ou la *calcédoine*; ils sont empaquetés dans des boîtes qui en contiennent mille paires, valent 50 dollars (300 fr.), et pèsent 1 picul (61 kilog. 750).

Les mêmes bijoux, ainsi que les bagues et les anneaux des tireurs d'arc, se font aussi en *jade;* ils sont alors fort chers et de la plus grande beauté. On en voit aussi en cuivre verni, doré ou ciselé.

Cet article est de peu d'importance.

Bois de sandal (Ouvrages en). — On fabrique, en Chine, des objets charmans avec ce bois, tels qu'éventails, boîtes, carnets, écrans, etc.; tous se recommandent par la richesse, le fini et la beauté des sculptures. Des quantités considérables s'en exportent tous les ans, mais ils paient rarement des droits, n'étant presque jamais compris dans les manifestes des cargaisons.

Camphre.—Se reporter, pour cet article, à la nomenclature des importations, page 34. Les Chinois fabriquent plusieurs huiles essentielles de *camphre*. L'étude de leurs huiles est intéressante : elles formeraient un élément de retour peu encombrant et de grande valeur. Il y a en Chine des huiles essentielles de sandal, de girofle, de menthe poivrée, de cannelle, etc., sans compter celles qui sont dénommées au Tarif.

Le *camphre*, qu'on peut exporter de la Chine et des détroits de Malacca et de la Sonde, appelle tout particulièrement l'étude de notre commerce, comme pouvant, à lui seul, donner lieu à des affaires assez considérables.

Camphre (Malles en).—Les *malles* de bois de *camphre*, fabriquées par les Chinois, ont une réputation justement méritée de beauté et de durée ; elles ont aussi, par la nature du bois dont elles sont fabriquées, la propriété de préserver des insectes les vêtemens de drap et mêmes les fourrures.

On fabrique les *malles* de *camphre* par jeux de cinq l'une dans l'autre ; chaque jeu est estimé peser un picul (61 kilog. 750). L'exportation principale a lieu pour l'Amérique, Sydney et l'Inde. On doit n'acheter qu'avec défiance les *malles de camphre* chinoises couvertes en cuir ; elles sont ordinairement faites avec des bois de rebut.

Cannes.—Des *cannes* de bambous, de toute espèce de bois et de formes, sont exportées de Canton, en grandes quantités, pour l'Angleterre. Leurs prix varient de 5 à 8 dollars le mille, et même de 5 à 8 et jusqu'à 20 dollars le cent, suivant la qualité du bois.

Capoor Cutchery.—Le *capoor cutchery* est la racine d'une plante qui croît en Chine, et dont l'épaisseur est d'un demi-pouce de diamètre environ. Elle est coupée en petits morceaux et séchée pour l'exportation. Blanchâtre intérieurement et rougeâtre et rugueuse extérieurement, elle a un goût amer et âcre et une légère odeur aromatique. On l'exporte, en paniers de 2 picus chacun, à Bombay et de là en Perse et en Arabie. Elle sert pour la parfumerie, la médecine, et préserve les vêtemens des insectes.

Cassia ou Casse.—On connaît dans le commerce trois espèces de *casse*. Le *cassia lignea*, ou écorce de *casse* (cannelle de Chine), les *boutons de casse*, et les *cosses de casse* (casse en bâtons) qui viennent de l'Egypte et de l'Inde. Le *cassia lignea*, communément appelé *cassia*, est exporté de la Chine dans toutes les parties du monde; c'est l'écorce décortiquée du *laurus cassia*, grand arbre qui croît dans le midi de la Chine et dans les îles du nord de l'archipel Indien. Pour obtenir la *casse*, on enlève l'écorce des branches par bandes longitudinales, on la laisse pendant 24 heures subir une espèce de fermentation, puis on en ratisse facilement l'épiderme; séchée, cette écorce prend la forme de tuyaux et est envoyée sur le marché. Les morceaux minces, d'une odeur épicée, d'une couleur rougeâtre, et doux à la surface, sont les meilleurs; les morceaux petits et brisés sont de qualité inférieure.

La *casse* qui vient de Ceylan et du Malabar est de moins bonne qualité que celle de Chine, plus sujette à être falsifiée, plus épaisse, plus foncée en couleur et moins aromatisée.

La *casse* s'emballe en rouleaux cousus dans des nattes; chaque natte contient deux ou trois rouleaux, chaque rouleau pèse 1/2 kilog. La *casse* se distingue facilement de la cannelle, à laquelle elle ressemble, ses tuyaux étant plus petits, plus courts et d'une odeur moins forte. On exporte annuellement environ 35 à 40,000 piculs (2 millions et quelques cent mille kilog.) de *casse*, à un prix moyen de 9 dollars le picul (90 centimes le kilog.), en caisses jaugeant environ le 1/5 du tonneau anglais.

Casse (Boutons de).— On les recueille sur le même arbre qui produit la *casse*; ce sont les réceptacles charnus qui contiennent la graine. Ils ont quelque ressemblance avec le clou de girofle quand ils sont frais, et possèdent un parfum de cannelle; ceux qui sont lourds, frais et sans défauts ni malpropreté, sont les meilleurs. Quand on emballe les boutons avec l'écorce, l'odeur des deux y gagne. On en exporte par an, pour l'Angleterre et les autres pays d'Europe, environ 500 piculs (30,000 kilog.) à 16 piastres l'un (1 fr. 55 c. le kilog.).

Casse en baton (canéfices).—C'est le fruit du canéficier, grand arbre qui croît spontanément en Egypte, dans l'Inde et en Chine. Milburn et Mac-Culloch disent que la *casse* de l'Orient est préférable à celle de l'Amérique; c'est une gousse de la grosseur d'un pouce, longue d'un pied et même plus, d'une couleur brune à l'extérieur et remplie d'une pulpe noire qui enveloppe une graine ovale, plate et dure; cette pulpe s'emploie en médecine comme purgatif. On distingue la casse de l'Orient de celle de l'Amérique, en ce que ses gousses sont moins grandes, plus unies et polies à la surface.

Casse (*Huile de*). — On extrait cette huile des feuilles du *cassia lignea* au moyen de distillations, et elle est employée en médecine sous le nom de *oleum malabathri*. On l'essaie aisément en la mettant sur la main; elle s'évapore et toute substance étrangère reste. Les feuilles sont exportées sous le nom de *folia malabathri*. La fabrication de cette huile a beaucoup diminué pendant les deux dernières années (1843 et 1844), mais de constantes demandes la feront bientôt augmenter de nouveau.

Il y a peu de produits de l'Orient qui soient plus utiles que le *cassier*. Le bois, les feuilles, les boutons et l'huile sont tous employés à différens usages. On s'en sert en médecine, en ébénisterie et dans l'art culinaire.

Céruse (Blanc de plomb). — Les Chinois fabriquent d'immenses quantités de *blanc de plomb* pour différens usages dans les arts. Ils en exportent aussi beaucoup. Ils font en outre du rouge de plomb ou *minium*, mais l'exportation en est presque nulle.

Colles. — La principale est fabriquée avec des peaux de vache et de bœuf; on en exporte dans l'*Inde*, mais elle n'est pas, à beaucoup près, aussi tenace que celle d'*Irlande*. On fait aussi, en *Chine*, de la colle de poisson, tirée principalement des ouïes et de la tête du *polynemus* ou *binni-carpe*. Cette dernière espèce est employée dans le tissage des étoffes de soie et dans la cuisine chinoise. Une autre substance de même nature constitue un des mets les plus recherchés du pays.

Conserves et Confiserie. — Les Chinois conservent, dans du sucre-candi, une infinité de fruits et de légumes, tels que pousses de bambous, maïs, racines de lys, de gingembre (*zinziber officinalis*), etc.; des *whampis*, des goïaves, des poires, des citrons, des *kumquats*, des oranges, et jusqu'à une gelée de mousse et de poisson. L'exportation de ces conserves dans les deux Amériques, à Sydney, dans l'Inde et dans les Détroits, est d'au moins 10,000 boîtes de 25 catties (15 kilog. 500) chacune, représentant une valeur totale d'environ 50 à 60,000 dollars (300 à 360,000 fr.).

Coquillages et Insectes. — Les côtes des nombreuses îles de l'océan Indien fournissent les plus belles coquilles de mer. Un grand nombre de collections de ces coquilles, dont quelques-unes, très précieuses, se trouvent en Chine et peuvent y être achetées, ainsi que des collections d'insectes assez bien préparées. On s'y procure également quelques pierres précieuses, telles que *chrisolithes*, *malachites*, *cornalines*, *agates*, *jades*, etc.

Corail. — Le *corail* est exporté de Chine dans l'Inde par boîtes pesant 1 picul (61 kilog. 750).

Cubèbe. — Le *poivre cubèbe* est le fruit du *peper cubeba*, espèce de liane croissant en Chine et à Java. Le *poivre cubèbe* ressemble tellement au poivre ordinaire qu'on ne peut le distinguer qu'au moyen de l'attache à la cosse. Le *cubèbe* est d'une couleur gris brunâtre; son péricarpe est ridé et ne renferme qu'une seule graine. Il possède une saveur chaude, mordante, légèrement amère et une odeur agréable. La graine lourde et solide est la meilleure; si elle n'est pas mûre lorsqu'on la cueille elle se plisse beaucoup. Le *cubèbe* est vendu à Canton de 18 à 20 dollars par picul (de 1 fr. 75 c. à 1 fr. 95 c. le kilog.). Les Hollandais font la plus grande partie de ce commerce, le *cubèbe* de Java étant le meilleur, et la plupart de celui de Chine s'exportant dans l'Inde.

Cuivre (Feuilles de) ou Tinsel. — On fabrique en Chine une quantité considérable de ces *feuilles de cuivre* avec du laiton aplati à coups de marteau; elles sont employées pour faire les *kin-hwa*, ou fleurs dorées, qui servent dans les cérémonies religieuses. On en exporte beaucoup pour l'Inde, dans des boîtes du poids d'environ 50 catties (30 à 31 kilog.). — Cet article est connu dans le commerce sous le nom de *clinquant*.

Cuivre (Ustensiles de). — Des bols, plats, *houkas*, bassins, chaudrons, etc., en cuivre et en toutenague, sont exportés en grandes quantités de Chine par les Lascars (1), pour l'Inde et pour l'Archipel.

Curcuma ou Turmeric. — C'est la racine séchée du *curcuma longa*, plante herbacée, cultivée dans tout l'archipel Indien et sur le continent. On emploie le *curcuma* en raison de ses qualités colorantes et aromatiques. Ses racines sont raboteuses et noueuses, difficiles à casser, à couper; leur couleur est extérieurement d'un jaune pâle et intérieurement d'un jaune brillant, tirant sur le jaune rouge, et devenant safran. On réduit facilement cette racine en poudre pour l'employer, mais sa teinture ne tient pas bien et on n'a encore rencontré aucune substance qui puisse la fixer. Son odeur est aromatique et ressemble un peu à celle du *gingembre*; son goût est âcre et amer. On doit, en l'emballant, prendre les plus grandes précautions pour la garantir de l'humidité; on se sert du *curcuma* pour constater la présence de l'alcali. Il s'en exporte des quantités considérables aux prix de 5 à 7 dollars le picul (50 à 70 centimes le kilog.).

Curiosités. — On comprend sous ce titre la plupart des objets achetés par les étrangers qui vont en Chine. Il est impossible d'en donner le détail tant le nombre en est considérable : ce sont en général des ouvrages de goût, d'art, de fantaisie et d'ornement; des vases, pots et potiches, jarres, coupes, écrans, plateaux, boîtes, jeux en cuivre, fer, porcelaine et bois, laque, ivoire, sandal, nacre, etc. Il s'exporte annuellement pour plus de 30,000 dollars (180,000 fr.) de tous ces objets.

Écaille ouvrée. Les Chinois fabriquent avec l'*écaille de tortue* de charmans petits ouvrages, tels que peignes, petits bassins, plateaux, coupe-papier, jetons, etc. On en exporte des quantités considérables dans toutes les parties du monde.

Esquine ou Squine (*China root*, *racine chinoise*). — C'est la racine du *smilax Chinæ*, plante grimpante. Elle est à jointures et à nœuds, épaisse, de couleur brunâtre, et cassante lorsqu'on la coupe. La sur-

(1) On dénomme ainsi une classe de la population de l'Inde, qui tient à la fois de l'Indou et du Malais. Elle s'adonne spécialement à la marine et au commerce.

face est compacte, grenue, brillante, et d'une couleur rouge pâle ; mais en vieillissant, elle devient véreuse et impropre à servir. Le prix du marché varie de 3 1/4 à 4 dollars par picul (32 à 40 centimes le kilog.). Les Chinois consomment des quantités considérables de cette racine, en préparations médicales. On en exporte en Europe et en Amérique. Douze piculs de cette racine équivalent à un tonneau anglais.

Étain (Feuilles de). — Elles sont estimées à moitié de la valeur des *feuilles de cuivre*, et s'exportent principalement dans l'Inde.

Éventails et Écrans. — L'exportation de ces articles a principalement lieu pour les États-Unis ; il n'en est expédié qu'un petit nombre dans l'Amérique du Sud et dans l'Inde.

Les Chinois fabriquent des *éventails* de tous prix et de toutes matières, en argent et or, en ivoire, laque dorée, écaille, sandal, papiers, plumes et bambous. Ils valent depuis 5 *cents* jusqu'à 5, 6 et 12 dollars la pièce (de 30 centimes à 72 francs).

Galanga. — Cette racine est le produit de deux plantes différentes, dont la plus grande porte le nom de *kœmp feria galanga*, et la plus petite celui de *maranta galanga*. La première a une racine coriace, dure, boiseuse, avec une écorce mince remplie de cercles noueux à la partie externe ; elle est amère, moins aromatique et moins estimée que la plus petite. Cette dernière est d'un rouge brunâtre à l'extérieur, et rouge pâle à l'intérieur ; elle a rarement plus de 2 pouces de longueur et à peine un demi-pouce d'épaisseur ; elle est très ferme, bien que légère. La meilleure est pleine, ténue, d'une couleur brillante et d'un goût chaud, âcre et aromatique. On emploie principalement le *galanga* comme assaisonnement, et l'on en exporte des quantités considérables de Chine, pour l'Inde et pour l'Europe.

Gomme gutte (*camboge*). — Gomme résine qui emprunte son nom au pays de *Camboge*, où croît le *garcinia cambogia*, arbre dont on l'extrait et qu'on trouve également en Chine et à Siam. Dans ce dernier pays, on fait une incision à l'écorce de l'arbre pour en extraire la gomme-résine. La Chine en tire aussi de Bangkok et de la Cochinchine. Le suc de l'arbre est séché au soleil et façonné en rouleaux qui sont unis à la surface et d'un brun-jaune. La bonne *gomme gutte*, lorsqu'on la frotte sur l'ongle mouillé, est d'un jaune-citron, sans grumeaux. Quand on la brûle, la flamme en est blanchâtre et le résidu forme une cendre grisâtre. Elle doit se casser comme du verre, n'avoir aucun goût et être peu odorante. Les grands morceaux qui sont d'une couleur sombre et d'une nature grumeleuse, sont de qualité inférieure. On emploie la GOMME GUTTE comme condiment, on s'en sert aussi en médecine et surtout dans les arts. Il en est exporté annuellement des quantités considérables de Chine et de Singapore; on l'expédie en caisses de un picul. Douze de ces caisses font un tonneau anglais.

IVOIRE. — La beauté des sculptures sur *ivoire* que font les Chinois, et le bon marché de leurs ouvrages en cette matière, tels qu'éventails, coupe-papiers, jeux d'échecs, ont fait prendre de l'importance à leur exportation. Il s'en expédie dans les deux Amériques, dans l'Inde et en Europe.

LAQUE (OUVRAGES EN). — Les Chinois fabriquent un nombre très considérable d'objets en *laque*, tables et meubles de toute espèce, boîtes à ouvrages, pupitres, boîtes à thé, à cigares, éventails, écrans, etc.

L'exportation de ces articles avait diminué depuis bien des années; mais elle paraît devoir reprendre, le goût pour les *laques* se réveillant en Europe. La meilleure *laque* est celle du Japon, ou celle de Chine quand elle est vieille.

MARBRES. — On fabrique en Chine des carreaux pour carreler les appartemens et les cours avec un *marbre* bleuâtre, bien veiné, qui se trouve au nord-ouest de Canton. Il existe aussi dans le pays une sorte de *marbre* rouge, avec lequel on fabrique des tables et des siéges; dix carreaux de ce marbre pèsent un picul (61 kilog. 750). L'exportation de cet article, qui avait été autrefois prohibée, tend maintenant à s'accroître. Des tuiles de différentes espèces sont aussi exportées en grande quantité. Les tuiles chinoises pour la couverture des maisons sont de deux espèces; l'une est destinée à s'adapter à l'autre, et ces tuiles ainsi scellées gagnent en solidité, et sont moins sujettes à être enlevées par le vent.

MEUBLES. — La plus grande partie des ouvrages d'ébénisterie exportés de Chine se font sur commandes des pays de destination. L'ébénisterie en bois massif des Chinois se recommande par sa beauté, sa finesse et sa solidité; mais leurs ouvrages en placage sont très inférieurs aux nôtres pour la durée, parce qu'ils emploient de mauvaises colles. Rien n'est plus élégant, plus riche que leurs meubles de laque, alors même qu'ils sont unis et sans aucun ornement. On ne saurait trop louer non plus leurs bois sculptés, que rien ne surpasse. Leurs cadres, dessus et panneaux de meubles et de portes, en bois de camphre, d'ébène et de rose, sont des chefs-d'œuvre. Le travail manuel, comme celui de l'imitation, est à l'état de perfection chez ce peuple patient et laborieux, et il n'y a que le génie de l'art, du goût et du dessin qui puisse donner la priorité à la concurrence étrangère.

Minium (Rouge de plomb). — Les Chinois n'en fabriquent pour ainsi dire que pour leur consommation, et l'exportation, comme on l'a dit plus haut, en est presque nulle.

Monnaies (*Treasure*). — L'argent monnoyé importé en Chine consiste principalement en piastres espagnoles. Il n'y entre que très peu d'or.

Les piastres frappées sous le règne de Charles IV, appelées en anglais *Carolus dollars* (c'est la piastre forte à colonne du règne de Charles IV), sont les plus recherchées; elles obtiennent un meilleur cours que celles du règne de Ferdinand. Les piastres des républiques de l'Amérique du Sud, et en général tous les dollars américains, n'ont pas cours à Canton, ni dans le voisinage de cette ville; ils y perdent 10 et même 15 et 20 p. 0/0; mais à Chusan et Ning-po les Chinois les acceptent presque au même taux que les piastres du règne de Charles IV (1).

Il arrivait aussi en Chine, mais en petite quantité, une espèce d'argent du Chili et du Pérou, appelée *plata-pina* (argent conique), de la forme de lingots. Mais les Chinois ne l'achetaient que d'après son titre *d'argent*, bien qu'il fût allié à 1 ou 2 p. 0/0 d'or.

La réexportation du numéraire de la Chine consiste donc principalement en piastres ou *dollars*; elle n'a lieu, en grande partie, que pour l'Inde, en paiement de l'opium qui est presque le seul article que les Chinois acquittent en numéraire.

Il est bien important pour le négociant trafiquant en Chine de ne

---

(1) Voir pour la valeur de la piastre ou dollar espagnol le chapitre page 152.

jamais recevoir un paiement en piastres autrement qu'au poids, car s'il se contentait de compter le nombre de piastres, il s'exposerait à des pertes considérables. Il y a peu de peuples plus adroits que les Chinois pour rogner et altérer les monnaies, et, par suite de l'habitude qu'a chaque maison d'imprimer une estampille sur les piastres qui entrent dans sa caisse, ces pièces sont tellement défigurées que c'est par le poids seul qu'on peut établir leur valeur, d'une manière certaine. Les vieilles piastres espagnoles ont été tellement frappées d'empreintes ou estampilles, qu'elles sont maintenant en morceaux et n'ont cours que pour ce qu'elles pèsent.

Le seul moyen d'éviter d'être trompé en Chine, en recevant du numéraire, est de confier ses recettes à son *compradore* en le rendant responsable des pertes; c'est du reste l'usage général.

Il est encore un point qu'il convient de ne pas oublier. Les piastres estampillées, qu'on appelle en Chine et dans tout l'archipel Indien *chop-dollars*, n'ont cours que dans l'empire chinois; dans l'Archipel et dans l'Inde, elles perdent beaucoup et sont souvent refusées. Il faut donc en quittant la Chine changer celles qu'on possède contre des dollars américains ou des *ferdinands espagnols*, non frappés de poinçons. On gagne à cette opération 5 et même 10 p. 0/0, les dollars américains ayant cours partout dans l'Inde et dans l'Archipel. Si on ne pouvait changer ces *chopdollars*, il serait plus prudent de se munir de lettres de crédit.

Musc. — Le *musc* naturel est pur, très rare, très estimé et fort cher; aussi est-il souvent falsifié. On le trouve sur une espèce d'antilope, le *moschus moschifera* habitant dans le Thibet, la Sibérie et en Chine; mais il est probable qu'on le rencontre aussi dans différentes espèces de cerfs vivant dans les contrées centrales de l'Asie. Le *musc* se vend, sur le marché de Chine, dans la poche naturelle où le porte l'animal, poche grande à peu près comme une grosse noix. Le bon *musc* est d'une couleur pourpre sombre, sec, léger et d'une odeur très forte. Les poches sont souvent imitées avec de la peau, mais, dans ce cas, elles sont d'une couleur plus pâle que les véritables, et les poils en sont toujours inégaux. Le degré de pureté et de force du *musc* peut être reconnu en faisant macérer dans de l'esprit-de-vin une faible partie de la substance contenue dans la poche; le liquide devra aussitôt se trouver imprégné de l'odeur. Le *musc* est falsifié au moyen d'une foule de matières, mais la plus communément employée à cet usage est une terre brunâtre et onctueuse, beaucoup plus lourde que la sécrétion du *musc*. Souvent aussi le sang de l'animal est mêlé avec le *musc*. Pour être bien fixé sur ses qualités, il conviendrait d'ouvrir chaque poche. Le bon *musc*, exempt de grumeaux, laisse, lorsqu'on le frotte sur du papier, une brillante couleur jaune.

L'exportation annuelle est d'environ 200 catties (123 kilogr. 500) à 60 dollars l'un (580 fr. le kilogr.); la totalité est fraudée à la sortie.

On trouve une qualité inférieure de *musc* sur les marchés de l'Inde, et une plus inférieure encore qui vient de Russie.

Musc (Graines de). — C'est le fruit de l'hibiscus abelmoschus, qui croît en Chine et dans d'autres pays; les Arabes l'emploient pour parfumer leurs cafés. Ces graines sont plates, de la forme d'une fève et de la grosseur de la tête d'une forte épingle. Elles ont une odeur de musc très prononcée et un goût légèrement amer et aromatique. Les graines noirâtres et sentant le renfermé sont mauvaises; leur couleur doit être grisâtre. On importe de la *graine de musc* en Europe.

Nacre de perle. — On exporte, en Amérique et en Europe, les ouvrages en *nacre de perle* et en laque incrustée de *nacre*. Les couleurs irisées de cette matière font, sur le beau noir de la laque, un très joli effet. On ne peut préciser ce qui en est expédié de Chine, car, comme elle sort par petites quantités à la fois, elle ne paie aucun droit de sortie.

Nattes. — Les *nattes* fabriquées par les Chinois avec du rotin sont d'une grande beauté, et leur exportation pour tous les pays du monde s'est tellement accrue que, par suite, l'importation du rotin en Chine a aussi beaucoup augmenté. Les *nattes* de table sont arrangées par services de six de différentes grandeurs. Les *nattes* pour parquets sont fabriquées avec un jonc cultivé spécialement pour cet objet. Les meilleures sont appelées *nattes de Lientan;* il y en a de blanches et de blanches et rouges. La fabrication de ces *nattes* et de celles qui servent pour voiles de bateaux et jonques et pour emballage emploie des milliers d'hommes. Les *nattes* pour parquets sont empaquetées par rouleaux contenant 50 *nattes* de six pieds de long sur quatre de large; un rouleau pèse un picul (61 kilog. 750). L'exportation annuelle de ces *nattes* aux États-Unis dépasse 10,000 rouleaux de 40 yards chacun (36 mèt. 56), à 4 dollars (24 fr.) le rouleau. On en exporte aussi des quantités considérables pour l'Amérique du Sud, pour Sydney et dans l'Inde. Lorsque ces nattes sont embarquées, il faut avoir grand soin de les préserver de l'humidité; sans quoi, elles s'échauffent et pourissent facilement.

Ombrelles, etc.—Les parapluies communs, ou *ombrelles* chinoises, sont faits avec du bambou et du papier gommé d'*agar-agar*, ou de la soie commune, aussi gommée. On les expédie dans des boîtes de 100 ombrelles chacune, pesant un picul. Les Chinois font un grand commerce d'exportation de cet article avec l'Inde et l'Archipel.

Or et Argent ouvrés. — Les Chinois fabriquent des objets et ustensiles en or et en argent, et surtout en filigrane, dont le travail est de la plus grande beauté. Ils font aussi des quantités considérables de vaisselle et d'argenterie de table, moyennant une commission de 18 à 25 et même 100 p. 0/0 sur le poids du métal, suivant la richesse des ornemens et la beauté des ciselures. Les joailliers de Canton, qui exécutent en or et argent toutes les pièces dont on leur fournit les modèles, se recommandent par la beauté surprenante de leur travail et la modicité de leurs prix.

On trouve à Canton plusieurs qualités d'or, aux titres ci-après, savoir :

Le *twanghan* est en forme de barres; son titre est en général de 94 ½ à 95 p. %, c'est-à-dire qu'il renferme 5 ½ à 5 p. % d'alliage.
Le *soangoütt*, au titre de 90 à 92 p. %.
Le *tungzee*, en lingots en forme de souliers, 96 p. %.
Le *toozee* ou *toujee*, 92 p. %.
Le *cheaujee*, d°
Le *seongpoa*, 93 ½ p. %.
Le *seong-yeukz* ou *song-yeux*, 94 à 95 p. %.
Le *pouzee* ou *seong-po*, environ 94 p. %.
Le *chuzee*; il est généralement en barres de 94 p. %.
Le *swarhzee* ou *chanzee*, en lingots de 93 p. %.
Le *ongee*, de 90 à 91 p. %.
Le *toozee*, 92 p. %.
Le *cutzee*, de 90 p. %.
Le *sowchew* ou barres d'or de la Cochinchine, de 96 à 97 p. %.

L'or chinois à 93 p. 0/0 correspond exactement à l'or anglais au titre de 24 karats.

Orpiment ou Hartall. — C'est l'*orpin* minéral, ou *sulfure d'arsenic*, employé comme matière colorante. On le trouve en Chine, à Burmah, en Turquie et en Hongrie. L'*orpiment* natif est composé de petites feuilles minces, d'une brillante couleur d'or entremêlée de petits points vermillon, d'une contexture foliacée, non compacte, flexible, douce au toucher comme du talc; il brille lorsqu'on le casse. Quand on le brûle, il s'en dégage une épaisse fumée très chargée de soufre. L'*orpiment* de la Chine s'exporte en grande partie pour l'Inde.

Os et Corne ouvrés. — On comprend sous cette dénomination des boîtes, lanternes, couteaux à papiers, des boutons et une foule d'autres petits ouvrages. Ces marchandises n'ont jamais payé de droit de sortie et l'on ne peut préciser le chiffre de leur exportation.

Papiers. — Il existe, en Chine, plusieurs espèces de *papiers;* le plus ordinairement employé est fabriqué avec le bambou jaune, le plus commun du pays. Les Chinois donnent à ces différens papiers de bambou une finesse, une blancheur et un lustre extraordinaires. Ils les blanchissent au moyen d'alun; la fabrication en est simple et peu dispendieuse, et ces papiers ne s'altèrent pas, comme les nôtres, dans les climats humides.

On fabrique aussi, avec du coton, un papier très léger, appelé papier de Nankin et servant en général aux emballages; puis enfin une dernière espèce faite avec la moelle d'une herbe, et connue dans le commerce sous le nom de *papier de riz.* Les *papiers* de couleur chinois sont renommés et s'exportent en quantités considérables.

Perles fausses. — On fabrique, en Chine, beaucoup de *perles* imitant la perle fine, avec de la glu ou colle de poisson. Elles sont jolies, brillantes et d'une grande solidité. On les exporte dans l'Inde et l'Archipel, par boîtes de 1,000 perles, 100,000 pesant un picul.

Porcelaine. — Le commerce d'exportation de la porcelaine chinoise a bien diminué depuis que les fabriques d'Europe ont atteint leur degré actuel de perfection. Celle qui s'exporte le plus aujourd'hui est la porcelaine commune. La belle porcelaine se vend en *services;* un service, composé de 270 pièces, coûte de 12 à 75 taëls, soit de 60 fr. à 960 fr. Un déjeuner de 20 pièces revient à 3 taëls (24 fr.); un grand service à thé de 101 pièces vaut de 11 à 13 taëls (82 fr. à 104 fr.); un petit service à thé de 46 pièces, de 5 à 6 taëls (40 à 48 fr.). Des pots de fleurs, des vases, des jarres, des baquets à fruits, des ornemens de table sont également faits en porcelaine par les Chinois, qui imitent avec la plus rare perfection tous les modèles qu'on leur envoie. On exporte encore beaucoup de porcelaine de Chine pour l'Inde et pour les États-Unis.

Rhubarbe. — La *rhubarbe* est la racine séchée du *rheum palmatum*, plante qui croît en Tartarie et en Chine. Il en est aussi importé à Saint-Pétersbourg et à Smyrne, des contrées centrales de l'Asie. La rhubarbe de Russie est la meilleure et doit ses qualités aux soins apportés à sa préparation. Les Chinois déterrent les racines de *rhubarbe* au commencement du printemps, avant la pousse des feuilles, les coupent en tranches longues et minces qu'ils font sécher pendant deux ou trois jours, puis les attachent à des cordes et les suspendent dans un endroit froid et aéré, où ils les laissent sécher entièrement. La *rhubarbe* est souvent gâtée par la moisissure en séchant; alors elle devient légère, spongieuse, et est sujette à se manger des vers. La bonne *rhubarbe* est d'une contexture ferme, de couleur bigarrée lorsqu'on la coupe, parfaitement sèche et d'un goût âcre, amer, désagréable et légèrement aromatique. Si, lorsqu'on la mâche, elle devient mucilagineuse, elle ne vaut rien. La *rhubarbe* teint la salive en jaune foncé; quand on casse sa racine et qu'elle est noirâtre ou verte, il convient de la rejeter. Le prix de la *rhubarbe* varie de 38 à 40 dollars le picul (3 fr. 69 c. à 3 fr. 88 c. le kilog.) pour les racines séchées, et 50 à 60 dollars (de 4 fr. 85 c. à 5 fr. 82 c. le kilog.) pour celle qui est coupée. Plus de 1,500 piculs (92,000 kilog.) s'exportent annuellement de Chine en Europe, au prix moyen de 56 dollars le picul (4 fr. 85 c. le kilog.).

Rotins. — Voir cet article aux importations. Il s'expédie une quantité considérable d'ouvrages en rotin pour tous les pays du monde.

Soies. — Le mûrier est cultivé partout en Chine, excepté dans les provinces les plus septentrionales. L'industrie séricicole est donc répandue dans presque toute l'étendue de ce vaste pays.

Les meilleures *soies* écrues s'appellent *taysaam* et viennent de la province de *Hookwang;* le *tsatlee* vient aussi de cette province et du *Chekiang.* Ces deux espèces, connues sous le nom de *soies écrues* de Nankin, sont principalement exportées pour l'Angleterre. En 1833-34 elles se vendaient de 300 à 350 dollars par picul (de 290 fr. à 340 fr. le kilog.), et l'exportation était de 10 à 12,000 balles. En 1836-37 elle s'éleva au delà de 20,000 balles, et le prix atteignit le chiffre de 500 dollars (485 fr. le kilog); depuis cette époque et pour des causes inconnues, l'exportation s'est réduite à 5 à 6,000 balles au prix de 450 dollars le picul (437 fr. le kilog.). D'après le nouveau tarif, le droit est le même pour toutes les *soies écrues* de l'Empire.

Il est plus que probable que l'exportation des *soies* chinoises augmentera par Ning-po et Shang-Haï. La valeur des exportations indiquée sur les tableaux est loin d'être exacte ; au lieu de 400,000 dollars, c'est à plus de 1 million qu'il faut la porter (6,000,000 de francs).

Soieries. — Voir Tissus de soie.

Souliers, Chaussures. — Les Chinois tannent leurs cuirs avec du salpêtre et de l'urine; ces cuirs sont poreux et peu solides. Le prix des souliers, façon européenne, varie de 40 cents à 1 dollar 1/4 (2 fr. 40 c. à 7 fr. 50 c.); on en exporte, ainsi que des bottes, des quantités considérables pour l'Amérique du Sud.

Soy. — C'est une sauce ou assaisonnement fort en usage en Angleterre et en Amérique. Les Chinois le fabriquent avec le haricot *dolichos* qui croît dans leur pays et au Japon. Le nom de *soy* est dérivé du mot japonais *siyau.* Pour composer cette sauce, on fait bouillir doucement les haricots, on y joint une quantité égale d'orge; quand ce mélange a bien fermenté, on y ajoute une quantité de sel et trois fois la quantité d'eau dans laquelle les haricots ont cuit; on laisse le tout fermenter de nouveau pendant deux ou trois mois, puis on presse et passe. Le bon *soy* est d'un goût très agréable; secoué dans un verre, il laisse sur les parois une écume d'un beau jaune; au fond du verre, il est presque noir. Le *soy* du Japon est considéré comme le meilleur. On en exporte de la Chine des quantités considérables pour l'Angleterre et l'Amérique.

Sucre. — D'après les documens qu'on a pu recueillir sur l'histoire ancienne de la Chine, il paraît probable que les Chinois fabriquaient et consommaient le *sucre* bien avant aucun autre peuple du globe. La patrie naturelle de la canne à sucre est incontestablement la partie méridionale du grand plateau de l'Asie. La canne que les Chinois cultivent généralement est de la même espèce que celle qui est cultivée en Amérique et aux Antilles, et que tout le monde sait être une plante originellement exotique à ces contrées.

La culture de la canne à sucre, en Chine, est très étendue, et peut fournir non seulement aux besoins de la consommation, qui est considérable, mais encore à une exportation importante. Le mode de fabrication du sucre en Chine est encore à l'état primitif et très laborieux. Les machines sont grossières et très imparfaites, et presque tout le travail se fait à bras. Dans la plupart des îles de l'archipel Indien, le *sucre* est fabriqué par des Chinois ; les natifs leur fournissent la canne à sucre et reçoivent en retour une portion du produit. Il y a néanmoins, dans les îles, un *sucre* grossier, que fabriquent les natifs pour leur consommation, appelé *jaggery*.

Il s'exportait de Chine, il y a quelques années, plus de 100,000 piculs de sucre (6,500,000 kilog.) à destination de l'Inde ; mais, depuis lors, la concurrence des *sucres* de Manille et de Siam a fait beaucoup diminuer ces envois. Le prix moyen du sucre chinois est, dans le pays, de 5 dollars par picul (moins de 50 centimes le kilog., ou environ 5 sous l'ancienne livre de France).

Sucre candi. — Les Chinois l'obtiennent en cristallisant leurs *sucres bruts*. Le meilleur *sucre candi* vient de la province du *Fo-kien* et s'appelle *chinchew*. L'exportation en augmentera probablement par suite de l'ouverture du port d'Amoy. On expédie la majeure partie du *sucre candi* dans l'Inde et aux États-Unis ; celui qui est en poudre s'appelle *pingfa sugar* (*pingfa* signifie en chinois fleurs de cristal).

Tabac. — Les Chinois cultivent une variété innombrable d'espèces de *tabacs*, et, malgré l'immense consommation qu'ils en font eux-mêmes, ils peuvent en fournir à toute l'Europe. Les *tabacs* de la Chine sont remarquables par leur douceur et leur agréable arôme ; leurs feuilles sont en général larges, longues, d'un tissu fin, uni et doux ;

les côtes ou fibres sont fines ; leur couleur ordinaire est d'un beau jaune doré ou brun clair.

Les qualités de ces différentes espèces de *tabacs* et leurs prix peu élevés les désignent naturellement à la consommation, si considérable et constamment croissante depuis dix ans, qui s'en fait en France, et, lorsqu'un mouvement d'aller et de retour aura été établi entre les deux pays, et pourra assurer les arrivages réguliers des tabacs chinois moyennant un fret raisonnable, on ne doute pas que cet important article ne devienne un fond assuré de cargaison pour la France, comme les thés en sont un pour l'Angleterre et pour l'Amérique, si surtout le commerce, comprenant l'importance qu'il y a pour lui à faciliter l'introduction des tabacs chinois en France, vient en aide à l'Administration en établissant une navigation régulière et aussi peu dispendieuse que possible avec le Céleste-Empire.

Tableaux, Peintures. — Une exportation considérable de ces objets d'art a lieu annuellement de Canton et de Macao. Rien n'égale la beauté du coloris des peintures de fleurs, d'oiseaux et de figures chinoises, faites en général, sur un papier appelé improprement *papier de riz*, et qui est fabriqué avec la moelle d'une plante dont le nom ne nous est pas connu.

Thés. — Il serait impossible de faire entrer, dans le cadre restreint de cet ouvrage, une nomenclature de l'innombrable variété de thés noirs et verts que produit le sol de la Chine, et de faire connaître leurs différentes cultures, leur manipulation, l'origine de leurs noms, leurs qualités diverses, etc. (1). Tous les renseignemens possibles sur cette denrée ne seraient d'ailleurs d'aucune utilité pour aider l'acheteur dans ses choix ; la pratique la plus consommée et une expérience de plusieurs années peuvent seules le guider dans ses achats.

Dans les tableaux d'exportation, les *thés* sont portés pour un chiffre annuel de 350,000 piculs (21,612,000 kilog.) ; mais la sortie s'en élève plutôt à une moyenne de 427,500 piculs (26,398,000 kilog.), savoir, 7/10 pour l'Angleterre, et 3/10 pour l'Amérique et les

(1) On trouve tous les renseignemens nécessaires sur les thés de la Chine, leurs culture, fabrication et qualités, dans le *Chinese repository*, vol. VIII, pages 132 à 164. Lire, en outre, l'excellente brochure qu'a publiée sur ce végétal M. Houssaye.

autres pays. Le prix moyen est de 25 taëls par picul (3 fr. 40 c. le kilog.) au lieu de 20 portés au tableau, ce qui produit 10 millions 687,500 taëls (près de 90,000,000 de francs) au lieu de 14 millions 500,000 dollars (87,000,000 de francs, au change moyen de 6 francs le dollar). Dans le droit de sortie de 2 taëls 2 maces par picul, ne sont pas compris les droits de tonnage, etc., imposés au navire, et qui sous les marchands hongs se trouvaient compris dans le droit de 5 taëls par picul.

Tissus de coton, etc. — Le *nankin* est une étoffe de coton ainsi nommée de Nankin, où se fabriquaient primitivement les fils de teinte jaunâtre dont elle est faite. On fabrique à présent cette étoffe à Canton et dans divers autres endroits, mais celle qui se fait à *Nankin* même est toujours la plus estimée et la meilleure.

Différens voyageurs et attachés aux ambassades anglaise et hollandaise assurent que le coton avec lequel on fabrique le tissu appelé *nankin* croît naturellement en Chine avec la couleur roussâtre propre au vrai *nankin*. Mac-Culloch, tout en admettant l'existence de ce coton dans la province de Nankin, dit que les Chinois teignent leur bon *nankin*, leur coton indigène lui donnant trop de lustre et pas assez de force.

Il y a cinq qualités de *nankin jaune*. La longeur des pièces est de 6 mètres 04 sur 0 mètre 35 de large. Leurs prix varient de 0 piastre 50 c. à 0 piastre 55, 60, 66 et 75 c. la pièce.

Les *nankins bleus* de Nankin et de Canton, dans la teinture desquels entre l'indigo, sont de sept sortes. Ils ont 9 mètres 14 de long sur 0 mètre 32 de large. Leurs prix sont de 0 piastre 50 c. à 0 piastre 55, 60, 65, 68, 70 et 75 c. la pièce.

Il existe quelques autres variétés de *nankin*, mais elles ne diffèrent des précédentes que par la grandeur des pièces et par les prix.

Le droit de sortie sur le *nankin* était autrefois exagéré; mais, d'après le nouveau tarif, cet article est taxé modérément sous le titre général d'*étoffes de coton*.

On fabrique aussi des tissus de coton blanc en Chine ; leur exportation est presque nulle. Diverses espèces de cotonniers en arbustes et en arbres croissent dans ce pays, mais le produit paraît en être peu considérable attendu les immenses quantités de coton importées de l'Inde et de l'Amérique.

On exporte de Chine en Amérique d'assez grandes quantités d'étoffes de fabrication chinoise et en fils d'herbes, telles que *orties*, *sida*, *etc.* Ces derniers tissus s'appellent en anglais *grass-cloth* (étoffe d'herbe); rien n'égale leur finesse, leur éclat et leur blancheur. Ils peuvent soutenir avec avantage la comparaison avec nos plus belles batistes (1). Aussi leur a-t-on donné, dans le commerce, le nom de *batiste de Canton.*

Tissus de soie.—La fabrication des soieries est, comme on le sait, depuis des siècles, l'une des premières branches d'industrie de la Chine. La production générale en est inconnue, mais doit être fort considérable, l'usage de la soie étant général en ce pays surtout dans les provinces méridionales de l'Empire.

On trouvera la dénomination d'un grand nombre d'articles de cette nature au tableau des exportations, page 88, tableau auquel on se réfère pour les quantités exportées, en faisant de nouvau remarquer que les évaluations de soieries expédiées y est fort au-dessous, comme pour beaucoup d'autres articles, de la vérité. Ces soieries, auxquelles il faut ajouter des *crêpes*, *lévantines* et *taffetas*, s'expédient pour l'Amérique du Sud, pour les Etats-Unis et pour l'Angleterre surtout, où la majeure partie des tissus de soie de Chine est envoyée pour la réexportation sur le continent.

Voici, d'après des renseignemens recueillis à bonne source, la valeur des exportations de soieries de Canton en 1844 :

Le commerce anglais en avait acheté 665 piculs (41,064 kilog.) et le commerce américain 1,291 (79,719 kilog.). Ces deux quantités représentaient, réunies, une valeur de 8 millions 97,000 francs, somme à laquelle on doit ajouter 86,000 francs environ de tissus de soie et coton mélangés, achetés par les Anglais ; plus à peu près 18,000 francs de tissus de soie pure vendus au commerce des autres pays. Un fait à remarquer, c'est que les 1,291 piculs exportés par les Américains formaient les trois quarts de la valeur exportée, tandis que les 665 piculs livrés aux Anglais n'en représentaient que le quart. Ce seraient

(1) Voir, sur le *grass-cloth*, ou Hia-Pu, ainsi que sur les plantes textiles *lô-ma* et *tsing-ma*, avec lesquelles les Chinois fabriquent ce tissu, ce qui en a été dit dans les *Documens* publiés par le Ministère du commerce, sur la mission de Chine, livraisons de septembre et octobre 1845, et de mars et avril 1846.

donc plus spécialement des soieries de prix qu'achèterait le commerce des Etats-Unis.

En résumé, l'exportation actuelle des produits de l'industrie séricicole de Chine était évaluée, tant pour les *soies brutes* et *soies filées* que pour les *soies en étoffes*, à 30 ou 35 millions de francs.

Vermillon. — On fabrique le *vermillon* avec du mercure que l'on fait passer à l'état d'oxyde, et l'on en exporte des quantités assez considérables. Son prix, qui dépasse souvent 57 dollars par boîte d'un demi-picul (11 fr. 06 c. par kilog.), est naturellement subordonné à celui du mercure sur le marché chinois. On emploie aussi le *vermillon* pour la peinture sur porcelaine et la fabrication de l'encre rouge.

Verroterie, Perles de verre. — Les *perles de verre* chinoises sont presque toutes exportées pour l'Inde et l'archipel Indien, dans des boîtes dont cinq pèsent un picul.

Dans la nomenclature qui vient d'être faite des articles d'exportation de Chine, ne sont pas comprises une foule de denrées qu'il eût été trop long d'énumérer, et dont le choix doit être laissé au négociant qui veut compléter une cargaison de retour. Il devra essayer de tout, au moins en petites quantités. Les nombreuses îles de l'Archipel et le continent Indien lui-même, si riches en produits de toute espèce, lui offriront des ressources multipliées pour parfaire son chargement.

TABLEAU DES VARIATIONS

DU PRIX DES ARTICLES D'EXPORTATION

SUR LE MARCHÉ DE CANTON,

EN 1845.

TABLEAU DES VARIATIONS DU PRIX DES ARTICL

PENDANT LES MOIS DE MARS, AVRIL, M

ÉPOQUES.	ALUN.	ANIS étoilé.	HUILE d'anis.	CAMPHRE.	CASSE.	BOUTONS de casse.	HUIL de cas
				le picul.			
Mars	fr. c. fr. 10 50 à 12	fr. 63	»	fr. fr. 102 à 105	fr. fr. 54 à 57	fr. fr. 90 à 96	»
Avril	10 50 à 12	fr. fr. 60 à 63	»	108 à 120	fr. fr. c. 60 à 64 50	93 à 96	»
Mai	10 50 à 12	60 à 63	»	93 à 96	fr. c. fr. 58 50 à 63	fr. 96	fr. 1,740 à
Juin	fr. fr. 9 à 12	fr. 63	fr. 780	102 à 108	61 50 à 63	fr. c. 97 50	2,0
Juillet	9 à 12	fr. fr. 57 à 60	810	102 à 108	fr. fr. 60 à 66	fr. 96	2,1
Septembre	9 à 12	fr. 57	750	96 à 120	fr. 60	72	1,6
Novembre	9 à 12	fr. fr. c. 60 à 61 50	fr. fr. 750 à 780	90 à 108	fr. fr. c. 60 à 61 50	»	fr. 1,500 à

ÉPOQUES.	RHUBARBE				
	demi-façon.	façon hollandaise.	NANKIN.	TAYSAM.	TSATLEE.
					Le picul.
Mars	fr. fr. 240 à 360	»	fr. 2,400	fr. 2,400	fr. 2,880
Avril	210 à 330	»	fr. fr. 2,520 à 2,700	fr. fr. 2,520 à 2,700	fr. 2,760 à 2,8
Mai	210 à 330	»	2,640 à 2,700	2,640 à 2,700	2,760 à 2,9
Juin	» »	fr. fr. 240 à 380	2,760 à 2,940	2,760 à 2,940	2,310 à 2,4
Juillet	240 à 330	240 à 330	2,520 à 2,580	2,520 à 2,580	2,700 à 2,7
Septembre	210 à 240	270 à 300	2,550 à 2,670	2,550 à 2,070	2,940 à 3,06
Novembre	210 à 300	210 à 300	2,700 à 2,760	2,700 à 2,760	3,050 à 3,12

…'EXPORTATION SUR LE MARCHÉ DE CANTON EN 1845,

…IN, JUILLET, SEPTEMBRE ET NOVEMBRE.

…ACINE de Chine.	GALANGA.	CONSERVES. de gingembre.	OR-PIMENT.	MUSC.	NANKINS N° 1.	NANKINS N° 2.	NANKINS N° 3.	PAPIER foolscap.
		la boîte.	le picul.	le catty.	les 100 pièces.			le picul.
…80 à 12	12	19 80	»	408 à 480	360	300	240	72 à 78
…80 à 12	12	18 »	»	420 à 480	300 à 330	360 à 390	240 à 270	72 à 78
…2 à 15	12 à 15	19 80	»	420 à 480	360 à 390	300 à 330	240 à 270	72 à 78
…2 à 15	12	21 50	»	420 à 450	450	360	300	60 à 72
…2 à 15	15 à 16 50	21 50	72	390 à 420	420	348	270	72
…0 à 16 50	9 à 16 50	21 à 22 50	»	450 à 480	420	348	270	72
…0 à 16 50	9 à 16 50	22 50	»	360 à 450	420	312	240	72

…S. CANTON. …N° 1.	CANTON. N° 2.	CANTON. N° 3.	CANTON. N° 4.	THÉS NOIRS. BOHÉA de Canton.	BOHÉA du Fo-kien	CONGOU commun.	CONGOU moyen.	CONGOU fin.
				Le picul.				
1,680	1,680 à 2,160	1,680 à 2,160	1,680 à 2,160	»	»	»	»	»
2,100	1,980	1,800	1,680	»	»	84 à 102	108 à 156	»
… à 2,160	1,800 à 2,160	1,800 à 2,160	1,800 à 2,160	»	»	84 à 102	108 à 144	»
2,100	1,920	1,800	»	»	»	78 à 96	102 à 144	»
… à 2,040	1,770 à 1,800	1,560 à 1,680	»	»	»	84 à 96	102 à 144	228 à 264
2,190	2,010	1,590 à 1,740	»	»	»	90 à 108	126 à 150	186 à 192
… à 1,980	1,860 à 1,890	1,740 à 1,770	»	»	»	102 à 114	138 à 192	204

ÉPOQUES.	THÉS NOIRS.						
	Campoy.	Souchong.	Pekoe.	Ponchong.	Hungmuey.	Orange pekoe.	Caper.
	Le picul.						
		fr. fr.	fr. fr.	fr. fr.	fr. fr.	fr. fr.	fr. fr.
Mars	»	»	»	»	»	»	»
Avril	»	108 à 210	210 à 480	90 à 300	96 à 144	102 à 288	90 à 168
Mai	»	108 à 210	180 à 450	»	108 à 144	210 à 300	84 à 96
Juin	»	108 à 180	180 à 420	»	108 à 156	210 à 330	120 à 210
Juillet	»	78 à 120	»	»	»	156 à 192	»
Septembre	»	180 à 336	198 à 420	»	»	120 à 138	fr. 90
Novembre	»	168 à 268	240 à 330	»	»	138 à 156	102

y.	THÉS VERTS. Hyson.	Peau d'hyson.	Jeune hyson.	Impérial.	Poudre à canon.	CANTON. Jeune hyson.	Impérial.	Poudre à canon.	VER-MILLON.	MALLES de CAMPHRE.
	Le picul.								la boîte de 30 kil. 875 gr.	Le jeu de 5 malles.
fr.	fr. » fr.	fr. » fr.	fr. » fr.	fr. » fr.	fr. » fr.	fr. » fr.	fr. » fr.	fr. » fr.	fr. » fr.	fr. » fr.
04	270 à 450	84 à 120	210 à 420	240 à 360	»	60 à 150	120 à 210	126 à 216	312 à 420	132 à 138
80	210 à 480	84 à 180	108 à 360	240 à 390	»	60 à 180	120 à 210	»	300 à 360	fr. 138
20	240 à 420	84 à 180	90 à 270	270 à 330	288 à 348	60 à 180	120 à 210	fr. 210	330 à 360	138
	»	108 à 156	»	»	»	120 à 240	162 à 300	180 à 300	312 à 336	138
	»	»	»	»	»	162 à 234	180 à 252	180 à 252	300 à 318	144
80	240 à 312	»	fr. 198	fr. 330	fr. 348	fr. 138	fr. 180	fr. 192	fr. 318	138

OBSERVATIONS

SUR LES TABLEAUX D'IMPORTATION ET D'EXPORTATION

ET SUR LA VALEUR TOTALE DU COMMERCE CHINOIS.

Le travail des douanes chinoises est si imparfait, et la contrebande a jusqu'ici été si active en ce pays, que les chiffres portés aux tableaux d'importation et d'exportation, pages 18 et 86, sont loin, comme on l'a déjà dit, de représenter la *valeur réelle* des opérations annuelles du commerce chinois. D'après quelques auteurs anglais, et au dire du Secrétaire du commerce de la Chine, le total des échanges, que les tableaux n'évaluent qu'à une moyenne d'environ 25 millions de dollars, serait au moins de 35 millions, soit 210 millions de francs. Nous croyons cette évaluation beaucoup trop faible encore.

En effet, d'après les relevés de 1836-37, les *importations* de cette époque étaient de 19 millions 282,199 dollars pour les marchandises en général, et de 19 millions 347,139 dollars pour l'*opium*, ce qui fait un total général de 38 millions 630,338 dollars ou 231 millions 782,000 f.

D'après les mêmes relevés, les *exportations*, pour les *thés* seuls, s'élevaient à 19 millions 928,052 dollars; celles de *numéraire* à 4 millions 829,096 dollars, et celles des *soies* écrues et manufacturées, à 10 millions 500,000 dollars, sans compter aucun des autres et nombreux articles qui s'exportent tous les ans de Chine; le chiffre de la sortie était donc de 35 millions 257, 148 dollars (211,543,000 fr.).

Si, en cette même année 1836, le commerce général, importations et exportations réunies, s'élevait, en Chine, à la somme énorme de 73 millions 887,486 dollars (443,325,000 francs), il est impossible de supposer que les années moyennes, même les plus mauvaises, puissent être au-dessous de la moitié de cette somme, l'*opium* seul entrant dans le commerce d'importation pour au moins 14 millions de dollars (84,000,000 de francs). Le chiffre de 35 millions de dollars ou 210 millions de francs paraît donc beaucoup trop modeste (1).

Les différences considérables qui existent entre les évaluations officielles des tableaux et les entrées et sorties *réelles*, proviennent vraisemblablement de la quantité de marchandises introduites journellement en fraude dans les malles des étrangers, ou par la voie de Macao, de Lintin et des divers points de la côte.

Nous croyons, au reste, devoir, à l'appui de ce qui vient d'être dit, rappeler le passage suivant du premier des dix documens qu'a successivement publiés le Ministère du Commerce sur les relations commerciales avec la Chine, depuis l'ouverture des ports chinois au commerce étranger (2). L'étude de ces importantes publications nous a beaucoup facilité, nous nous plaisons à le reconnaître, l'exécution de notre travail.

« Un document rédigé à Canton, en 1841, évalue à 439 millions de francs le commerce effectué, en 1837, dans le seul port de Canton, par l'Angleterre et les Etats-Unis (3).

« Suivant cette pièce, les navires anglais auraient importé à Canton pour 188 millions de produits de toute provenance, et auraient exporté de ce port, à toute destination, une valeur de 163 millions.

« Les navires américains, de leur côté, auraient apporté à Canton pour 44 millions de marchandises, et y auraient pris une valeur à peu près égale de produits.

« Comme on le voit, le commerce de Canton se trouve presque tout entier entre les mains de la Grande-Bretagne : cette puissance en effectuait, en 1837, les 4/5.

« Une partie considérable des transactions du commerce de l'Angleterre, des Etats-Unis, et aussi de celles que font, avec la Chine, les Pays-Bas et les autres pays d'Europe, s'opère, d'après les renseignemens recueillis sur les lieux, par l'intermédiaire des principaux comptoirs et

---

(1) Un rapport du Consulat anglais en Chine, publié à Londres sous le titre de *Returns of Trade*, etc., évalue le commerce officiel des ports de Canton, Amoy et Shang-Haï, en 1844, sous pavillon des puissances d'Europe et des Etats-Unis, à environ 280 millions de francs (non compris le trafic de l'*opium* et les autres opérations interlopes).

(2) Documens sur le commerce extérieur; *Chine et Indo-Chine*, n° 1 du pays, n° 31 de la collection, page 6.

(3) Y compris les opérations d'escale faites par ces deux pays avec les diverses contrées de l'Inde orientale.

17

ports de l'Inde. Ainsi, en 1837-38, Bombay, Calcutta et Madras importaient en Chine pour près de 99 millions de marchandises, et en exportaient une valeur de plus de 52 millions. Singapore, en 1840, plaçait en Chine une valeur de plus de 8 millions, et en exportait une de près de 6 millions; Java, en 1839, y importait 4 millions 720,000 fr. et en exportait pour 962,000 francs. Enfin, Manille, en 1841, importait en Chine pour 3 millions 295,000 francs, et en exportait pour 2 millions 155,000 francs, etc., etc.

. . . . . « En résumé, le **total général du commerce** qui s'effectue dans tout le bassin des mers de l'Indo-Chine paraît pouvoir être évalué, sans crainte d'exagération, à environ 1 milliard de francs, dont la moitié appartiendrait au commerce maritime propre de la Chine tant avec l'Europe et les Amériques qu'avec l'Inde, c'est-à-dire avec tous pays; l'autre moitié représentant la valeur du commerce qu'effectuent entre eux les divers ports et comptoirs de l'Inde orientale et des mers de la Chine, moins ce dernier pays.

« Voilà pour l'ensemble, autant qu'il a été possible de le constater. Mais ce qui importe directement à la question, c'est bien moins la connaissance de cet ensemble, sur la valeur duquel les renseignemens peuvent d'ailleurs errer, que celle des *caractère, nature* et *espèce* des marchandises dont se sont composés jusqu'ici, ou paraissent pouvoir se composer par la suite, les échanges avec la Chine; en d'autres termes, la désignation des *produits chinois qui s'importent dans les ports d'Angleterre, et celle des articles de fabrication anglaise, américaine ou russe, qui trouvent leur placement dans la consommation de la Chine, comme aussi dans celle des parages de l'Océanie.* Ces marchandises, produits fabriqués en général, sont nécessairement de celles pour lesquelles il peut nous être, dès à présent, ou nous devenir possible, plus tard, de faire concurrence à la manufacture étrangère sur les marchés de l'Indo-Chine. »

Telle est précisément l'investigation qui a fait le but et l'objet des chapitres qu'on vient de parcourir, comme de ceux qui vont suivre.

NOMENCLATURE

DES ARTICLES PORTÉS AU TARIF

TANT EN FRANÇAIS QU'EN ANGLAIS, AVEC LA PRONONCIATION CHINOISE (1).

Il sera de la plus grande utilité pour les négocians qui se destinent à commercer avec la Chine d'étudier avec soin la nomenclature chinoise suivante; elle leur sera utile surtout dans les ports du Nord, où ils rencontreront peu de Chinois comprenant les langues européennes. Plus ils seront d'ailleurs capables de se passer d'interprètes, mieux ils s'en trouveront.

Il existe, dans la province de Canton, un dialecte dit *européen*, c'est-à-dire où l'anglais, qui y domine, se trouve parfois mélangé de portugais. Comme la connaissance en est d'une nécessité tout à fait indispensable aux Européens habitant Macao et Canton, on fera suivre cette nomenclature d'un petit vocabulaire des principales phrases de ce dialecte (voir page 127).

(1) D'après le dialecte de la Cour Impériale et des agens officiels de l'administration chinoise. Les mots chinois ne représentant pour nous que des sons, nous avons pensé que cette prononciation serait celle des Français, bien qu'elle ait été faite pour le commerce anglais, les mots chinois ne pouvant d'ailleurs pas varier dans leur prononciation.

ARTICLES D'IMPORTATION.

EN ANGLAIS.	EN FRANÇAIS.	EN CHINOIS.
Assafœtida.	Assa-fœtida.	O-wei.
Beeswax.	Cire d'abeille.	Yáng-lah, mih-láh, *ou* chuen-láh.
Betelnut.	Noix de bétel.	Pin-láng.
Bicho de mar { Black.	Bicho de mar noirs (vers de mer, holothuries).	Sháng-tang-hái-san, heh-tih.
Bicho de mar { White.	Bicho blancs.	Hiá-tang-hai-san, peh-tih.
Birds-nests.. { clean.	Nids d'hirondelle épluchés.	Sháng-tang-yen-wo, kwán-yen.
Birds-nests.. { ordinary.	Nids d'hirondelle ordinaires.	Chung-tang-yen-wo, chang-yen.
Birds-nests.. { uncleaned.	Nids d'hirondelle non épluchés.	Hiá-tang-yen-wo, máu-yen.
Camphor { clean.	Camphre (malais) nettoyé.	Sháng-tang-ping-pien, tsing-tih.
(Malay) { refuse.	Camphre non nettoyé.	Hiá-tang-ping-pien, ní-tih.
Cloves, picked.	Clous de girofles triés.	Sháng-tang-ting-hiáng *ou* tsź-ting-hiáng.
Id. (Mother-cloves.)	Griffes de girofles.	Hiá-tang-ting-hiáng *ou* mú-ting-hiáng.
Clocks, large.	Horloges (Grandes et pendules).	Tsź-ming-chung.
Watches.	Montres.	Shí-shin-piáu.
Spy-glasses.	Longues-vues, télescopes et lorgnettes.	Tsien-li-king.
Writing desks.	Pupitres, nécessaires pour écrire.	Sié-tsź-hoh.
Dressing boxes.	Nécessaires pour la toilette.	So-chwáng-hoh.
Jewelry of all kinds.	Joaillerie de toute espèce.	Koh-yáng-kin-yin-shau-shih.
Perfumery.	Parfumerie.	Hiáng-schwui-hiáng-yú.
Cutlery and hardware of all kinds.	Coutellerie et quincaillerie de tous genres.	Koh-káng-tiéh-kí-táu-kien-táng-wuh.
All kinds of hardware at 5 p. °/o *ad valorem.*	Droit de la quincaillerie 5 °/o *ad valorem.*	Lun-kié-chih-joh-kán-mei-peh-liáng-chau-yin-wú-liáng.
Canvas.	Canevas, toiles grossières.	Fán-pú, *ou* lí-pú.
Cochineal.	Cochenille.	Yá-lán-mí.
Cornelians.	Cornalines.	Má-náu-shih-pien.
id. beads.	Cornalines en perles.	Má-náu-chú.
Cotton.	Coton.	Mien-hwá.
Cotton manufactures.	Cotons manufacturés.	Peh-yáng-pú.
Gray long-cloths, domestics, etc.	Calicots écrus ou toile de coton.	Yuen-seh, yáng-pú.
Gray twilled cottons.	Toiles de coton tors écrus.	Yuen-seh-tsié-wan-pú.
Cambrics and muslins.	Batistes et mousselines.	Peh-kiá-shá-pú.
Chintzes and prints of all kinds.	Toiles perses et imprimées de toutes espèces.	Yin-hwá-pú.
Handkerchiefs { over 1 yard square.	Mouchoirs au dessus de 1 yard en carré.	Tá-sháu-peh.
Handkerchiefs { under 1 yard square.	Mouchoirs au dessous de 1 yard en carré.	Siáu-sháu-peh.
Ginghams.	Guingamps.	Liú-tiáu-kin.
Dyed cottons.	Cotons de couleurs et cotonnades, etc.	Kí-fáng-kin, yen-seh-pú.
Velveteens, etc.	Velours de coton.	Tsien-jung-pú.
Silk and cotton mixtures.	Mélanges de soie et coton.	Sź-mien-pú.

EN ANGLAIS.	EN FRANÇAIS.	EN CHINOIS.
Woollen and cotton mixtures.	Mélanges de laine et coton.	Máu-mien-pú, etc.
Cotton yard, and cotton thread.	Coton filé et fils de coton.	Mien-shá, *ou* mien-sien.
Cow-bezoar.	Bézoards de vache.	Niú-hwang.
Cutch.	Cutch ou terre japonaise (gomme colorante).	Rh-chá.
Elephant's teeth — whole.	Dents d'éléphant entières.	Sháng-tang-siáug-yá.
Elephant's teeth — broken.	Id. cassées.	Hiá-tang-siáng-yá, *ou* Sui-tih-yá.
Fish maws.	Estomacs de poissons.	Yü-tú.
Flints.	Silex (Pierres à fusil).	Ho-shih.
Glass, Glassware, and crystalware.	Verrerie et cristaux.	Poli-pien, kih-koh-yáng-po-lí-schwui-tsing-kí.
Gambier.	Gambier.	Pin-láng-káu.
Ginseng — first or clarified.	Ginseng 1re qualité ou clarifié.	Sháng-táng-yáng-san, chú-tsing-san-sü tih.
Ginseng — 2d or refuse.	Ginseng 2e qualité ou rebut.	Hiá táng-yáng-san, *ou* yáng-san-sü.
Gold and silver thread — real.	Fils d'or et d'argent fins.	Sháng-tang-kin-yin-sien, *ou* chin-kin-yin-tih.
Gold and silver thread — imitation	Id. faux	Hiá-táng-kin-yin-sien, *ou* wei-kin-yin-tih.
Gums — benjamin.	Gomme benjoin.	An-sih-hiáng, *ou* án-sih-yú.
Gums — Olibanum.	Oliban (Encens mâle).	Jü-hiáng.
Gums — Myrrh.	Myrrhe.	Moh-yoh.
Gums — Unnumerated.	Gommes non dénommées.	Hiáng-liáu-tang-ho, *ou* li-wi-kái-tsai-ché, tsih-án.
At 10 p. 0/0 *ad valorem*	Lesdites gommes à 10 p. 0/0 *ad valorem*.	Kiá-chih-johkan-mei-peh, liang-chau-yin-shih liáng.
Horns — Buffaloes and bullocks.	Cornes de buffle et de taureau.	Shwui-niú, hwáng-niú-koh.
Horns — Unicorn or rhinoceros.	Cornes de rhinocéros.	Sí-koh.
Fine linen, 20 to 30 yards long 29 to 37 in. wide.	Linge fin, de 20 à 30 yards sur 29 à 37 pouces.	Má-pú, péh-seh-yú-sí-yáng-chuh-pú.
Coarse linen.	Grosse toile.	Tsú-má-pú.
Cotton and linen mixtures.	Mélanges de fil et coton.	Pwán-mien-pwán-má-pú.
Silk and linen mixtures.	Mélanges de soie et fil.	Sź-má-pú, etc.
Mace or flower of nutmeg.	Macis.	Tau-kau-hwá, *ou* juh-kwo-hwá.
Mother o'pearl shells.	Nacre de perle en écailles.	Chú-hái-koh, ou yun-mu-koh.
Metals — copper unmanufactured, as in pigs	Cuivre non manufacturé en saumons.	Tung-wí-chí-tsáu.
Metals — manufactured, as sheets, rods, etc.	Cuivre en feuilles, barres, tringles, etc.	Tung-chí-tsáu, jü-tung-pien, tung-tiáu-tang.
Iron unmanufactured, as in pigs.	Fer non manufacturé, en gueuses.	Tieh-wí-chí-tsáu.
Iron manufactured, as in bars, rods, etc.	Fer en barres, tringles, etc.	Tieh-chi-tsau, ju-tieh-pien, tieh-tian, tang.
Lead.	Plomb.	Yuen *ou* heh-yuen.
Steel.	Acier.	Káng.
Quicksilver.	Vif-argent.	Shwui-yin.
Tin.	Etain.	Yáng-sih, *ou* Fán-sih.
Tin-plates.	Plaques d'étain.	Má-káu-tieh *ou* sih-pien.
Unnumerated metals, as white copper.	Métaux non dénommés, comme cuivre blanc, etc.	Peh-tung.
Brass.	Laiton.	Hwáng-tung, etc.

EN ANGLAIS.	EN FRANÇAIS.	EN CHINOIS.
Nutmegs { cleaned.	Noix muscades choisies.	Sháng-tang-taü-kau ou juh-kwo.
Nutmegs { uncleaned.	Id. non choisies.	Hiá-tang-tau-kau, ou tsáu-káu-lien-koh-tih.
Pepper.	Poivre.	Hú-tsiáu.
Putchuck.	Putchuck (Racine du Scinde encens).	Muh-hiáng.
Rattans.	Rotins.	Shá-tang.
Rice, paddy and grain of all kinds, free.	Riz en balle et mondé, et tous autres grains. — Francs de droits.	Yáng-mi, yáng-meh, wú-küh-tang, kái-mién-shwui.
Rose maloes.	Rose maloes (gomme).	Sú-hoh-yú.
Saltpetre.	Salpêtre.	Yáng-siáu.
Sharks fins { white.	Ailerons de requin blanc.	Sháng-tang-yü-chí, ou peh-tih.
Sharks fins { black.	Id. noir.	Hiá-tang-yü-chí, ou heh-tih.
Skins and furs, cow and ox hides, tanned or not.	Peaux et fourrures, cuir de vache et de bœuf, tanné ou non.	Sang-shuh-niü-pí.
Sea otter skins.	Peaux de loutre de mer.	Hái-lung-pí.
Fox skins { large.	Peaux de renard (Grandes)	Tá-hú-lí-pí.
Fox skins { small.	Id. (Petites).	Siáu-hú-lí-pí.
Tiger, leopard, marten.	Peaux de tigre, de léopard et de martre.	Hú-pí, páu-pí tiau-pí, tang.
Land - otter, raccoon, shark's skins.	Loutres terrestres, lapins et peaux de requin.	Táh-pí, hoh-kiuen-pí-shá, yü-pí, tang.
Beaver skins.	Peaux de castor.	Hái-lo-pí.
Hare, ermine.	Lièvres, hermines, etc.	Tú-pí, hwui-shú-pí, yin-shú-pí, tang.
Smalt.	Email.	Yáng-tsing, ou tá-tsing.
Soap.	Savon.	Yáng-kien ou fan-kien.
Stockfish, etc.	Poisson salé et séché.	Chai-yü ou kán-yü-lui.
Seahorse teeth.	Dents de chevaux marins (phoques).	Hai-má-yá.
Treasure and money of all kinds, free.	Numéraire de toute espèce. —Exempt de droit.	Kin-yin-lui, koh-yáng-kin-yin, yáng-tsien-ting-kwá, mién-shwui.
Wine, beer, spirits, { in quart bottles.	Vins, bière, esprits, etc., en bouteilles de quart.	Yáng-tsiú, chwáng-po-lí-ping, tá-tih.
Wine, beer, spirits, { in pint bottles.	Vins, bière, esprits, etc., en bouteilles de pinte.	Yáng-tsiú, chwáng-po-lí-ping, siáu-tih.
Wine, beer, spirits, { in casks.	Vins, bière, esprits, etc., en barriques, fûts.	Yáng-tsiú, chwáng-tung-tih.
Woods, ebony.	Bois divers, ébène.	Wú-muh.
Sandalwood.	Bois de sandal.	Tán-hiáng.
Sapanwood.	Bois de sapan.	Sú-muh.
Unnumerated woods as redwoods, satin woods, etc.	Bois non dénommés, tels que bois rouges, de satin.	Muh-liáu, jü-hung-muh, tsz-tan-muh, hwáng-yáng-muh, tang.
All those woods at 5 p. 0/0, *ad valorem*.	Tous ces bois non dénommés à 5 0/0 *ad valorem*.	Lí-puh-kai-tsái-ché, kü-án-kiá-chih-joh-kán-mei-peh-liáng-chau-yin-shih-liáng.
Woollen manufactures, all kinds of clothes.	Laine manufacturée, draps de tous genres.	Tá-ní, ou to-ló-ní.
Cassimeres, flannels, etc.	Casimirs, flanelles, etc.	Siáu-ní, ou pih-kí.
Blankets.	Couvertures.	Yáng-peh-chen.
Dutch camlets.	Camelots hollandais.	Yü-twán.
Camlets.	Camelots.	Yü-shá.

EN ANGLAIS.	EN FRANÇAIS.	EN CHINOIS.
Imitation camlets, bombazetts, etc.	Camelots imités, bombasins, etc.	Yü-chau.
Bunting, narrow.	Etamines étroites.	Yü-pú.
Unnumerated woollen goods cotton and woollen mixtures.	Tissus de laine et mélanges de laine et coton.	Jung-ho, jü-sú-máu, sź máu, mien máu, tang.
Woollen yarn.	Fils de laine.	Jung-sien.

ARTICLES D'EXPORTATION.

EN ANGLAIS.	EN FRANÇAIS.	EN CHINOIS.
Alum.	Alun.	Fán-shih *ou* peh-fán.
Aniseed { star.	Anis étoilé.	Páh-kioh.
Aniseed { oil.	Huile d'anis.	Páh-kioh yú.
Arsenic.	Arsenic.	Sin-shih, jin yen, *ou* pi-siáng.
Bangles, or glass armlets.	Bracelets de verre.	Sháu-uh, *ou* sháu-liáu-uh.
Bamboo ware.	Ouvrages en bambou.	Chuh-lien.
Brass leaf.	Feuilles de cuivre.	Tung-poh.
Building materials.	Matériaux de constructions.	Ya-chuen, ya-pien-tang, tsáu-uh-chí-liáu, mien-shwui.
Bone and horn ware.	Objets en os et en corne.	Kuh-ki, kioh-ki.
Camphor.	Camphre.	Cháng-náu.
Canes of all kinds.	Cannes de tous genres.	Chuh-kan, pien-kán.
Capoor cutchery.	Cutchery, teinture de cochenille.	San-tai.
Cassia.	Casse.	Kwei-pi.
id. { buds.	Cosses ou capsules de casse.	Kwei-tsź.
id. { oil.	Huile de casse.	Kwei-pi-yú.
China-root.	Racine de Chine.	Ling-fán-tau, *ou* tú-fuh-ling.
China ware of all kinds.	Porcelaine chinoise de tous genres.	Tsź-ki, tsú-si-koh-yáng.
Clothes, ready made.	Habits confectionnés.	I-fúh.
Copper-ware or pewter ware, etc.	Objets en cuivre et en étain.	Tung-ki, sih-ki.
Coral or false coral.	Corail et faux corail.	Tú-sán-hú, *ou* kiá-sán-hú.
Crackers and fire-works.	Pétards et pièces d'artifice.	Hwá-chuh-hiáng-páu.
Cubebs.	Poivre cubèbe.	Ching-kiá, *ou* pih-ching-kiá.
Fans, as feather fans.	Éventails et éventails de plume.	Maú-shen.
Furniture of all kinds.	Meubles de tous genres.	Tsáh-muh-kí.
Galangal.	Galanga (racine aromatique).	Liáng-kiáng.
Gamboge.	Camboge (gomme résine).	Tang-hwáng.
Glass and glass ware of all kinds.	Verres et verreries.	Po-li-pien, po-li-king, sháu-liáu-tang-wuh.
Glass beads.	Perles de verre.	Tú-chú, *ou* tsáu-chú.

EN ANGLAIS.	EN FRANÇAIS.	EN CHINOIS.
Glue, fish glue, etc.	Colle, colle de poisson, etc.	Tú-kiáu, yü-kiáu, *ou* niú-pí-kiáu.
Grass-cloth of all kinds.	Étoffes de fils d herbes de tous genres.	Hiá-pu, má-shúh-chú-lui.
Hartall.	Orpiment.	Shih-hwáng.
Ivory ware of all kinds.	Objets en ivoire de tous genres.	Yá-kí.
Kitty sols or paper umbrellas.	Parasols et ombrelles de papier.	Yü-ché, *ou* chí-yü-sán.
Lackered ware of all kinds.	Objets en laque de tous genres.	Tsih-kí.
Lead, white.	Blanc de plomb ou Céruse.	Yuen-fán.
Lead, red.	Rouge de plomb ou Minium.	Hung-tán.
Marble slabs.	Plaques de marbre	Yún-shih, *ou* hwá-shih-pien.
Mats, as straw, bamboo, etc.	Nattes en paille, bambou, etc.	Sih, jü-tsáu-sih, chuh-sih-koh-tang.
Mother of pearl-ware.	Objets en nacre de perle.	Hái-chú-koh-kí, *ou*. yun-wú-koh-kí.
Musk.	Musc.	Shié-hiáng.
Nankeens and cotton cloth of all kinds.	Nankins et étoffes de coton de tous genres.	Tsź-hwa-pú, mien, shuh-chú-pú.
Pictures, large paintings.	Grandes peintures.	Hwá-kung, *ou* tá-yú-tsih-hwá.
Rice paper pictures.	Peintures sur papier de moelle.	Tung-chi-hwá.
Paper fans.	Éventails en papier.	Chi-shen.
Paper of all kinds.	Papiers de toutes sortes.	Chí-lui.
Pearls and false pearls.	Perles et fausses perles.	Kiá-chú.
Preserves and sweet meats of all kinds.	Fruits confits et confitures de toutes sortes.	Táng-kiang-kih-koh-yáng-táng-hwó.
Rattan work of all kinds.	Ouvrages en rotin de tous genres.	Tang-lien, tang-sih, kih-táng-chuh-chú-ho.
Rhubarb.	Rhubarbe.	Tá-hwáng.
Silk, raw of all kinds.	Soie écrue de toute sorte.	Hú-sź, tú-sź.
Coarse or refuse of silk.	Soie grossière et filoselle.	Tien-tsán-sź.
Organzine of all kinds.	Organsin de toutes espèces.	Hú-sź-king, kih-koh-táng-sź-king.
Ribbons, thread, etc.	Rubans, fils de soie, etc.	Sź-tái, kih-sź-mien-koh-yáng.
Silk piece goods of all kinds.	Etoffes de soie de toutes sortes.	Kiuen, tsau, shá, ling, tsien jung, kih koh tang chau twan.
Silk cotton and woollen mixtures, etc.	Etoffes mélangées de soie, coton et laine.	Sź-mien-tsah-ho, ju-mien-chau, kih-sź-máu, koh-yang.
Shoes and boots.	Souliers et bottes.	Hiueh-hiai.
Sandal wood ware.	Objets en bois de sandal.	Tan-hiáng-muh-kí.
Soy.	Soy (sauce chinoise et japonaise).	Shí-yú.
Silver ware and gold ware.	Orfévrerie d'or et d'argent.	Kín-yin-kí-koh-yang.
Sugar white and brown	Sucre blanc et bis.	Peh-táng, hwáng-táng.
Sugar candy.	Sucre candi.	Ping-táng.
Tinfoil.	Feuilles de plomb.	Sih-poh.
Tea.	Thé.	Chá-yeh.
Tobacco of all kinds.	Tabacs de toutes sortes.	Sang-suh-yen-shwui-yen-hwáng-makú-yen, koh-tang.
Turmeric.	Curcuma.	Kwáng-kiáng.
Tortoise shell-ware.	Objets en nacre de perle.	Tái-mei-kí.
Trunks of leather.	Malles de cuir.	Pi-siáng, pí-lung, tang-wuh.
Treasure, coin of all kinds.	Numéraire de toute espèce.	Kin-yin-yang-tsien, kih-koh-yang-kin-yin-lui-mien-shwui.
Vermilion.	Vermillon.	Yin-chú.

VOCABULAIRE

DES PRINCIPALES PHRASES DU DIALECTE EUROPÉEN

PARLÉ PAR LES CHINOIS DE CANTON.

DIALECTE DE CANTON.	ANGLAIS.	FRANÇAIS.
Béfast-lily.	Breakfast is ready.	Le déjeuner est prêt.
Can.	I can do it.	Je puis le faire.
Can do.	Will it do?	Cela fera-t-il ? Sera-ce bien, etc.
Catchee.	To get, to bring, to find, to become.	Prendre, apporter, trouver et devenir.
Chinchin.	From the chinese tsing to request and tsing-ah, a salutation, to ask, to thank, to salute.	Du mot chinois tsing, demander, etc., et tsing-ah, saluer, demander, remercier.
Chop.	A seal or stamp, edicts, licences, a licensed thing, a chop-boat, etc.	Sceau, timbre, édits, licences; une chose ayant licence, comme bateau, boutique.
Chop.	Is also used as quality, first chop, number one, for best quality, etc.	Ce mot est aussi employé comme qualificatif, belle boutique, etc.
Chop-boat.	A kind of cargo and passenger boat.	Bateau de cargaison et aussi de passagers.
Chop-chop.	Quick, fast, as too muchy chop chop, for very quick.	Vite, promptement, *too muchy chop chop*, pour très vite.
Chop-sticks.	Sticks of wood or ivory, used by Chinese in eating.	Bâtonnets en bois ou ivoire employés par les Chinois pour manger.
Chow-chow.	Mixed, miscellaneous, mixed meats, to eat food.	Mélanges, divers mets, manger des mets.
Chunam.	To paste, to glue, to whitewash.	Coller du papier, coller à la colle forte, blanchir avec de la couleur.
Conshuns.	Conscientious, a reasonable price.	Consciencieux, prix raisonnable.
Consoo.	From kung-so, a public place of meeting.	De kung-so, lieu d'assemblée publique.
Counta.	An account current, to count.	Un compte courant, compter.
Cow-cow.	To be noisy and angry, to scold and uproar.	Etre bruyant, en colère, gronder, tumulte.
Cumsha.	From kum-seah, I will thank you, or from kum-sha, a sand of gold, denotes a gift, a present.	Du mot foukien-kum-seah, je vous remercierai; ou du mot de Canton kum-sha, un sable d'or, signifie un don, un présent.
Country.	Is used to denote a province, a district or even a village.	Employé pour désigner une province, un district ou même un village.
Dollar-boat.	Name of a passage boat betwen Canton and Whampoa, for which the lowest fare is 4 dollars.	Nom d'un bateau de passage entre Canton et Whampoa, dont le moindre prix pour le trajet est de 4 dollars.
Face.	For reputation, credit; to lose face denotes to fall into discredit.	La réputation, le crédit; to lose face (perdre sa face), signifie être tombé en discrédit.

DIALECTE DE CANTON.	ANGLAIS.	FRANÇAIS.
Fan-kwei.	Foreign devil, a contemptuous name given to foreigners, by the Chinese low class.	Diable étranger, nom de mépris donné aux étrangers par les basses classes du peuple chinois.
Fashion.	Manner, mode of doing a thing, habit or practice.	Manière, façon de faire une chose, habitude, pratique, etc.
Fast-boat.	Boat corresponding, in its objets and use, to our post-chaises.	*Bateau prompt*, faisant à peu près l'office de nos chaises de poste.
Habé.	For I have, or have you such a thing.	Pour j'ai; ou bien, à l'interrogatif, avez-vous telle chose?
Hong.	A factory, place of commerce, a silk hong, tea hong, etc.	Une factorerie, place de commerce, hong de soie, de thé, etc.
How muchy?	How much?	Combien, le prix, *how muchy for* à quelle distance?
Joss.	From the portuguese Deos, a god; joss house, an idol temple, joss pidgeon, religious services; also used to denote the work of providence or otherwise fate, as « he die, hab-joss pidgeon, » it was his fate to die.	Du mot portugais Dieu; *joss*, maison, un temple d'idole; *joss pidgeon*, service religieux. Il est aussi employé pour signifier œuvre de la providence ou plutôt du sort : Puisqu'il meurt, *hab-joss pidgeon*, c'était son sort de mourir.
Junk.	Name applied by foreigners, to the large chinese ships.	Nom donné par les étrangers aux grands navires chinois.
Lingoo.	A linguist.	Un linguiste, interprète.
Mahcheen.	A merchant, name adopted by the outside merchants or shopmen.	Un marchand, nom adopté par les marchands du dehors ou les boutiquiers.
Makee.	Is often considered a necessary prefix to a verb, as you makee see this side, for look here.	Est souvent pris comme auxiliaire d'un verbe, comme *vous pouvez* voir de ce côté, pour voyez ici.
Mandarin.	From the portuguese *mandar*, to send; a commissionned; officer, any one in the employ of government, of whatever rank. The mandarin dialect is the general language of the Empire, which must be understood by all official persons.—Mandarin is often used as an adjective, having then a superlative signification.	Du portugais *mandar*, envoyer; officier commissionné du gouvernement de n'importe quel rang. Le dialecte mandarin est le langage général de l'Empire, que toute personne officielle doit savoir parler.— Le mot mandarin est souvent employé comme adjectif et prend alors une signification superlative.
Maskee.	Never mind, leave it alone, it is of no consequence.	N'importe, que m'importe, laissez cela, c'est sans conséquence.
Muchy.	Much, very much.	Beaucoup, bien plus.
Muster.	A sample, a pattern, a specimen.	Un échantillon, un patron, un spécimen.
Next day, or to morrow next day.	The day after to morrow.	Le jour après celui de demain.
Ol'o custom.	Old custom, usage, an excuse for every fault.	Vieille coutume, c'est l'usage : cette expression est l'excuse de toutes les fautes.
Pay.	To give, to deliver to, as pay that for him, give him that note.	Pour donner, pour délivrer, comme payez ce bon pour lui, donnez-lui ce bon, etc.
Piece.	A numerical particle, as one piece man, for a man.	Une particule numérative, comme une pièce homme, pour un homme.

DIALECTE DE CANTON.	ANGLAIS.	FRANÇAIS.
Pidgeon *ou* pidginess.	A corruption of the english word business; denotes also a matter, a thing, that no makee good pidgeon, the thing is ill done.	Corruption du mot anglais *business* affaire; signifie aussi une affaire, une chose qui n'est pas bien faite.
Plum-cash.	Prime cost.	Prix d'achat.
Posa.	For purser, an assistant in a commercial house.	Un caissier, un commis de maison commerciale.
Quisi.	Bad, inferior, low, vulgar, indecent.	Mauvais, inférieur, bas, vulgaire, indécent.
Sabbee.	From the portuguese *saber*, to know: my no sabbee, I do not know him.	Du mot portugais *saber*, savoir; *my no sabbee he*, moi pas connaître lui.
Savee.	Cleverness.	Instruction, adresse.
Side or si.	A position, situation, place, as outsi, topsi, downsi, whichsi, denotes where, whence, etc.	Position, situation, placé en dehors, au-dessus, au-dessous, etc.; où, d'où, en haut, en bas, de quel côté, etc.
Smug' pidgeon.	Smuggling business.	Affaire de contrebande, de fraude.
Take care for.	To patronize, chinchin you take care for my. I beg you to patronize me, be my customer.	Patronner, protéger, *chinchin you take care for me*. Je vous prie de me protéger, soyez mon client.
Tanka-boat.	From tan-ka, egg house, are small boats, the residence of the boat-people, also used as ferry-boats.	Du mot chinois *tan-ka* (maison des œufs), petits bateaux, résidence des mariniers, et aussi bateaux pour parties de plaisirs.
Toky-true.	For speak the truth (or my toky true), I say the truth.	Parlez vrai, ou *my toky true*, je dis la vérité.
Too-muchy.	Very much, very many, very extremely.	Beaucoup, extrêmement, le plus possible.
Wantchee.	To want.	Avoir besoin, *my wantchee*, j'ai besoin.
Welly few.	Very few, very little.	Très peu, très petit.

Nota. Les Chinois prononcent encore quelques autres mots anglais et portugais, assez correctement pour que l'Européen puisse les deviner.

On remarquera qu'il est impossible aux Chinois de prononcer les *r*, lettre qu'ils remplacent ordinairement par un *l*. C'est ainsi, comme on l'a vu plus haut, que notre nom de *Français* devient, dans leur bouche, *Falancès*; *Very* se prononce par eux *Welly*, etc. Il est utile de se rappeler cette particularité, l'absence des *r* rendant souvent la langue anglaise inintelligible dans leur bouche.

ORGANISATION ET RÉGIME DES DOUANES A CANTON.

FORMALITÉS COMMERCIALES.

Modèles de déclarations à faire AU HOPPO.

Le HOPPO, *chef des douanes chinoises; ses attributions.* — Le personnel des douanes chinoises auquel le commerce européen a affaire dans la province de Canton a pour chef le *hoppo*, ou surintendant des douanes, officier administratif le plus élevé avec lequel le commerce soit en relation. Cette fonction est toujours remplie par un Mantchou tartare, et en général par un membre de la famille impériale; c'est par l'empereur lui-même qu'il est nommé à son poste de surintendant du commerce maritime de la province de Canton, et, comme tel, chargé de percevoir les droits de douane et de navigation.

Par les prérogatives de son emploi, le *hoppo* se trouve assimilé aux plus hauts dignitaires de l'empire; son traitement officiel est de 2,500 taëls, soit d'environ 20,000 fr., mais il s'accroissait considérablement, avant le nouveau tarif, de toutes les exactions et taxes imposées au commerce sous le régime des marchands hongs, et de la commission qu'il prélevait sur les rentrées du Trésor impérial. Depuis la destruction du monopole des marchands hongs, cette importante partie du traitement du *hoppo* est réduite presque à rien, par suite de la régularité légale établie dans la perception des droits.

Le KING-CHING, *premier secrétaire du hoppo; personnel des douanes.* —Le *hoppo* a sous ses ordres un employé supérieur appelé *king-ching* et plusieurs commis pour expédier les affaires de l'administration générale des douanes. Il amène toujours, en outre, avec lui, de Pékin un grand nombre de compatriotes Tartares Mantchous, appelés *kia-jin* ou domestiques. Ce sont les préposés des douanes, lesquels sont chargés de la visite des marchandises et se tiennent aux postes de douanes secondaires du Bogue, de Macao, etc. Ces préposés, qui achetaient leur emploi au *hoppo,* ne recevaient pas de traitemens réguliers et vivaient sur le casuel qu'ils se créaient par des taxes illégales et des présens qu'ils exigeaient frauduleusement; ils étaient environ deux cents, mais aujourd'hui qu'un tarif régulier est venu détruire toutes ces extorsions, la plupart des préposés ont perdu leur emploi et il ne reste plus qu'environ quatre-vingts à cent commis des douanes appelés *shúpán*, chargés du service. Ces derniers ne peuvent exiger ni même recevoir aucun droit ou présent, s'il n'est pas légalement établi par le nouveau tarif. Par suite de ce nouvel état de choses, la contrebande, qui était autrefois pour ainsi dire forcée, sous l'empire de taxes presque prohibitives, se trouve à présent non seulement inutile mais même onéreuse, la commission à payer aux fraudeurs dépassant souvent le droit taxé, sans parler des risques de saisies et de punitions.

Le *hoppo* administre le commerce et les affaires des Européens concurremment avec le vice-roi, gouverneur général des deux provinces de Kwang-tung et Kwang-se, et le lieutenant-gouverneur appelé Foo-yüen. Autrefois, lorsqu'une plainte était faite par un commerçant étranger, elle ne pouvait arriver à ces hauts fonctionnaires que par le canal d'un marchand hong (haniste), qui rendait à l'Européen une réponse verbale, ou lui envoyait une copie de la décision prise par les gouverneurs sur l'objet de sa réclamation.

Le Puching-sze, *trésorier-général de la province, intermédiaire entre les consuls et les gouverneurs.* — Aujourd'hui, le trésorier général de la province de Canton, appelé *puching-sze* (receveur général), qui est le troisième officier en rang de la couronne, est l'intermédiaire entre le consul (représentant les intérêts du commerce de sa nation) et le vice-roi. Un consul traite d'inférieur à supérieur avec le gouverneur général et le lieutenant gouverneur, et il traite d'égal à égal avec le *hoppo* et trésorier général. Toute communication du commerce étranger avec les autorités chinoises doit être faite par l'intermédiaire des consuls respectifs,

Dans les autres ports de la Chine ouverts au commerce européen, le service des douanes n'est pas confié à un fonctionnaire spécial, mais cumulé par d'autres employés du gouvernement. Ainsi, à Ning-po et Shang-Haï, les douanes sont sous la direction de l'intendant (*Tautaé*) de la province; à Fu-chow, sous celle du général tartare (*Tsiang-kiun*), commandant militaire, et à Amoy, sous celle d'un *hieling* (adjudant), officier subordonné à ce général. Par suite de l'accroissement du commerce étranger que l'ouverture de ces ports va causer, le service des douanes deviendra trop important pour pouvoir être administré par d'autres fonctionnaires que des agens spéciaux.

Des anciens marchands hongs ou hanistes, et de leur influence commerciale actuelle sur le marché de Canton. — Le monopole des marchands hongs a été détruit par le traité de 1843 entre les Anglais et les Chinois. Mais la position et l'influence commerciale des anciens hongs n'en sont pas moins importantes sur les marchés de la Chine. Dépositaires des capitaux et maîtres, pour ainsi dire, des petits détaillans, ces riches commerçans jouissent d'une grande prépondérance dans les transactions commerciales; ils ont, en outre, une longue expérience des affaires, et la plupart parlent anglais. On croit nécessaire de donner ici la liste de leurs noms (1) telle qu'elle était établie en mars 1845.

---

(1) Les anciens marchands hongs ou hanistes avaient quatre noms : leur nom de famille, leur nom individuel ou *hong*, un autre nom qui était une abréviation de celui-ci et dont se servaient les Européens, plus leur nom officiel. Ce dernier est celui sous lequel le Gouvernement leur accordait leur licence de marchand-hong. Le nom sous lequel les hongs sont connus parmi les Européens est leur nom de famille chinois corrompu par ces derniers. La syllabe *qua* qui termine ces noms et répond au titre de *Don*, *Mr*, *Esq*e, etc., est une corruption du *kwan* chinois.

LISTE ET NOMS DES ANCIENS MARCHANDS HONGS OU HANISTES DE CANTON.

NOMS CONNUS parmi les Européens.	NOMS DE FAMILLE en chinois.	NOMS DES HONGS.	NOMS OFFICIELS.
Howqua.	Wú-háu-kwán.	J'ho-háng.	Wú-sháuyung.
Mowqua.	Lú-máu-kwán.	Kwánglí-háng.	Lú-kikwáng.
Ponkhequa.	Pwán-chingwei.	Tung-fú-háng.	Pwán-shaukwáng.
Goqua.	Sié-Ngáu-kwán.	Tung-hing-háng.	Sié-yujin.
Kingqua.	Liáng-king-kwán.	Tiĕn-páu-háng.	Liáng-chinghi.
Mingqua.	Pwán-ming-kwán.	Chungho-háng.	Pwan-wantau.
Saoqua.	Má-sew-kwán.	Shuntáï-háng.	Ma-tsoliáng.
Punhoyqua.	Pwán-haï-kwán.	Jinho-háng.	Pwán-wanhái.
Samqua.	Wú-shwáng-kwán.	Tung-shun-háng.	Wú-tienyuen.
Kwanshing.	Yih-kwán-kwán.	Fútái-háng.	Yih-yuencháng.

Les deux ou trois premiers hongs étaient appelés *doyens* et nommés surveillans des autres hongs; ils étaient responsables, à ce titre, de leur conduite et formaient l'organe du corps des marchands hongs.

Des linguistes et de leur utilité. — Inférieurs aux marchands hongs et venant après eux, les linguistes, appelés en chinois *tung-sź* (entendant les affaires), sont les intermédiaires *obligés* entre le marchand européen et la douane.

Le linguiste se charge d'obtenir le permis d'embarquement et de débarquement des marchandises; il loue, pour ces opérations, des alléges et embarcations, surveille le transport des marchandises du bord à terre et de terre à bord, etc. En un mot, l'habitude des affaires, que possèdent les linguistes, les rend fort utiles aux Européens; on peut même généralement se fier à leur bonne foi, lorsqu'ils ne sont pas eux-mêmes personnellement intéressés dans les affaires qu'ils traitent avec le commerce.

Depuis qu'ils n'existe plus de monopole en Chine, le négociant européen a le droit de louer lui-même toutes les embarcations ou alléges qu'il désire; mais, dans son intérêt, il doit laisser ce soin à un linguiste, parce que celui-ci ne prendra pas plus cher et sera responsable des marchandises, qu'il surveillera d'ailleurs avec bien plus de soin que si elles étaient confiées à des bateliers inconnus. Le prix de la location d'un bateau de cargaison (ces bateaux s'appellent *chop-boats*) est de 15 dollars ou 90 fr. au change de 6 fr.; il transporte, sous la surveillance du linguiste, les marchandises de Canton à Whampoa (relâche des bâtimens), ou de Whampoa à Canton. Dans ce prix, sont compris ses honoraires pour toutes ses démarches et démêlés avec la douane chinoise. Le chargement d'une allége ou tout autre *chop-boat* se compose comme suit :

Coton	150 balles.
Draps	140 id.
Etoffes de coton	100 id.
Marchandises pesantes.—Métaux, etc	300 piculs.

NOMS DES LINGUISTES ÉTABLIS A CANTON

EN MARS 1845.

NOMS connus des Européens.	NOMS HONGS.	NOMS OFFICIELS.
Atom.	Funwo.	Tsaï-mau.
Young-Atom.	Wo-shang.	Hwang-cháng.
Alantsaï.	Ching-wo.	Wu-tsiáng.
Young-Aheen.	Shun-wo.	Tsaï-siun.
Apooy.	Taï-wo.	Liû-yung.

Des Compradores et de leurs attributions. — Le Compradore peut être considéré comme l'intendant ou maître d'hôtel de la maison d'un Européen à Canton, ou dans son navire à Whampoa.

Le Compradore d'une maison se charge de procurer tous les autres domestiques et répond de leur conduite; il achète tous les approvisionnemens, se charge des petites dépenses de ménage, et fait, sous sa responsabilité, les paiemens et encaissemens.

Le salaire des compradores est facultatif, mais ne peut être moindre de 7 à 8 dollars par mois; il y en a qui reçoivent, dans les grandes maisons anglaises ou américaines, jusqu'à 20 dollars. L'usage ou plutôt une tolérance bien entendue, et à laquelle il serait d'ailleurs difficile de se soustraire, accorde au compradore une petite commission sur tous les achats.

On rencontre de très honnêtes compradores, mais la prudence exige une sévère surveillance sur la gestion de ceux qui sont chargés de grands maniemens de fonds; il est bon de régler leurs comptes le plus fréquemment possible, et au moins tous les huit jours.

Il est indispensable qu'un bon compradore parle parfaitement le dialecte anglo-chinois de Canton, autrement il serait presque inutile à qui louerait ses services.

Promptitude et facilité des expéditions commerciales en Chine. — Il n'y a pas de pays au monde où le commerce se fasse avec plus de facilité qu'à Canton : d'immenses opérations s'y expédient tous les jours avec une promptitude incroyable. Cela tient à la régularité qui existe depuis des siècles dans le commerce intérieur de la Chine, régularité dont le commerce extérieur se ressent. Tous les rapports des étrangers avec les douanes et les autorités en général, ont lieu en outre par l'intermédiaire des linguistes, qui, habitués de longue date à traiter ces affaires et négociations, les suivent et les expédient avec une célérité et un ordre qu'on rencontrerait difficilement si l'entrée des bureaux était permise aux étrangers.

Les droits consulaires ont été taxés ainsi qu'il suit :

TARIF DES DROITS CONSULAIRES EN CHINE.

	DROITS EN DOLLARS. (1)		DROITS EN FRANCS.	
	doll.	c.	fr.	c.
Certificat constatant le débarquement légal des marchandises importées	2	»	12	»
Signature du manifeste du navire	2	»	12	»
Certificat d'origine (quand il est requis)	2	»	12	»
Id. de santé (quand il est requis)	2	»	12	»
Signature du rôle d'équipage (quand il est nécessaire)	2	»	12	»
Attestation d'une signature id.	1	»	6	»
Pour recevoir un serment id.	»	50	3	»
Pour le sceau consulaire et la signature de tout document non spécifié	1	»	6	»
Pour arbitrage dans un emprunt à la grosse	2	»	12	»

(1) Ou *piastres*, car ces deux mots, sur les marchés de Chine, sont synonymes l'un de l'autre. On le fait remarquer ici une fois pour toutes.

	DROITS EN DOLLARS.		DROITS EN FRANCS.	
	doll.	c.	fr.	c.
Pour notifier un protêt..................................	1	»	6	»
Pour ordonner une expertise ou enquête..................	2	»	12	»
Pour juger de la légalité d'un protêt, d'une expertise, etc.	1	»	6	»
Pour enregistremens......................................	1	»	6	»
Visa de passeport...	»	50	3	»
Évaluation des marchandises, 1 p. %...................	»	»	»	»
Pour surveiller une vente lorsque les marchandises ont été évaluées, 1/2 p. %..........	»	»	»	»
Pour surveiller une vente si elles ne l'ont pas été, 1 p. %.	»	»	»	»
Pour vacations en dehors du consulat pour un navire naufragé, 5 dollars par jour, indépendamment des frais de voyage..........	»	»	»	»
Pour vacations pour l'ouverture d'un testament..........	5	»	30	»
Pour administration des biens d'un décédé intestat, 2½ %.	»	»	»	»

FORMALITÉS

POUR L'ACQUITTEMENT DES DROITS DE DOUANE ET DE TONNAGE

et pour obtenir le chop-note ou main-levée (quittance générale) pour le départ du navire.—Correspondance entre le Hoppo et le Consul à ce sujet.

Débarquement des marchandises à Whampoa. — Dès que les papiers de bord et le manifeste ont été remis au consul, ainsi qu'il est dit plus haut, ledit consul envoie au *hoppo* (chef des douanes) une note et un relevé sommaire de la cargaison, conçus dans la forme ci-après :

Modèle de la demande au Hoppo.

Canton, le

Au Surintendant des douanes.

Monsieur,

Les négocians (*nationalité et noms*) m'ont annoncé par voie légale que le navire (*nationalité*) nº... (*nom du navire*), capitaine ***, a jeté l'ancre à Whampoa le courant. Ce navire jauge..... tonneaux; il est manœuvré par...... hommes d'équipage. Toutes les formalités voulues ayant été remplies, et les papiers de bord, déposés, selon les réglemens, entre nos mains, je viens, par la présente,

requérit que l'autorisation de débarquement soit immédiatement donnée à ce navire.
Ci-joint le relevé sommaire du manifeste des marchandises formant la cargaison.
J'ai l'honneur, etc.

Signature.

Consul de....

RELEVÉ SOMMAIRE DU MANIFESTE.

Draps........	3,000 changs ou 33 balles.	Fer........................	1,800 piculs.
Calicots......	5,800 pièces ou 74 id.	Plomb........................	2,781 id.
Flanelles......	9,000 changs ou 100 id.	Cuivre........................	500 id.
Etc., etc.		Etc., etc.	

Dans le jour qui suivra la remise de la pièce ci-dessus, les officiers des douanes donneront au linguiste choisi par les consignataires, l'autorisation de faire le déchargement du navire. Alors le linguiste se charge de tenir un compte ouvert avec la douane, tant pour les droits à payer sur les marchandises d'importation à débarquer, que sur les marchandises d'exportation à embarquer; il obtient jour par jour les *laissez-passer* des douanes; il loue les *chop-boats* (alléges), *coolis* (1), et enfin répond des marchandises et en tient compte au fur et à mesure du débarquement, faisant accompagner chaque *chop-boat* par un ou deux de ses commis.

Le capitaine, ou l'officier commandant à bord, doit remettre au linguiste ou à ses commis, pour chaque *chop-boat* chargé quittant le bord, une déclaration signée pour le surintendant des douanes, relatant le nombre de colis qui en forment le chargement, la nature des marchandises, leurs poids ou mesures. D'après cette déclaration, on établit la quotité des droits à payer pour le chargement de l'embarcation, et on porte cette quotité au compte du navire, ouvert chez le *hoppo* et au Consulat. La même déclaration envoyée au Consul, qui la signe et la scelle, sert plus tard à régler le compte du navire. Elle est ainsi conçue :

Canton, le

Au Surintendant des douanes.

Monsieur,

J'ai l'honneur de vous informer que les négocians (*nationalité et noms*) déchargent aujourd'hui du navire (*nationalité, numéro et nom du bâtiment*), dans l'allége de (*nom du linguiste*), les marchandises ci-après, qu'ils vous prient de faire examiner au Hong

(1) Ou *coulis*, espèce de portefaix, gens du port, ou ouvriers louant leurs services, et formant une sorte de corporation qu'on pourrait comparer à nos forts de halle, débardeurs, etc.

(*désigner ici le hong, soit anglais, américain ou français*), et dont ils demandent le débarquement.

86 balles et 18 caisses.

L***

Officier commandant.

Suivant le compte du Hoppo, le 4 juin 1845.

				taëls.	m.	c.	c.
Toile de coton....	9,000	changs	à 7 candarins l'un.........	630	»	»	»
Drap.............	500	id.	à 1 mace 5 candarins l'un .	75	»	»	»
Etamine..........	600	id.	à 1 candarin 5 cashes l'un.	9	»	»	»
Chintz...........	500	id.	à 2 maces chacun.........	100	»	»	»
Mouchoirs........	20,000	id.	à 1 candarin chacun.......	200	»	»	»
				1,014	»	»	»

J'ai l'honneur d'être, etc.

Navire (*nationalité*) n°

Signature.

Chop-boat (*bateau de débarquement*) n°

Le Consul de....

Pour chaque chargement d'allége, le *hoppo* reçoit une de ces déclarations, dûment scellée et signée par le consul. Dès qu'elle lui est remise, il envoie ses préposés examiner les marchandises qui y sont relatées, et faire le compte des droits à payer; le linguiste tient le compte de ces droits, qui sont totalisés à la fin du déchargement. Si le bâtiment reprend un chargement, il lui est loisible de payer ensemble tous les droits d'importations, d'exportations, de tonnage et de port, à la fois ou au fur et à mesure.

Pour chacun de ces trois paiemens, le négociant envoie à l'agent de change du gouvernement une lettre en chinois, signée et scellée par le consul, et dont la traduction reste au consulat; elle est ainsi conçue :

Canton, le juillet 1845.

A Hopsching (l'Agent de change du Gouvernement).

Nous versons par la présente, entre vos mains, la somme de 6,000 taëls, pour droit réglés que nous vous prions de remettre au Surintendant des douanes, pour les droits d'importation de la cargaison du navire...., n°...., capitaine....;

Savoir :

	taëls.	m.	c.	c.
Pour la cargaison, suivant les déclarations des chargemens des chop-boats (allèges), n° 1 à n°...., ci.	6,000	»	»	»
Pour perte sur la fonte, à raison de 1 taël 2 maces par 100 taëls, ci (1).	72	»	»	»
TOTAL.	6,072	»	»	»

Vos obéissans serviteurs,

D. et Cie.

Pour le paiement des droits dus sur les exportations, le modèle de la note à envoyer à l'agent de change est le même que celui qui précède, excepté le changement du mot importation en exportation.

Pour les droits de tonnage, la lettre à envoyer à Hopsching est ainsi conçue :

Canton, le   août 1845.

A Hopsching (l'Agent de change du Gouvernement).

Nous versons par la présente, entre vos mains, la somme de *deux cents taëls*, que nous vous prions de remettre au Surintendant des douanes, pour droits de tonnage dus par le navire français...., capitaine...., jaugeant 400 tonneaux par registre;

Savoir :

	taëls.	m.	c.	c.
400 tonneaux à 5 maces l'un, font, ci.	200	»	»	»
A ajouter pour perte sur la réduction en argent sycée, à raison de 1 taël 2 maces par 100 taëls, ci.	2	4	»	»
TOTAL.	202	4	»	»

Vos obéissans serviteurs,

D. et Cie.

Du magasinage des marchandises et des magasins chinois de Canton. —Lorsqu'une cargaison doit être débarquée, le vendeur convient avec l'acheteur de l'endroit où les marchandises devront être emmagasinées,

(1) Les droits divers à payer aux Douanes chinoises n'étant reçus qu'en argent *sycée* (espèce de petits lingots purs de tout alliage), l'Administration fait payer au commerce la réduction causée par la fonte.

L'argent *sycée* dont il sera parlé plus loin avec détail, est, comme on vient de le dire, en lingots qui varient de poids depuis 1 taël jusqu'à 50. Le plus commun pèse 10 taëls; la forme des lingots est celle d'un parallélogramme plat et uni à la surface ; ils sont rudes et ronds à la partie inférieure, et ont une légère ressemblance avec un soulier, ce qui les a fait nommer *shoes*. (Voir, pour les diverses sortes d'argent *sycée*, page 151.)

et les frais de magasinage, convenus entre eux, se règlent avec la transaction entière.

Jusqu'à présent il n'a pu être établi, entre les importateurs et les acheteurs, de taux ni de règles fixes pour le magasinage des marchandises; comme il est presque impossible aux Européens de louer des magasins à Canton, cet état de choses n'est probablement pas près d'être changé, et les marchandises sont actuellement entreposées jusqu'à vente parfaite, dans les magasins des marchands chinois. Le compte des frais se règle entre l'acheteur et le propriétaire du magasin.

Les magasins de Canton à l'usage des Européens sont au bord des deux rives du Tigre. Ce sont de longs bâtimens en briques, à un étage, ressemblant à une suite de chambres sans séparations; ils n'ont pas de parquet, et le sol y est simplement en terre battue; des marchandises d'une nature délicate courent le risque de s'y avarier; mais, en général, les denrées y sont en sécurité.

Les *hongs* (magasins) des marchands hongs sont bâtis sur le même modèle, mais ont, en outre, de petites chambres autour des grands magasins, pour servir de bureaux et de logemens aux commis et aux *coolis*. Ces *hongs* ont en général la préférence sur les *chanfongs* ou *pack-houses* (maisons d'emballage), magasins à l'usage des Européens, dont il vient d'être parlé; la plupart de ces derniers servent souvent de manufactures de thés, de soieries, etc.

Par suite du perpétuel danger des incendies à Canton, et surtout de l'impossibilité qu'il y a de s'en garantir à l'aide d'assurances ou par tout autre moyen, il est plus prudent pour les Européens de ne garder dans cette ville que le moins possible de marchandises, Macao et Hong-kong leur offrant à cet égard toutes les facilités désirables. A Macao surtout, où le commerce a été presque anéanti par l'établissement de Hong-kong, les négocians français trouveront de vastes et beaux magasins à très bas prix de location. Les droits d'entrepôt des douanes y sont aussi très modiques.

Pour charger une cargaison, les formalités avec la douane sont à peu près les mêmes que pour le déchargement. Le consignataire désigne au linguiste l'endroit où sont les marchandises; celui-ci en dresse un état qu'il porte au *hoppo*, et demande un permis pour les embarquer;

le lendemain les commis de la douane se rendent au *hong* ou au magasin pour examiner les marchandises, les peser, mesurer et régler les droits à payer pour la totalité. Le linguiste, de son côté, en dresse un autre état pour le consulat. Le blanc-seing ou permis d'embarquement contenant le détail des marchandises est traduit, puis envoyé au *hoppo*, signé et scellé par le consul, et le chargement se fait avec les mêmes formalités que celles qui sont expliquées ci-dessus pour le déchargement des importations.

Le modèle de la demande d'autorisation d'embarquement, faite par le consul au *hoppo*, est ainsi conçu :

Canton, le août 1845.

Au Surintendant des douanes.

Monsieur,

J'ai l'honneur de vous annoncer que les négocians français D. et Cie m'ont dûment notifié leur intention de retirer des magasins de *Chaou-hing*, et faire embarquer par le *chop-boat* (allége) de *Lew-akwan*, les marchandises ci-après mentionnées, pour laquelle opération je vous requiers de leur faire donner les autorisations nécessaires.

Suivant le compte du Hoppo, du août 1845.

	taëls	m.	c.	c.
545 boîtes de thé contenant 30,000 piculs, à raison de 2 taëls 5 maces par picul, ci..	750	»	»	»

J'ai l'honneur d'être, etc.

Le navire français n°

Le bateau de cargaison n°

Signé

Le Consul de....

Aussitôt que les marchandises sont à bord, l'allége part pour Whampoa, et, le second jour après demande d'autorisation d'embarquement, lesdites marchandises sont mises à bord du navire chargeur, et l'officier de service en envoie un reçu par les commis ou *coolis* du linguiste, qui accompagnent toujours les marchandises pour éviter toute fraude ou échange de ballots.

Les transbordemens de marchandises à Whampoa coûtaient autrefois autant de droits que l'importation à Canton même. Cet état de choses a été régularisé par l'article 11 du réglement général, qui est relaté au commencement de cet ouvrage.

Quand toute la cargaison est à bord, le consul écrit au *hoppo* pour lui en donner avis, lui demander le compte des droits d'importation, d'exportation et de tonnage à payer, et l'autorisation de départ pour le navire; voici la teneur de cette demande :

Canton, le août 1845.

Au Surintendant des douanes.

Monsieur,

Les négocians français D. et Cie m'ont dûment annoncé que la cargaison d'exportation du navire français n°...... est terminée et qu'il est prêt à mettre à la voile. Je viens donc vous prier de faire vérifier son compte de droits d'importation, d'exportation et de tonnage, ce qui a été payé et ce qui est dû; afin que la décharge générale de ce navire puisse lui être délivrée sans retard et qu'il ne soit pas arrêté dans son départ.

Ci-joint le détail des marchandises portées sur son manifeste d'exportation.

Thés..................	3,560	caisses.	Rhubarbe..............	622	caisses.
Porcelaines.............	30	id.	Nankin................	77	id.
Laques.................	10	id.	Etc., etc.		

J'ai l'honneur d'être, etc.

Signé

Le Consul de.... à Canton.

Toutes les sommes dues pour droits ayant été dûment payées et les formalités remplies ainsi qu'il a été dit plus haut, le *hoppo* délivre un *port clearance*, ou permis de départ, et le consul remet au capitaine du navire en partance son manifeste, les papiers de bord et l'autorisation de mettre à la voile.

Tous les droits doivent être payés au gouvernement chinois en pur argent *sycée* (1) ou son équivalent; les sommes sont versées à l'agent de change ou banquier du gouvernement, par l'intermédiaire du linguiste, qui en retire des reçus.

La réduction des monnaies étrangères en pur argent *sycée* donne une perte assez considérable à la fonte; le tableau, page 151, en établit les différentes proportions, suivant les monnaies réduites.

(1) Voir, pour l'explication de cette dénomination, page 139, et en outre pages 151 et 152.

DE L'ÉTUDE

A FAIRE, SUR LE MARCHÉ DE CANTON, DES ENVOIS DE MARCHANDISES DANS LES PORTS DU NORD DE LA CHINE.

Dans les tentatives qui seront faites pour établir en Chine le commerce français, il sera prudent que les premières opérations régulières se fassent à Canton. Les cinq ports du Nord, cependant, ne doivent pas être négligés, car ils sont l'avenir du commerce européen en Chine : ils ont des relations plus directes avec les provinces centrales de ce vaste pays. Mais nous, qui sommes de nouvelle date dans les affaires commerciales des Chinois, nous devons avant tout étudier le marché de Canton, y placer le centre de nos opérations, et diriger de ce centre de bons agens sur les ports du Nord.

A Canton, l'on connaît parfaitement la situation et les besoins de ces ports, et des marchandises envoyées de cette ville seront mieux choisies qu'elles ne pourraient l'être en France pour l'expédition directe. En prenant à Canton la précaution d'étudier la position commerciale des ports du Nord avant d'y faire aucun envoi, on agira donc sagement, et l'on évitera maintes hasardeuses tentatives.

On est assujéti, dans les ports du Nord, aux mêmes réglemens, droits et usages commerciaux que dans le port de Canton ; il n'y a donc, sous ce rapport, que fort peu de chose à en dire, et nous nous bornerons à donner pour les principaux, tels que : *Amoy*, *Ning-po* et *Shang-Haï*, les détails qui nous paraissent les plus nécessaires.

1. — PORT D'AMOY.

D'après une note officielle du 4 décembre 1843, les limites du port d'Amoy sont fixées ainsi qu'il suit : du côté ouest, jusqu'à Kúláng-sú, inclusivement, depuis la pagode n° 1 jusqu'aux six îles du côté Est.

Les pilotes sont soumis aux réglemens suivans : chaque pilote doit être porteur d'une licence signée par le *haihong* (1), contresignée par le consul et scellée du sceau de ces deux fonctionnaires. Un pilote ne peut obtenir cette licence que sur l'exhibition d'un ou de plusieurs certificats de capacité délivrés par des capitaines de navires; ces certificats restent déposés au consulat.

Les taux des droits de pilotage sont fixés pour les Anglais (et par conséquent pour tous les Européens), savoir : à 50 cents pour chaque pied de tirant d'eau du navire, en dedans et en dehors du rocher Chau-chat, et à 1 dollar par pied depuis une ligne tirée de Lamtia (chapelle 1), et depuis Tungting et Paktia, ou dans leurs proximités.

Tous les navires sont assujétis au pilotage en dedans du rocher Chau-chat; mais, en dehors de ce rocher, il leur est loisible de s'en dispenser.

Les droits sont payés à Amoy en monnaies étrangères au même taux qu'à Canton, mais au lieu de 1 taël 2 maces payés pour frais de fonte de ces monnaies (pour la conversion en pur argent *sycée* (2)), on y paie 1 taël et 5 maces par chaque 100 taëls.

Jusqu'à ce jour, les navires anglais trafiquant à Amoy ont obtenu leur permis de déchargement en s'adressant simplement au consul.

2. — PORT DE NING-PO.

A Ning-po aussi, on est admis à payer les droits en monnaies étrangères, et l'on doit ajouter aux sommes dues 1 taël et 2 maces par chaque 100 taëls pour frais de conversion en pur argent *sycée*.

Il y a à Ning-po trois agens de change nommés par le gouvernement chinois pour percevoir les droits; les noms des titulaires actuels sont : Kiú-án et Yeh-kinhung, Yuenho et Chung-kwángkien, Kiúho et Ching-súitán.

Le Consul d'Angleterre à Ning-po a publié, pour ses compatriotes venant dans ce port, un réglement qui nous a paru si sagement conçu

(1) Le *haihong* ou gardien de la côte est un sous-préfet; il s'appelle, à Macao, le *kiun-ming-sü*, ou mandarin de Casa-Branca.

(2) Voir la note, page 139 et aussi page 152.

que nous croyons utile de le relater : il donnera une idée assez exacte des obligations auxquelles les étrangers y sont astreints.

Réglemens imposés aux Anglais résidant à Ning-po.—Art. 1er. Tout Anglais, immédiatement après son arrivée à Ning-po, doit se rendre à son consulat et y déclarer sa profession, sa demeure, ainsi que l'époque probable de son séjour.

Art. 2. Il n'est permis à aucun Anglais de s'éloigner, sous quelque prétexte que ce soit, à plus de trois milles de la ville de Ning-po, sans en avoir demandé l'autorisation à son Consul, lequel se réserve le droit de juger si la demande est admissible ou non; s'il la juge convenable, il donnera au demandeur un guide qui devra constamment l'accompagner dans son excursion et le ramener à Ning-po.

La personne qui s'exposerait, sans l'autorisation de son Consul, à parcourir les campagnes, serait passible de peines plus ou moins sévères.

Art. 3. Tout Anglais allant à la campagne pour chasser, à n'importe quelle distance, doit être muni d'une autorisation pareille, s'il ne veut pas s'exposer aux mêmes peines.

Art. 4. Tout Anglais résidant à Ning-po doit être prudent et circonspect dans sa conduite vis-à-vis des Chinois, ne pas entrer dans leurs habitations sans leur consentement, ne manquer en aucune manière de respect à leurs temples ou idoles, ne pas profaner leurs sépultures, abattre leurs barrières, détruire leurs plantations; enfin, non-seulement n'injurier en aucune manière les habitans, mais même respecter leurs préjugés.

Art. 5. Aucun sujet Anglais ne pourra visiter les villes et villages des environs de Ning-po sans l'autorisation du Consul et des premières autorités chinoises du district.

Art. 6. Aucun Anglais ne pourra entrer dans les bureaux et établissemens publics, sans en avoir l'autorisation spéciale ou y être invité.

Art. 7. Lorsqu'un Anglais habitant Ning-po voudra changer de demeure, il devra préalablement en avertir le Consul.

Art. 8. Lorsqu'un Anglais, ayant pendant quelque temps habité Ning-po, et s'y étant livré à des opérations commerciales, voudra le quitter, il devra, ainsi qu'à son arrivée, se rendre au Consulat au moins quarante-huit heures à l'avance, et y déclarer son intention de partir.

Le Consul espère qu'au moyen de la stricte observation du réglement ci-dessus, à laquelle il tiendra d'ailleurs sévèrement la main, il pourra procurer à ses compatriotes toute sécurité.

Ning-po, le 1er janvier 1844.

Réglemens imposés aux navires de commerce anglais à Ning-po.

Art. 1er. Tout navire anglais entrant dans le port de Ning-po ira mouiller à Chinhai, et le capitaine déclarera son arrivée à l'officier qui y demeure à cet effet, et qui visitera le navire.

Modèle de déclaration de l'arrivée d'un navire de commerce à Ning-po.

Je.... capitaine du navire le...., du port de.... tonneaux, monté par un équipage de.... hommes, déclare par la présente que mon intention est de remonter à Ning-po, et je requiers qu'on m'y expédie sans retard.

A bord du navire le...., capitaine...., le.... 184 .

Art. 2. Les navires anglais arrivant à Ning-po devront mouiller aussi près du Consulat qu'ils le pourront, sans incommoder les navires déjà à l'ancre ou les jonques chinoises. Quand on le pourra, on enverra une personne à bord pour désigner la place convenable; mais ils ne doivent en aucun cas remonter plus haut dans la rivière que par le travers du mât de pavillon du Consulat.

Art. 3. Il sera donné à chaque navire anglais, arrivant à Ning-po, un numéro d'ordre qui devra être peint en grandes lettres blanches en anglais, aux deux côtés de l'avant, et en chinois aux deux côtés de l'arrière.

Art. 4. Les capitaines des navires anglais devront, à leur arrivée à Ning-po, donner une liste sous serment de toutes les personnes à leur bord; ils ne pourront en cacher aucune sans s'exposer aux peines les plus sévères; ils ne peuvent pas non plus en embarquer à leur départ sans représenter celles portées sur le rôle du bord à leur arrivée.

Art. 5. Les capitaines ou subrécargues des navires anglais sont requis de présenter au Consulat le manifeste de toute la cargaison qu'ils ont apportée depuis l'embouchure de la rivière, et de l'attester sous serment. Dans le cas où ils ne pourraient pas décharger entièrement, ils seront requis de montrer à l'officier des douanes chinoises la partie de la cargaison restant à bord, toutes les fois qu'il demandera à l'inspecter.

Art. 6. Il ne sera permis aux navires anglais de décharger et de charger qu'à l'endroit de la rivière situé sur la rive du Nord appelé en chinois *Likia-tantaú*, et ils ne pourront le faire que de huit heures du matin à quatre heures de l'après-midi; toutes les marchandises débarquées ou embarquées à toute autre heure ou toute autre place, sans une permission spéciale, seront considérées comme objets de contrebande et sujettes à une saisie immédiate, et, en outre, le navire auquel elles appartiendront ou auquel elles seront destinées pourra, pour une pareille contravention aux réglemens du port, être puni d'une amende proportionnée à la gravité du délit.

Art. 7. Les capitaines des navires anglais sont requis de ne laisser débarquer à Chinhai plus de personnes qu'il n'en faut pour faire les déclarations de l'arrivée et du départ des navires, et ils ne devront, sous aucun prétexte, laisser débarquer et se promener à terre leurs hommes, pendant le trajet entre Chinhaï et Ning-po, et *vice versâ*.

Art. 8. Les capitaines des navires anglais seront, pendant leur séjour dans la rivière de Ning-po, requis d'user d'une extrême prudence pour le degré de liberté qu'ils doivent accorder à leur équipage durant son séjour dans le port; ils ne devront permettre d'aller à terre qu'aux hommes strictement nécessaires pour les déchargemens ou chargemens du navire; toute permission accordée en dehors de ce travail devra être donnée par le Consul et ne pourra être obtenue que dans le cas où un officier du bord accompagnerait les autres hommes. Les capitaines n'oublieront pas que leur navire est rendu responsable de tous les dommages et amendes qui pourraient résulter des infractions à ce réglement. Le Consul doit aussi les engager à prohiber sévèrement à leur bord le *samshoo* (eau-de-vie de riz) (1).

Art. 9. Les capitaines et subrécargues des navires anglais en partance sont requis de donner avis de leur départ au moins quarante-huit heures auparavant, et d'arborer pendant tout ce temps leur pavillon de partance.

Art. 10. Les navires anglais quittant le port de Ning-po seront requis d'exhiber en passant leur *grand-chop* (main levée ou quittance générale de la douane), aux autorités chinoises stationnées à Chinhaï, et devront se soumettre à une nouvelle visite si elle est exigée.

---

(1) Voir ce qui a été dit à ce sujet, pages 8 et 9.

Art. 11. Les capitaines des navires anglais sont requis de surveiller avec le plus grand soin la conduite et les services des Chinois auxquels ils confient le pilotage de leur navire, et ils sont invités à délivrer à ceux qu'ils en jugeront dignes un certificat de capacité, relatant le nom, l'âge et le signalement de l'individu, pour que le Consul puisse, par la suite, délivrer une patente de pilote au plus méritant.

Conseils donnés par le Consul aux négocians anglais trafiquant à Ning-po.

Premièrement.—Il faut ne pas oublier que les poids et mesures varient considérablement dans les différentes provinces de la Chine, et que, par conséquent, ceux de Ning-po diffèrent de ceux de Canton. Beaucoup d'erreurs sont déjà résultées de ces différences. Pour les éviter à l'avenir, le Consul recommande fortement aux négocians qui auront à faire peser ou mesurer des marchandises vendues ou achetées, ou qui auront de l'argent à recevoir au poids, de ne jamais se servir d'autres poids et mesures que ceux de la Douane chinoise : ce sont les seuls officiels, et leurs étalons sont déposés au Consulat, où chacun pourra s'en servir et en faire établir de semblables.

Deuxièmement.— Les négocians anglais sont avertis que les marchands chinois de Ning-po ne sont pas revêtus d'un caractère de crédit et de probité aussi connu que celui des marchands hongs de Canton, et ne disposent pas non plus des immenses capitaux de ces derniers. Ils ne peuvent donc mettre trop de prudence et de circonspection dans leurs transactions avec eux. Par exemple, lorsqu'ils ont vendu des marchandises aux marchands de Ning-po, ils doivent avoir grand soin de ne les délivrer que suivant l'échantillon, et d'en faire constater par-devant témoins le bon état et la bonne condition avant de les laisser enlever; autrement, et faute par eux de prendre ces précautions, le prix du marché venant à baisser, ils seraient exposés à voir le marchand chinois détériorer ces marchandises, pour avoir un prétexte de rompre le marché. Les négocians anglais ne sauraient aussi prendre trop de soin de faire bien constater l'emballage des ballots avant livraison, pour éviter, ce qui est très commun en Chine et surtout à Ning-po, que les paquets ne soient ouverts et des soustractions frauduleuses commises.

Troisièmement. — Comme il n'existe plus d'associations et de monopole parmi les marchands chinois, et que, par conséquent, ils ne sont plus obligés de payer les dettes de ceux qui font faillite ou banqueroute, la plus grande prudence est recommandée aux négocians anglais dans les limites des crédits qu'ils accorderont aux marchands chinois de Ning-po. Un commerce d'échange serait ce qui lui offrirait toujours le plus de sécurité; mais, quelle que soit d'ailleurs l'importance des ventes ou achats, il est expressément recommandé à tout sujet anglais d'exiger une facture appelée généralement en chinois *hong-chop*, parce que, sans cette pièce, il lui serait presque impossible, en cas de contestation, de faire établir ses droits devant les autorités chinoises.

Quatrièmement.— Le Consul, éprouvant le vif désir d'aider et d'assister ceux de ses compatriotes qui auraient essuyé des pertes à Ning-po, par suite de faillite ou de mauvaise foi, croit devoir les prévenir que les affaires en litige ou en contestation portées devant lui devront être d'une nature non-seulement honorable et irréprochable, mais encore de la plus grande clarté, les droits de chacune des parties étant parfaitement établis. Dans toute affaire où un Anglais pourra encourir non-seulement le moindre blâme d'indélicatesse, mais même le simple reproche d'imprudence et de négligence, le Consul refusera positivement de lui prêter appui, ne voulant en aucun cas commettre son caractère dans un litige douteux et qui ne serait pas entièrement à l'honneur de ses compatriotes.

Signé R. Thom,
Consul de S. M. Britannique.

Consulat anglais, à Ning-po, 1er janvier 1844.

Pour ce qui concerne les us et coutumes commerciaux, ils sont à Ning-po à peu de chose près les mêmes qu'à Canton; les articles d'importation et d'exportation sont aussi à peu près les mêmes que sur ce dernier marché.

3. — PORT DE SHANG-HAI.

Les formalités imposées au commerce anglais à Shang-Haï sont les mêmes qu'à Ning-po, et les conseils et avis donnés par le Consul de ce dernier port, aux négocians anglais, peuvent s'appliquer à Shang-Haï.

Nous donnons ici l'arrêté notifié par le Consul anglais à Shang-Haï à ses compatriotes, attendu qu'il renferme d'utiles renseignemens sur ce port.

« Je notifie par les présentes, à tous les sujets de Sa Majesté Britannique résidant à Shang-Haï, que j'ai temporairement établi le Consulat anglais dans la ville, près des murs, entre les portes Est et Ouest.

« Pour le présent, les limites du port de Shang-Haï sont fixées par la ligne tirée entre le point de *Paushan* dans l'Ouest, et la batterie située sur la rive droite de l'embouchure de la rivière, au-dessous de Wúsung dans l'Ouest. La place du mouillage pour charger et décharger en dedans du port est aussi proche que possible au dessus du cours de la rive gauche de la rivière, près d'une crique nommée le Wúsung-Kau; cette rivière verse ses eaux dans celle de Shang-Haï, à environ trois quarts de mille au-dessous des murailles de cette ville. Quand le nombre des navires au mouillage l'exigera, ils devront, pour laisser la navigation de la rivière libre et l'ouverture de la crique de Wúsung-Kau bien ouverte, mouiller une ancre à l'arrière. »

Le tarif, le réglement général et les divers arrêtés concernant les rapports des Anglais avec les Chinois, promulgués par sir Henri Pottinger, de concert avec le gouvernement chinois, devront, être strictement suivis à Shang-Haï par le Consul et ses compatriotes.

Le surintendant des douanes de la province a établi une maison de banque ou d'agens de change du gouvernement, qui est située dans la rue conduisant de la petite porte de l'Est à la rivière; les négocians anglais pourront y verser le montant des droits de tonnage, d'importation et d'exportation, et en retirer un reçu qui leur servira d'acquit vis-à-vis des douanes. La raison sociale de cette maison de banque se compose de six associés, tous responsables, et ayant la signature et le droit de donner des reçus; leurs noms sont : *Yaou-hangyuen*, *Chow-hooshing*, *Maou-hangho*, *Kwo-wanfung*, *Chuen-yuenjee*, *King-yuenke*.

On ne doit pas oublier de se servir à Shang-Haï, comme dans les autres ports, des poids et mesures de la Douane et du Consulat.

Il est aussi recommandé aux négocians anglais de mettre la plus grande prudence dans leurs rapports commerciaux avec les Chinois, jusqu'à ce que le caractère et la position de ces derniers leur soient bien connus.

TABLEAU COMPARATIF

E RÉDUCTION DES MONNAIES ÉTRANGÈRES EN PUR ARGENT *SYCÉE.*

MODES DES RÉDUCTIONS.	ESSAI de 20 roupies neuves.	ESSAI de 5 dollars péruviens neufs.	ESSAI de 5 dollars mexicains neufs.	ESSAI de 5 dollars boliviens neufs.	ESSAI de 5 dollars chiliens neufs.	ESSAI de 5 dollars en morceaux.
	t. m. c. c.	t. m. c. c.	t. m. c. c.	t. m. c. c.	t. m. c. c.	t. m. c. c.
age avant la fonte....	6 2 0 3	3 6 » »	3 5 7 5	3 6 » »	3 5 9 5	3 6 » »
age après la 1re et la e fonte et le coulage n lingots............	5 6 5 »	3 2 3 »	3 1 9 5	3 2 1 »	3 1 9 5	3 1 8 »
te sur le poids.......	» 5 5 3	» 3 7 »	» 3 8 »	» 3 9 »	» 4 » »	» 4 2 »
	Roupies.	Dollars péruviens.	Dollars mexicains.	Dollars boliviens.	Dollars chiliens.	Dollars en morceaux.
	t. m. c. c.	t. m. c. c.	t. m. c. c.	t. m. c. c.	t. m. c. c.	t. m. c. c.
eur du poids de 100 taëls n chaque monnaie.....	91 » 8 5	89 7 2 2 ½	89 3 7 1	89 1 6 7	88 8 7 »	88 3 3 4
férence de la valeur ntre le poids de 100 taëls e monnaies étrangères t d'argent *sycée*......	8 9 1 5	10 2 7 7 ½	10 6 2 9	10 8 3 3	11 1 3 »	11 6 6 6
leur à payer en monnaies étrangères pour galer 100 taëls en pur rgent *sycée*.........	109 7 9 »	111 4 5 5	111 9 » »	112 1 5 »	112 5 2 »	113 2 » 7

Cette perte sur la réduction des monnaies étrangères en pur argent *sycée*, s'élevant à environ 1 *taël* 2 *maces* par chaque 100 *taëls*, doit être ajoutée au total des sommes à payer pour droits de douanes ou autres. Lorsque l'on paie ces droits à l'agent de change du gouvernement, il faut y joindre aussi environ 2 *maces* 3 *candarins* ou environ 1 1/2 p. 0/0 par chaque 100 *taëls*, pour différence entre les balances et poids du changeur et ceux des douanes.

On verra, par le tableau qui précède, qu'il est beaucoup plus avantageux d'acquitter les droits en argent *sycée* qu'en toute autre monnaie, bien qu'il soit accordé une prime de 4 à 6 p. 0/0 sur l'argent *sycée*, qui en augmente d'autant la valeur.

Il y a quatre espèces d'argent *sycée*, savoir :

1° Le *fan-ku-ting*, ou barre d'argent du trésor du *puching-sze* (receveur général).

2° Le *yuen-pau-ting*, ou grands souliers (lingots) d'argent *sycée*.

Ces deux espèces sont reçues comme argent pur.

3° Le *kwán-hiáng-ting*, ou *sycée* du hoppo ; celui-ci est communément sujet à un faible escompte, variant de 1 à 5 *maces* pour 100 *taëls*, ou de 1/10 à 1/2 p. 0/0, contre de l'argent pur.

4° Le *yen-hiáng-ting*, ou *sycée* du commissaire des sels; ce dernier est aussi ordinairement passible d'un escompte variant de 5 *maces* à 1 *taël* pour 100 *taëls* ou 1/2 à 1 p. 0/0 contre de l'argent pur.

Il y a encore différentes espèces et qualités d'argent *sycée*, mais en petits fragmens. Les quatre espèces ci-dessus sont les principales.

Les noms et comptoirs des changeurs, agens de change ou banquiers du gouvernement, chez lesquels on verse les sommes des droits de douanes et autres, sont : *Hangmow*, *Hopshing* et le comptoir *Kwong-hang*. Ils résident tous dans l'intérieur de la ville de Canton.

L'influence commerciale des anciens marchands hongs ou hanistes, leur probité connue et la grande habitude qu'ils ont de commercer avec les étrangers; le nombre considérable d'ouvriers en tous genres qui travaillent depuis tant d'années, à Canton, pour les Européens, rendront longtemps encore ce marché préférable aux autres cinq ports ouverts par les traités.

Le nombre des factoreries est, depuis les incendies de 1842 et 1843, assez borné ; mais on les reconstruit en ce moment avec activité. Les loyers sont chers à Canton; celui d'une maison de moyenne grandeur ne coûte pas moins de 1,200 à 2,000 piastres (7,200 à 12,000 fr.).

RENSEIGNEMENS

SUR LE NUMÉRAIRE TANT CHINOIS QU'ÉTRANGER AYANT COURS EN CHINE; SUR LES POIDS ET MESURES DE CE PAYS, ET SUR LEURS RAPPORTS AVEC LES MONNAIES, POIDS ET MESURES FRANÇAIS.

—

Des monnaies en Chine. — Le seul numéraire qui soit à présent d'un usage général dans toute la Chine est une petite monnaie faite d'un mélange de cuivre et de toutenague (cuivre blanc chinois), qui ne vaut environ que la douze-centième partie d'une piastre de 6 fr., soit 5 millièmes de franc. Cette petite monnaie est considérablement altérée par des faux monnayeurs et dépréciée par le gouvernement chinois. On en importe de grandes quantités d'une valeur inférieure de la Cochinchine ; ces dernières sont presque entièrement composées de toutenague. Cette monnaie s'appelle en chinois *lí* ou plus généralement *tsien* (*cash* en anglais et *sapèque* à Macao). Le véritable *cash* chinois est circulaire et de la grandeur de nos anciennes pièces de six liards, mais plus épais, percé au milieu d'un trou carré d'environ 2 lignes, à travers lequel on passe un jonc pour réunir les *cashes* par paquets de cent, chaque paquet faisant un *mace*.

Le *cash* est fondu et non frappé; il porte d'un côté une devise en Mantchou, relative à la dynastie régnante, avec le nom de cette dynastie sur le côté gauche du trou carré, et celui du monarque régnant du côté droit; sur le revers du *cash*, se trouve le nom du règne (comme *táukwáng*, etc.) avec les deux mots *tung-paú* (monnaie courante).

De la fabrication des cashes.—On trouve, dans la Chrestomathie chinoise, la description de la manière dont les Chinois fabriquent leurs *cashes*. Les modèles sont envoyés du ministère des finances de Pékin. Il y a un hôtel des monnaies dans chaque grande ville de province, sous la direction d'un administrateur spécial. Quand on bat monnaie, cet administrateur pèse les quantités de métaux qui doivent être employées et les délivre aux ouvriers, qui sont obligés de lui remettre le même poids en *cashes;* mais, malgré cette précaution, ces ouvriers trouvent le moyen de dérober du cuivre en jetant du sable dans les moules. La fabrication des *cashes* est d'ailleurs des plus simples; les métaux, cuivre et toutenague, sont fondus et versés dans des moules en terre dont on retire les *cashes*, lorsqu'ils sont froids. Le poids du vrai *cash* est de un *mace* (*tsien*, d'où lui vient ce nom); sa valeur fixée par le gouvernement est la *millième partie* du poids d'un taël d'argent; cette valeur est cependant bien loin du cours réel du *cash*, puisqu'il en faut 1,600 de choisis, c'est-à-dire tous véritables, pour un taël.

Les jours consacrés pour battre monnaie, en Chine, sont les second, cinquième et huitième jours de chaque mois; les troisième, sixième et neuvième jours sont consacrés à peser la monnaie et à la délivrer aux commissaires des finances. Les ouvriers employés aux monnaies ne peuvent s'absenter; ils travaillent à tour de rôle, et ce n'est qu'après avoir pesé et délivré les *cashes*, les troisième, sixième et neuvième jours de chaque mois, qu'ils obtiennent, le restant du jour, la liberté de sortir, mais avec l'obligation de rentrer le soir.

Les piastres ou dollars, monnaie courante en Chine, mais non reconnue par le gouvernement comme monnaie légale. — Diverses monnaies d'argent ont eu, à différentes époques, cours en Chine; mais il n'en existe aujourd'hui, dans l'empire, aucune qui soit reconnue par le gouvernement. Les piastres fortes d'Espagne et les dollars de l'Amérique du Sud ont une circulation générale, quoiqu'ils ne soient pas considérés comme monnaie légale; ils sont employés pour le commerce avec les Européens, dans les provinces maritimes. Mais l'habitude qu'ont, à Canton, les banquiers et marchands chinois d'imprimer sur les piastres qui entrent dans leurs caisses une estampille pour en attester la pureté, leur ôte bientôt le principal mérite d'une monnaie légale, celui de représenter une valeur uniforme. Lorsque, à force d'avoir été frappées d'empreintes, ces piastres sont réduites en morceaux, elles ne diffèrent plus de l'argent *sycée* que parce qu'elles sont toujours d'un titre d'alliage connu, homogène. En outre, l'argent provenant des piastres, étant en petits morceaux très plats, se prête plus difficilement à des alliages frauduleux que l'argent *sycée*, qui est sous la forme de petits lingots.

Monnaies nominales des Chinois. — Les monnaies nominales sont, en Chinois, le *liang*, le *tsien* et le *fan* ou le *taël*, le *mace* et le *candarin*.

La relation entre ces trois monnaies est décimale; le *taël* vaut 1,600 bons *cashes* (c'est-à-dire choisis, pour s'assurer qu'il n'y en a pas de faux) et de 1,680 à 1,700 non choisis; le *mace* en vaut 160 et le *candarin* 16. Ces trois monnaies de compte sont aussi considérées comme poids. Par exemple, le picul se compose de 100 *catties*, de 1,600 *taëls*, de 16,000 *maces*, de 160,000 *candarins* ou de 1,600,000 *cashes*.

Cours différens des dollars convertis en taëls. — Les dollars en morceaux sont, ainsi qu'il est dit plus haut, une des monnaies en circulation à Canton. On les y reçoit au poids, et l'usage commercial leur a affecté des cours différens, suivant qu'ils s'emploient dans telle ou telle transaction.

Dans les comptes et calculs des Européens avec un ancien marchand hong, le dollar en morceaux est pris au poids, à raison de.......................... 720 taëls pour 1,000 piastres.

Dans les paiemens, il est en général pesé à......................	715	id.	id.
Dans les paiemens d'opium du Bengale	718	id.	id.
Dans ceux d'opium de Malwa ou de Turquie à..................	717	id.	id.
Dans ceux que les compradores font aux négocians européens........	715	id.	id.
Dans les paiemens du trésor de la compagnie des Indes, il était de..	718	id.	id.
Enfin à Macao..................	720	id.	id.

Des diverses espèces de piastres ou dollars et de la variation de leurs cours, dans les différentes provinces. — Nous avons déjà parlé des variations qui se faisaient remarquer en Chine dans les cours des diverses espèces de piastres. Elles sont en quelque sorte arbitraires, car la même piastre qui supporte un escompte assez fort dans une province, reçoit une prime dans une autre. — Mais, quelle que soit la cause de ces différences, elles existent et il est utile de les signaler, parce qu'elles exposent les Européens non prévenus à de fortes pertes.

Les dollars des républiques de l'Amérique du Sud passent, à Chusan et à Ning-po, plus facilement au pair que les piastres espagnoles, tandis qu'à Amoy ils subissent un faible escompte, et à Canton et à Macao un escompte d'au moins 5 à 10 p. 0/0.

Les piastres du règne de Charles IV appelées en Anglais *old head Carolus dollars* (littéralement *piastre* ou dollar *de vieille tête de Charles*), quand elles ne sont pas effacées et déformées par des empreintes, gagnent toujours une prime qui varie de 5 à 15 p. 0/0 à Canton.

Les piastres de Ferdinand, même sans empreintes, sont un peu au-dessous du pair.

Les *Chopped dollars*, c'est-à-dire les dollars ou piastres frappés d'estampilles ou d'empreintes par les maisons de commerce, sont toujours au pair.

Les piastres des règnes de Charles et de Ferdinand, qui portent l'empreinte de la lettre G ou G[a] (c'est-à-dire frappées à la monnaie de Guadalaxara), sont nommées par les Chinois *Kow-tseen*, ou dollars crochus, par suite de la ressemblance de cette lettre avec un crochet, et ne sont pas reçues à moins d'un escompte de 5 p. 0/0; leur différence en moins a été établie par un arrêté du *hoppo*.

Les piastres des républiques américaines et les roupies ont un cours légal à Hong-kong.

Les monnaies étrangères sont souvent contrefaites en Chine; le secrétaire de la Compagnie des Indes anglaises, M. Clark, a publié à ce sujet, une note qui nous a paru assez intéressante pour que nous ayons cru devoir en donner ici la traduction.

DE LA FALSIFICATION DES MONNAIES EN CHINE.

L'horreur des innovations et du changement, mobile le plus puissant de la politique intérieure et extérieure des Chinois, a aussi étendu son influence sur le numéraire en circulation en Chine.

Le gouvernement est déterminé à ce que ses caisses ne souffrent aucune perte de la dépréciation des monnaies, et, par conséquent, les taxes et droits ne sont reçus qu'en *pur argent* SYCÉE. Il existe à cet effet dans chaque ville, des maisons de changeurs et de banque (*yin-tien*), et chaque officier employé dans les recettes du trésor y fait convertir ses recettes en pur argent sycée en payant une commission pour perte à la fonte. Par ce moyen, ces agens peuvent répondre de la pureté de l'argent versé au trésor.

Les maisons de change employées par les agens du gouvernement obtiennent une licence à cet effet, moyennant une somme peu élevée, et sont rémunérées par le surplus des déchets alloués, qui toujours excèdent de beaucoup ce qui est nécessaire.

Le produit des taxes est remis à ces maisons par le gouvernement et celui des droits de douane par les négocians eux-mêmes, auxquels les changeurs sont autorisés à remettre des reçus considérés comme valables par l'autorité. A ces reçus est jointe une obligation du banquier de verser la somme à lui remise dans les caisses du trésor à une époque déterminée. L'argent affiné est converti en lingots portant l'empreinte des noms du banquier, des ouvriers fondeurs, du district et de l'année de la fonte, et quelquefois même de la nature du droit pour le paiement duquel le lingot a été fondu. Dans le cas où une falsification serait plus tard découverte dans ce lingot, quel que fût le temps écoulé depuis la fonte, l'affineur serait responsable et sévèrement puni.

Quelque sage que paraisse au premier abord ce mode de perception de l'impôt, il est, en fait, très onéreux et, de plus, gênant pour le négoce. Depuis l'établissement du commerce européen en Chine, l'usage du dollar a bien un peu remédié à ce que cette perception de l'impôt en *pur argent sycée* a de défectueux; mais il y a bien loin encore de l'état actuel des finances en Chine à celui des nations européennes; les piastres ont, dans le commencement de leur introduction en Chine, paru d'un usage si avantageux au gouvernement, que non seulement il l'a encouragé, mais qu'il a autorisé la contrefaçon de ces monnaies, contrefaçon qui eut même lieu, dans l'une des provinces, sous l'inspection d'un trésorier provincial.

Le *Yin lun* (*Traité chinois sur le numéraire*) dit à ce sujet que « bien que ces faux dollars (fondus en Chine) aient eu, dans les premiers temps de leur émission, un cours plus élevé que les piastres d'Europe, ils ne tardèrent cependant pas à tomber au dessous de ces dernières, qui conservèrent toujours leur degré originel de pureté d'alliage. » La fabrication des dollars est à présent interdite par les lois; mais, d'après les rapports des natifs, elle se continue encore sur une échelle considérable. On cite même à *Shuntih*, dans le sud de Canton, un établissement important dans lequel sont employés fréquemment jusqu'à cent ouvriers; on y fabrique des dollars de toutes les valeurs, les uns sont alliés de plomb; d'autres, fabriqués de basses matières, sont recouverts d'une feuille d'argent; dans d'autres, on enlève des morceaux dont on bouche les trous avec du plomb qu'on déguise sous l'empreinte des estampilles; cette dernière falsification est la plus ordinaire et la plus dangereuse, parce qu'elle est très difficile à découvrir, les *chopped dollars* étant en général très ternes et noircis par le nombre des empreintes.

Un dollar ainsi altéré n'a plus aucune valeur en Chine. Plusieurs des faux monnayeurs possèdent, dit-on, des matrices ou empreintes achetées à grands frais en Europe; mais, souvent, ils tentent eux-mêmes des imitations dans lesquelles l'omission ou la défectuosité de quelque lettre peut aisément être aperçue par un Européen attentif.

La circulation de ces faux dollars est si grande que beaucoup d'habitans du district de *Shuntih* sont employés comme experts chez les changeurs pour les découvrir, et qu'il existe un livre chinois à l'usage du public, donnant la description de la fabrication de chaque espèce de faux dollars, ainsi que des règles pour en reconnaître les diverses altérations. On trouve ce livre chez tous les changeurs et banquiers, qui les connaissent tellement qu'à première vue ils peuvent vous dire le degré d'alliage ou d'altération d'un faux dollar.

Les bénéfices de ces faux monnayeurs de *Shuntih* sont si considérables qu'il leur est très facile d'empêcher les poursuites en gagnant les officiers du district.

Le trésorier du *Fo-kien* a émis en assez grande quantité une monnaie chinoise, du poids d'un dollar, dont l'endroit porte l'empreinte de la tête du Dieu de la longévité, avec une inscription indiquant qu'elle fut faite sous le règne de *Táukwáng*. Cette monnaie, d'après la valeur que lui attribue le trésorier du Fo-kien, pèse 7 maces 2 candarins, et est considérée par le gouvernement, comme un lingot de *pur argent sycée* (*tsuh-wan-yin-ping*), ainsi que l'indique le revers portant l'empreinte d'un trépied, signe caractéristique du numéraire du gouvernement, et le mot *taiwan*, qui signifie, en mantchou, que cette monnaie fut frappée dans l'île de Formose. Le travail en est très imparfait.

Quant à ce qui concerne le *cash*, seule monnaie courante en Chine, le gouvernement a pris, pendant les dernières années, les mesures les plus sévères pour en empêcher la contrefaçon ; mais ses efforts sont restés inutiles, et la rapacité des gouvernans eux-mêmes à altérer la valeur des *cashes* est clairement démontrée par la dépréciation considérable que ces monnaies ont subie : les *cashes* de manufacture récente, comparés à ceux du règne de *Kanghi*, remontant à environ 150 ans, sont d'une valeur intrinsèque inférieure ; ils le sont de même à ceux du règne de Kienlung, qui ne remonte pas à plus de 50 ans. Les *cashes* modernes altérés de la façon la plus grossière avec du sable et de la limaille de fer (*tieh sha*) sont d'une apparence rugueuse et graveleuse.

En Chine comme en Europe, les monnaies et les médailles ont attiré l'attention des antiquaires. Quelques unes, offrant des sujets curieux et intéressans, étaient recherchées. Dans le moyen-âge on les recueillait pour y trouver la trace de différens caractères ou d'usages dont le souvenir s'était perdu à travers les temps de despotisme et d'anarchie. Des figures symboliques d'oiseaux et d'animaux se font le plus souvent remarquer sur les anciennes monnaies et médailles des Chinois. Ainsi que dans d'autres pays, en Grèce, par exemple, on les perce d'un trou, et on les garde, suspendues par un lien, comme ornemens ou talismans préservant de certains maux, accidens, etc. Cette habitude n'est pas particulière aux Chinois, car elle est citée par saint Chrysostome, particulièrement à l'occasion de médailles du temps d'Alexandre ainsi employées.

TABLEAU DE CONVERSION DES PIASTRES OU DOLLARS EN TAËLS ET EN FRANCS ET DES TAËLS EN PIASTRES OU DOLLARS ET EN FRANCS.

CONVERSION DES PIASTRES EN TAËLS ET DES TAËLS EN FRANCS.

Piastres.	715 taëls pour 1,000 piastres.	717 taëls pour 1,000 piastres.	720 taëls pour 1,000 piastres.	6 francs pour 1 piastre.
pi. c.				fr. c.
» 25	» 178	» 179	» 180	1 50
» 50	» 357	» 358	» 360	3 »
» 75	» 535	» 537	» 540	4 50
1 »	» 715	» 717	» 720	6 »
2 »	1 430	1 431	1 440	12 »
3 »	2 145	2 151	2 160	18 »
4 »	2 860	2 868	2 880	24 »
5 »	3 575	3 583	3 600	30 »
6 »	4 290	4 302	4 320	36 »
7 »	5 005	5 019	5 040	42 »
8 »	5 720	5 736	5 760	48 »
9 »	6 435	6 453	6 480	54 »
10 »	7 150	7 170	7 200	60 »
11 »	7 865	7 887	7 920	66 »
12 »	8 580	8 604	8 640	72 »
13 »	9 295	9 321	9 360	78 »
14 »	10 010	10 038	10 080	84 »
15 »	10 725	10 755	10 800	90 »
16 »	11 440	11 472	11 520	96 »
17 »	12 155	12 189	12 240	102 »
18 »	12 870	12 906	12 960	108 »
19 »	13 585	13 623	13 680	114 »
20 »	14 300	14 340	14 400	120 »
21 »	15 015	15 057	15 120	126 »
22 »	15 730	15 774	15 840	132 »
23 »	16 445	16 491	16 560	138 »
24 »	17 160	17 208	17 280	144 »
25 »	17 875	17 925	18 »	150 »
30 »	21 450	21 510	21 600	180 »
40 »	28 600	28 680	28 800	240 »
50 »	35 750	35 850	36 »	300 »
60 »	42 900	43 020	43 200	360 »
75 »	53 625	53 775	54 »	450 »
80 »	57 200	57 360	57 600	480 »
90 »	64 350	64 530	64 800	540 »
100 »	71 500	71 700	72 »	600 »
150 »	107 250	107 550	108 »	900 »
200 »	143 »	143 400	144 »	1,200 »
300 »	214 500	215 100	216 »	1,800 »
400 »	286 »	286 800	288 »	2,400 »
500 »	357 500	358 500	360 »	3,000 »
600 »	429 »	430 200	432 »	3,600 »
700 »	500 500	501 900	504 »	4,200 »
800 »	572 »	573 600	576 »	4,800 »
900 »	643 500	645 300	648 »	5,400 »
1,000 »	715 »	717 »	720 »	6,000 »

CONVERSION DES TAËLS EN PIASTRES ET DES PIASTRES EN FRANCS.

Taëls.	715 taëls pour 1,000 piastres.	717 taëls pour 1,000 piastres.	720 taëls pour 1,000 piastres.	8 fra pour 1
				fr.
» 10	» 139	» 139	» 138	»
» 20	» 279	» 278	» 277	1
» 30	» 419	» 418	» 416	2
» 40	» 559	» 557	» 555	3
» 50	» 699	» 697	» 694	4
» 72	1 006	1 004	1 »	5
1 »	1 398	1 394	1 388	8
2 »	2 797	2 789	2 777	16
3 »	4 195	4 184	4 166	24
4 »	5 594	5 578	5 555	32
5 »	6 993	6 973	6 944	40
6 »	8 391	8 368	8 333	48
7 »	9 790	9 762	9 722	54
8 »	11 188	11 157	11 111	64
9 »	12 587	12 552	12 500	72
10 »	13 986	13 947	13 888	80
11 »	15 384	15 341	15 277	88
12 »	16 783	16 756	16 666	96
13 »	18 181	18 131	18 055	104
14 »	19 580	19 525	19 444	112
15 »	20 979	20 920	20 833	120
16 »	22 377	22 315	22 222	128
17 »	23 776	23 709	23 611	136
18 »	25 174	25 104	25 »	144
19 »	26 573	26 499	26 388	152
20 »	27 972	27 894	27 777	160
21 »	29 370	29 288	29 166	168
22 »	30 769	30 683	30 555	176
23 »	32 167	32 078	31 944	184
24 »	33 566	33 472	33 333	192
25 »	34 965	34 867	34 722	200
30 »	41 958	41 840	41 666	240
40 »	55 944	55 788	55 555	320
50 »	69 930	69 735	69 444	400
75 »	104 895	104 602	104 166	600
90 »	125 874	125 520	125 »	720
100 »	139 860	139 470	138 888	800
200 »	279 720	278 940	277 777	1,600
300 »	419 580	418 410	416 666	2,400
400 »	559 440	557 880	555 555	3,200
500 »	699 300	697 530	694 444	4,000
600 »	839 160	836 820	833 333	4,800
700 »	979 020	976 290	972 222	5,600
800 »	1,118 880	1,115 760	1,111 111	6,400
900 »	1,258 741	1,255 230	1,250 »	7,200
1,000 »	1,398 601	1,394 700	1,388 888	8,000

TAUX DU CHANGE

DE CHINE SUR L'ANGLETERRE ET SUR L'INDE,

DEPUIS **1832** JUSQU'A JUILLET **1844**.

TAUX DU CHANGE DE CHINE SUR L'ANGLETERRE ET

ÉPOQUES.	TAUX DU CHANGE DE SUR LONDRES A 6 MOIS DE VUE. (Change de la piastre.)	
1832.		
De juillet à septembre.......	de 4^s 1^d à 4^s 2^d 1/2.	
D'octobre à décembre.......	de 4^s 4^d 1/2 (fit for India 4^s 3^d 1/8).	
1833.		
De janvier à mars..........	de 4^s 4^d à 4^s 5^d.......	se tiennent de 4^s 4^d à 4^s 10^d.
D'avril à juin.............	de 4^s 4^d à 4^s 5^d.......	
De juillet à septembre.......	à 4^s 4^d...............	
D'octobre à décembre.......	de 4^s 7^d 1/4 à 4^s 8^d 1/4.	
1834.		
De janvier à mars..........	de 4^s 9^d à 4^s 11^d.	
D'avril à juin.............	de 4^s 10^d à 5^s.	
De juillet à septembre.......	de 4^s 10^d à 5^s à 4^s 9^d à 4^s 11^d à 4^s 10^d à 4^s 8^d à 4^s 9^d.	
D'octobre à décembre.......	de 4^s 8^d à 4^s 9^d à 4^s 9^d à (4^s 7^d F. C.).	
1835.		
De janvier à mars..........	de 4^s 9^d à 4^s 10^d (F. C. 4^s 7^d).	
D'avril à juin.............	de 4^s 9^d à 4^s 10^d (F. C. 4^s 7^d).	
De juillet à septembre.......	de 4^s 9^d à 4^s 10^d (F. C. 4^s 8^d).	
D'octobre à décembre.......	de 4^s 9^d à 4^s 10^d (F. C. 4^s 8^d).	
1836.		
De janvier à mars.	de 4^s 10^d à 4^s 9^d à 4^s 10^d (F. C. 4^s 8^d).	
D'avril à juin.............	de 4^s 9^d à 4^s 10^d à 4^s 9^d 1/2 (F. C. 4^s 8^d).	
De juillet à septembre.......	de 4^s 9^d à 4^s 9^d 1/2 à 4^s 9^d (F. C. 4^s 8^d à 4^s 7^d 1/2).	
D'octobre à décembre.......	de 4^s 9^d à 4^s 10^d à 4^s 10^d à 4^s 11^d.	
1837.		
De janvier à mars..........	de 4^s 11^d à 5^s.	
D'avril à juin.............	à 5^s.	
De juillet à septembre.......	de 4^s 10^d à 4^s 11^d à 4^s 8^d à 4^s 9^d.	
D'octobre à décembre.......	de 4^s 8^d à 4^s 9^d à 4^s 7^d à 4^s 8^d à 4^s 7^d à 4^s 6^d (F. C. 4^s 7^d)	

NOTA. — Les lettres F. C. signifient *Finance Committee* (Comité des Finances).

Les lettres S. B. signifient *Scotch Bank* (Banque Écossaise).

Le change de la roupie est en moyenne de 2 fr. 25 cent. à 2 fr. 50 cent. au plus ; on voit donc qu'il y a une grande perte sur le change du dollar chinois en roupies, quand le change de ce dernier est en Chine de 6 fr. Il ne serait pas prudent, de la part du commerce français, d'évaluer ses calculs d'opérations en Chine sur les taux du change

UR L'INDE, DEPUIS 1832 JUSQU'A JUILLET 1844.

HINE			CONVERSION
SUR LE BENGALE. (Roupies sicca pour 100 piastres.)		SUR BOMBAY. (Roupies pour 100 piastres.)	DU CHANGE SUR LONDRES à 6 mois EN MONNAIE FRANÇAISE.
illets de la Compagnie 30 jours de vue.	Effets de commerce à 30 jours de vue.	Effets de commerce à 30 jours de vue.	
205 207	207 209 1/2	215 1/2 à 218 216 3/4 à 218	de 5f 10c à 5f 25c par piastre. de 5f 45c (propre à l'Inde 5f 30c.)
207 207 207 207	209 à 210 209 à 210 208 1/2 à 209 1/2 208 1/2 à 209 1/2	218 217 216 218 3/4	5f 40c à 5f 50c..... } se tiennent de 5f 40c à 5f 50c. 5f 40c à 5f 50c..... 5f 40c.............. 5f 72c à 5f 82c......
207 207 204 204.6.8 à 210	209 à 211 3/4 204 1/2 à 205 204 à 206 206.208.210	219 1/4 à 219 3/4 216 à 218 216 à 218 216 à 218	5f 90c à 6f 10c. 6f 00c à 6f 25c. 6f 00c 6f 25c-5f 90c-6f 20c-6f 05c-5f 90c. 5f 80c-5f 90c (5f 70c F. C.).
206 à 208 208 à 206 206.208.210 210	210 210 à 208 208.210.212 212	216 à 218 216 à 218 216.218.220 220 à 222	5f 90c-6f (5f 70c F. C.). 5f 90c-6f (5f 70c F. C.). 5f 90c 6f (5f 80c F. C.). 5f 90c-6f (5f 80c F. C.).
210.207.208 206 Roupies de la Compagnie. 218.220 220	212.207.208 206 220 220	220 à 222 220 à 222 220 à 222 222	6f 00c-5f 90c-6f 00c (F. C. 5f 80c). 5f 90c-6f 00c-5f 95c (F. C. 5f 80c). 5f 90c-5f 95c-5f 90c (F. C. 5f 80c-5f 75c). 5f 90c-6f 00c-6f 10c.
220 220.218 218.216 216	220 220.222.220 220.218 218.216	222 222 222.220.218 218	6f 10c-6f 25c. 6f 00c. 6f 00c-6f 10c-5f 80c-5f 90c. 5f 80c-5f 90c-5f 70c-5f 80c-5f 70c-5f 60c (F. C. 5f 70c).

ci-dessus ; il faut qu'il s'attende à payer un change plus élevé sur la France que sur l'Angleterre, dont le commerce est depuis long-temps connu en Chine. La moyenne du change sur France était, en 1844 et dans le premier trimestre de 1845, de 6 fr. la piastre ou dollar, à moins de circonstances particulières auxquelles on pouvait l'avoir un peu au dessous de ce taux. Mais, dès que notre papier sera connu en Chine, le commerce de la France y jouira de la même confiance et des mêmes avantages que le commerce anglais.

ÉPOQUES.	TAUX DU CHANGE EN SUR LONDRES A 6 MOIS DE VUE. (Change de la piastre.)
1838.	
De janvier à mars..........	de 4^s 6^d à 4^s 5^d à 4^s 6^d (S. B. à 60 jours 4^s 2^d) (F. C. 4^s 6^d).
D'avril à juin...............	de 4^s 5^d à 4^s 6^d 4^s 5^d à 4^s 7^d (S. B. 60 jours 4^s 2^d à 4^s 4^d) (F. C. 4^s 7^d).
De juillet à septembre.......	de 4^s 5^d à 4^s 7^d de 4^s 6^d à 4^s 7^d (S. B. 4^s 4^d) (F. C. 4^s 7^d).
D'octobre à décembre.........	de 4^s 6^d à 4^s 7^d-4^s 6^d ½-4^s 7^d ½-4^s 7^d-4^s 7^d ½-4^s 7^d-4^s 8^d (F. C. 4^s 7^d).
1839.	
De janvier à mars..........	de 4^s 7^d à 4^s 9^d-4^s 10^d-5^s 00^d.
D'avril à juin.............	à 4^s 10^d.
De juillet à septembre......	à 4^s 9^d 1/2.
D'octobre à décembre.......	à 4^s 9^d.
1840.	
De janvier à mars..........	de 4^s 9^d à 4^s 11^d.
D'avril à juin..............	de 4^s 10^d à 5^s 00^d.
De juillet à septembre......	de 4^s 10^d à 4^s 9^d.
D'octobre à décembre......	de 4^s 8^d à 4^s 7^d à 4^s 7^d 1/2.
1841.	
De janvier à mars..........	de 4^s 8^d à 4^s 9^d à 4^s 10^d.
D'avril à juin..............	de 5^s 00^d à 4^s 10^d à 5^s 00^d.
De juillet à septembre.	de 4^s 9^d à 4^s 8^d à 4^s 9^d.
D'octobre à décembre.......	de 4^s 9^d 1/2 à 4^s 10^d à 5^s 00^d.
1842.	
De janvier à mars..........	de 5^s 00^d.
D'avril à juin..............	de 4^s 10^d à 4^s 11^d à 4^s 8^d à 4^s 8^d 1/2.
De juillet à septembre......	de 4^s 7^d 1/2 à 4^s 8^d.
D'octobre à décembre.......	de 4^s 8^d à 4^s 9^d.
1843.	
De janvier à mars.........	de 4^s 9^d à 4^s 10^d.
D'avril à juin..............	de 4^s 8^d à 4^s 9^d à 4^s 8^d à 4^s 6^d.
De juillet à septembre......	de 4^s 5^d à 4^s 6^d à 4^s 3^d.
D'octobre à décembre.......	de 4^s 3^d à 4^s 4^s à 4^s 5^d.
1844.	
De janvier à mars..........	de 4^s 6^d à 4^s 7^d à 4^s 5^d à 4^s 6^d.
D'avril à juin..............	de 4^s 4^d à 4^s 5^d.

…INE			CONVERSION DU CHANGE SUR LONDRES à 6 mois EN MONNAIE FRANÇAISE.
SUR LE BENGALE. (…Roupies sicca pour 100 piastres.)		SUR BOMBAY. (Roupies pour 100 piastres.)	
…lets de la Compagnie …30 jours de vue.	Effets de commerce à 30 jours de vue.	Effets de commerce à 30 jours de vue.	
Aucun.	216	218.216	5^f 60^c-5^f 50^c (S. B. 5^f 20^c) (F. C. 5^f 60^c).
210	Aucun.	216.212.214	5^f 50^c-5^f 60^c-5^f 70^c (S. B. 5^f 20 à 5^f 40^c) (F. C. 5^f 70^c).
210	id.	212.214	5^f 50^c-5^f 70^c-5^f 60^c (S. B. 5^f 40^c) (F. C. 5^f 70^c).
210.212	id.	212.214.212	5^f 60, 70, 65, 75, 70, 80^c (F. C. 5^f 70^c).
Billets de la Compagnie.			
218.220	222.224	»	5^f 70^c-5^f 90^c-6^f 00^c-6^f 25^c.
220	»	»	6^f 00^c.
218.216	»	»	5^f 95^c.
220	»	»	5^f 90^c.
220	»	»	5^f 90^c-6^f 10^c.
218	»	»	6^f 00^c-6^f 25^c.
216.218	»	»	6^f 00^c-5^f 90^c.
216.218	»	»	5^f 80^c-5^f 70^c-5^f 75^c.
218	»		5^f 80^c-5^f 90^c-5^f 00^c.
218 à 220	»	»	6^f 25^c-6^f 00^c-6^f 25^c.
218 à 220	»	»	5^f 90^c-5^f 80^c-5^f 90^c.
220 à 222	»	»	5^f 95^c-6^f 00^c-6^f 25^c.
225.226.230	»	»	6^f 25^c.
225.222	»	»	6^f 00^c 6^f 10^c-5^f 80^c-5^f 85^c.
220	»	»	5^f 75^c-5^f 80.
220	»	»	5^f 80^c-5^f 90^c.
222.224	»	»	5^f 90^c à 6^f 00^c.
222	»	»	5^f 80^c-5^f 90^c-5^f 80^c-5^f 60^c.
222	»	»	5^f 50^c-5^f 60^c-5^f 30^c.
222	»	»	5^f 30^c-5^f 40^c-5^f 50^c.
224 à 226	»	»	5^f 60^c-5^f 70^c-5^f 50^c-5^f 60^c.
226 à 228	»	»	5^f 40^c-5^f 50^c.

TABLEAU DES MONNAIES ET POIDS CHI

PICULS.	KILO-GRAMMES	CATTIES.	KILO-GRAMMES	TAELS.	KILO-GRAMMES.	FRANCS	MACES.	KILO-GRAMMES.	FRA
	kil. gr.		kil. gr.		kil. gr.	fr.		kil. gr.	
1	61 750	100	61 750	1,600	61 750	12,800	16,000	61 750	13,8
		1	» 617.5	16	» 617.5	128	160	» 617.5	12
				1	» 038.593	8	10	» 038.593	
							1	» 003.8593	

VERTIS EN MONNAIES ET POIDS FRANÇAIS.

-NS.	KILOGRAMMES.		FRANCS.		CASHES.	KILOGRAMMES.		FRANCS.		OBSERVATIONS.
	kil.	gr.	fr.	c.		kil.	gr.	fr.	c.	
000	61	750	12,800	»	1,600,000	61	750	12,800	»	Le picul d'argent vaut, ainsi qu'on le voit, 12,800 fr., de même que 100 catties. Mais ces deux poids ne s'emploient que comme monnaies nominales. Le taël est un lingot d'argent. Le mace et le candarin sont des monnaies nominales. Le cash est une monnaie de cuivre, la plus petite qui existe en Chine. *Nota.* Le cash dont il est ici question est l'ancien cash de 1,000 au taël et 800 au dollar. Il est fort rare aujourd'hui et ne sert pour ainsi dire que comme poids. Le cash moderne est de 1,600 au taël et environ 1,200 au dollar.
300	»	617.5	128	»	16,000	»	617.5	128	»	
100	»	038.593	8	»	1,000	»	038.593	8	»	
10	»	003.8593	»	80	100	»	003.8593	»	80	
1	»	000.38593	»	08	10	»	000.38593	»	08	
					1	»	000.038593	»	00.8	

On se sert des poids dénommés dans le tableau qui précède, non-seulement pour les marchandises sèches, mais encore pour les liquides et même les étoffes. Le picul et le catty peuvent suffire, pour ainsi dire, aux Européens trafiquant en Chine ; mais, outre ces poids, les Chinois en ont un grand nombre d'autres, ainsi que des mesures de capacité, de longueur et de distance.

Beaucoup de ces mesures sont purement nominales ; nous en donnons ci-dessous la nomenclature :

POIDS CHINOIS.

1 *kernel* de millet (capacité d'une noix) fait 1 *shú* ;
10 *shú* ou *kernels* font 1 *lui* ;
10 *lui* font 1 *chú* ;
24 *chu* font 1 *taël* ou *liang* ;
16 taëls font 1 *catty* ou *kin* ;
2 *catties* font 1 *yin* ;
30 *catties* font 1 *kiun* ;
100 *catties* font 1 *picul* ou *tán* (littéralement une charge) ;
120 *catties* font 1 pierre ou *shih*.

Les trois premiers poids ci-dessus sont nominaux. Au lieu de *shú*, *lui* et *chu*, les Chinois emploient en général les décimales dixième, centième, millième, etc., pour les quantités au-dessous du taël.

En Chine, ainsi qu'il a été dit, on pèse, dans les usages du commerce, presque toutes les denrées, sans en excepter les liquides, la soie, le bois, les étoffes, le grain et même les provisions et animaux vivans qui servent à l'alimentation de l'homme, etc. Le grain cependant se vend aussi au détail dans des mesures dont il sera parlé ci-après. Les petits poids décimaux sont employés à peser les métaux et les pierres précieuses, et autres matières de grand prix.

Il y a, en Chine, trois instrumens pour peser, savoir : des balances, des pesons ou romaines, et de petites balances ou balanciers pour les pièces de monnaie.

Les *balances* sont employées pour peser de grandes quantités de numéraire. Les étalons des poids légaux sont fournis par le ministère des finances de Pékin; ils sont en cuivre et pèsent de 1 *cash* à 100 *taëls*.

Les *pesons* ou *romaines* sont en bois et marquent des *catties*, *maces*, etc.; les plus grandes pèsent des quantités de deux à trois piculs; on les appelle *dotchin*, mot corrompu du chinois *tok-ching* (pour peser). Le contre-poids de la romaine est en général un morceau de pierre. L'usage de cette balance est si commun que fort peu de personnes vont au marché sans emporter leur *dotchin*.

La petite balance ou *balancier* est presque semblable au *dotchin*, elle est en ivoire et ne sert à peser que des pièces de monnaie d'or ou d'argent et des pierres précieuses, ou de tout petits objets de grande valeur.

A Macao, les Portugais ont trois espèces de *piculs*, savoir :

Le picul *balança* ou picul ordinaire, avec lequel on pèse le coton et les denrées de prix.

Le picul *seda*, de 111 *catties* 15 *maces*, ou 148 livres anglaises et 1/5 (68 kilog.) avec lequel on pèse l'alun, le poivre et les marchandises grossières.

Enfin le picul *chapa* de 150 catties ou 200 livres anglaises (90 kilog. 1/2) avec lequel on pèse le riz. Le paddy, ou riz non mondé, ne se vend que les deux tiers du prix de celui qui est mondé ou dépouillé de sa cosse.

MESURES DE CAPACITÉ CHINOISES.

Ces mesures sont spécialement employées pour détailler le riz et d'autres grains.

1 grain de millet (*yin-lih-suh*) est 1 *suh ;*
6 *suh* font 1 *kwei ;*
10 *kwei* font 1 *tsoh* (pincée) ;
10 *tsoh* font 1 *cháu* (poignée) ;
10 *cháu* font 1 *choh* (grande cuillerée) ;
5 *choh* font 1 *yoh* (coupe);
2 *yoh* font 1 *koh* (demi-septier) ;
10 *koh* font 1 *shing* (1 pinte anglaise), ou 31 . 6 *tsun* cubiques (le *tsun* est environ 1 pouce français);
10 *shing* font 1 *tau*, ou.................. 316 id.
5 *tau* font 1 *hoh*..................... 1,580 id.
2 *hoh* font 1 *shih*.................... 3,160 id.
1 *fü* vaut 6 *tau* 4 *shing ;*
1 *yü* vaut 16 *táu ;*
1 *ping* vaut 16 *hoh.*

Quatre seulement des quatorze mesures ci-dessus sont actuellement en usage, les autres étant entièrement nominales ; ce sont : le *koh*, le *shing*, le *demi-shing* et le *tau*. Les trois premières sont faites avec des bouts de bambou pris entre les nœuds, et le *tau* en bois de forme cylindrique, avec une poignée en travers de l'ouverture. Il y a deux sortes de *tau*. L'un appelé le *shi-tau* (*tau* du marché), ou *shih kin-tau* (*tau* de 10 catties) ; il contient juste 10 catties de riz sec, et renferme 316 *tsun* cubiques, suivant les étalons du gouvernement. Le *shih*, dans la même proportion, fait juste un picul ; le *tau commun*, appelé *tsang-tau* (*tau* de grains), ne contient que 6 catties 1/2 ; le *shing* ordinaire contient 30 pouces cubes anglais 43415, ou un peu moins qu'une pinte anglaise. Mais cette mesure et les deux autres plus petites ne sont pas exactes entre elles, par suite du peu d'uniformité des bambous avec lesquels elles sont faites.

Il y aussi des mesures pour vendre des liquides, tels que de l'esprit, de l'huile, etc., mais on les compte toujours au poids et non pas à la quantité; trois sont d'un usage général et ont la contenance de deux, quatre et huit taëls.

Le bois ne se vend pas à la mesure; celui de prix se pèse, et le commun se vend à la pièce.

MESURES DE LONGUEUR CHINOISES.

1 *yih-lih* (ou grain) est 1 *fan*;
10 *fan* font 1 *tsun*, ou *punto* (environ 1 pouce 1/2 anglais);
10 *tsun* font 1 *chih*, ou *covid;*
10 *chih* font 1 *cháng*;
10 *cháng* font 1 *yin*.

Il y a quatre espèces de *chih* (ou pied chinois):

1° Le *chih* légal, fixé par le bureau des mathématiques du gouvernement à Pékin, est de 11 pouces français 52 centièmes (0 mètre 312).

2° Le *chih*, employé par les marchands chinois à Canton, varie de 11 pouces 70 centièmes à 11 pouces 85 centièmes (0 mètre 317 à 0 mètre 321).

3° Le *chih*, employé par les ingénieurs du gouvernement pour les constructions, est de 10 pouces 16 centièmes (0 mètre 275).

4° Le *chih*, employé pour mesurer les distances, est de 9 pouces 68 centièmes (0 mètre 262).

Pour la perception des droits du gouvernement, le *chih*, d'après le nouveau tarif anglais, correspond à 11 pouces français 28 centièmes (0 mètre 306), ce qui est environ la moyenne de la longueur de cette mesure à Canton.

A Canton, la yard anglaise ou *má* est calculée à 2 *chih* et 4 *tsun*, soit en français 2 pieds 2 pouces 88 centièmes (0 mètre 728), tandis qu'il est réellement de 2 pieds 9 pouces 6 dixièmes, ce qui met le pied anglais à 8 *tsun* (en français 9 pouces 2 lignes 16 centièmes), ou 0 mètre 249, tandis qu'il est réellement de 11 pouces 2 lignes 5 centièmes, ou 0 mètre 303.

D'après cette proportion, le *cháng* vaut à peu près 3 yards $\frac{11}{12}$; cependant, à Canton, le *cháng* est ordinairement un peu au-dessus de 4 yards.

Le *cháng* varie suivant les variations du *chih*.

Le *pied de règle* des tailleurs s'appelle *pái-tsien-chih*, et celui des maçons, qui est plus court, *chau-tung-chih*.

MESURES DE DISTANCE DES CHINOIS.

1 *demi-tsun* fait 1 *li* (5 lignes 808 millièmes français, ou 0 mètre 013);

5 *tsun* font 1 *fan* (4 pouces 80 centièmes, ou 0 mètre 130);

5 *chich* ou 1 pied font 1 *pú* ou *pas* (4 pieds 84 centièmes, ou 1 mètre 612);

360 *pú* ou *pas* font 1 *li* ou mille (1,728 pieds français, ou 575 mètres);

250 *li* ou mille font 1 *tú* ou degré (432,000 pieds ou 72,000 toises, ou 143 kilomètres 86).

Anciennement, 192 *li* 1/2 faisaient un degré; ce qui mettait le *li* à 1,897 pieds anglais 1/2 (1,773 pieds français, ou 590 mètres), ou le mille à 2 *li* 78 centièmes; mais les mathématiciens européens de Pékin changèrent le mode en usage, et divisèrent le degré en 250 *li*, probablement dans l'intention d'en faire exactement le dixième de la lieue française, de 25 au degré.

Le degré est divisé en 60 *fán* ou minutes, et chaque *fán* en 60 *miáu* ou secondes.

MESURES DE SUPERFICIE DES CHINOIS.

5 *chich* font 1 *pú* (pas) ou *kung* (are) (4 pieds 80 centièmes, ou 1 mètre 60);

24 *pú* font 1 *fan* (115 pieds ou 19 toises $\frac{2}{10}$, ou 38 mètres 80);

60 *pú* font 1 *kioh* (ou *corne*) (288 pieds ou 48 toises, ou 95 mètres 90);

4 *kioh* ou 240 *pú* font 1 *mau* (acre chinois) (1,152 pieds ou 192 toises, ou 384 mètres);

100 *mau* font 1 *king* (115,200 pieds, ou 19,200 toises, ou 38 kilomètres 36).

Les contributions territoriales sont calculées et perçues au moyen du *mau*.

ROD DE STANBURY.

OU MESURE LOGARITHMIQUE DE CANTON, SERVANT A CUBER LE TONNAGE DES NAVIRES.

On donne ce nom à une espèce de toise sur ruban, inventée par M. Stanbury, négociant américain de Canton, et offrant pour le jaugeage des navires un moyen aussi simple qu'expéditif.

Cette mesure étant devenue d'un usage presque général parmi les négocians de Canton, et la connaissance nous en ayant paru d'ailleurs très utile, nous donnons ici les indications nécessaires pour s'en servir.

Le *rod de Stanbury* est fractionné non en pieds et en pouces, mais à l'aide de divisions correspondantes aux logarithmes de ces mesures et de leurs parties décimales.

Lorsque, par le mesurage d'un colis, on aura obtenu les nombres composant ses trois dimensions, on additionnera ces trois nombres, et on trouvera, au moyen de la table graduée sur un des côtés du *rod Stanbury*, quels sont les pieds et les parties décimales du pied qu'ils représentent; en un mot, on aura le *cube du colis*. Le modèle de la table graduée sur le rod Stanbury est ci-après.

TABLE DE LOGARITHMES

DU

ROD STANBURY.

TABLE DE LOGARITHMES

Manière d'employer la mesure logarithmique ou rod de Stanbury.

Mesurez avec le rod le colis ou l'objet dont vous voulez avoir les dimensions cubiques ; écrivez, les uns au dessous des autres, les nombres que vous trouverez pour chaque dimension, c'est-à-dire la *longueur*, la *largeur* et l'*épaisseur*. Additionnez ces trois sommes ensemble, et retranchez du total les mille (ou à partir du quatrième chiffre à gauche); il vous restera un nombre composé de trois chiffres ; puis cherchez sur la première ligne de chiffres de la table du rod le nombre semblable ou celui de moindre valeur qui s'en rapproche le plus (la table n'étant divisée que par cinq). Au dessous de ce nombre, vous en trouverez cinq autres, l'un desquels correspondra exactement à celui que vous aurez obtenu par le mesurage des colis.

EXEMPLE.

Le mesurage d'un colis vous a donné :

Longueur ou hauteur..........	1,250	
Largeur......................	125	1,500
Épaisseur....................	125	

Retranchez le chiffre 1 exprimant le mille, il vous restera 500. Cherchez ce nombre sur la table de la mesure, vous trouverez, au dessous, celui de 3,162, qui vous représente 3 pieds cubes et $\frac{162}{1000}$ de pied cube.

AUTRE EXEMPLE.

Si le mesurage vous a donné :

Longueur......................	1,250	
Largeur.......................	1,125	2,500
Épaisseur.....................	125	

retranchez le chiffre 2 exprimant le mille, et il vous restera 500 ; cherchez ce nombre sur la table de la mesure, et vous trouverez, au-dessous, celui de 3,162. Comme vous avez retranché 2,000, ce nombre vous représentera 2 unités et 2 décimales, soit 31 pieds $\frac{62}{1000}$ de pied cube, et ainsi de suite.

Si le nombre obtenu par le mesurage est 1,501, vous retrancherez 1 mille, et chercherez dans la colonne de 500 le deuxième nombre, immédiatement au dessous de 3,162; ce sera 3,170, et il correspondra au nombre 501 ; si vous obtenez 502, vous prendrez le troisième nombre 3,177 ; si vous avez 503, prenez le quatrième 3,184, et ainsi de suite.

Si, par le mesurage, vous obtenez un nombre au dessous de 1,000, soit 500, et que, par conséquent, vous n'ayez rien à retrancher, son correspondant sur la table, qui est le nombre 3,162, représentera des parties décimales du pied cube, soit $\frac{3162}{10000}$ de pied cube.

Pour rendre cette mesure (le *rod Stanbury*) encore plus utile, on y ajoute habituellement, sur l'instrument dont elle se compose, une petite table destinée à déterminer le montant du prix du fret à divers taux, correspondant aux logarithmes obtenus par le mesurage du colis.

MONNAIES, POIDS ET MESURES

DES DIFFÉRENS PAYS DE L'ORIENT COMMERÇANT AVEC LA CHINE

CONVERTIS EN MONNAIES, POIDS ET MESURES DE FRANCE.

JAPON.

Monnaies. — Les monnaies de ce pays sont nombreuses ; il y en a de légales, en or, en argent et en cuivre. Elles sont un peu altérées par l'alliage de matières inférieures et ont, à peu de chose près, la même valeur que les monnaies de Chine; tels sont le *rio* (taël), le *momme* (mace) et le *bu* (candarin).

Au Japon comme dans le Céleste Empire, les monnaies sont fondues et non frappées ; les marchands japonais pèsent, ainsi que les Chinois, les monnaies d'or et d'argent, les seules monnaies d'une valeur officielle et certaine étant coulées dans les matrices impériales et portant à l'endroit l'empreinte d'une fleur et de trois feuilles de *kiri* ou *dryandra*, qui constituent les armes impériales.

Les monnaies japonaises sont de diverses formes ; dans un ouvrage japonais on en décrit de circulaires, de carrées, de rectangulaires, de minces, d'elliptiques, et d'autres enfin en masses informes. Beaucoup de ces monnaies ne sont plus en usage maintenant.

Les *kobangs* en or sont minces et elliptiques ; les plus petits ou ceux qui sont en argent ont la forme d'un parallélogramme, les petits lingots informes en argent sont aussi en usage.

Les monnaies d'or de forme elliptique sont de deux espèces : le *obang* et le *kobang* ou *kopang*. La première est presque aussi large que la paume de la main, et toutes deux ont environ l'épaisseur d'un liard anglais.

Le *kobang*, qui a la valeur nominale d'un taël d'or, est la dixième partie d'un *obang* : il a environ deux pouces anglais de longueur sur un de largeur; il doit peser 3 maces 5 candarins ou 7 grammes 989750. Ces pièces sont marquées d'un côté avec un dé consistant en courtes lignes parallèles, et portent en outre différentes empreintes de chaque côté. Les plus vieilles pièces sont plus épaisses et ont par conséquent une plus grande valeur que les neuves; elles sont aussi en général d'un métal plus pur. Il n'en existe presque plus dans la circulation, mais un grand nombre de ces pièces a été amassé par les habitans de Batavia.

Les vieux *kobangs* pèsent 275 grains *troy* anglais, et leur titre de finesse est, dit-on, de 22 carats anglais. Les nouveaux *hobangs* pèsent 180 grains *troy* et ne sont que d'environ 16 carats.

A Batavia, les vieux *kobangs* valent 55 fr. 70 c., et passent pour 10 rixdalers. Les nouveaux *kobangs* valent 26 fr. 55 c. et passent pour 6 rixdalers. Il faut cependant remarquer que les vieux *kobangs* ne sont calculés à Madras, qu'à raison de 87 touches ou essais, ce qui en réduit la valeur à 51 fr. 26 c.

Parmi les petites monnaies d'or du Japon en circulation, l'une est appelée *ichi-bu* ou un quart. Les Hollandais la nomment *haricot d'or ;* elle est la quatrième partie d'un *kobang* et doit peser 8 candarins 3/4 ou 1 gramme 319055, mais il convient de s'assurer de son poids, qui n'est pas toujours exact. Sa forme est rectangulaire; elle est marquée d'un côté des armes impériales et, de l'autre, du nom de la dynastie régnante. Une autre pièce appelée *ko-isshiu* a la moitié de la valeur d'un *ichi-bu*.

La monnaie d'argent, *nandio* ou *nandrio-gin*, est de trois espèces : la première et la plus grande, appelée *nibu-gin*, est la moitié d'un *kobang;* la seconde, le *nishiu-gin*, en est le 1/8, et la troisième, le *ichi-bu gin*, le 1/16. Cette dernière pèse environ 5 candarins 3/5 ou 0 gramme 512550; elle a environ un pouce anglais de long et un demi-pouce de large et l'épaisseur d'une roupie ou d'une pièce de 2 francs. Ces pièces sont empreintes de caractères chinois désignant leur valeur relative de 2, 8 ou 16 pour un taël ou *kobang*. Elles sont fabriquées dans les établissemens monétaires du gouvernement.

Les *ita-gane* (ou tige métallique, sont composés d'un mélange d'or et d'argent de forme oblongue; les marchands japonais ne les reçoivent qu'au poids et les estampillent pour en marquer le degré de pureté.

On fabrique les *kodama* (petites boules) à Satzuma; leur forme est ronde, leur poids incertain; elles sont pesées et estampillées comme les *ita-gane;* aucune de ces monnaies ne porte l'empreinte des armes impériales.

Les monnaies d'un métal inférieur sont de la même forme que les *cashes* chinois, et appelées *zeni* par les Japonais. Le plus petit *zeni* est calculé à raison de 6,800 pour un *kobang* nouveau, soit 0 fr. 00 c. 3904; ces pièces sont grossièrement fabriquées. Les *si-mon-zeni*, ainsi appelés parce qu'ils ont quatre fois la valeur d'un *zeni* ordinaire, sont une monnaie de cuivre bien fondue et de la dimension d'un centime, mais plus minces, avec un trou carré au milieu. Les *cashes japonais* sont quelquefois très fortement altérés. Dans la principauté de Shendai, on fond des *cashes* carrés qui sont si fragiles qu'ils se brisent lorsqu'ils tombent sur une pierre; ces *cashes* sont enfilés au nombre de 1,000 sur une corde; le paquet s'appelle un *kwan*, et vaut environ 9 *maces* d'argent ou 0 fr. 90 c. Le *mace* vaut ordinairement 120 *cashes*, mais le taux du change de cette monnaie varie.

Il y a encore une monnaie de cuivre de la valeur de 100 *zeni;* elle est à peu près de la grandeur et de la forme qu'aurait la tranche d'un œuf, prise au milieu dans le sens longitudinal; cette pièce a aussi un trou carré au milieu et ne porte que deux caractères japonais signifiant : *valeur de un cent.*

De même que les Chinois, les Japonais font usage de billets de change et de commerce; plusieurs princes émettent des billets dans leurs principautés.

Il existe, à peu près, la même différence entre les usages du Japon et ceux de la Chine qu'il peut y en avoir entre deux provinces éloignées du même empire.

Poids. — Les poids du Japon sont les mêmes que ceux de la Chine; on dit cependant que le picul japonais ne pèse quelquefois que 130 livres avoirdupoids, au lieu de 133 1/3. 1,250 *catties*, ou 771 kilog. 875 font un *koku*; c'est avec ce poids que les droits du gouvernement sont établis.

Mesures. — Les mesures de longueur et de capacité du Japon sont aussi de la même forme et dans les mêmes proportions que celles de la Chine; mais il y a, en outre, une mesure appelée *go-shiaku-záu*, qui vaut 5 *covids* chinois ou un demi-*chang*, soit 4 pieds français plus 7 pouces 60/100 (1 mètre 50). Il existe, en outre, une mesure de charpentier appelée *ken-záu* et employée dans les constructions; elle est de 6 *chih* chinois ou 5 pieds 9 pouces 12/100. La mesure du gros bois de construction est le *yama-ken-záu*, de 6 *chih* 3 *tsuns* chinois, soit 6 pieds 3 lignes 56/100 (2 mètres); mais on doit faire observer que ces dernières mesures ne sont jamais aussi exactes que celles qui sont employées par les douanes chinoises et dont les étalons sont déposés dans les consulats des ports ouverts aux Européens.

Le *ri*, ou mille japonais, varie en longueur; il est ordinairement évalué aux deux cinquièmes d'une lieue hollandaise; 4 *li* chinois valent environ 1 *ri* japonais ou 6,912 pieds français (2 kilomètres 300).

COCHINCHINE.

Monnaies. — Les monnaies de la Cochinchine sont des *taëls* d'or et d'argent; les premiers ont ordinairement 14 ou 15 fois la valeur des seconds. Les *cashes* cochinchinois sont en zinc pur et appelés *dong*. Les métaux précieux sont rares en ce pays et les transactions s'y font presque toutes au moyen de ces *cashes*, très incommodes à cause de leur fragilité et de leur poids.

L'or et l'argent employés par les Cochinchinois sont généralement assez purs et assez bien affinés; mais on les trouve quelquefois fortement altérés. Le lingot d'or ou *pain*, comme on l'appelle, est le plus grand ; il y a ensuite le demi-lingot d'or qui a la même forme, est du poids de 5 *taëls*, ou 0 kil. 192965, et vaut environ 693 fr. 40 c. Le *dinh vang* ou clou d'or pèse 1 taël ou 0 kil. 038593, et vaut 138 fr. 50 c. Le lingot d'argent, aussi de la forme d'un pain, s'appelle *nen-bac;* il pèse 10 taëls ou 0 kil. 385930, et vaut environ 81 fr. 57 c. Il y a une autre monnaie d'argent appelée *dinh-bac* ou clou d'argent, pesant 1 taël ou 0 kil. 038593, et valant environ 8 fr. 15 c. Le *dinh-bac* se divise en demie et en quart; la demie s'appelle *nua-dinh-bac.*

Le dernier roi de Cochinchine, Minh-Menh, fit faire des piastres qui devaient être du même poids et de la même valeur que celles d'Espagne ; mais leur valeur ne dépassa pas généralement celle de 4 fr., par suite de la grande altération de leur titre, où il entrait environ un tiers de cuivre. L'exécution de ces monnaies d'or et d'argent est d'ailleurs très remarquable.

La monnaie de cuivre est fondue ; 60 *cashes* ou *dongs* font un *mot-tien* ou tas, et 10 *mot-tien* pour un *kwan* ou corde. Ces 600 *cashes* valent de 3 fr. à 3 fr. 60 c. et pèsent environ 1 kil. 587 grammes. Le taux du change entre les *cashes* et les monnaies d'argent varie de 3 à 5 *kwan* pour un *taël.*

Les monnaies d'or et d'argent ont, en général, la forme des morceaux d'encre indienne, mais sont beaucoup plus minces ; leurs bords sont légèrement relevés, et leur millésime et leur valeur sont marqués en lettres saillantes. A chaque nouvelle émission de monnaie, les anciennes éprouvent une perte sur leur valeur ; cette circonstance est très fâcheuse pour les voyageurs et pour les étrangers qui ne peuvent pas lire les caractères empreints sur ces monnaies.

Poids. — Les poids de Cochinchine, quoiqu'ils aient presque le même nom que ceux de la Chine, sont cependant plus lourds que ces derniers ; leur nomenclature et leur conversion en poids français sont indiquées dans le tableau ci-après :

Tableau des poids cochinchinois.

CONVERTIS EN POIDS FRANÇAIS.

POIDS COCHINCHINOIS.				POIDS FRANÇAIS.	
				kil.	gr.
10 ai ou atomes font..	1 tran		égal à	»	000.0000003905
10 tran	1 huy			»	000.000003905
10 huy	1 chau			»	000.00003905
10 chau	1 hot, en chinois,	kwuh		»	000.0003905
10 hot	1 hao »	hàu		»	000.003905
10 hao	1 li »	li		»	000.03905
10 li	1 phan »	fan		»	000.3905
10 phan	1 dong »	tsien		»	003.905
10 dong ou maces	1 luong »	liang		»	039.05
10 luong ou taels	1 nen			»	390.5
16 luong	1 can »	kin		»	624.8
10 can ou catties	1 yen			6	248
50 can	1 binh			31	240
100 can	1 ta »	tàu		62	480
500 can	1 quan			312	400

Mesures. — Les mesures de capacité pour les grains varient dans chaque province, et les acheteurs ont soin, avant de conclure un marché, de convenir de la mesure dont on se servira.

MESURES DE SUPERFICIE.

Ces mesures ont à peu près entre elles les mêmes proportions que celles de la Chine; le *thuoc* (*chih*, coudée ou pied) est d'environ 18 pouces français; cette mesure est employée par les architectes et charpentiers.

		mètres.
10 li font.....	1 phan (en chinois fan) égal à...	0 . 0048726
10 phan font...	1 tac (en chinois tsun) égal à.....	0 . 048726
10 tac font.....	1 thuoc (en chinois chih) égal à..	0 . 48726
5 thuoc font..	1 ngu ou perche égal à..........	2 . 4363
15 thuoc font..	1 sao égal à......................	7 . 3089
10 sao font....	1 mau (en chinois màu) égal à...	73 . 089

Une autre perche de 16 1/2 *thuoc*, avec laquelle on mesure le terrain à raison de 10 *sao* pour 1 *mau* ou acre, est de 80 mèt. 3979.

MESURES DE LONGUEUR.

L'aune ou le *thuoc* (*chih*) cochinchinois, employé seulement à mesurer des étoffes de laine et de soie, contient environ 22 pouces 95/100.

		mètres.
10 phan font....	1 tac (tsun) égal à..........	0 . 064968
10 tac font......	1 thuoc (chih) égal à........	0 . 64968
10 thuoc font....	1 truong (chang) égal à......	6 . 4968
30 thuoc font...	1 cai-vai (that) égal à.......	19 . 4904
10 cai-vai font ..	1 quo égal à................	194 . 904

Le *li* cochinchinois est la dixième partie d'une lieue commune de France, de 25 au degré, et correspond ainsi à 444 mètres 39 centimètres. Un *dam* ou *stadium* fait 2 *li*, ou 888 mètres ; 5 *dam* font 1 lieue.

Comme il ne se fait à présent presque aucun commerce avec le Tonquin, il serait difficile d'établir les différences qui peuvent exister entre les monnaies, poids et mesures de ce pays, et ceux de la Cochinchine, à laquelle il est actuellement soumis.

Dans le Camboïa, qui dépend en partie de la Cochinchine et en partie du royaume de Siam, il y a de petites monnaies rondes en argent, de différentes grandeurs. La plus grande atteint à peine la dimension d'un liard. Elles sont appelées *galls* et très sujettes à perdre de leur valeur, par suite de leur extrême petitesse ; leur fabrication est grossière et imparfaite. Les piastres ou dollars ont cours au pair à Camboïa, et les *cashes* cochinchinois y sont aussi reçus, mais avec une légère perte de change.

ROYAUME DE SIAM.

Monnaies. — Les monnaies en usage à Siam sont de petites pièces d'or et d'argent d'une forme globulaire, et de différentes dimensions et dénominations. La menue monnaie se compose de *cowries* (coquillages) de toutes formes. Les comptes se font en *ticals*, *salungs* et *fuangs* dans les rapports ci-après :

		fr.	c.
200 à 450 bier ou coquilles font............	1 pai égal à..................	0 .	11.25
4 pai font............	1 fuang égal à................	0 .	45
2 fuangs font.........	1 salung égal à...............	0 .	90
4 salungs font.........	1 bat ou tical égal à..........	3 .	60
4 bats font............	1 tumlung ou taël égal à.....	14 .	40
80 bats font............	1 chang ou catty égal à......	288 .	»
50 changs font.........	1 hap ou picul égal à.......	14,400 .	»
100 haps font..........	1 pura égal à................	1,440,000 .	»

Les *ticals* en or et en argent sont les principales monnaies ; la première doit avoir dix fois la valeur de la seconde, mais le change ordinaire est de 14 à 17 *ticals* d'argent pour 1 *tical* d'or. Il y a aussi des demi-*ticals* d'or et d'argent appelés *salungs* et *fuangs*, et des demi-*fuangs* en argent.

Le *tical* d'argent vaut de 2 fr. 90 c. à 3 fr. On donne 800 à 1,000 coquilles (*cowries*) en échange d'un *fuang*.

Le *pai* est aussi subdivisé en 32 *sagas* ou haricots rouges. Les piastres espagnoles sont prises, à Bangkok, en échange d'articles de cargaison, ou pour droits de tonnage, et converties par le gouvernement en monnaies courantes du pays ; mais généralement elles n'ont cours ni dans les bazars ni dans les transactions de commerce.

Poids. — Les poids siamois sont analogues aux monnaies de ce pays. Le *picul* pèse environ 60 kilogrammes ; il est divisé en 80 *ticals* d'environ 750 grammes.

Les métaux précieux s'essaient à Siam comme en Chine.

MESURES DE LONGUEUR.

12 niu font......	1 küp.				
2 kup font.....	1 sok égal à.....	1 pied	5	pouces	55/100.
4 sock font.....	1 wà égal à.....	5	10		20/100.
20 wà font......	1 sen égal à......	117	»		
400 sen font......	1 yote égal à............,		7,800 toises.		

Mesures. — Les mesures de capacité pour les denrées sèches et les liquides sont peu exactes, par suite de la nature des matières employées à leur fabrication.

Mesures...	pour denrées sèches	25 contenus de coquilles de noix de coco font 1 *bucket* ou baquet.
		80 *buckets* font 1 charretée.
	pour liquides.......	20 contenus de coquilles de noix de coco font 1 *bucket*.
		100 buckets font 2 charges.

SINGAPORE, MALACCA, PULO-PINANG ET HONG-KONG.

Monnaies. — La principale monnaie dans l'Inde ultra-gangétique est la piastre espagnole ; la seule qui existe dans les États malais est une monnaie de plomb, un peu plus grande que le *cash* chinois. Le numéraire étranger a cours dans tous ces États, spécialement les piastres espagnoles et les monnaies hollandaises de Batavia ; les roupies et autres piastres de différentes espèces y ont cours aussi, partout où le commerce a atteint une certaine importance. Dans les possessions anglaises de la Malaisie, les *roupies sicca* et leurs subdivisions, les *annas* et *pices*, ont été mises en circulation ; mais, excepté à Pinang, ces pièces ne sont pas devenues la monnaie principale.

A Singapore, les comptes du gouvernement anglais sont tenus en *roupies sicca* de 16 *annas* et 192 *pices*. Le cours moyen de la roupie *sicca* est de 2 fr. 50 c. ; 1 *anna* vaut 0 fr. 15 c. 62, et 1 *pice* 0 fr. 01 c. 30. Les transactions se soldent ordinairement en piastres et en cents ; la monnaie courante de cuivre est un mélange de *doits* hollandais, de *pices* de la monnaie de la Compagnie des Indes, et de monnaies particulières de même valeur que le *doit*. Toutes ces pièces passent sous le nom de *pice ;* 10 *pices* font 1 *fanam*, ou 0 fr. 13 c., et 31 à 32 *fanams* font 1 *ringit*, ou 1 piastre ordinaire au taux malais.

A Malacca, on trouve les mêmes monnaies courantes qu'à Singapore, et, en outre, quelques vieilles monnaies hollandaises, telles que le rixdaler, le guilder et leurs subdivisions. Le rixdaler est la monnaie nominale dans laquelle on tient les comptes ; il est de 19 à 20 *fanams* (2 fr. 60 c.), ou environ 192 *doits* ou pices. Les marchandises sont achetées et payées en monnaies hollandaises ; le guilder ou roupie a la valeur de 12 *fanams* (1 fr. 56 c.). On emploie aussi des demi-roupies ou *skillings*. Les monnaies de cuivre sont les cents, demi-cents et quarts de cent, et une variété d'autres de différens pays. Voici la valeur relative de quelques monnaies ayant cours à Malacca :

				fr.	c.
1	kopang estampé du Japon vaut.	10	dollars hollandais ou 8 espagnols, ou	48	»
18	tangées ou skillings valent.....	1	id. ou	4	80
20	id. valent.....	1	dollar espagnol ou...........	6	»
4	doits valent.................	1	stiver ou..................	»	05.42
6	stivers valent................	1	skilling ou..................	»	32.52
8	skillings valent..............	1	rixdaler ou.................	2	61.16
13	id. valent..............	1	ducaton ou.................	4	22.76
10	id. valent..............	1	couronne anglaise ou........	3	25.20
5	id. valent..............	1	roupie de Bombay ou Surate ou.	1	62.60
4	id. valent..............	1	id. de Madras ou d'Arcot....	1	30.08

A Pulo-Pinang et à l'île du Prince-de-Galles, les monnaies courantes sont beaucoup moins mélangées qu'à Singapore. Les comptes sont, en général, tenus en *roupies*, *annas* et *pices* ; mais les piastres ont cependant cours au pair et sont reçues dans les caisses du gouvernement. Les roupies sont divisées en 10 *copangs*, monnaie nominale de 10 *pices*, représentant 1 fr. 30 c. ou un peu plus. On rencontre rarement des pièces d'or dans les Détroits.

Les mêmes dénominations de monnaies, poids et mesures, avec quelques variations dans leurs différens rapports, existent dans tous les États de la Malaisie et de Sumatra.

Poids. — Les poids en usage parmi les Européens et les Malais sont ceux de Chine : le *picul*, le *catty* et le *taël*. Une différence existe pourtant entre eux dans quelques cas. A Pinang, le picul malais est égal à 65 kilog. 680, à cause de l'emploi du *bahr*, mesure qui varie considérablement dans son poids et se divise en 3 piculs malais. Le *bahr* vaut 321 *catties*, soit 198 kilog. 217 gr. 500; sur les navires malais on achète les denrées au poids du picul de Pulo-Pinang, mais elles se revendent au poids du picul chinois.

Mesures. — Les grains et le sel se vendent au *coyan* de 40 piculs chinois (2,470 kilog.), lequel offre une différence suivant les denrées : 45 piculs de riz et 43 de sel font un *coyan*.

Le fil d'or est vendu à Pinang au *catty* du poids de 36 dollars (216 fr.). La poudre d'or est vendue au *bunkal*, égal à 2 dollars (12 fr.); on rencontre souvent à Pulo-Pinang le *dotchin* (romaine chinoise), mais parmi les Européens, on emploie généralement les poids et les balances. Le *bunkal* pèse environ 57 grammes 889; il se divise en 16 *miams* (ou environ 3 grammes 618). Le *miam* se subdivise en 12 *sagas*. Le *saga* pèse 0 grammes 301500. Les pois, les haricots et le riz du Bengale se vendent à Pinang, par sacs de 2 *maunds* de bazar, soit 68 kil. 655 gr. Les pièces d'étoffes sont vendues par *corges* de 20 pièces, et le tabac de Java par *corges* de 40 paniers.

A Malacca le picul pèse 62 kil. 100 gr. et 3 piculs font 1 *bahr* (186 kil. 300 gr.).

La mesure de longueur, le plus en usage parmi les Malais et autres indigènes, est le *hasta* ou coudée (1 pied 4 pouces $\frac{0}{100}$ environ) ou 0 mètre 439; mais, parmi les Européens et même les Chinois, c'est la yard anglaise.

MESURES DE SUPERFICIE.

		mètres.
4 hastas font.......	1 depa égal à..........	1 . 82876696
2 depas font........	1 jumba égal à.........	3 . 65753392
20 jumbas font......	1 orlong égal à.........	73 . 15067840

La principale mesure de capacité est le *gantang*, divisé en 4 *chupahs*; le *gantang* est égal à 244 pouces cubiques $\frac{49}{100}$, ou près de 1 gallon; 800 *gantangs* font 1 *coyan*.

A Hong-Kong le numéraire légal se compose de piastres espagnoles et mexicaines, de roupies de la Compagnie des Indes avec leurs divisions, et de *cashes* de cuivre de la Chine, dans les proportions suivantes :

1,200 cashes	font 1 dollar.		133 cashes font.........	1/4 roupie ou	0f 62.50
600 id.	font 1/2 id.		2 roupies 1/4 de la Compagnie font.........	1 dollar ou..	5.62 .0
300 id.	font 1/4 id.		1 roupie et 2 annas font	1/2 id. ou..	2.81.25
533 id.	font 1 roupie de la Cie.		9 annas..............	1/4 id. ou..	1.40.62
266 id.	font 1/2 id.		8 id.	1/2 roupie ou	1.25

Bien que les monnaies ci-dessus soient les seules légales, on reçoit à Hong-Kong toute espèce de monnaie au cours du change. Le cours entre le *cash* et la *piastre* varie peu; il se règle d'après la nature de la piastre et la quantité de *cashes* qui se trouve sur le marché. La piastre mexicaine et la roupie passent aussi couramment, mais les Chinois ne les acceptent pas hors de Hong-Kong, à moins d'un fort escompte.

TAVOY ET MERGUY.

Monnaies. — Le *tical* et le *pice* de plomb, primitivement en usage dans ces pays, ont été remplacés par la roupie, dont voici la relation avec le *pice* :

12 petits pices	font	1 grand pice ou kabéan, égal à.........	0fr.05.6818
40 grands pices ou kabéans	font	1 roupie de Madras égale à	2 27.2720
44 id.	id.	1 id Sicca.........	2 50
88 id.	id.	1 piastre espagnole........	5

Mesures. — Le grain se mesure au *ten* ou *tendaum* (appelé panier), qui contient 19 *vis* ou 40 *catties* de Pulo-Pinang. 100 *tendaums* font 1 *coyan;* 1 picul de Ava ou *peiya* pèse 250 *catties* de Pinang égaux à 100 *vis* ou *tabisas*, chacun desquels est divisé en 100 *ticals* de poids de monnaie, de 15 grammes 437 l'un, soit 1 kil. 543 gr. 750.

Les mesures de longueur sont le *cubit* (coudée) de 1 pied 4 pouces $\frac{20}{100}$, et le *sundaum* de 1 pied 7 pouces $\frac{80}{100}$; cette dernière s'emploie pour les terrains de la couronne.

Les poids sont les mêmes que ceux en usage à Burmah, savoir les numéros 1, 2, 3 et 4 en poids, qui correspondent à 20, 10, 4 et 2 *ticals.* Il y a aussi les petits numéros 5 et 6 pour peser; l'un est égal à 1 roupie 1/4 de Madras et l'autre à 7 *annas.*

LE BENGALE.

Monnaies. — Le numéraire de l'Inde, bien qu'il n'y en ait que de peu d'espèces différentes, offre une grande variation de valeur intrinsèque. Quand les Empereurs mogols étaient seuls souverains de l'Hindoustan, il n'y avait dans tout leur empire qu'une seule monnaie d'argent, appelée *roupie sicca*; ce nom de *sicca* lui venait de ce que son poids était le même que celui du *sicca,* unité sur laquelle se basent tous les autres poids. Le *sicca* pèse environ 1 grammes 637; il est divisé en 16 *annas* (du poids de 0 grammes 727310) dont chacun se subdivise en 12 *pices* (de 0 grammes 060609). Le *sicca* était aussi anciennement divisé en *mashas*, mais la valeur relative du *masha* à la roupie a varié; le *mohur* en or était du même poids que la *roupie sicca,* et ces deux pièces étaient d'une extrême pureté. Lorsque les différens princes indigènes de l'Inde frappèrent monnaie dans leurs Etats respectifs, la valeur et le titre de la roupie et du *mohur* se trouvèrent souvent altérés ; de là provient la grande variété de roupies qui existe dans l'Inde.

Pour réduire ces différentes monnaies à une valeur uniforme, on adopta comme *étalon* une roupie imaginaire appelée roupie courante; on devait comparer à cette roupie toutes les autres avant de les porter en compte dans les livres de commerce. Cet étalon idéal fut établi d'après la *sicca*roupie nouvellement monnayée, et prit la valeur de la roupie du 19e soleil (19e année) de Sha Allum. 100 de ces roupies représentaient la valeur de 116 roupies courantes, et la différence s'appelait le *batta*, mot usité dans la comparaison de toute espèce de roupies, soit avec l'étalon imaginaire, soit entre elles.

A Calcutta, les comptes se tiennent en roupies et leurs subdivisions, *annas* et *pices*.

La table ci-après résume le système monétaire actuellement en usage dans l'Inde anglaise :

LIEUX.	Mohur en or.	Roupies courantes	ANNAS.	PICES ou PYSAS.	PIES.	POIDS.	VALEUR en francs.
						kil.	fr. c.
Calcutta	1	16	256	1,024	3,072	0.013259067	41 25
Madras, Bombay	1	15	240	960	2,880	0.012430375	38 67
		1	16	64	192	0.000828692	2 57 81
			1	4	12	0.000051793	» 16 11
				1	3	0.000012948	» 04 0275

Tout le numéraire de l'Inde se convertit, d'après le cours détaillé au tableau ci-dessus, avant qu'aucune somme puisse être régulièrement inscrite sur un livre de commerce. Les comptes de la Compagnie des Indes sont tenus en roupies courantes rapportant un escompte ou *batta* de 16 p. 0/0 en faveur de la roupie *sicca*.

Les monnaies d'or, qui ne peuvent être frappées qu'à Calcutta, sont le vieux *mohur* de Calcutta, le nouveau *mohur* et la roupie d'or de Madras, avec des demies et des quarts de *mohur* dans une exacte proportion avec la pièce entière.

Les monnaies d'argent sont les *roupies sicca* et les roupies de la Compagnie avec leurs demies et quarts.

Les monnaies de cuivre sont le *demi-anna*, le *pice* ou *pysa* égal à 3 *pies*, et une autre petite pièce de la valeur de 1 *pie*.

La monnaie légale du Bengale est en argent; la roupie *sicca* est une pièce d'un modèle grossier et défectueux; elle conserve cependant le même poids d'argent pur et par conséquent la même valeur que primitivement, mais elle renferme à présent une plus grande proportion d'alliage. Depuis 1818, son poids a été de 12 grammes 430399, et son titre de 11 parties de métal pur et 1 partie d'alliage; elle pèse actuellement 12 grammes 435840, et conserve son titre de 11/12 de pur métal et 1/12 d'alliage. Le changement de poids de la roupie de Calcutta a été suivi d'une autre altération dans la nouvelle roupie de Furrukhabad, en vue de l'assimiler à l'ancienne roupie et au numéraire légal des présidences de Madras et de Bombay. La roupie de Furrukhabad frappée jusqu'à présent est aussi appelée *roupie sonaut*. Elle contient 10 grammes 687050 de métal pur et 0 grammes 971550 d'alliage, et pèse 11 grammes 658600. Elle a exactement les mêmes proportions que les roupies de Madras et de Bombay. La Compagnie des Indes a ainsi obtenu une uniformité monétaire sur une grande étendue de ses possessions, sans causer cependant une altération sensible dans la valeur intrinsèque de son numéraire. Pendant les 4 à 5 dernières années, les roupies sicca ont grandement diminué dans la circulation et elles feront, avant qu'il soit peu, entièrement place aux *pies* anglaises.

Le prix de la *roupie sicca* à la Monnaie de Londres est de 2 fr. 53 c. environ, et celui de la roupie de Furrukhabad d'environ 2 fr. 50 c.

COMPARAISON DES ROUPIES SICCA ET DES ROUPIES COURANTES AVEC D'AUTRES ROUPIES.

100	roupies sicca de Calcutta égalent	116	roupies courantes.
100	Sonaut	111	
100	Bombay	110	
100	Arcot	108	
		r. s. annas. pies.	
100	roupies courantes de Calcutta égalent	86 3.3 21/29	
100	Arcot	93 11.7 25/29	
100	Bombay	94 13.2 26/29	
100	Sonaut	95 11.0 12/29	

Ces comparaisons sont faites d'après le taux de la *roupie sicca* de 12 grammes 430399. La nouvelle doit avoir le même cours que l'ancienne.

100,000 roupies font un *lac* de roupies et 10,000,000 font un *crore*. Dans les comptes, les sommes sont portées en *lacs* et en *crores* et ainsi divisées : 1,00,000 pour un *lac*, et 1,00,00,000 pour un *crore*.

Les *cowries* (coquillages) sont quelquefois employés pour de petits paiemens dans les bazars, mais ils sont presque entièrement remplacés par les monnaies de cuivre. On calcule ainsi qu'il suit :

4 *cowries* font 1 *gunda*..... 20 *gundas* font 1 *pun*....... 8 *puns* font 1 *anna*...... 4 *annas* font 1 *cahun*.....	Ces taux ont varié il y deux ans : 5 *puns* faisaient 1 *anna*. Le *cahun* est environ 1/4 de roupie.

Poids.—Les grands poids, suivant le système en usage dans l'Inde, sont divisés en deux espèces : ceux de bazars et ceux des factoreries : les premiers pèsent 10 p. 0/0 de plus que les seconds. Mais, par suite du dernier réglement du gouvernement suprême, une légère altération doit être faite dans les poids de bazars pour amener l'uniformité. L'unité du nouveau système est le *tola* (de 11 grammes 658600), qui est égal au poids de la roupie de la compagnie de Bombay et à celui de la roupie de Furrukhabad ; on en fait usage dans beaucoup de parties de l'Inde, où il sert de base à de plus grands poids, tels que le *seer* et le *maund*. Le changement opéré dans les poids de bazars est, d'ailleurs, si peu considérable qu'il devient imperceptible dans les transactions de quelque importance. Le poids, ainsi modifié, est d'autant plus avantageux qu'il évite les fractions dans la conversion des poids indous en poids anglais, le *mun* ou *maund* de 3,200 *tolas*, correspondant exactement avec 72 livres avoirdupoids (33 kil. 120 gr.).

Du *tola* dérivent, ainsi que nous l'avons dit, les grands poids, savoir : *chitak*, *seer*, *mun* ou *maund*, et de ses subdivisions on a fait les petits poids qui servent aux joailliers. L'échelle ci-après établit les proportions de tous ces poids :

MAUND	PUS-SERES.	SEERS.	CHITAKS.	TOLAS.	MASHAS.	RUTTEES.	DHANS.	KILOGRAMMES.
								kil. gr.
1	8	40	640	3,200	38,400	307,200	1,228,800	46
	1	5	80	400	4,800	38,400	153,600	5 750
		1	16	80	960	7,680	30,720	1 150
			1	5	60	480	1,920	» 071.875
				1	12	96	384	» 014.375
					1	8	32	» 001.197916
						1	4	» 000.149739500

DIFFÉRENS POIDS EN USAGE AU BENGALE RÉDUITS EN POIDS SICCA.

80 siccas poids font.............	1 seer bazar de Calcutta.
80 id.....................	1 seer de Sérampore.
82 id.....................	1 seer de Hoogbly.
84 id.....................	1 seer Bénarès.
96 id.....................	1 seer Lucknow.
84 id.....................	1 seer de Mirzapoor.
96 id.....................	1 seer d'Allahabad.
72.11.2.10..2.76 siccas poids....	1 seer de factorerie de Calcutta.

RÉDUCTION DU MAUND DE FACTORERIE DU BENGALE ET DE SES PARTIES FRACTIONNAIRES EN POIDS ANGLAIS, D'APRÈS LES ÉTALONS REÇUS DE LONDRES EN 1787, ET CONVERSION EN POIDS FRANÇAIS.

	kil.	gr.		kil.	gr.
1 maund vaut	38	946.665469	8 chitacks valent.	»	486.833318
20 seers valent........	19	473.332734	4 id...............	»	243.416659
10 id...............	9	736.666367	2 id...............	»	121.708329
5 id...............	4	868.333183	1 id...............	»	060.854164
4 id...............	3	894.666546			
3 id...............	2	920.999908	Le maund de bazar du Bengale a 10		
2 id...............	1	947.333272	p. °/₀ de plus que le maund factorerie, et est égal à 42 kil. 841.332015.		
1 id...............	»	973.666636			

Les grands poids de bazars de l'ancien système sont divisés ainsi qu'il suit :

	kil. gr.		kil. gr.
5 siccas (de 0 011.608755) ou	0 058.043775 font	1 chitack ou	0 058.043775.
16 chitacks..............	0 928.700400	1 seer.	
40 seers..................	37 148.016	1 maund.	

Ces poids ne sont employés que pour quelques articles. Le *seer* est l'unité commune et varie suivant le nombre de *tolas* ou de *siccas* qu'il contient. L'usage des poids de la factorerie dans les transactions commerciales de la Compagnie des Indes, bien qu'ils aient été pendant longtemps rejetés par le gouvernement, ne tend pas peu à augmenter la confusion occasionnée par une aussi grande variété de poids. Quelques articles sont cotés aux *roupies sicca*, par *maund* de bazars; d'autres aux *roupies sicca*, par *maund* de factoreries; enfin, d'autres aux *roupies courantes* et aussi par *maund* de factoreries. Néanmoins, les rapports entre les poids de factoreries et de bazars sont si simples qu'il ne peut y avoir aucune difficulté à substituer les derniers aux premiers, puisqu'il suffit d'ajouter 10 p. 0/0 aux prix des denrées achetées par le pesage du *maund* de factoreries.

On emploie le *masha* et ses subdivisions pour peser les métaux précieux et pour constater leur titre; l'or pur et l'argent doivent avoir 12 *mashas* de finesse.

La subdivision du *tola* ou 12 *mashas* en 96 *ruttees* de 4 *dhans* chacun correspond exactement à la subdivision de la livre anglaise de 24 carats ou 96 grains, subdivisés en quarts employés pour constater la finesse de l'or.

Mesures. — Dans les mesures de longueur 3 *jows* font 1 *ungulee* ou largeur de doigt; 4 *ungulees* font 1 *moot* ou largeur de main; 3 *moots*, 1 *span*; 2 *spans*, 1 *hant* ou *cubit* (coudée), ou environ 1 pied 4 pouces $\frac{20}{100}$ (0 mètre 439); 4 *cubits* ou coudées, 1 *fathom*, 5 pieds 4 pouces $\frac{80}{100}$, et 1000 *fathoms*, 1 *coss* ou mille de Bengale, environ 5,400 pieds ou 900 toises (1 kilomètre 46).

Les étoffes se mesurent par le *hant* ou coudée, qui est divisé en 8 *gherias*; 1 *gheria* est égal à 3 *ungulees* et 1 *ungulee* à 3 *jorbes* ou *jows*. Le *guz* de 2 *hants* est aussi en usage, et correspond à la yard anglaise.

Dans les mesures de superficie, le même *hant* ou coudée est employé : 5 *hants* de long et 4 de large font 1 *chitack* qui contient ainsi 45 pieds anglais carrés; 16 *chitacks* font 1 *cottah* égal à 720 pieds anglais carrés; 20 *cottahs* font 1 *biggah* ou 1,600 yards carrées.

Dans la numération, le *corge* est égal à 4 *gundas* ou au nombre 20.

Le grain se vend au *khaboon*, qui contient 16 *soallees* de 20 *pallees* chacun, et égale 40 *maunds*; le *pallee* se divise en 4 *raiks*; le *raik* en 4 *konkees*, et le *konkee* en 5 *chitacks*.

Les liquides sont vendus au *chitack* du poids de 5 *siccas*; 4 *chitacks* font 1 *pouah*, 4 *pouahs* 1 *seer*, et 40 *seers* font 1 *maund*.

MADRAS.

Monnaies. — En parlant plus haut du numéraire du Bengale, nous avons donné l'origine de la roupie et de ses divisions sous les souverains musulmans de l'Inde.

Le système monétaire de ces anciens empereurs indous, qui s'est conservé à Madras et dans quelques autres provinces, est évidemment d'origine bactriane. Son unité est une pièce d'or appelée par les Européens *pagoda*, nom qui lui vient sans doute de l'édifice représenté sur une de ses faces; son nom mahométan parmi les indigènes est *hun*; elle se divise en *fanams* et en *cashes*. 80 *cashes* valent 1 *fanam*, et 12 à 16 *fanams* valent 1 *pagode étoile*. Ces monnaies constituaient originairement le numéraire de Madras; la valeur de la *pagode* était d'environ 10 fr., et 12 *fanams* faisaient 1 roupie. La *pagode* est toujours en circulation, quoiqu'en plus petite quantité.

Les monnaies de cuivre courantes sont : le *pice* de 20 *cashes*; les *dodies* de 10 *cashes*, et les *demi-dodies* de 5 *cashes*, frappées en Angleterre.

Conformément au nouveau numéraire légal, établi par proclamation du 7 janvier 1818, c'est la roupie d'argent de Madras et ses divisions en *annas*, *quarts* et *pices*, qui sont actuellement les monnaies légales et courantes de cette Présidence; elles se divisent dans les proportions ci-après :

12 *pices* font................................ 1 *anna*.
4 *annas*...................................... 1 *quart*.
4 *quarts*..................................... 1 *roupie* d'argent.

Les comptes du gouvernement, tenus en *pagodes*, ont été convertis en roupies d'argent de Madras, au change de 350 roupies pour 100 *pagodes*, et, depuis, les comptes publics se tiennent en roupies : celles-ci contiennent 165 parties d'argent pur et 35 d'alliage; leur poids est le même que celui des roupies de la Compagnie des Indes.

Les monnaies sont : la roupie d'or (des mêmes poids et titre que la roupie d'argent), des demi-roupies et quarts de roupie. La valeur de la roupie d'or est, d'après son prix à la Monnaie de Londres, d'environ 36 fr. 50 c., et celle de la roupie d'argent de 2 fr. 43 c. 33. 15 roupies d'argent font 1 roupie d'or.

Poids. — Ceux qui sont affectés au pesage des perles sont de deux sortes : un réel et un nominal; on les pèse au poids réel et on les vend au poids nominal. Le poids réel employé à Madras est le *mangelin*, divisé en 16 parties et égal à 0 grammes 042612318. Le poids nominal est le *chow*, divisé en 64 parties. Pour convertir le poids réel en poids nominal, il faut carrer le nombre de *mangelins* et diviser les

3/4 du produit par le nombre de perles ; le quotient représentera le nombre de *chows*.

Les diamans sont principalement pesés au carat, comme en Angleterre; les diamans bruts sont généralement évalués, suivant le carré de leur poids en carats, à 50 fr. le carat; les diamans polis sont supposés avoir perdu la moitié de leur poids et sont évalués d'après le carré du double de ce poids. Cette méthode pour estimer les diamans, bien qu'elle soit constatée par des auteurs dignes de foi, admet cependant de nombreuses exceptions.

Les poids de Madras sont dans les proportions suivantes :

		kil.	gr.
10 pagodes font.........	1 pollam, égal à..........	»	034.500
40 pollams.............	1 vis..................	1	380
8 vis..................	1 maund................	11	140
20 maunds..............	1 candy................	220	800
20 candies.............	1 gursay...............	4,416	»

Ces poids ne sont employés qu'à Madras; ceux de la côte de Malabar, bien qu'ils aient à peu près les mêmes proportions, varient légèrement dans leurs noms et étalons.

Mesures. — Parmi les mesures, le *covid*, employé pour mesurer les étoffes, contient, comme la coudée, 1 pied 4 pouces $\frac{20}{100}$ (0 mètre 439); le *mauney*, mesure de superficie, est de 54 pieds de long et 36 de large, et contient 1,944 pieds carrés (215 mètres carrés 98). 24 *mauneys* font 1 *cawney* et 121 *cawneys* sont égaux à l'acre anglaise. L'*ady* ou pied malabar est égal à 9 pouces $\frac{41}{100}$; 24 ou 26 *adies* valent 1 *culy*; 100 *culies* carrés équivalent à 1 *cawney*.

La *garce*, de 3 kilog. 864, est une mesure pour les grains, et se divise en 80 *paras*; le *para* est égal à 5 *marcals*, le *marcal* à 8 *puddies* et le *puddy* à 8 *ollocks*. Le *marcal* doit contenir 547 pouces cubes et peser environ 12 kilog. 481094 d'eau de source; 77 *puddies* d'huile sont égaux à 125 *quarts*, et 400 *marcals* à 336 *maunds* de Madras.

BOMBAY.

Monnaies. — Le numéraire, dans la Présidence de Bombay, se compose de roupies, quarts et *réas*.

5 reas.........................	font	1 pice.
5 pices.........................	—	1 anna.
16 annas ou 80 pices..............	—	1 roupie.
100 reas.........................	—	1/4 de roupie.
4 quarts ou 400 reas...........	—	1 roupie.

Le *rea* et l'*anna* sont des monnaies nominales : 16 annas font 1 roupie. Les monnaies d'or sont le *paunchea*, d'une valeur de 5 roupies, et le *mohur* de 15 roupies ; ces pièces ne circulent presque plus depuis nombre d'années. Celles qui ont le plus habituellement cours à Bombay sont : la roupie d'argent, la demi-roupie et le quart de roupie, et, en monnaie de cuivre, le pie, le demi-anna, et le quart d'anna ; 32 demi-annas et 74 quarts font 1 roupie ; 3 pies font 1/4 d'anna.

Toutes ces monnaies sont nouvelles, les vieilles sont :

L'urdee...........	de 2 reas.	Le doorea........	de 6 reas.
Le doogany.......	de 4 —	Le fuddea........	de 8 —

La roupie la plus anciennement frappée à Bombay est la même que celle de Surate, pesant 12 grammes 663954786, contenant 12 grammes 243939 d'argent pur ; en 1800, son poids fut porté à 12 grammes 712674 dont 11 grammes 699922 d'argent pur. En 1829, son poids fut définitivement porté à 12 grammes 783695, et contient 11 grammes 718387 ou 91 2/3 p. 0/0 d'argent pur. Le *mohur* d'or fut aussi porté aux mêmes poids et titre.

Poids. — Les perles et pierres précieuses ont, à Bombay, un poids réel et un poids nominal comme à Madras. Le poids réel est le *tank*, divisé en 24 *ruttees ;* chaque *ruttee* est égal à 20 *vassas*, ou autrement le *ruttee* est divisé en 4 quarts, chacun desquels se divise en 4 *annas ;* le poids nominal est le *chow*, divisé en 4 quarts ; chaque quart se divise en 5 *docra*, et le *docra* en 16 *buddams*. L'étalon nominal est le *tank* de 330 *chows ;* 55 *chows* de Bombay sont égaux à 18 *chows* de Madras.

Les poids anglais sont d'un usage habituel dans la Présidence de Bombay, mais les indigènes se servent aussi de leurs poids. Les proportions des poids indigènes sont relatées ci-après :

						kil.	gr.
30 pices ou 72 tanks	font	1 seer.....	égal	à..		»	322,200200
40 seers..............	—	1 maund..	—	à..		12	880.008
80 maunds...........	—	1 candy..	—	à..		857	760,160

Il y a néanmoins une grande variété dans les proportions des poids; on compte 40 à 42 *seers* dans le *maund* de Bombay, et de 40 à 44 dans le maund de Surate; 3 maunds de Surate ou 120 seers équivalent à 51 kil. 520 gr.

Le poids du maund de Bombay de 40 seers est de 12 kil. 888 gr. 008, et celui du maund de Surate de 44 seers est de 20 kil. 270 gr. 360.

La soie se vend et s'achète au *pucca seer*, 15 desquels valent 12 kil. 888 gr. 008, et le coton au *candy* de 360 kil. 640 gr.

POIDS DES JOAILLIERS DANS LE GUZARATE.

					kil.	gr.
6 chows ou chawuls	font	1 ruttee.......	égal	à...	»	003.442812500
3 ruttees gwooj.....	—	1 waal........	—	à...	»	010.328437500
16 waals ou walls...	—	1 guddeeanna..	—	à...	»	165.255
2 guddeeanna......	—	1 tola.........	—	à...	»	330.510

Mesures. — Les mesures de longueur sont le *kathee*, le *guz* et le *cubit* ou *covid*. Le *kathee* est employé seulement comme mesure de superficie; les deux autres sont usuellement employés par les artisans; on s'en sert aussi pour mesurer des étoffes, etc. Le *guz* est divisé en 20 ou 24 *tussoos*, et le *cubit* en 14 *tussoos*; le *guz* est d'environ 24 pouces $\frac{30}{100}$, et le *cubit* ou *hath* d'environ 16 pouces $\frac{20}{100}$ à 17 pouces $\frac{10}{100}$.

Les mesures de superficie sont aussi le *guz* et le *covid*. Le *guz* est généralement divisé en 24 *borels* et le covid en 20 *vassas*, et ceux-ci ont d'autres divisions; dans les mesures de solides, 11 pieds cubes et $\frac{749}{1000}$, et 897 pouces cubes $\frac{2}{10}$ sont égaux au *covid* ou *candy*, et 23 pieds cubes sont égaux au *guz*.

Dans les mesures de grains, les dénominations et les proportions sont comme ci-après:

				kil.	gr.
2 tipprees	font	1 seer	égal à 24 tolas 836/1000 ou	»	322
4 seers...	—	1 puhelee ou paily	égal à........	1	288
16 pailys..	—	1 para....	— à........	20	608
8 paras..	—	1 candy.........	— à........	164	864

Le riz non mondé ou dans son écosse est vendu au *moora* de 25 *paras*; le *para* de sel équivaut à 6 gallons anglais, et se divise en 10 *adholees* 1/2; chaque *adholee* vaut 3 1/2 à 4 seers; 100 *paras* sont égaux à 1 *anna*, et l'*anna*, à 2 tonneaux 1/2 anglais, et 16 *annas* sont égaux à 1 *rash* ou 40 tonneaux anglais.

Le sac de riz pèse 6 *maunds*, et le *maund* pèse de 20 à 24 *adholees*.

En 1835, un ordre du gouvernement anglais décida que, dans les colonies anglaises, tous les comptes publics seraient à l'avenir tenus selon le numéraire légal, et détermina la valeur des autres monnaies, qui, sans être légales, restaient cependant comme monnaies courantes.

Le *dollar* ou piastre fut fixé à une valeur de 5 fr. 40 c.; le rix-dollar ou rix-dale, au Cap de Bonne-Espérance et à Ceylan, fut fixé à 1 fr. 35 c.; la roupie de la Compagnie des Indes à 2 fr. 35 c.; la roupie sicca à 2 fr. 60 c., et les pièces de 5 fr. françaises à 4 shillings ou 5 fr.

Ces différens cours sont aujourd'hui en vigueur à Ceylan, en Australie, à Van-Diemen, au Cap de Bonne-Espérance, à Maurice et à Sainte-Hélène.

GOA.

Monnaies. — Le numéraire de Goa se compose de *pardaos*, de *tangas* et de *reis;* il y a de bonnes et de mauvaises pièces parmi chacune de ces trois monnaies; les bonnes sont aux mauvaises comme 5 sont à 1.

60 *reis* font 1 *tanga*, et 5 *tangas* font 1 *pardao* qui équivaut à 20 cents, soit à 1 fr. 20 c. Le *pardao* vaut 300 bons *reis* et 360 mauvais ; mais ces taux varient. C'est avec ces monnaies que les comptes se tiennent à Goa.

Il y a encore d'autres monnaies dans ce pays : le *san-thomé* en or, qui est environ du poids de 1 ducat ; la roupie de Goa, qui est de la même valeur environ que la roupie de Bombay : on a cessé de frapper cette dernière pièce.

Le *budgerook* n'est pas, à proprement dire, une pièce de monnaie, mais plutôt un nom collectif désignant un nombre de pièces d'une certaine valeur.

Les piastres, ou *dollars* espagnols et autres, les roupies et d'autres monnaies étrangères d'argent, et même de cuivre, ont cours à Goa. Mais il se fait aujourd'hui bien peu de commerce sur ce marché, autrement que par échanges directs de marchandises. La monnaie de cuivre courante et la valeur des pièces présentent une grande variété.

Poids. — Parmi les poids, le quintal de 4 *arrobes* ou de 59 kilog. 570 gr. est le plus habituellement employé dans le commerce. Le *candy* de 227 kilog. 700 gr. est aussi en usage; il est divisé en 20 *maunds* de 24 *rattles* chacun.

Les mesures de longueur sont le *vara* et le *covado* portugais; le *vara* ou la *vare* vaut 1 yard anglaise et 1/5 (1 mètre 1); et le *covado* vaut 24 pouces français (0 mètre 65).

Les mesures de capacité pour les grains et le riz sont: le *candy* de 20 *maunds*; chaque *maund* se compose de 24 *medidas*.

MANILLE (ILES PHILIPPINES).

Monnaies. — Le numéraire de Manille se compose de piastres ou *pesos*, *réaux* et *granos*, dans les proportions ci-après :

					fr.	c.
34 maravédis ou 12 granos	font	1 réal....	égal	à...	»	75
8 réaux ou 16 quintos...	—	1 dollar...	—	à...	6	00
16 dollars ou pesos.......	—	1 doublon	—	à...	96	00

Les poids le plus habituellement en usage sont le *picul* et ses divisions. Il y a aussi les poids espagnols ci-après :

					kil.	gr.
8 drams.............	font	1 once.....	égal	à	»	028.750
16 onces ou 2 marcks..	—	1 livre.....	—	à	»	460
25 livres............	—	1 arrobe...	—	à	11	500
4 arrobas...........	—	1 quintal...	—	à	46	
5 1/2 arrobes........	—	1 picul....	—	à	63	250

Mesures. — Le pied espagnol de Manille est d'environ 10 pouces; il est divisé en 12 *pulgadas*, contenant chacun 12 lignes. Le *vara* ou la *vare*, mesure pour les étoffes, est de 1 pied 8 pouces (0 mètre 847); les étoffes de coton et quelques autres sont habituellement vendues à la yard anglaise (0 mètre 914). Le *corge* est de 20 pièces; le *caban* est une mesure pour les grains et contient 3 pieds cubes $\frac{47}{100}$. 16 piculs de Manille égalent un tonneau anglais (1,015 kilogr.).

JAVA (INDES HOLLANDAISES).

Monnaies. — Le système monétaire établi à Java est fondé sur le système décimal qu'ont adopté les Pays-Bas; tous les comptes y sont tenus en *guilders* de Java. Chaque *guilder* est divisé en 100 parties décimales, qui sont nominales et appelées *cents*. L'unité de valeur est le *guilder* d'argent avec ses divisions en demi-guilder ou 50 cents, et en quarts de *guilder* ou 25 cents.

Le *guilder* actuellement en circulation à Java est semblable au *guilder* ordinaire hollandais, avec cette seule différence que sur le revers de la pièce, au-dessous de l'écusson des armes, sont les mots : *Indes hollandaises.* Toutes les autres pièces originairement en usage, telles que : *stuivers*, *dubbeltje*, *shellingen*, etc., ont disparu, et, bien que toute espèce de monnaie d'or ou d'argent soit admise à Java, elle y est plutôt un objet de commerce que partie intégrante de la monnaie courante.

Les seules monnaies de cuivre en circulation à Java sont le *duiten* simple et le *duiten* double, pour lesquels on envoie des matrices de la Hollande. Ces pièces sont frappées dans l'île de Java; 120 *duiten* simples font 1 *guilder*. Toute autre monnaie de cuivre est sévèrement prohibée dans l'île.

Des billets de banque sont émis à Java, sous le contrôle du gouvernement, par la banque de Batavia et ses succursales de Sourabaya et de Samarang. Ils sont de deux espèces, ceux pour le numéraire en argent et ceux pour le numéraire en cuivre : pour le premier, les billets sont de florins 1000, — 500, — 300, — 200, — 100, — 50, — 25; pour le second, ils sont de florins 500, — 300, — 200, — 100, — 50, — 25, — 10 — et 5.

Le gouvernement de Java a fixé le taux de l'agio entre l'argent et le cuivre à 20 p. 0/0.

En mai 1844, les monnaies d'argent étaient d'une si grande rareté à Java que le *guilder* se payait de 140 à 150 *duitens* au lieu de 120, et la piastre de l'Amérique du Sud 370 à 380 au lieu de 306. C'est principalement à cette cause qu'on doit attribuer la hausse de 22 à 25 p. 0/0 du change entre Java et la Hollande, change qui est entièrement en faveur de ce dernier pays.

Poids. — Les poids pour l'or et l'argent sont le *mark troy* hollandais, divisé en 9 *réaux*, chacun de 269 grammes 733960. Les poids commerciaux ordinairement en usage sont fondés sur les poids chinois dans les proportions ci-après :

				kil.	gr.
16 taëls	font	1 catty	égal à	»	617.500
100 catty	—	1 picul	— à	61	750
3 piculs	—	1 petit bahar	— à	185	250
4 piculs 1/2	—	1 grand bahar	— à	277	875

Dans le commerce avec l'étranger, on emploie aussi la livre hollandaise de 2 *marks troy*.

	kil.	gr.
1 livre troy hollandaise est égale à	»	539.471945
1 livre commerciale hollandaise est égale à	»	541.531541

Pour mesurer les grains et le riz, on emploie le *picul* et le *coyang* et, pour de plus petites quantités, le *timbang* et le *gantang*.

			kil.	gr.
1 coyang vaut,	à Batavia	27 piculs, égaux à	1,820	717.814
1 id.	à Samarang	20 id.	1,888	151.807
1 id.	à Sourabaya	30 id.	2,023	019.793

Le *timbang* contient 5 *piculs* ou 10 *sacks ;* 5 *gantangs* font 1 mesure, et 46 mesures font 1 *last.* Ces mesures sont principalement en usage parmi les natifs. La plus usitée, pour les liquides, dans les colonies hollandaises, est le *kan ;* 33 *kans* font un peu plus de 13 gallons anglais (59 litres).

Les mesures de longueur sont le *ell* (aune) d'environ 2 pieds 1 pouce, et le pied de 12 *duimen* ou pouces hollandais, équivalant à environ 11 pouces 08 centièmes (30 centimètres).

DE L'OR ET DE L'ARGENT EN CHINE ;

EXPORTATION DE CES MÉTAUX ; MINES D'ARGENT ; BANQUE ; MONT-DE-PIÉTÉ, ETC.

L'exportation de l'or et de l'argent n'est pas légalement permise en Chine, excepté par petites quantités et en métaux étrangers. On en exporte cependant annuellement pour des valeurs considérables, non seulement en dollars ou piastres et en morceaux de dollars, mais même en *argent sycée*. L'or est principalement exporté en feuilles. Ce dernier métal est fréquemment employé sous cette forme, comme numéraire, par sommes qui ne peuvent être moindres de 40 à 50 dollars ; ce mode de paiement offre de la sécurité, l'or en feuilles, par son peu d'épaisseur, se prêtant moins à la fraude. On se sert aussi, mais rarement, d'or en petits lingots.

Le cours moyen de l'or est d'environ 17 taëls d'argent ou 22 dollars et 1/2 pour un taël d'or, soit, au change de 8 fr. le taël, 136 fr. pour environ 38 grammes d'or.

D'après un mémoire adressé à l'Empereur en 1838, la plus grande partie de l'argent natif de la Chine est extraite des mines de Hoshan, dans la province de Yunman, département de Tsiangchan, et à Sungsing, sur la frontière de la Cochinchine. Les mines sont affermées par le gouvernement, sous l'inspection de surveillans ; on y emploie de quarante à cinquante mille ouvriers, qui produisent environ 2 millions de taëls d'argent par an.

Pour trouver et mesurer la pureté de l'or ou de l'argent, les Chinois divisent le métal en 100 parties qu'on appelle touches ou essais. Ainsi, si l'on dit qu'un lingot est composé de 95 parties, il est entendu qu'il contient 5 parties ou 5 p. 0/0 d'alliage, et ainsi de suite.

De la banque en Chine. — La banque se fait en Chine à peu près comme dans les pays d'Europe ; l'intérêt n'y excède pas 12 p. 0/0. Autrefois, le gouvernement chinois avait créé du papier-monnaie ; il n'en existe plus aujourd'hui, mais les billets de commerce circulent avec la même facilité qu'en Europe. Beaucoup de maisons de banque chinoises n'étendent pas leurs opérations au-delà de leur province, ou, tout au plus, des provinces limitrophes; mais il y a des banquiers qui correspondent beaucoup plus loin. La maison de banque la plus connue de Canton par sa richesse et son crédit se nomme *Anshing;* elle a des relations avec tout l'Empire, et principalement avec Péking et Nanking; ses rapports avec ces deux villes sont souvent plus réguliers que ceux du gouvernement.

Il y a encore de petites banques pour prêts sur gages, qui prêtent à de courtes échéances (lesquelles ne peuvent cependant être moindres de trois jours), à environ 1/2 p. 0/0 d'intérêt par jour.

Du mont-de-piété en Chine et du prêt sur nantissement. — Le mont-de-piété n'est pas, en Chine, un établissement public; il est représenté par des maisons de prêteurs sur gages très nombreuses. Trois classes de ces maisons sont légalement patentées et reconnues par le gouvernement.

La première classe est celle des prêteurs qui, ayant des capitaux considérables, peuvent prêter sur des nantissemens de toutes valeurs; ils sont soumis à de nombreuses obligations par le gouvernement : ils doivent accorder à l'emprunteur trois années pour se libérer, plus trois mois de grâce, avant d'être autorisés à se servir du gage donné en nantissement; cette classe paie une somme considérable pour sa licence, et est en outre assujétie à une taxe annuelle. Une pareille maison de prêts sur gages ne peut cesser les affaires et liquider qu'après en avoir donné avis trois ans à l'avance.

La seconde classe ne peut accorder plus de deux années à l'emprunteur pour dégager son nantissement.

Enfin, la troisième ne peut excéder le terme d'une année de délai pour le dégagement de l'objet nanti.

Il est interdit, en Chine, sous les peines les plus sévères, d'exercer cette industrie, si l'on n'a légalement acheté sa licence du gouvernement.

La longueur des termes imposés aux prêteurs avant de pouvoir disposer des gages dont ils sont nantis, leur est très préjudiciable, en ce que souvent ces gages perdent toute leur valeur pendant d'aussi longs intervalles de temps.

Si la maison du prêteur vient à être incendiée par une cause autre qu'extérieure et de force majeure, il n'est nullement, par ce fait, déchargé de la responsabilité des objets qui lui ont été déposés et dont il devra rembourser la valeur, défalcation faite du prêt. Mais, si le feu s'est déclaré par suite d'une cause pouvant être attribuée à ses voisins, il ne devra être responsable que de la moitié de la valeur des gages incendiés, le ou les voisins devant rembourser l'autre moitié.

Le taux le plus élevé de l'intérêt légal que ces prêteurs soient autorisés à prendre est de 3 p. 0/0 par mois. Dans les mois d'hiver, ils ne peuvent exiger, sur des vêtemens, plus de 2 p. 0/0; clause qui a pour but de faciliter aux malheureux le moyen de dégager leurs effets.

L'opinion qui a souvent été émise que l'intérêt n'était perçu, en Chine, que pendant dix mois de l'année est erronée, et provient de ce que, dans les positions difficiles, un ou deux mois d'intérêts sont quelquefois remis comme faveur spéciale; mais ces faits sont exceptionnels, et n'ont aucun rapport avec la règle générale qui régit l'intérêt en Chine de la même manière qu'en Europe.

Le taux élevé de l'intérêt en Chine s'explique assez naturellement par la petite quantité de numéraire en circulation, par le grand nombre d'emprunteurs, et enfin par l'insuffisance des lois qui régissent la propriété dans ce pays.

Assurances. — Il n'existe en Chine aucune compagnie d'assurance chinoise, ni contre l'incendie et les sinistres de terre, ni contre les sinistres de mer. L'absence totale de cette garantie de la propriété est une lacune grave et expose l'Européen à de grands dangers, surtout pour les incendies, qui sont si fréquens et si destructeurs dans les villes considérables du Céleste-Empire, où beaucoup de maisons sont construites en bois. Pour éviter, autant que possible, de pareils dangers, le négociant français fera bien de vendre ses marchandises sur navires, ou dans les magasins à Macao, et de n'en garder à Canton que pour spécimen. Il y a cependant à Canton divers agens des compagnies d'assurances maritimes tant anglaises qu'américaines. Le tableau ci-après en présente la liste et les noms avec ceux des correspondans qu'elles ont à Londres, à Calcutta et à Bombay. Un second tableau indiquera le taux des assurances.

LISTE ET NOMS DES AGENS D'ASSURANCES MARITIMES EN CHINE, EN MARS 1845.

…MS DES BUREAUX.	Sommes les plus fortes pour lesquelles un navire peut être assuré.	NOMS DES AGENS EN CHINE.	A LONDRES.	A CALCUTTA.	A BOMBAY.
…u d'assurance de …ton	fr. 2,500,000	Jardine Matheson et Cie	Magniac Jardine et Cie	Lyall Matheson et Cie	Remington et Cie.
…é d'assurance… de Bombay	1,250,000		Crawford Colvin et Cie	Aucun.	J. R. Hadow.
…é d'assurance… du Bengale	1,250,000		Cockerell et Cie	Thomas Souza et Cie	Remington et Cie.
…é d'assurance… Équitable	1,000,000		Gledstanes Kerr et Cie	Allan Paton et Cie.	Leckie et Cie.
…l'Espérance	625,000		Cockerell et Cie	William Storm	Aucun.
…Confiance maritime	750,000		Lyall brothers et Cie	Apear et Cie	Aucun.
…Jnion	1,875,000	Dent et Cie	Palmer Mackillop Dent et Cie	Mackillop Steward et Cie	Forbes et Cie.
…Calcutta	1,250,000		Crawford Colvin et Cie	R. Steward et Cie.	Remington et Cie.
…t Tropique	1,250,000		Richards Little et Cie	Carr Tagor et Cie	Aucun.
…Bombay	1,000,000		Forbes, Forbes et Cie	Aucun.	John Bowman.
…orbes et Cie	500,000		id.	Aucun.	Forbes et Cie.
…l'Atlas	1,875,000	Bell et Cie	Cockerell et Cie	Cockerell et Cie	Brownrigg et Cie.
…siatique maritime	1,250,000	Macvicar et Cie	Forbes, Forbes et Cie	W. F. Fergusson	Macvicar Burn et Cie.
commerciale de Bombay	1,125,000		Aucun.	Macvicar Smith et Cie	id.
commerciale de Calcutta	1,000,000		Gregson et Cie	Colville Gilmore et Cie	id.
Commerciale (1)	625,000	Turner et Cie	Small et Cie	Mackillop Steward et Cie	J. Skinner et Cie.
l'Amiable	625,000		Fletcher Alexander et Cie	P. A. Cavorke et Bagram	id.
du Soleil (2)	1,750,000	D. M. Nus	Forbes, Forbes et Cie	Rustomjee Cowasjee et Cie	Jramjee Cowasjee.
de l'Hindoustan (3)	1,150,000	Tonyee et Cie	John Brightman et Cie	Brightman et Cie	Ewart Lyon et Cie.
du Globe	1,250,000	A. A. de Mello	Robert Eglinton et Cie	Eglinton Maclean et Cie	Eglinton Maclean et Cie.
du Phénix Maritime	1,000,000		Mackey Holt et Cie	J. Mackey et Cie	W. et T. Edmond et Cie.
Maritime-Universelle	750,000	Wetmore et Cie	Fletcher Alexander et Cie	Bagshaw et Cie	Leckie et Cie.
de l'Inde	1,125,000	A. Heard et Cie	Baring Brothers et Cie	Gisborne et Cie	Martin Murray et Cie.
de l'Alliance	1,000,000	Russell et Cie	Cockerell et Cie	Watson Borradaile et Cie	Brownrigg et Cie.
de l'Étoile de Bombay	875,000	Dirom Gray et Cie	Dirom Davidson et Cie	Aucun.	Dirom Hunter et Cie

…s agens pour le Lloyd, le Renard, Rawson et Cie.
☞ On est requis d'avertir 6 mois à l'avance pour être payé d'une perte. — Une déduction de 2 p. % est toujours …ur les sommes assurées. — Les polices payables dans l'Inde le sont au change de 220 roupies pour 100 dollars …agne; à Londres, 4 sh. ou au dessus par dollar.

(1) Les polices de cette Compagnie sont garanties payables …ois après l'avertissement de la perte.

(2) Spottiswood et Conolly, agens à Singapore.

(3) Bowstead Schwabe et Cie, agens à Singapore.

TAUX DES ASSURANCES MARITIMES EN CHINE.

PAYS OU L'ASSURANCE PEUT ÊTRE FAITE et ceux pour lesquels on peut assurer.	MARCHANDISES.	OR, ARGENT et NUMÉRAIRE.
	Taux p. 0/0	
Bombay, Ceylan, Madras, Calcutta, Rangoon, Maurice, Australie (excepté pendant les mois d'ouragans).......	2 1/2	2
Singapore...	1	3/4
Manille...	1	1/2
Malacca, Pénang ou Batavia..........................	1 1/4	1
L'Angleterre ou la France (un port).................	2 1/2	2
L'Angleterre (naviguant entre le 20 avril et le 20 octobre).	3	»
États-Unis d'Amérique (un port).....................	2 1/2	2
La Hollande ou Hambourg, l'Espagne ou le Portugal...	3	2 1/2
Les côtes de l'est de l'Amérique anglaise du Nord.....	2 1/2	2
Port dans la rivière Saint-Laurent..................	3	2 1/2
Brésil..	2 1/2	2
Rivière de La Plata.................................	3 1/2	3
Les îles au Vent et du Vent (Berbice, Demerary).....	2 1/2	2
La Jamaïque et Saint-Domingue.......................	3	2 1/2
Possessions espagnoles en Amérique, Honduras, Côtes Mosquites..	4	3 1/2
Pour toucher au Cap de Bonne-Espérance, entre le 1er mai et le 1er septembre, une augmentation de........	1/2	1/2
Pour toucher à Singapore, Manille ou Java, entre le 1er mai et le 1er septembre, une augmentation de.......	1/2	1/2
Pour relâches à tout autre port de déchargement, une augmentation de....................................	1/2	1/2
Pour tous ports du Chili, excepté Coquimbo, avec garantie de ne pas arriver à la côte entre le 20 mai et le 20 septembre..	3	2 1/2
Aux mêmes, pour arriver entre le 20 mai et le 20 septembre...	4 1/2	4
A Coquimbo et au Pérou..............................	3	2 1/2
Pour toucher entre, à tout port additionnel, une augmentation de..	1/2	1/2
Pour le Mexique et les côtes ouest de l'Amérique du Nord..	2 1/2	2
Des côtes de l'ouest, du nord et du sud de l'Amérique en Chine, mais avec l'engagement de ne pas quitter les côtes du Chili, Coquimbo excepté, entre le 20 mai et le 20 septembre....................................	3 1/2	2
Des mêmes au même, Coquimbo excepté, en quittant la côte entre le 20 mai et le 20 septembre..............	4	3 1/2
Pour aller ou revenir des îles Sandwich.............	2 1/2	2
Pour les risques à courir à Lintin, entre le 20 octobre et le 20 avril, 1/3 p. % par mois.......................	1/3	1/3
Id. du 20 avril au 20 octobre.......................	1/2	1/2
Sur les côtes de l'est de la Chine..................	1	1
Amoy, pendant la mousson du sud-ouest...............	3/4	3/4
Id. pendant la mousson du nord-est..................	1	1
Chusan, Ning-Po et Fu-Chow, pendant la mousson du sud-ouest...		1
Chusan, Ning-Po et Fu-Chow, pendant la mousson du nord-est...	1 1/2	1 1/2
Shang-Haï, ou pour entrer dans le Yangtsy-Kiang......	1 1/2	1 1/2
Pour relâcher dans un des ports intermédiaires, une augmentation de.......................................	1/2	1/2

L'*Alliance*, compagnie d'assurance anglaise contre l'incendie, a pour agens en Chine, mais pour *Hong-Kong* seulement, la maison, Jardine Matheson et Cie.

Les assurances se font, à *Hong-Kong*, sur maisons, bâties en pierres ou en briques et couvertes, avec tuiles, ardoises ou métal. Quand une telle maison est isolée, on l'assure avec son contenu pour 3/4 p. 0/0 par an, et pour 1 p. 0/0 quand elle est jointe à d'autres constructions. Pour des assurances de 6 mois, on prend les 3/4 de l'assurance totale de l'année, et pour 3 mois la moitié. On n'accepte d'assurance que jusqu'à concurrence de 250,000 fr., pour un risque (ou sinistre) de première classe, et de 200,000 fr. pour un risque de seconde classe; une construction et son contenu forment un risque; on peut diviser la somme assurée sur l'immeuble et son contenu; une assurance n'a force de loi, que lorsque la police est payée.

TAUX DES COMMISSIONS DE VENTE ET D'ACHAT

ET AUTRES OPÉRATIONS COMMERCIALES,

PAYÉES GÉNÉRALEMENT SUR LES MARCHÉS DE CHINE AUX CONSIGNATAIRES, ENTREPOSITAIRES ET AGENS.

1. Sur toutes les ventes d'opium, coton, cochenille, camphre, diamans et perles, navires, maisons, etc.	3 p. 0/0.
2. Sur toutes les ventes d'autres marchandises	5
3. Sur les retours en marchandises	2 ½
4. Sur les retours en or, argent, numéraires ou traites	1
5. Sur les achats qui ne sont pas faits en retour de marchandises :	
1° Sur la soie écrue	3
2° Sur la soie manufacturée	5
3° Sur toute autre marchandise	5
6. Pour inspecter des thés pour retour ou autrement une augmentation de commission	» ½
7. Sur des ventes, achats ou embarquemens de numéraire	1
8. Pour tirer, vendre ou négocier des traites sans responsabilité comme tireur ou endosseur	1
9. Pour tirer, vendre ou négocier des traites quand l'agent est responsable et non couvert	2 ½
10. Pour acheter des traites ou faire des remises par traites de l'agent ou autrement	1
11. Pour négocier un emprunt ou garantie	2
12. Pour garantie de billets, traites, obligations, etc	2 ½
13. Pour garantie de ventes sur demandes, sans garantie des remises	2 ½

14.	Pour garantir les ventes et les remises des produits......	1 p. 0/0.
15.	Pour traites retournées ou protestées....................	1
16.	Sur lettres de crédit pour affaires commerciales...........	2 ½
17.	Sur toutes avances pour affaires commerciales, que les marchandises soient ou non consignées à l'agent, lorsqu'il n'y a pas commission de 5 p. 0/0 allouée.................	2 ½
18.	Pour commandes de marchandises et pour surveiller l'accomplissement d'ordres, et si aucune autre commission n'est allouée....................................	2 ½
19.	Sur toutes marchandises consignées et retirées ou vendues à l'encan, et pour marchandises consignées pour compte d'autres, demi-commission.	»
20.	Pour procurer du fret, ou pour avertissement comme agent, armateur ou capitaine, sur le montant du fret, qu'il passe ou non entre les mains de l'agent........................	5
21.	Pour recevoir du fret intérieur............................	1
22.	Pour dépenses de navires.................................	2 ½
23.	Pour affrétemens de navires pour d'autres..................	2 ½
24.	Pour régler des pertes partielles ou totales avec la compagnie d'assurance et faire la remise des primes d'assurances..	1
25.	Pour faire des assurances ou écrire des ordres d'assurance	» ½
26.	Pour poursuivre le recouvrement de fonds dûs, lorsqu'une procédure ou un arbitrage est nécessaire..............	2 ½
	et si les créances sont recouvrées........................	5
27.	Pour recettes de loyers..................................	2 ½
28.	Pour administrer des biens de personnes décédées, en qualité de gérant ou exécuteur testamentaire..............	5
29.	Pour administrer des biens, sur le produit des recettes....	2 ½
30.	Pour toutes recettes ne devant pas servir à des achats de marchandises, ou toutes autres causes ci-dessus spécifiées.	1
31.	Pour change.......	2 p. mille.
32.	Pour transbordemens......................................	1 p. 0/0.
33.	Pour toutes avances qui ne sont pas ponctuellement remboursées, droit annuel unique............................	1
34.	A l'option, sur les totaux crédités ou débités dans l'année mais seulement pour les articles sur lesquels il n'a pas été perçu une commission de 5 p. 0/0..................	1

SERVICE DES POSTES.

RÉGLEMENS DE L'ADMINISTRATION DES POSTES ANGLAISES EN CHINE.

La malle régulière entre *Hong-Kong* et l'Angleterre est l'objet de deux expéditions, savoir : la principale par Marseille, et la supplémentaire par Southampton; toutes les lettres destinées pour cette dernière voie doivent être adressées *viâ Southampton.*

Le port des lettres partant *viâ Marseille* et destinées pour l'Angleterre ou en venant, ne peut être payé à *Hong-Kong.*

Pour les lettres partant *viâ Southampton* et destinées pour l'Angleterre ou en venant, l'acquittement du port est facultatif à *Hong-Kong;* on peut ou non affranchir les dépêches.

Les lettres ou journaux destinés pour les pays étrangers (la France et la Hollande exceptées · doivent être affranchies à *Hong-Kong.*

Aucun port n'est perçu sur les journaux anglais timbrés, venant d'Angleterre *viâ Southampton*, ni sur les journaux de *Hong-Kong* à destination de l'Angleterre par la même voie; mais, par la voie de Marseille, ils sont taxés en Angleterre à 3 deniers (environ 30 centimes).

Aucun port n'est perçu sur lettres ou journaux allant en Angleterre ou en venant par navires ordinaires à voiles. Il en est de même pour le Canada, la Nouvelle-Ecosse, le Nouveau-Brunswick, Terre-Neuve, les Barbades, la Jamaïque, les Bermudes, la Dominique, Antigoa, Nevis, Saint-Christophe, Tortosa, Saint-Louis, Saint-Vincent, Tobago, Grenade, la Trinité, Berbice, Demerary, Bahama, Curaçao, Montserrat, Malte, Gibraltar et la Nouvelle-Zélande.

Les lettres envoyées des colonies anglaises à *Hong-Kong* par navires à voiles, et qui ne sont pas sous le contrôle du directeur général des postes, peuvent être taxées à 4 deniers (environ 40 centimes) par demi-once (15 grammes 50), mais peuvent aussi obtenir la franchise.

Les lettres expédiées de *Hong-Kong* par navires à voiles dans les colonies anglaises et pays étrangers, sans passer par l'Angleterre, sont taxées à 4 deniers (environ 40 centimes) par demi-once.

PROPORTION ET BALANCE DES DROITS POSTAUX ANGLAIS.

Pour chaque lettre au dessus de
- 1/2 once n'excédant pas 1 once = 2 taxes ordinaires.
- 1 id. 2 id. = 4 id.
- 2 id. 3 id. = 6 id.
- 3 id. 4 id. = 8 id.

Et pour chaque once au dessus de 4, on augmente de 2 taxes; chaque fraction de l'once est taxée comme une once entière.

PAYS POUR LESQUELS L'AFFRANCHISSEMENT EST FACULTATIF A HONG-KONG.

	PAYS DE DESTINATION.	TAXES DES LETTRES EN MONNAIES anglaise.		chinoise.		française.	
		sh.	den.	pia.	c.	fr.	c.
(1)	Espagne	3	2	»	79	4	74
	Portugal	2	7	»	64	3	84
	Madère, les Açores, les îles Canaries	2	8	»	66	3	96
	Brésil	3	7	»	89	5	34
	Buénos-Ayres, Montévidéo	3	5	»	85	5	10
	États-Unis d'Amérique	2	»	»	50	3	»
	Panama, le Chili, le Pérou, Honduras	2	»	»	50	3	»
	La Guadeloupe, Haïti, Martinique, Porto-Rico, Sainte-Croix, Saint-Eustache, Saint-Martin, Saint-Thomas	2	3	»	56	3	36
	Mexico, Vénézuéla, Nouvelle-Grenade, Cuba	3	1	»	77	4	62
	L'Autriche et ses possessions	1	5	»	35	2	10
	La Sardaigne et l'Italie méridionale. (Taxe anglaise 1 sh. 5 den.; taxe étrangère, 5 den.) Total	1	10	»	45	2	70
(3)	Le Canada, le Nouveau-Brunswick, les îles du Prince-Édouard, Nouvelle-Écosse (2)	2	2	»	54	3	24
	Terre-Neuve, les Bermudes, le port et la ville d'Halifax (Nouvelle-Ecosse)	2	»	»	50	3	»
	Indes-Occidentales anglaises	2	»	»	50	3	»
	La Jamaïque	2	2	»	54	3	24
	Gibraltar et Heligoland	2	»	»	50	3	»
	La Hollande	2	»	»	50	3	»
	La France. (Droit postal anglais 1 sh. 5 den.; droit étranger 5 den.) Taxe totale	1	10	»	45	2	70
(4)	Hambourg, Lubeck, Brême, Grand Duché d'Oldenbourg	1	6	»	37	2	22
	Belgique	2	4	»	58	3	48
	Le Danemarck, La Russie, La Prusse, La Bavière, Baden et Wurtemberg	2	8	»	66	3	96

(1) Les journaux sont taxés comme les lettres pour tous ces pays,
(2) Le port et la ville d'Halifax exceptés.
(3) Pour ces pays, les journaux sont francs de port.
(4) Les journaux sont taxés comme les lettres pour tous ces pays.

La taxe postale étrangère de 5 deniers (50 centimes) se charge sur chaque lettre au-dessous du poids de 1/4 d'once, et une nouvelle taxe se perçoit en augmentation pour chaque quart d'once de plus en poids.

Pour être taxés d'après les réglemens, les journaux ne doivent pas être envoyés sous enveloppes, mais simplement sous bandes ouvertes sur les côtés. Rien ne doit être écrit ou imprimé sur le papier ou sur l'enveloppe que l'adresse des destinataires.

L'attention du public est appelée sur les articles de la loi des postes prohibant sous des peines sévères l'envoi et la délivrance des lettres par navires autres que ceux affectés à l'administration des postes.

Les capitaines des navires marchands sont responsables des contraventions commises à leur bord pour le port et la délivrance des lettres non enregistrées aux bureaux des postes; ils ne peuvent non plus ouvrir leurs panneaux ni décharger leurs marchandises, avant d'avoir fait au directeur des postes la déclaration et la remise fidèle des lettres apportées à leur bord. Il est également défendu aux passagers de se charger d'aucune lettre pour la soustraire à l'entremise des postes.

Il est particulièrement recommandé que les adresses soient exactement et lisiblement écrites, et les pays bien spécifiés.

On obtiendra remise immédiate des lettres, journaux, etc., en s'adressant au bureau de la poste à *Hong-Kong.*

Le bureau des postes est ouvert de 10 heures du matin à 4 heures de l'après-midi; mais quand un navire sera sur le point de faire voile avec un sac de lettres, ces heures seront prolongées et l'avertissement du départ sera affiché dans le bureau.

L'usage du commerce en Chine est, de même qu'en Europe, de s'avertir entre Européens, au moyen de notes colportées en ville, des jours et heures de départ des navires et de la clôture des paquets de dépêches.

Aucune lettre ne peut, sous aucun prétexte, être reçue après l'heure fixée pour la fermeture des sacs à lettres.

Les lettres adressées et confiées aux soins d'un agent à Bombay ou à Calcutta, devant y être affranchies par ce dernier pour de là être expédiées à destination, ne paieront aucun droit à *Hong-Kong;* mais le public est prévenu que les lettres et papiers qui seront envoyés par navires dans ces villes pour y être expédiés hors de l'Inde, y seront détenus si les taxes postales ne sont pas préalablement acquittées.

NOMENCLATURE DES CONSULS EN CHINE,

ET LIEUX DE LEUR JURIDICTION (1).

1° CONSULAT ANGLAIS A CANTON.

MM. Francis C. Macgregor...........	consul.
Richard Belgrave Jackson........	vice-consul.
Thomas T. Meadows............	interprète.
John Backhouse................	1er assistant.
Edward Fry Giles..............	2e id.
Nicolas de Sainte-Croix..........	agent consulaire à Whampoa.
John Rickett....................	id à Macao.
D.-J. Barradas..................	agent chargé de la poste aux lettres.

2° CONSULAT ANGLAIS A AMOY.

MM. Henry Gribble..................	consul.
George G. Sullivan...............	vice-consul.
Henry S. Parkes.	interprète.
Charles A. Winchester...........	1er assistant.
Franck Parish..................	2e id.

3° CONSULAT ANGLAIS A FU-CHOW.

MM. G.-T. Lay......................	consul.
N............................	vice-consul.
N............................	interprète.
N............................	1er assistant.
N............................	2e id.

4° CONSULAT ANGLAIS A NING-PO.

MM. Robert Thom..................	consul.
Temple Illiard Layton...........	vice-consul.
N............................	interprète.
Patrick Hague.................	1er assistant.
Lewis Hertslet................	2e id.

5° CONSULAT ANGLAIS A SHANG-HAÏ.

MM. Le capitaine George Balfour......	consul.
Daniel Broke Robertson.........	vice-consul.
Walter H. Medhurst............	interprète.
Frederick H. Hale.............	1er assistant.
Frederick Harvey..............	2e id.

6° CONSULAT FRANÇAIS A CANTON.

MM. Ch. Lefebvre de Bécourt.........	consul.
Adhémar Durran...............	chancelier.
J.-M. Callery................	interprète.

7° CONSULAT AMÉRICAIN EN CHINE.

MM. Paul S. Forbes................	consul à Canton.
Thomas Waldron..............	consul à Hong-Kong et entrepositaire d'approvisionnemens maritimes.
N.-P. Pierce................	vice-consul à Macao.
H.-G. Wolcott...............	id. à Ning-po.
Don Sinibaldo de Mas............	consul espagnol.
M. Christophe Fearon...........	consul de Hanôvre.

(1) En mars 1845.

RÉGLEMENT DE JURIDICTION CONSULAIRE.

On a déjà dit plus haut (voir le chapitre relatif au port de *Ning-po*, page 144) quelles sont les obligations imposées aux marins et personnes arrivant ou résidant dans les ports chinois, obligations que le Consul est tenu de faire observer et qui ne manquent pas d'une certaine sévérité.

En se référant à ce chapitre, on y ajoutera les *instructions* suivantes, qui énoncent d'une manière plus spéciale les pénalités ou mesures répressives que le Consul est autorisé à infliger aux délinquans.

« Chaque fois, Monsieur le Consul, que vous trouverez à terre ou en ville des marins ou autres personnes n'ayant pas obtenu votre autorisation, vous requerrez le Commandant du navire de guerre en station dans votre port de vous prêter main-forte pour renvoyer les délinquans à leur navire, et vous me ferez (au Sur-Intendant général du commerce anglais en Chine à Hong-Kong) un rapport, afin que je puisse prendre les mesures ultérieures que la circonstance pourra exiger. Vous avertirez en même temps le capitaine ou consignataire du navire auquel appartiennent les personnes descendues à terre illégalement, que le navire est responsable des frais occasionnés par l'arrestation et le renvoi à bord des délinquans, et qu'il ne pourra partir sans les avoir acquittés.

« Pour toutes querelles, rixes ou désordres occasionnés par l'ivrognerie, n'ayant pas cependant le caractère de violences préméditées, vous êtes autorisé à agir sommairement selon que vous le jugerez convenable, sans faire intervenir la justice, et à punir le coupable d'une amende qui ne pourra pas excéder dix dollars, ou d'un emprisonnement qui ne pourra pas dépasser cinq jours. Vous ne serez pas tenu de faire de rapports sur ces sortes d'affaires, qui seront seulement enregistrées sur un livre tenu à cet effet; mais, dans tous les cas où vous jugerez le délit assez grave pour mériter l'attention particulière du Gouvernement, vous vous concerterez avec le Commandant du navire de guerre en station dans votre port pour faire arrêter le délinquant et le retenir jusqu'à ce que, averti par vous, j'aie fait instruire l'affaire et rendu une décision en conséquence.

« Dans le cas où vous obtiendriez des preuves certaines et irrécusables qu'un navire marchand anglais, se trouvant dans la juridiction de votre Consulat, a fait ou fait encore la contrebande, ou qu'il cherche à frauder les droits dus légalement au Gouvernement chinois et portés sur le tarif, vous prendrez des mesures immédiates pour avertir les hautes autorités chinoises et les officiers des Douanes, afin qu'ils puissent, s'ils le jugent nécessaire, arrêter le déchargement ou le chargement de ce navire. Vous donnerez connaissance au capitaine armateur ou consignataire de l'avertissement donné par vous aux autorités chinoises, et le préviendrez que toutes tentatives de continuer ses manœuvres frauduleuses ou de vouloir commercer de force et contre le gré des autorités légales du pays, m'obligeraient à faire immédiatement expulser ledit navire des ports de la Chine. »

DES MAISONS DE COMMERCE

ET AGENS EUROPÉENS, AMÉRICAINS ET PARSIS

ÉTABLIS A CANTON, WHAMPOA, MACAO ET HONG-KONG, ET TRAFIQUANT ENTRE LA CHINE, L'AMÉRIQUE ET L'EUROPE.

Les maisons de commerce dont il sera donné la liste plus loin sont depuis nombre d'années établies en Chine et y sont honorablement connues; la plus grande partie d'entre elles possèdent des agens ou des relations dans l'Inde et l'archipel Indien.

Les premières maisons du commerce étranger en Chine sont celles de MM. *Jardine, Matheson* et Cie, *Dent* et Cie, *Russell* et Cie; les deux premières, anglaises; la troisième, américaine. Elles commercent spécialement sur les *opiums*, les *thés*, les *cotons* et les *soies*. Les opérations de ces maisons sont colossales. Riches depuis long-temps par elles-mêmes, et opérant sur des masses de capitaux considérables appartenant à d'anciens marchands *hongs* chinois et à de riches capitalistes parsis, elles tiennent les rênes du commerce étranger en Chine; et l'on ne devra pas perdre de vue que se rencontrer en concurrence avec elles sur le marché chinois ne serait pas sans danger.

Ces maisons, bien que parfaitement honorables et des plus solides en Orient, ne sauraient cependant être recommandées comme agens, en Chine, du commerce français, parce qu'avec les meilleures intentions, elles ne pourraient jamais apporter l'attention et la sollicitude nécessaires à des opérations d'essai et de détail qui leur paraîtraient de trop peu d'importance. Et ici encore fait-on abstraction de tous sentimens de rivalité, de préférence (sentimens fort naturels entre nations concurrentes sur un même marché) qui les porteraient à protéger bien plutôt leurs produits que les nôtres.

Il sera donc sage, prudent et, pour ainsi dire, indispensable que les négocians français qui se décideront sérieusement à ouvrir des relations avec la Chine, aient dans ce pays un bon agent choisi parmi les maisons qui y sont depuis long-temps établies, afin de se bien renseigner avant d'y faire un envoi (au moyen d'une correspondance mensuelle) sur la situation du commerce et le cours des marchandises. Mais nous pensons qu'il faudra bien se garder de choisir cet agent parmi les maisons de premier ordre, et surtout parmi celles qui s'occupent en grand du commerce de l'*opium*, commerce important et exclusif qui absorbe tous les soins de ceux qui s'y livrent.

Autant que possible, le choix d'un tel agent doit se faire parmi les maisons dont les produits nationaux ne sont pas de nature à faire une concurrence directe aux nôtres, telles, par exemple, que les maisons hollandaises, allemandes, portugaises et même belges, et parmi elles se distinguent, à Macao et à Canton, les maisons *Reynvaan* et Cie (hollandaise), depuis long-temps en relation avec la France; *Tielman* et Cie (belge), de *Païva* et Cie (portugaise), toutes deux aussi en relation avec la France.

Une seule maison française existe en Chine : la maison *Durran* et Cie, de Macao et de Canton, est depuis long-temps honorablement connue; ses relations en France sont établies, et tous ceux qui ont été en Chine savent que l'expérience et l'obligeance du chef de cette maison ont toujours été utiles à ses compatriotes.

Les maisons *parsis* occupent à juste titre le premier rang dans le commerce de l'Orient. Ce peuple intéressant semble né avec le génie du commerce. Dans l'Inde, en Chine et dans tout l'archipel Indien, les Parsis sont l'objet des égards et de la considération du commerce et du gouvernement anglais; sur les marchés de Canton, Calcutta, Madras et Bombay, leur influence commerciale est incontestable. Riches et puissans en capitaux, pleins d'exactitude et de droiture, ils opèrent grandement et sur de larges bases. Nous ne saurions trop engager le commerce français à connaître et à étudier ces habiles négocians de l'Orient; les *Rustomjees* et autres y sont des puissances comme le sont en Europe les Rothschild, les Baring, etc.

Les anciens marchands hongs de Canton, dont nous avons donné les noms plus haut (voir page 133), ne doivent pas non plus être négligés par le commerce français : leur expérience bien connue, leur probité, leurs richesses doivent leur attirer une juste confiance. Ils ont contracté, par de longs rapports avec le commerce européen, de l'attachement pour lui, et l'on rencontre chez eux bienveillance et obligeance. On cite, de la part de plusieurs d'entre eux, des traits de grandeur d'âme et de générosité, même envers des Européens, que l'homme le plus civilisé serait fier de pouvoir s'attribuer; ils sont, en un mot, de bon conseil et aiment notre nation; notre commerce aura donc avantage à les pratiquer.

Nos négocians trouveront encore en Chine des compatriotes pleins d'expérience, d'instruction et de bon vouloir; des Français dans le cœur desquels un exil long et volontaire dans ces pays lointains n'a pu éteindre les sentimens nationaux; ce sont nos vertueux missionnaires, dont nous avons déjà parlé (1). Un Français ne peut aller en Chine sans ressentir les effets de leur extrême obligeance (nous même l'avons éprouvé, et nous aimons à leur en témoigner ici toute notre gratitude). On ne peut, disons-nous, que ressentir une profonde vénération pour ces hommes si simples et cependant si admirables dans leur dévouement. Notre commerce recevra, de nos missionnaires en Chine, d'utiles renseignemens sur la moralité et la position des Chinois avec lesquels il aura à traiter, et souvent aussi une recommandation, un appui d'autant plus précieux qu'il sera fondé sur l'estime et le respect que ces pères savent inspirer aux Chinois.

Par suite de leurs fréquens voyages dans l'intérieur du pays, les missionnaires français en Chine, lorsqu'ils seront appelés à rendre ce service, pourront aussi renseigner nos négocians sur la position commerciale des marchés des ports du Nord, et, par ce moyen, leur épargner de coûteuses expériences. Ce n'est pas qu'ils soient versés dans les affaires commerciales, dont les éloigne leur mission apostolique, mais il leur est facile d'obtenir des renseignemens des Chinois convertis, des nombreux co-religionnaires qu'ils nous font dans toutes les provinces du vaste empire chinois. On ne devra pas oublier que les missionnaires parlent plus ou moins le chinois, et qu'ils sont répandus dans toute la Chine.

---

(1) Voir à l'Avant-propos.

LISTE GÉNÉRALE DES MAISONS DE COMMERCE

ÉTABLIES DANS LES PORTS CHINOIS EN 1845.

MM.

A.-A. Ritchie.. maison anglaise.

A.-D. Furdoonjee.................................... maison parsis.
Ardaseer-Furdoonjee.......................... associé.
Jalbhoy-Cursetjee.............................. id.

Anderson, Chalmers et Cie........................ maison anglaise.
James J. Anderson.............................. associé.
Patrick Chalmers (en Angleterre)............ id.
James D. Park..................................... assistant.

Augustine Heard et Cie............................ maison anglaise.
Geo. B. Dixwell.................................... associé.
John Heard.. id.
Joseph L. Roberts................................. assistant.
Olivier E. Roberts................................ id.

Bell et Cie.. maison anglaise.
William Bell... associé.
G.-G. de H. Larpent (en Angleterre).......... id.
Alfred Wilkinson.................................. id.
J. Mackrill Smith.................................. id.
Archibald Melville................................ id.
E. Dale.. id.

Benjamin Seare...................................... maison anglaise.

Boustead et Cie...................................... maison anglaise.
Edouard Boustead................................. associé.
Benjamin Butler, à Manille..................... id.
Gustave C. Schwabe, à Liverpool............. id.
Adam Sykes, à Singapore....................... id.
Martin Wilhelmy.................................. assistant.
W. Hutchinson..................................... id.
W.-C. Farquhar.................................... id.

Bovet frères et Cie................................. maison suisse (Horlogerie).
C. Bovet.. associé.
Louis Bovet... id.
Ls-Augte Jeanneret............................... assistant intéressé.

Bush, Halsted et Cie............................... maison anglaise.
F.-T. Bush... associé.
J.-S. Halsted Jr.................................... associé.
Francis Spring et J.-F. Giles.................. assistans.

C.-S. Compton...................................... maison anglaise.
Spencer Compton.................................. associé.

MM.

C.-H. Hart	maison anglaise.
Cornelius H. Tiers	maison hollandaise.
R.-P. Desilver	associé.
C. Markwick	maison anglaise.
C.-W. Bowra	associé.
C.-V. Gillespie	id.
Charles Shaw	id.
J.-A. Winch	assistant.
Cawasjee-Palunjee	maison parsis.
Cooverjee-Bomanjee	associé.
Cawasjee, Shapoorjee, Taback et Cie	maison parsis.
Cawasjee-Shapoorjee	associé.
Pestonjee-Dadabhoy	id.
Manuckjee-Pestonjee	id.
Pestonjee-Nanabhoy	id.
Cawasjee, Shapoorjee, Lungrana	maison parsis.
Cawasjee Shapoorje L.	associé.
Pestonjee Jamsetjee	id.
Hormusjee Jamasjee	id.
Framjee Shapoorjee Lungrana	id.
Pestonjee Byramjee	id.
Dadabhoy-Burjorjee	maison parsis.
Manuckjee-Burjorjee	associé.
Pestonjee-Ruttonjee-Schroff	id.
Burjorjee-Sorabjee	id.
Dhunjeebhoy-Dadabhoy	id.
Sorabjee-Byramjee	id.
Dadabhoy-Nesserwanjee, Mody et Cie	maison parsis.
Dadabhoy-Hormusjee	associé.
Burjorjee Framjee	id.
Dhunjeebhoy-Hormusjee	id.
Rustomjee-Burjorjee	id.
D. et C. Nanabhoy	maison parsis.
Pestonjee-Dhunjeebhoy	associé.
Dunjeebhoy-Dosabhoy	id.
Sorabjee-Rustomjee	id.
D. et M. Rustomjee et Cie	maison parsis.
Dadabhoy-Rustomjee	associé.
Manackjee-Rustomjee	id.
Merwanjee-Jeejeebhoy	id.
Dhunjeebhoy-Byramjee	id.
Dadabhoy-Byramjee	id.
Palunjee-Nusserwanjee-Putel	id.
Nesserwanjee-Bhicajee	id.
Jamoojee-Naserwanjee	id.
Dadabhoy-Hoosanjee	id.
Nesserwanjee-Ardaseer	id.
Cursetjee-Dhunjeebhoy	id.
Nesserwanjee-Dhunjeebhoy	id.

MM.

Nowrojee-Nesserwanjee........................ associé.
Pestonjee-Ardaseer.......................... id.
Muncherjee-Eduljee.......................... id.

Dent et Cie....................................... maison anglaise.

Lancelot Dent.................................. associé.
George T. Braine............................... id.
William Leslie.................................. id.
Hon.-F.-C. Drummond.......................... id.
John Dent....................................... id.
W.-H. Harton.................................... assistant.
M.-W. Pitcher................................... id.
W.-C. Le Geyt.................................. id.
Edouard Pereira................................ id.
J.-Bowman et F.-B. Birley..................... id.
J. Caldecot Smith et Ad. de Rocha............ id.

Dallas et Cie..................................... maison anglaise.

Stephen Ponder................................. associé.
F. Chapman..................................... id.
J. Butt.. id.

Dickens et Cie................................... maison anglaise.

Francis Dickens et Saint-Georges.............. associés.

Dirom, Gray et Cie.............................. maison américaine

W.-F. Gray...................................... associé.
R. Dirom... id.
F.-M. Davidson.................................. id.
W.-T. Hunter................................... id.
W.-W. Dale..................................... assistant.
C. Ryder.. id.
D. Potter....................................... id.
W. Ellis... id.
J. Hodgson..................................... id.

Dosabhoy-Hormusjee Dolaw-Khow........... maison parsis.

Ruttonjee-Framjee............................. associé.
Dadabhoy-Jamsetjee........................... id.

Ermund Moller.................................. maison anglaise.

Emery, Fraser................................... maison anglaise.

Fearon et fils.................................... maison anglaise.

Christopher Fearon............................ associé.
Charles Fearon................................ id.

Fletcher Larkins et Cie....................... maison anglaise.

Aug. Fletcher................................... associé.
D. Fletcher..................................... associé.
George Findlay................................. assistant.
A.-M. Cortella.................................. id.

Fox Rawson et Cie............................... maison anglaise.

T.-S. Rawson................................... associé.
William Blenkin................................ id.
Arthur-J. Empson.............................. id.
Samuel Rawson................................. id.
E.-A. Staple.................................... assistant.

MM.

W.-H. Luce .... assistant.
Thomas Longshaw .... id.
G.-R. Jones .... id.

Framjee-Jamsetjee .... maison parsis.

F. Funck .... maison anglaise.

Garnett (J.-S) .... maison anglaise.

Gibb, Livingston et Cie .... maison anglaise.

W.-P. Livingston .... associé.
T.-A. Gibb .... id.
Joseph-G. Livingston .... id.
John Skinner .... id.
T. Jones .... assistant.
John Sylverlock .... id.
John D. Gibb .... id.
George Gibb .... id.

Heerjeebhoy Rustomjee .... maison parsis.

Framjee-Heerajee .... associé.
Shavuckshaw-Rustomjee .... id.
Pestonjee-Rustomjee .... id.
Rustomjee-Framjee .... id.
Framjee-Nowrojee .... id.

Henry Thomson et Cie .... maison anglaise.

Henry Moul .... maison anglaise.

Henry Humphreys et Cie .... maison anglaise.

Hegan et Cie .... maison anglaise.

Joseph Hegan .... associé.
William Gillman .... id.
Augustus Carter .... id.
William Brown et Robert Kerr .... assistans.
M. Gareta .... id.

Holliday, Wise et Cie .... maison anglaise.

John Holliday .... associé.
John Wise, à Shang-Haï .... id.
R.-J. Farbridge, en Angleterre .... associé.
W. Pyke .... assistant.
John Shepard .... id.
H.-B. Beahorn .... id.
F. Hindley .... id.
R. Bumbridge .... id.
John Ritson .... id.

Hormusjee-Framjee .... maison parsis.

Rustomjee-Byramjee .... associé.
Pestonjee-Dinshawjee .... id.
Cursetjee-Rustomjee .... id.

Hormusjee-Byramjee .... maison parsis.

Burjorjee-Hormusjee .... associé.
Nanabhoy-Hormusjee .... id.

MM.

Hormusjee-Cawasjee........................ maison parsis.

Hughesdon, Calder et Cie........................ maison anglaise.

Charles Hughesdon........................ associé.
Alexander Calder........................ id.
Henry-Rutter........................ id.

Isaac M. Bull........................ maison anglaise.

John-S. Bruen........................ associé.

Jardine, Matheson et Cie........................ maison anglaise.

Alexander Matheson........................ associé.
Andrew Jardine........................ id.
Donald Matheson........................ id.
David Jardine........................ id.
William Stewart........................ assistant.
B.-A. Baretto........................ id.
J.-A. Baretto........................ id.
J.-C. Bowring........................ id.
J.-B. Compton........................ id.
A.-G. Dallas, à Shang-Haï........................ id.
Duncan Forbes, à Amoy........................ id.
J.-H. de Sallis........................ id.
J.-A. Goddard........................ id.
J. Grant........................ id.
Augustus Howell........................ id.
Gervas Humpston........................ id.
John Jackson, à Amoy........................ id.
Joseph Jardine........................ id.
William Maciver........................ id.
John Millar........................ id.
Jose Outeiro........................ id.
F.-A. Rangel........................ id.
R.-H. Rolfe........................ id.
A.-J. Silveira........................ id.
C.-F. Still........................ id.

Jamieson How et Cie........................ maison anglaise.

J.-F. Edger........................ associé.
William Henry........................ assistant.
William Melrose........................ id.
A. Walker........................ id.

James Ryan........................ maison anglaise.

J.-P. Sturgis........................ maison américaine.

J. Jarvie........................ maison anglaise.

J.-A. Durran jeune........................ maison française (Vins, eau-de-vie et tous articles d'importation de France).

Adhemard Durran........................ associé.
N........................ commis.

John N. Alsop Griswold.

John Burd et Cie.

John Smith........................ maison anglaise.

MM.

Joseph Moses.. maison anglaise.

John D. Sword et Cie.. maison anglaise.

John D. Sword.. associé.
John B. Trott.. id.
William Groves.. assistant.

L. Just et fils.. maison anglaise.

L. Just.. associé.
L. Just jeune.. id.
Douglas Lapraick.. assistant.
John Wilson.. id.

Lattey et Cie.. maison anglaise.

Lindsay et Cie.. maison anglaise.

H.-H. Lindsay, en Angleterre.. associé.
Crawford Kerr.. id.
Adolphus S. Drysdale.. id.
H. Dundas.. assistant.
Walter Davidson.. id.
W. Fryer.. id.
T. Buxton.. id.

Macvicar et Cie.. maison anglaise.

J. Macvicar, en Angleterre.. associé.
D.-L. Burn.. id.
Gilbert Smith.. id.
Rodney Fisher.. id.
Thos D. Neave.. assistant.
Ch. Board.. id.
Henry Fessenden.. id.
Thomas Scotland.. id.
Edward Newman.. id.

Mac Ewen et Cie.. maison anglaise.

M. Mac Ewen.. associé.
A.-M. Mathieson.. id.

Mervanjee Eduljee.. maison parsis.

Murrow et Cie.. maison parsis.

D.-C. Mackey, à Calcutta.. associé.
Y.-J. Murrow.. id.
Charles W. Murray.. assistant.
J. Leffler.. id.

N. Duus.. maison anglaise.

Nye, Parkin et Cie.. maison anglaise.

Gideon Nye jeune.. associé.
William W. Parkin.. id.
C.-D.-Nye et T.-S.-H. Nye.. assistans.
H.-M. Olmsted et J. Kreyenhagen.. id.

N. Boulle.. maison anglaise.

MM.

Olyphant et Cie. . . . . maison anglaise.

C.-W. King . . . . associé.
W.-H. Morss. . . . . id.
J.-R. King . . . . assistant.
James-A. Bancker . . . . id.
R.-H. Douglass . . . . id.
F.-A. King . . . . id.

Oswald, Disandt et Cie. . . . . maison anglaise.

Richard Oswald. . . . . associé.
Dan Disandt . . . . id.
F. H. Tiedeman. . . . . assistant.
William H. Miles. . . . . id.
A. Penny . . . . id.

Patrick Stewart.

Pedro de Las Heras . . . . maison portugaise.

Pestonjee Merwanjee et Cie. . . . . maison parsis.

Pestonjee Merwanjee . . . . associé.
Palunjee Dorabjee Ranjee . . . . id.
Jamsetjee Rustomjee . . . . id.
Rustomjee Nuserwanjee. . . . . id.

P. et D. Nuserwanjee Cama et Cie . . . . maison parsis.

Pestonjee Nowrojee . . . . associé.
Dorabjee Nuserwanjee . . . . id.
Dadabhoy Nesserwanjee. . . . . id.

Pestonjee Cursetjee Mody . . . . maison parsis.

Hormusjee Pestonjee . . . . associé.
Framjee Hormusjee . . . . id.

P. Townsend Jr.

Daniel Proctor . . . . associé.

Philipps Moore et Cie.

Rathbones, Worthington et Cie . . . . maison anglaise.

William Rathbones Jr à Liverpool . . . . associé.
S. G. Rathbones . . . . id.
J. Worthington . . . . id.

Reynvaan et Cie. . . . . maison hollandaise.

Entrepositaire des produits français, ayant des agens et relations à Amoy, Shang-Haï, Ning-po, Batavia, Manille, Singapore, Malacca, Calcutta, en Hollande, en Angleterre et en France.

H. G. J. Reynvaan . . . . associé.
Carvalho . . . . assistant.
P. T. S. Silveira . . . . id.
F. H. Philipps . . . . id.

R. Edwards.

MM.

Russell et Cie.................................. maison américaine.

Warren Delano J^e^.................................. associé.
J. T. Gilman.................................. id.
D. N. Spooner.................................. id.
Paul S. Forbes.................................. id.
Edward Delano.................................. id.
W. H. King.................................. id.
S. J. Hallam.................................. assistant.
Georges Perkins.................................. id.
T. A. Low.................................. id.
S. Rangel.................................. id.

R. J. Gilman.

A. Bowman.................................. associé.
E. Green.................................. id.

Robert Lowrie.

Ruttonjee Hormusjee Camajee et Cie........ maison parsis.

Ruttonjee Hormusjee C.......................... associé.
Dosabhoy Hormusjee.......................... id.
Pestonjee Hormusjee.......................... id.
Sorabjee Framjee Crakaw.......................... id.

S. B. Rawle et Lewis.

S. B. Rawle.................................. associé.
T. C. Lewis.................................. id.

S. W. Comstock.

Turner et Cie.................................. maison anglaise.

William Thompson.................................. associé.
T. W. L. Mackean.................................. id.
P. Dudgeon.................................. id.
A. Mac Culloch.................................. assistant.
John H. Cannan.................................. id.
D. J. Kay.................................. id.
H. H. Smith.................................. id.
Craven Wilson.................................. id.
R. Laing.................................. id.
E. H. Levin.................................. id.
W. H. Wardley.................................. id.

W. et T. Gemmell et Cie.................. maison anglaise.

William Gemmell.................................. associé.
Henry R. Harker.................................. id.
R. Strachan.................................. id.
James A. Hulbert.................................. id.
Adam Scott.................................. id.

Wetmore et Cie.................................. maison anglaise.

William S. Wetmore.................................. associé.
Samuel Wetmore jeune.................................. id.
N. Kinsman.................................. id.
W.-A. Lawrence.................................. id.
William Moore.................................. id.

MM.

Charles F. Howe	assistant.
Joseph Anthon	id.
Warwick B. Freeman	id.
Stephen T. Baldwin	id.
Henry F. Bourne	id.
F. Gutierres	id.

W. Lane.................................. maison anglaise.

M. C. Lloyd.................................. associé.

William Scott.

W. P. Pierce.

W. Graves Pierce.................................. associé.

Veysey et Cie.

James Veysey.................................. associé.

On a calculé qu'il existe dans les ports de la Chine, c'est-à-dire principalement à Canton, le nombre approximatif de maisons ci-après :

Maisons	Anglaises	68
	Parsis	18
	Américaines	12
	Portugaises	4
	Hollandaises	3
	Suisses	2
	Française	1
	Total	108

On ne perdra pas de vue que la liste ci-dessus ne fait connaître que les plus importantes. On ne les a signalées ici que pour renseignement et afin de donner une idée de l'importance du commerce étranger avec la Chine. Les maisons anglaises et américaines, portant des noms nationaux analogues, et trafiquant surtout dans les mêmes articles, il est possible que quelques maisons américaines aient été portées dans cette nomenclature, comme étant anglaises; mais une pareille erreur, eût-elle été commise, aurait peu de conséquence, la liste étant d'ailleurs de la plus grande exactitude.

TABLEAU COMPARATIF

DE L'ANNÉE CHRÉTIENNE AVEC L'ANNÉE CHINOISE.

ANNÉE chré-tienne.	CYCLE.	RÈGNE.	1er JOUR de l'an chinois.	ANNÉE chré-tienne.	CYCLE.	RÈGNE.	1er JOUR de l'an chinois.	ANNÉE chré-tienne.	CYCLE.	RÈGNE.	1er JOUR de l'an chin
	74e cycle.	KIEN.									
1776	33	40	18 février.	1800	57	4	25 janvier.	1822	19	2	23 janvier.
1777	34	41	7 id.	1801	58	5	13 février.	1823	20	3	10 février.
1778	35	42	27 janvier.	1802	59	6	3 id.	1824	21	4	31 janvier.
1779	36	43	15 février.	1803	60	7	23 janvier.	1825	22	5	17 février.
1780	37	44	5 id.					1826	23	6	7 id.
1781	38	45	24 janvier.		75e cycle.			1827	24	7	27 janvier
1782	39	46	3 février.	1804	1	8	11 février.	1828	25	8	15 février.
1783	40	47	16 id.	1805	2	9	31 janvier.	1829	26	9	4 id.
1784	41	48	23 janvier.	1806	3	10	19 février.	1830	27	10	24 janvier
1785	42	49	10 février.	1807	4	11	8 id.	1831	28	11	11 février.
1786	43	50	31 janvier.	1808	5	12	29 janvier.	1832	29	12	1er id.
1787	44	51	19 février.	1809	6	13	16 février.	1833	30	13	20 id.
1788	45	52	8 id.	1810	7	14	6 id.	1834	31	14	8 id.
1789	46	53	27 janvier.	1811	8	15	27 janvier.	1835	32	15	29 janvier
1790	47	54	15 février.	1812	9	16	15 février.	1836	33	16	17 février.
1791	48	55	4 id.	1813	10	17	3 id.	1837	34	17	5 id.
1792	49	56	24 janvier.	1814	11	18	21 id.	1838	35	18	26 janvier
1793	50	57	11 février.	1815	12	19	10 id.	1839	36	19	14 février.
1794	51	58	31 janvier.	1816	13	20	31 janvier.	1840	37	20	3 id.
1795	52	59	21 id.	1817	14	21	17 février.	1841	38	21	20 id.
1796	53	60	9 février.	1818	15	22	6 id.	1842	39	22	10 id.
				1819	16	23	27 janvier.	1843	40	23	30 janvier
		KIA.		1820	17	24	15 février.	1844	41	24	18 février.
1797	54	1	28 janvier.					1845	42		7 id.
1798	55	2	16 février.			TAU.		1846	43		27 janvier
1799	56	3	5 id.	1821	18	1	2 id.	1847	44		14 février.

On voit par ce tableau que le *cycle* chinois est de 60 ans; que l'année 1776 répondait à la 33e année du 74e cycle. La deux colonne indique donc l'année du cycle chinois qui correspond à celle de l'ère chrétienne; et la troisième fait connaître l'année rante du règne de l'Empereur. La quatrième enfin donne la date du commencement de l'année chinoise.

Les mots *Kien*, *Kia* et *Tau* sont des abréviations des dynasties. *Kien* signifie KIENLUNG; *Kia*, KIAKING, et *Tau*, TAUKWANG, de l'Empereur régnant.

ESQUISSE HISTORIQUE ET DESCRIPTIVE

DE CANTON.

Le nom de Canton est écrit sur les cartes chinoises *Kwang-tung Sang-ching*, mots qui signifient *capitale de la province de Canton* (Kwang-tung); mais, en parlant de la ville elle-même, les Chinois l'appellent habituellement *Sang-ching* (ville provinciale), ou capitale de la province.

Canton est bâtie sur la rive nord de la rivière des Perles ou *Choo-kéang* (le *Tigre* des Européens); elle est située à environ 60 milles (100 kilom.) de la mer, ou de l'embouchure du *Hoo-mun* (le *Bogue* ou *Bocca Tigris*, Bouches du Tigre). La meilleure route, pour le navire remontant à Whampoa, est de courir quelques points dans le nord-ouest, jusqu'à ce qu'il atteigne la première barre; de là à l'ancrage, sa course tourne vers l'ouest. De Whampoa, la route, pour un *fást-boat* ou *lorcha* remontant à Canton, est directe, et quand l'embarcation a côtoyé la ville à sa droite, elle atteint bientôt les factoreries, situées à une petite distance de l'angle des murailles du sud-est de la ville, à 23 degrés 7 minutes 10 secondes de latitude nord, et à 113 degrés 14 minutes 30 secondes de longitude est (méridien de Greenwich), et environ 3 degrés 30 minutes ouest de Péking.

Aux environs de la ville et dans les campagnes voisines, la perspective est riche et variée, mais ne présente rien de pittoresque ni de grandiose; au nord et au nord-est, le pays est accidenté et montagneux. Dans les autres directions, il est plat et l'on découvre un point de vue d'une grande étendue.

Les rivières et les canaux, qui sont très nombreux et très poissonneux, sont couverts d'une innombrable variété de jonques et bateaux de toute espèce qui, se croisant incessamment dans tous les sens, correspondent avec les villes et villages voisins. En venant du côté du midi de la ville, la vue s'étend sur un immense espace d'eau; des rizières et des jardins occupent tous les terrains bas; seulement, çà et là, on rencontre quelques petits monticules et quelques arbres qui rompent la triste uniformité de cette grande plaine.

Tant à l'intérieur qu'à l'extérieur des murailles, la ville de Canton, bien que très populeuse, n'est pas très considérable et doit une grande partie de son importance aux innombrables jonques et bateaux de tous genres qui forment la *ville flottante* (1), et à son commerce considérable, soit indigène soit étranger.

Canton est l'une des plus anciennes cités de cette partie de l'Empire; elle a, depuis sa fondation, subi de nombreux changemens, et il n'est guère possible de déterminer aujourd'hui son premier nom, sa première assiette, ni l'époque de sa première création. La solution de toutes ces questions est du reste pour nous de très peu d'importance; cependant il n'est pas sans intérêt de connaître les traditions et l'opinion des Chinois sur l'une de leurs cités les plus grandes, les plus riches et les plus peuplées. Nous en dirons donc quelques mots.

Il y a 4,000 ans et plus, suivant les auteurs chinois, le célèbre empereur *Yaou* commanda à l'un de ses ministres de se rendre à *Nan-keao*, qui était aussi appelé *Ming-too* (la splendide capitale), pour la gouverner, ainsi que les contrées environnantes. *Nan-keao* comprenait alors l'assiette de la ville actuelle, et dépendait des régions méridionales de *Yang*, l'un des douze États qui constituaient, sous le même règne, les divisions de la Chine. Ces régions paraissent avoir été très étendues et étaient alors connues sous des noms différens, tels que *Keaou-che*, *Keaou-chow*, *Ling-nan*, *Kwang-chow*, *Nan-hae*, *Nan-yue*, *Pih-yue*, *Yue*, et *Yue-tung*. Ce dernier nom est souvent employé, dans les écrits classiques ou officiels et administratifs de nos jours, pour désigner la province de Canton.

Durant la dynastie des *Shang*, qui finit 1,123 ans avant l'ère chrétienne, les habitans de ces régions du Sud commencèrent à payer un tribut aux empereurs de la Chine. Lorsque la dynastie des *Chow* monta sur le trône, l'Empire fut agrandi, de notables améliorations eurent lieu, les peuples commencèrent à se livrer à l'agriculture, et, « quand le temps

(1) Voir, pour ce mot, ce qui est dit page 242.

« fut venu où le *fils du Ciel* (le chef du Céleste-Empire) reçut les tributs « des *quatre quarts* de la terre (c'est-à-dire de toute la Chine) quelques-« unes des peuplades de *Keaou-chow*, dont le territoire embrassait alors « la ville de Canton, offrirent pour leur part au Fils du Ciel des crabes « et des grenouilles, et quelques autres des serpens et des grillons. »

Ces peuplades méridionales se rendaient souvent, par leur rébellion, très incommodes aux gouvernans de la Chine.

Environ 630 ans avant l'ère chrétienne, *Ching-wang-yung*, homme bon et vertueux, devint maître de la contrée de *Tsoo* et envoya le tribut à l'Empereur, qui le chargea de subjuguer ses turbulens voisins du Midi, afin qu'ils ne troublassent pas la tranquillité du centre de l'Empire. *Tsoo* était alors un puissant Etat, et les tribus du Midi furent bientôt soumises.

Les historiens de Canton croient pouvoir établir avec quelque certitude l'origine de leur ville depuis le temps du règne de *Nan-wang*, l'un des derniers empereurs de la dynastie des *Chow*, lequel régnait il y a 2,000 ans. Canton, qui était alors appelée *Nan-woo-ching* (la ville martiale du Sud), n'était environnée que d'une espèce de palissade de bambous et de terre, à peu près comme le sont de nos jours les forts et réduits des Malais; elle fut d'abord peu considérable, mais elle s'agrandit bientôt, et semble avoir changé plusieurs fois de place avant d'occuper définitivement son assiette actuelle. Elle paraît aussi avoir fréquemment changé de nom, suivant les circonstances, ou suivant sa nouvelle situation. Un des premiers, et celui qui est encore usité dans les livres chinois, est *Yang-ching* (la Ville des Cerfs), nom que, d'après une légende populaire, elle devrait au fait suivant : cinq génies vêtus d'habillemens de cinq couleurs différentes, et montés sur cinq cerfs, aussi de cinq couleurs diverses, se rencontrèrent dans cette capitale. Chacun des cerfs avait dans la bouche un épi de grain de six ans, qu'il présenta au peuple du district, auquel les génies parlèrent ainsi : « *Yuen tsze hwan hwae, yung woo hwang ke* (Puisse la famine et la cherté ne jamais visiter vos marchés). Après avoir proféré ces mots ils disparurent, et les cinq cerfs furent changés en pierre. Par suite de cette même anecdote, la ville s'appelle aussi la *Cité des Génies* et la *Cité des Grains*, et l'un de ses temples, nommé le temple des génies, est situé auprès d'une des portes de la ville, appelée la porte des Cinq-

Génies ; on y montre encore aujourd'hui les cinq cerfs en pierre. Une foule d'autres légendes se trouvent entremêlées à l'histoire de la ville. Nous n'en citerons qu'un petit nombre et les plus remarquables.

Durant le règne du fameux *Tsin-che-wang*, environ deux siècles et demi avant l'ère chrétienne, tous les peuples du Midi se révoltèrent, et l'Empereur envoya 500,000 hommes pour les soumettre. Ces troupes étaient divisées en cinq armées de 100,000 hommes chacune ; l'une d'elles mit le siége devant *Pwan-yu.* Pendant trois années entières, les soldats ne se relâchèrent en aucune manière de leur discipline et ne quittèrent pas même leurs armures. A la fin, cependant, les vivres venant à manquer aux assiégés, ceux-ci s'exaspérèrent et firent une sortie furieuse contre les troupes impériales, qui furent battues et mises en déroute. Leur général fut tué et le sang coula sur un espace de plusieurs centaines de *lees* (milles chinois). Peu de temps après, les tribus rebelles du Midi se soumirent au fondateur de la dynastie des *Han*, deux siècles environ avant l'ère chrétienne. Sous le règne de *Woo-te*, la province de *Nan-yue* forma neuf des trente-six *keuns*, ou principautés, entre lesquelles la Chine fut alors divisée, et la ville de Canton devint *Nan-hae-keun* (la principauté de *Nan-hae* qui, avec celle de Pwan-yu, forma alors deux *heens* ou districts différens).

Sous le règne de *Keen-gan*, vers l'an 210 de l'ère chrétienne, on trouve pour la première fois le nom *Kwang-chow*, que l'on donnait alors à un territoire très étendu qui est aujourd'hui le *Foo* ou département dans lequel Canton est situé. Durant les deux siècles suivans, les changemens et divisions deviennent tellement nombreux qu'il serait aussi difficile que fastidieux de les mentionner ici.

Dans le temps de *Teen-keen* ou *Woo-te* (le monarque martial), qui régna vers l'an 543 de J.-C., les habitans de Canton envoyèrent à l'Empereur, comme tribut, une pièce d'étoffe d'une finesse extraordinaire, ce qui, soit dit en passant, témoigne de l'habileté qu'ils avaient su conquérir, en ces temps reculés, dans la fabrication. Mais ce rude et farouche guerrier fut si choqué de la luxueuse beauté de ce tissu, qu'il le rejeta et décréta défense de fabriquer, à l'avenir, d'aussi belles étoffes à Canton. Pendant le règne du même empereur, le territoire de *Kwang-chow* fut partagé, et l'une de ses divisions fut appelée *Kwei-chow*, qui est à présent *Kwei-lin*, capitale de la province de *Kwang-se*. C'est de cette division que les historiens chinois tirent l'origine des noms des deux *Kwang*, provinces appelées littéralement *Kwang-tung-sang* (ou la grande province de l'Est) et *Kwang-se-sang* (la grande province de l'Ouest). Il est à remarquer que cette province ne fut définitivement appelée *Kwang-tung-sang*, qui est son nom actuel, que long-temps après cette époque. Nous la voyons d'abord, en effet, dénommée *Kwang-tung*, sous le règne de *Shaou-ting*, de la dynastie des *Sung*, vers l'an de J.-C. 1150; sous le règne de l'empereur suivant, et jusqu'à la fin de cette dynastie, elle fut appelée *Kwang-tung-loo*. Sous la dynastie des *Yuen*, elle fut appelée *Kwang-tung-taou*, et ce ne fut que sous le règne de *Hung-woo*, premier empereur de la dynastie des *Ming*, vers l'an de J.-C. 1368, qu'elle reçut son nom de *Kwang-tung-sang*. C'est aussi sous ce règne que *Kwang-chow*, principal département de la province, fut appelé pour la première fois *Foo*, au lieu de *Kwang-chow-loo*, nom qu'on lui donnait habituellement auparavant.

Trois ou quatre siècles avant cette époque, des relations nombreuses existaient déjà entre les habitans de Canton et les peuples de l'Inde; mais ce ne fut que 700 ans après J.-C., sous la dynastie des *Tang*, qu'un marché régulier fut ouvert à Canton avec les étrangers et que l'on nomma un commissaire impérial pour percevoir les droits commerciaux dus au gouvernement. *Dès cette époque, des quantités considérables de marchandises de manufacture étrangère furent importées en Chine*. On voit que le commerce extérieur de la Chine, de Canton au moins, compterait plus de 1,100 ans de date.

En 705, *Chang-kew-ling* fit couper, dans la chaîne du *Meiling*, la fameuse passe qui facilite les relations de Canton avec les provinces du Nord de l'Empire. A la même époque, d'innombrables navires venaient de toutes parts à Canton, et son commerce commençait à devenir prospère. Mais, vers 795, soit que les extorsions exercées par le fisc sur les marchands de Canton devinssent intolérables, soit que ces derniers ne fussent pas assez protégés, encouragés, soit enfin pour toute autre cause, tous émigrèrent et allèrent s'établir en Cochinchine.

Vers la fin du siècle suivant, les Cochinchinois vinrent par terre attaquer la ville de Canton, et la famine s'y étant fait sentir, ce fut à cette occasion que les habitans expédièrent, pour la première fois, à la province de *Foo-kien*, pour y acheter des grains, de grands navires construits à cet effet.

Après la chute de la dynastie des *Tang* qui eut lieu vers l'an 906 de l'ère chrétienne, cinq dynasties se succédèrent dans une période d'environ 53 ans. A la première d'entre elles, les habitans de Canton envoyèrent un tribut en *marchandises d'or, d'argent* et *d'ivoire*, pour une somme d'environ *5 millions de taëls*. Par suite de cet envoi, l'Empereur créa *Lew-yen*, un des principaux habitans de Canton, qui en avait été l'instigateur, roi de Canton, sous le titre de *Nan-haé-wang* (roi de la mer du Sud). La cour de Canton est représentée, à cette époque, comme étant très barbare dans ses mœurs et ses coutumes. « Les criminels, dit un auteur, étaient bouillis, rôtis, écorchés vifs, jetés sur des piques, ou contraints à combattre contre des tigres ou des éléphans. » Le récit de telles cruautés souleva enfin d'indignation le fondateur de la dynastie des *Sung*, et, dans la quatorzième année de son règne, vers 964, il déclara qu'il était de son devoir de soustraire les peuples du Midi à ces affreux traitemens. Un prodige fut alors remarqué dans les cieux : « Toutes les étoiles, dit le même auteur, s'envolèrent vers le Nord. » Et l'année suivante le peuple obtint la paix et la tranquillité.

Le premier empereur de la dynastie des *Sung*, paraît s'être beaucoup préoccupé du bien-être des habitans de Canton, vivant jusque-là dans l'état de barbarie le plus complet ; sous son règne, les sorciers, sorcières et sorcelleries qui infestaient la ville, furent sévèrement prohibés ; les temples bâtis pour des pratiques superstitieuses furent abattus ; il défendit aux habitans d'immoler des hommes en sacrifice aux démons. Des pharmacies furent établies pour guérir les malheureux des maladies qui régnaient alors à Canton ; des lois somptuaires furent établies ; les toilettes luxueuses et dispendieuses, ainsi que les ornemens d'or et d'argent, furent interdits.

Le gouvernement défendit aussi les expéditions contre la Cochinchine, désapprouvant ainsi les souffrances qu'on faisait endurer au peuple pour la conquête de territoires inutiles.

En 1067 de J.-C., sous le règne du cinquième empereur de la dynastie des *Sung*, la ville de Canton fut environnée d'une muraille qui coûta 50,000 taëls (400,000 fr.), et avait environ deux milles anglais (3 kilom. 333 mètres) de circonférence. Elle fut bâtie en vue de défendre la ville contre les invasions des Cochinchinois, qui l'avaient plusieurs fois prise et pillée.

Les fondateurs de la dynastie des *Yuen*, qui devinrent les maîtres du trône en 1279, se précipitèrent sur le Midi de la Chine, les villes et villages furent mis à feu et à sang, et le massacre des habitans fut si grand que le sang, dit l'historien chinois, coula en bruyans torrens. Pendant un long espace de temps, le commerce de Canton se trouva de nouveau interrompu; mais quand la paix et la tranquillité furent rétablies, le commerce de cette ville commença à renaître, et vers l'année 1300, *une multitude de bâtimens reparurent à Canton, et peu de temps après les ports des provinces de Che-keang et Fuh-keen furent ouverts aux navires étrangers.*

Fernando Pérès de Andrade paraît avoir été le premier pionnier du commerce européen en Chine; il y vint par le Cap de Bonne-Espérance, prépara son expédition à Malacca alors aux Portugais, et atteignit Canton en 1517, durant les temps prospères et paisibles de la dynastie des *Ming*. Des aventuriers espagnols, français, hollandais et anglais, suivirent bientôt les Portugais, et les ports de Canton, Macao et Teen-pih dans la même province, ceux de Ning-po et Chusan dans celle du Che-keang, et celui d'Amoy dans la province du Fuh-keen, devinrent de grands marchés pour le commerce européen.

Nous passons maintenant à l'époque où la famille tartare, actuellement régnante, s'empara du trône de la Chine, c'est-à-dire à la troisième année de *Sunche* (en 1647).

Sous ce règne, les habitans des province et ville de Canton continuèrent à jouir de la paix, et les choses subsistèrent comme durant le règne précédent; mais cette tranquillité ne fut pas de longue durée. *Yung-leih* tenta en effet de replacer la dynastie des *Ming* sur le trône, et leva l'étendard de la révolte; des armées impériales, composées, les unes de Tartares, les autres de Chinois, furent envoyées de Péking et du Nord de l'Empire, dans le Midi, et les provinces de *Fuh-keen*, *Kwang-se* et *Kwang-tung* furent rapidement soumises, à l'exception de la seule ville de Canton, qui voulut tenter le sort des armes.

La place était bien préparée pour la défense, et ses habitans résolus à tous les efforts d'une résistance désespérée. La rivière au sud, et des fossés profonds à l'est et à l'ouest, ne laissaient de point attaquable que vers la partie montagneuse, le nord de la ville, parce que les Tartares n'avaient pas de bateaux, et, en eussent-ils eu, n'auraient su s'en servir; la ville, au contraire, possédait et savait diriger des embarcations; elle avait de plus la libre navigation de la rivière, et, conséquemment, les arrivages de la mer. La garnison en avait été renforcée par le grand nombre des habitans des provinces environnantes que la peur avait obligés de chercher un refuge dans la cité. Pendant plus de onze mois, les Tartares assiégèrent la ville et donnèrent de fréquens assauts, mais ils furent constamment repoussés avec un grand carnage. Tous ces sacrifices néanmoins devinrent inutiles, Canton fut pris le 24 novembre 1650, les Tartares s'étant servis d'un canon de fort calibre au moyen duquel ils purent abattre les murailles. On suppose aussi que la trahison fut principalement cause de la défaite des Cantonais, et ce qui le fit croire, c'est que les Tartares rendirent à un fonctionnaire l'emploi qu'il occupait avant leur arrivée à Canton.

Dès leur entrée dans la ville, ils commencèrent le pillage et le continuèrent sans interruption jusqu'au 5 décembre. Pendant les dix jours que dura le sac, les Tartares n'épargnèrent ni hommes, ni femmes, ni enfans; tout ce qu'ils trouvèrent fut impitoyablement massacré, et on n'entendait au milieu des plaintes des victimes d'autres cris que ceux de *tuez, tuez ces barbares rebelles.* Ils n'exceptèrent que quelques ouvriers artisans, pour conserver les arts utiles, et aussi quelques hommes jeunes et robustes qui leur étaient nécessaires pour emporter le butin. Enfin le 6 décembre, un édit mit fin à ce massacre, mais déjà plus de 100,000 hommes avaient péri, sans compter ceux qui avaient été tués pendant le siége. Le nombre total des morts s'éleva, d'après plusieurs manuscrits chinois, à plus de 700,000; aucune maison n'échappa à la désolation générale, et les Tartares, après avoir terminé leur œuvre de destruction, se retirèrent dans la vieille ville qu'ils reconstruisirent, et que leurs descendans habitent encore. C'est de cette circonstance, sans doute, que lui vient son nom de *ville tartare.* Des officiers civils furent désignés pour administrer la nouvelle ville chinoise qui sortit bientôt des ruines de l'ancienne. Tout moyen d'évasion ayant été, durant le siége, enlevé aux malheureux habitans de Canton, un grand nombre d'entre eux, pour sauver leurs richesses, les enterrèrent dans de grandes jarres autour de leurs maisons, et comme presque tous furent enveloppés dans le massacre, il arrive fréquemment encore aujourd'hui que, en creusant soit un puits soit les fondations d'une maison, l'on retrouve de ces dépôts cachés.

Les troupes impériales étaient commandées par *Chang-ko-he* et *Kang-ke-woo*, deux officiers tartares de haut rang, qui avaient reçu ordre d'occuper et de gouverner les provinces du Sud. Les chefs des rebelles étaient *Too-yung-ho*, commandant en chef, qui déserta et s'enfuit dans le Haïnan dès qu'il vit les Tartares victorieux, et *Fan-Ching-gan*, ancien fonctionnaire à Canton, commandant en second, que les historiens chinois accusent d'avoir trahi en facilitant aux Tartares l'entrée de la ville.

Peu à peu cependant Canton reprit une vie nouvelle, renaquit de ses ruines et, jusqu'à nos jours, continua de s'accroître en population, en richesse et en influence. Des bandes de voleurs et de pirates, il est vrai, apparaissaient de temps à autre durant les troubles et les désordres qui suivent ordinairement en Chine tout changement de dynastie; souvent elles firent des tentatives contre les habitans de Canton et mirent des entraves à leur commerce; mais à ces attaques isolées durent se borner les déprédations des malfaiteurs, car la ville était désormais devenue trop puissante pour avoir à les craindre, et si ses abords, par terre et par eau, ne sont que trop souvent infestés de voleurs et de flibustiers, il est toujours facile de la défendre contre leurs attaques.

Sans nous étendre davantage sur l'histoire de la ville de Canton, jetons maintenant un coup d'œil sur sa situation présente.

A tous les âges du monde et dans tous les pays, les grandes villes ont exercé une puissante influence sur la morale publique et sur les destinées politiques et commerciales des nations. Les anciennes cités de l'ouest de l'Asie et de l'Égypte, ainsi que la capitale des Romains, ont beaucoup contribué aux progrès de la culture des sciences, des arts et de la littérature. Dans la moderne Europe, l'influence des grandes cités n'a pas besoin d'être démontrée : elle fut même très grande dans les temps qui nous ont précédés. Si, en effet, nous reportant au moyen âge, ou plutôt à l'époque de la renaissance des arts et des lettres, nous prenons pour exemple les villes du nord de l'Italie, nous voyons qu'en dépit des querelles sanglantes qu'elles soutinrent longtemps l'une contre l'autre, en dépit aussi des vices et des désordres qu'entraînait leur état presque permanent de trouble, on ne peut leur contester d'avoir rallumé le flambeau des connaissances humaines. Les grandes métropoles, en un mot, ont rapidement répandu la civilisation en Europe. Dans l'Inde, aussi, leur action n'a pas laissé que d'être remarquable. En Chine, pays mystérieux, et qui jusqu'ici était resté à peu près inconnu aux Européens, il est beaucoup plus difficile d'établir l'influence exercée par les grandes cités sur la destinée des peuples chinois, mais on ne saurait la révoquer en doute quand on a quelque peu étudié la richesse et les ressources qui constituent depuis long-temps la puissance de Canton. Voici quelques notes sur la topographie de cette ville, dont nous joignons ici le plan (1).

Position, forme et enceinte de la ville.— La partie de la ville qui est environnée de murailles, affecte la forme d'un quadrilatère, divisé en deux parties par une autre muraille courant de l'est à l'ouest. La partie nord, qui est la plus grande et qui s'appelle la *Vieille Cité*

---

(1) NOTE EXPLICATIVE DU PLAN CI-JOINT DE LA VILLE DE CANTON.

Ce plan, tracé par un topographe chinois, est le seul un peu exact que nous ayons trouvé; nous croyons utile de le joindre à cet ouvrage, parce qu'il indique aux Européens, non seulement les factoreries et autres endroits de la ville où les appellent leurs affaires, mais parce qu'il leur enseigne en outre les séparations de la ville chinoise de Canton avec la ville tartare, dans laquelle il y a défense et danger pour eux de pénétrer.

A. Situation du Choo-Keang (rivière des Perles). Les Européens l'appellent la rivière du Tigre, et ce nom lui vient sans doute d'un rocher situé à son entrée, près de Bocca-Tigris, et qui représente exactement un tigre couché. Un petit fort appelé *Folie-Française* est situé sur la rivière à une petite distance du coin sud-est de la ville; en remontant un peu plus vers le nord-ouest, on voit un autre fort plus considérable, c'est la *Folie-Hollandaise*, puis on trouve des bancs de rochers qui se découvrent à marée basse. Un peu au dessous des factoreries existent les ouvertures de différens canaux qui circulent dans les faubourgs; en remontant de ce point la rivière, elle peut suivre son cours en droite ligne pendant environ deux milles.

B. Factoreries situées sur la rive gauche de la rivière, à l'extrémité sud-ouest de la ville.

C. Mosquée mahométane située dans la vieille ville (ville tartare), près de la porte de l'Ouest.

D. Pagode chinoise, située au nord de la mosquée mahométane.

E. Grand et imposant édifice, appelé la pagode aux cinq étages, situé au nord de la ville.

F. Maison du *Tsung-Tuh* (Vice-Roi, gouverneur général des deux kwangs), située à peu de distance de la porte Yew-Lan, dans la ville chinoise.

G. Maison du *Foo-Yuen* (lieutenant gouverneur), vers le centre de la ville tartare.

H. Maison du *Tseang-Keun* (général tartare, commandant militaire), dans la vieille ville, près des deux pagodes.

J. Maison du *Grand-Hoppo* (directeur des douanes), à peu de distance de la porte Tsing-Hae, dans la ville chinoise.

K. Maison du *Heo-Yuen* (chancelier littéraire de Canton), dans la partie méridionale de la ville tartare.

L. Maison du *Poo-Ching-Sze* (trésorier du revenu impérial ou receveur général) au centre de la ville tartare.

M. Maison du *Gan-Cha-Sze* (juge criminel de la province), près de celle du chancelier littéraire.

N. Maison du *Yen-Yun-Sze* (surintendant des sels), près de la porte Kwei-Tih, à côté de la maison du juge criminel.

O. Le *Kung-Yuen*, grand édifice destiné aux examens et solennités littéraires, situé dans l'angle sud-est de la ville tartare.

P. Le *Yuh-ying-tang* (hospice des enfans trouvés), situé à l'est de la ville chinoise, à environ un demi-mille des murailles.

Q. Le *teen-tze ma-taou* (place des exécutions) en dehors des portes du Sud de la ville chinoise, près de la rivière.

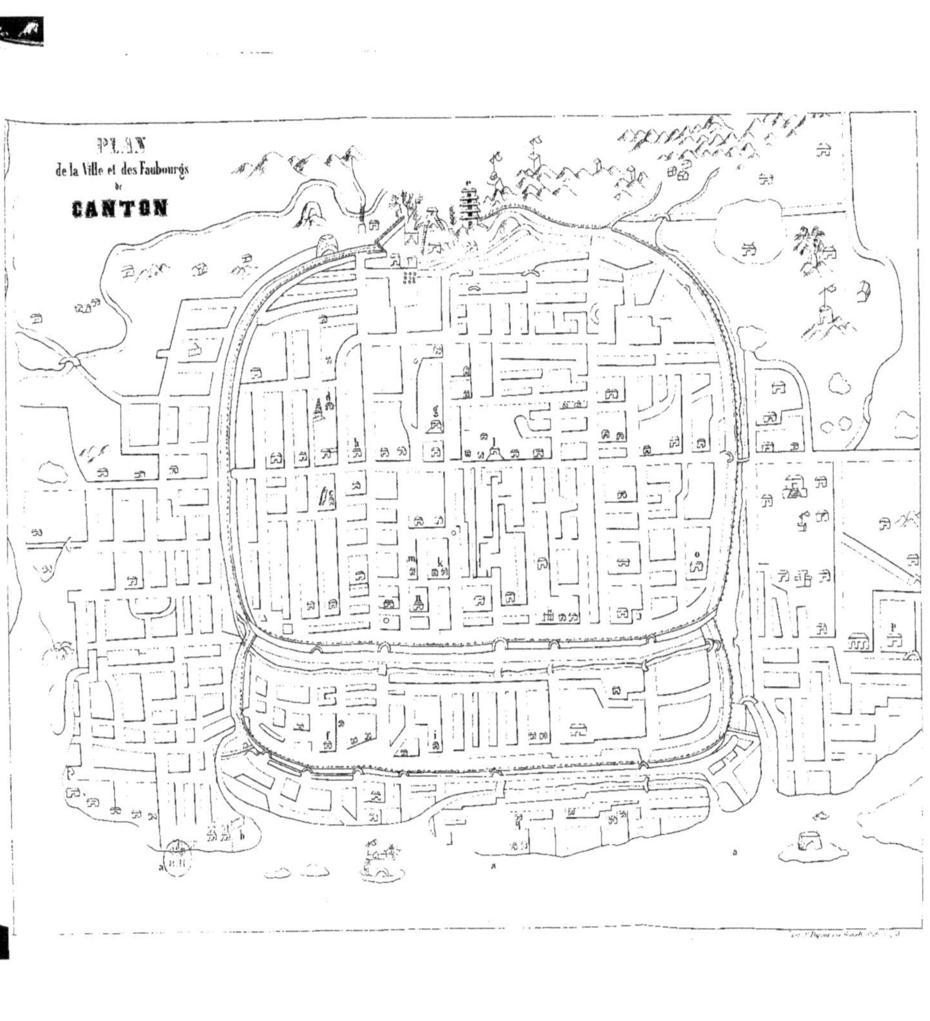
PLAN
de la Ville et des Faubourgs
de
CANTON

ou *Ville Tartare*, est celle dont nous avons parlé tout à l'heure. La partie sud, s'appelle la *Nouvelle Cité.*

Suivant quelques historiens chinois, la *Vieille Cité* se composait autrefois de trois villes distinctes, séparées l'une de l'autre par de hautes et fortes murailles, mais communiquant entre elles directement et sans aucun espace intermédiaire. Ces divisions ont depuis long-temps disparu, la nouvelle ville ayant d'ailleurs été bâtie dans un temps bien postérieur à l'existence de la *Vieille Cité.*

Le périmètre entier des murailles qui embrassent aujourd'hui les deux parties de la ville est différemment évalué par les Chinois, et nous n'avons pas sur ce point de donnée positive; mais nous croyons qu'en marchant d'un bon pas un homme en ferait aisément le tour en deux heures. On peut, d'après ce calcul, l'estimer à environ 6 milles anglais, soit à 9 kilom. 333 mèt. Du côté du midi, la muraille se prolonge de l'est à l'ouest parallèlement à la rivière, à une distance d'environ 50 mèt. Vers le nord, où la ville est assise sur le penchant des collines, la muraille suit naturellement les ondulations du terrain, de sorte que sa base, au point le plus élevé de sa direction, se trouve à environ 90 mètres au dessus du niveau de la rivière. Les murailles sont construites, partie en pierres, partie en briques; les pierres, qui sont d'une nature grossière et, pour ainsi dire, non taillées, constituent les fondations et les parties basses; les briques sont d'une espèce molle et peu résistante : le temps a déjà fortement endommagé cette muraille en plusieurs endroits, et elle paraît ne pas pouvoir, si elle était attaquée, présenter une grande résistance; elle s'élève presque perpendiculairement à des hauteurs qui varient de 9 à 10 et même 12 mètres; son épaisseur est de 7 à 8 mètres : c'est du côté du nord qu'elle est le plus élevée et le plus solidement construite, probablement parce que c'est sur ce point que la ville a le plus à redouter une attaque. A sa partie supérieure, elle est crénelée et percée, par distances de quelques pieds, d'embrasures qui règnent tout autour de la ville. Les Chinois appellent ces créneaux et ces embrasures *ching-jin*, littéralement *hommes de la ville.* Derrière ces ouvrages, il existe un large chemin sur lequel s'étendent deux ailes, ou plutôt deux courtes murailles, l'une partant du sud-est, et l'autre du sud-ouest de la ville, et continuant ainsi la muraille principale jusqu'au fossé. Ces deux murailles, destinées à couper l'étroit terrain qui règne entre l'enceinte et le fossé, relient ce dernier à la place, et sont percées chacune d'une porte semblable à celles de la ville.

Portes. — La ville en compte seize, dont quatre percées dans la muraille intérieure qui sépare la vieille ville de la nouvelle, et douze dans la grande muraille qui entoure Canton. Voici le nom des portes :

1° *Ching-pih-mun.* — C'est la principale du côté du nord. Au devant, on a laissé un petit espace demi-circulaire, environné d'une muraille semblable à celles de la ville, et destiné à recevoir, à leur entrée, les officiers du gouvernement et les porteurs de dépêches publiques, quand ils arrivent par terre de Péking. Souvent ces officiers se rendent à Canton par eau ; ils sont alors reçus à la porte du Midi.

2° *Ching-se-mun.* — Cette porte est la seule du côté de l'ouest qui donne entrée dans la vieille ville ; elle est, pour une porte chinoise, grande et large, ayant environ 4 mètres de hauteur et 5 de large.

3° *Taé-ping-mun.* — C'est la seule porte qui donne entrée dans la ville chinoise, du côté de l'ouest. Elle est pareille à la porte de l'Ouest de la ville tartare, mais pas aussi grande.

4° *Chuh-lan-mun.* — C'est un petite porte, la première qu'on rencontre en tournant le coin sud-ouest de la ville ; elle est la plus rapprochée des factoreries.

5° *Yew-lan-mun.*— C'est la porte voisine de celle de *Chuh-lan* ; elle paraît, comme elle, destinée à donner entrée aux marchandises lourdes.

6° *Tsing-hae-mun.* — Cette porte serait destinée à faciliter l'entrée de l'eau en ville, comme semblent l'indiquer son nom et sa situation.

7° *Woo-see-mun.* — C'est la porte *des Cinq-Génies*, et elle n'a de remarquable que ce nom.

8° *Yung-tsing-mun* (porte de *l'Éternelle-Pureté*). — Rien, aux environs de cette porte, ne paraît pouvoir justifier une telle dénomination ; on pourrait même en dire tout le contraire, surtout par cette considération qu'elle conduit au *Champ-du-Sang*, ou terrain des exécutions impériales.

9° *Seaou-nan-mun* (petite porte du Sud). — Sixième et dernière du côté méridional de la ville.

10° *Yung-gan-mun* (porte de *l'Éternel-Repos*). — Elle donne dans la nouvelle ville, du côté de l'est, et correspond, sous tous les rapports, avec la porte *Tae-ping*, de l'Ouest.

11° *Ching-tung-mun.*—C'est la seule porte du côté de l'est qui donne dans la vieille ville; elle correspond avec la porte *Ching-se-mun* de l'ouest, vis-à-vis de laquelle elle est placée.

12° *Seaou-pih-mun* (petite porte du Nord).—Cette porte forme une entrée commode pour les provisions, l'eau et les matériaux de construction, dans la partie nord de la ville.

Telles sont les portes qui garnissent les murailles extérieures de Canton. Nous suivrons maintenant la muraille intérieure, qui, comme nous l'avons dit, sépare la vieille ville (*ville tartare*) de la nouvelle (*ville chinoise*).

13° *Kwei-tih-mun.* — C'est, en partant de l'ouest, la première porte que l'on rencontre.

14° *Tae-nan-mun* (grande porte du Sud) est la seconde.

15° *Wan-ming-mun* est la troisième.

16° *Ting-hae-mun* est la quatrième et dernière porte intérieure de la ville.

Parmi ces seize portes, celles qui dans notre classement sont les 1re, 2e, 3e, 4e, 5e, 6e, 7e et 13e, dépendent du district de *Nan-hae*, et les huit autres de celui de *Pwan-yu*.

Quelques soldats sont stationnés à chacune de ces entrées pour les garder pendant le jour, les clore le soir et les surveiller pendant la nuit. Elles sont fermées de bonne heure dans la soirée et ouvertes au point du jour. Sauf certains cas exceptionnels, il n'est permis à personne d'entrer en ville ou d'en sortir nuitamment; on peut néanmoins se les faire ouvrir au moyen d'une offrande aux gardiens, qui affrontent ainsi le danger d'une punition sévère si leur contravention était découverte.

Faubourgs de la ville de Canton; faubourgs flottans sur la rivière, ou ville flottante.—Les faubourgs de Canton, dont les constructions ne diffèrent en rien de celles de la ville même, s'étendent, à l'ouest, sous la forme d'un isogone s'ouvrant au nord-ouest et ayant la rivière au sud et les murailles de l'ouest de la ville pour ses deux côtés égaux. Au sud, ces faubourgs occupent tout l'espace compris entre la rivière et les murailles. A l'est, ils sont beaucoup moins étendus qu'à l'ouest et au nord; il n'existe que quelques cabanes, près de la principale porte. Pris ensemble, les faubourgs de Canton ne sont guère moins étendus ni moins peuplés que la ville intérieure.

Il existe aussi, à Canton, un autre faubourg qui a cela de particulier, qu'il se trouve sur la rivière : c'est une réunion, en effet, de plus de 100,000 bateaux de toutes espèces, de toutes formes et grandeurs, qui sont alignés par longues files, attachés les uns aux autres par le travers, formant ainsi de longues et nombreuses rues. C'est ce que les étrangers appellent *la ville flottante*, nom justifié par l'importance de la population, qui ne peut être moindre de 300,000 âmes, si l'on accorde à chaque bateau une moyenne de trois habitans, ce qui est loin d'être exagéré puisque sur la plupart habite une famille entière, composée du mari, de la femme, des enfans et souvent des grands parens. Il n'y a pas au monde de spectacle plus curieux et plus pittoresque que celui que présente cette masse innombrable de bateaux aux mille formes et aux couleurs variées, réunis sur ce point. On y voit, depuis la grande *jonque* marchande destinée à la navigation de la haute mer, jusqu'au plus petit bateau *tanka-boat* (maison d'œufs); on y distingue, les jonques armées des mandarins, ayant jusqu'à 60 rames, les *bateaux de fleurs* (Lupanars, maisons de prostitution) couverts de dorures et de jolies peintures, les bateaux de fêtes, de passage, les bateaux-cafés, etc. Ce qu'il y a de plus extraordinaire, c'est la vélocité avec laquelle ces embarcations, qui vont et viennent au milieu des rues de cette ville flottante, se croisent en tous sens et dans toutes les directions, sans jamais se heurter. Le mouvement incessant, la diversité des formes et des couleurs des bateaux, et la variété des costumes de toute cette population nautique, forment le coup d'œil le plus attrayant qu'il soit possible d'imaginer.

Rues de Canton. — Les rues de Canton sont nombreuses : les catalogues chinois les portent à plus de 600, parmi lesquelles on remarque les rues du *Dragon*, du *Dragon-Volant*, du *Dragon-Martial*, la rue des *Fleurs*, des *Fleurs-d'Or*, la rue de *l'Or*, et beaucoup d'autres ayant des noms analogues. Il se trouve plusieurs longues rues, mais elles sont, pour la plupart, courtes et serpentantes; leur largeur varie entre 70 centimètres et 5 mètres, et est en moyenne de 2 à 3; elles sont partout pavées de larges dalles de granit; la foule bigarrée qui les encombre constamment est déjà par elle-même assez extraordinaire, mais, aux heures du travail, il serait impossible de décrire le spectacle qu'offrent les robustes *coolis* (porte-faix), à moitié nus, qui, en courant et vociférant portent toute espèce de marchandises; les agiles porteurs de palanquins, les innombrables petits marchands à éventaires, les marchands de soupe, les restaurateurs et artisans en plein vent, barbiers, colporteurs de toute sorte, etc., chacun ayant son cri particulier ou son instrument pour s'annoncer. Les charrettes, charretiers et voitures de toutes espèces qu'offrent à certains momens les rues les plus populeuses de Paris sont assurément loin de produire un bruit aussi assourdissant que celui de toute cette cohue chinoise; si l'on y joint les nombreux mendians et gueux qui infestent les rues de Canton, et, poussant des cris ou gémissemens lamentables, s'y roulent, plus hideux les uns que les autres, aux pieds des passans, on aura sous les yeux le tableau le plus étrange et l'un des plus repoussans parfois qui puissent s'offrir au regard du voyageur.

L'Européen qui débarque à Canton et se trouve inopinément jeté, dans une rue étroite, au milieu de ce tourbillon vivant, reste d'abord étourdi et interdit par le vacarme et le mouvement qui se fait autour de lui; pour éviter d'être bousculé et heurté par les portefaix, il faut avoir constamment les yeux devant soi, et toutefois, pour se défendre des tentatives des nombreux filoux de Canton, les plus hardis et les plus adroits du monde, il faudrait aussi, ce qui est impossible, avoir les yeux partout autour de soi, et éloigner les importuns qui vous serrent de trop près; sans cette précaution continue, on est exposé à rentrer les poches vides ou même absentes. Le plus prudent est de suivre les murailles d'aussi près que possible.

Un grand nombre de voyageurs et une quantité considérable de marchandises entrent par eau dans la ville, au moyen des canaux et fossés. Le plus grand canal s'étend parallèlement à la muraille de l'Est un autre suit celle de l'Ouest; entre ces deux canaux, il en passe un troisième, qui communique avec eux et s'étend tout le long et auprès de la muraille du côté Nord de la nouvelle ville; de manière que les bateaux peuvent entrer à l'Ouest, traverser la ville tout entière et ressortir du côté de l'Est, et *vice versâ*. Dans les faubourgs de l'Est, de l'Ouest et du Sud, se trouvent d'autres canaux qui sont les plus considérables, auxquels aboutissent un grand nombre de petits; les Chinois appellent ceux-ci les *veines de la Cité*. On trouve aussi plusieurs réservoirs, mais de peu d'étendue. L'eau employée par les habitans pour les usages domestiques est en grande partie prise dans ces canaux et dans la rivière. Les puits sont nombreux aussi à Canton, et l'eau de pluie y est utilisée; pour le thé, etc., on emploie l'eau claire et limpide des magnifiques sources situées dans le Nord de la ville, en dedans et en dehors des murailles. — Canton a plusieurs ponts, jetés sur les canaux et dont quelques-uns sont construits en pierre.

L'esprit de recherche et de perfectionnement, et les besoins croissans de la vie morale, intellectuelle et matérielle des peuples, stimulés par la nécessité, ont toujours guidé les nations vers les améliorations sociales. Dans le passé, les Egyptiens, les Grecs, et aussi les Romains, marchèrent rapidement de progrès en progrès. Sous l'influence fécondante du christianisme, les peuples de l'Occident, tirant avantage des lumières de leurs devanciers, s'élancèrent aussi dans la voie ascendante de la civilisation, et, volant aujourd'hui d'innovations en innovations, ils répandent sur la grande famille humaine les bienfaits de leurs progrès et de leurs découvertes.

Presque seule parmi les nations, la Chine n'a pas suivi cette voie, et aujourd'hui encore les Chinois vivent au milieu de la vieille et caduque civilisation que leurs arrière-ascendans fondèrent il y a 5 à 6,000 ans, c'est-à-dire dans les premiers âges du monde. Chez ce peuple, la nécessité vint cependant aussi apporter ses encourageantes leçons; mais elle ne put entraîner leurs efforts beaucoup au delà de ce qui constitue les stricts besoins de la vie. A ce résultat, il y a une cause générale et profonde; les Chinois eurent toujours horreur des innovations. Ce sentiment les porte encore actuellement à repousser le bienfait des découvertes de la civilisation européenne. On attribue à leur respect pour leurs ancêtres cet amour excessif du *maintien de tout ce qui existe*; nous avouerons que cela nous paraît peu admissible, les Chinois ayant peu d'égard pour leurs morts et prenant peu de soin des sépultures antiques (1).

Sous le point de vue de la civilisation, la guerre des Anglais aura été un immense bienfait pour les Chinois, et, d'aujourd'hui seulement, ils commencent à rechercher le progrès : leur haine même contre la nation qui les a vaincus les force, en effet, à devenir innovateurs, par l'étude des moyens propres à se mettre en état de repousser de nouvelles attaques ; et maintenant ils ne s'arrêteront pas ; le premier essor est donné, ils marcheront désormais, même malgré eux.

En Chine, presque tout, dans les coutumes et usages de la vie, est au rebours de chez nous ; on remarque ces contradictions jusque dans les choses les plus futiles ; ainsi c'est la gauche qui, au lieu de la droite, est la place d'honneur ; le blanc est, au lieu du noir, le signe du deuil ; leur boussole, qu'ils appellent *che-nan-chay* (un *chariot marchant vers le sud*), est différente de la nôtre, et le sud y passe avant le nord ; pour nord-ouest, sud-ouest, par exemple, ils diront ouest-nord, ouest-sud. Sans chercher à expliquer ces divergences, nous les signalons, parce qu'il est utile de les connaître si l'on veut bien étudier le peuple chinois dans ses travaux, dans ses usages et dans ses habitudes sociales.

Architecture des Chinois ; construction de Canton. — Il est d'opinion générale que les premiers ancêtres des Chinois vivaient sous la tente ; de telles habitations leur furent nécessaires pendant leurs émigrations de l'Est. Mais lorsqu'ils devinrent plus sédentaires, le besoin de se créer, pour eux et pour leurs dieux, un meilleur abri contre le chaud, le froid, les intempéries, les obligea à se bâtir des maisons et des pagodes. N'ayant, toutefois, aucune notion d'architecture, ils durent prendre pour modèles leurs propres tentes ; c'est, du moins, une présomption qu'on peut établir, si l'on considère que leurs maisons et édifices actuels, par la légèreté de leur construction, leurs minces colonnettes, leurs toits en pointes, concaves au milieu, relevés aux

(1) Cette assertion semble au premier abord en contradiction avec l'opinion souvent émise à ce sujet. Nous avons cependant pu nous convaincre qu'elle est de toute exactitude en voyant, de nos propres yeux, des *fabriques de poudrettes* établies sur les tombes mêmes des *champs de repos* qui entourent Canton. Cette fabrication, si étrangement placée là, est du reste fort simple : on fait un trou en terre, on y jette la matière mêlée à une certaine quantité d'eau ; puis, au bout d'un certain temps, lorsque le liquide s'est évaporé sous l'influence de la chaleur solaire et que les sels ammoniacaux paraissent suffisamment absorbés, on l'en retire pour la façonner en une sorte de *tourteau* pour engrais. *Nosmet vidimus !*

extrémités, rappellent encore la forme de la tente. Il ne faut s'attendre à rencontrer en Chine rien de semblable aux grands et nobles monumens des Grecs, des Romains et de l'art gothique : à l'exception des pagodes et de quelques édifices publics, les Chinois construisent peu de palais et de maisons spacieuses. *Barrow*, après avoir visité les palais impériaux de Péking, et traversé l'Empire dans toute son étendue, affirme que les constructions des Chinois n'ont aucune élégance, sont sans proportions et sans commodités, manquent d'apparence, et sont, en somme, d'un travail peu habile. Ce jugement est peut-être sévère et exclusif, et nous dirons volontiers, avec lord *Macartney*, que les constructions chinoises, bien que totalement inconciliables avec nos principes d'architecture, accusent cependant des règles conséquentes entre elles, et offrent parfois un extérieur remarquable, bien que l'œil ne découvre dans leur ensemble aucune beauté particulière. Il en est des édifices chinois, si nous pouvons nous servir de cette comparaison, comme d'un visage qui plaît sans qu'on puisse y découvrir un seul trait réellement beau.

Dans les constructions de Canton, on trouve sans aucun doute une aussi grande variété de structure et de style, et d'aussi beaux spécimens du goût et des arts chinois que dans tout le reste de l'Empire. Une grande partie de la ville et des faubourgs est construite sur des terrains bas et sablonneux, et a exigé, par ce motif, des fondations très solides. Le long de la rivière, beaucoup de maisons sont élevées sur pilotis de bois et presque toutes construites de la même matière. Un grand nombre d'entre elles ont peu ou n'ont point de fondations; elles sont très exposées pendant les crues du fleuve, et il arrive souvent que beaucoup s'écroulent lorsque leur base est inondée.

Matériaux de construction à Canton; mode des Chinois pour couvrir leurs toits. — Les briques entrent pour les trois cinquièmes au moins dans la construction des maisons de la ville et des faubourgs de Canton; les pierres et les bois servent, en général, les premières, pour les encadremens des portes, et les seconds, pour les solives et poutres des ouvrages en charpente. La plus grande partie des maisons chinoises, ainsi qu'une partie des habitations des Tartares de la vieille ville, sont construites en terre; beaucoup de planchers des maisons et même des temples ne sont composés que de terre durcie;

d'autres sont dallés en marbre ou en granit; d'autres enfin en tuiles. On se sert aussi de tuiles pour couvrir les toits; les couvertures des maisons chinoises se recommandent par la solidité et la beauté du travail. Les tuiles, longues d'environ 9 à 10 pouces, et larges de 3 et de 5 environ, sont, les unes (celles de 3 pouces de large), convexes, et les autres, en partant du sommet du toit jusqu'à l'entablement, disposées par rangées alternativement convexes et concaves, lesquelles sont liées ensemble avec du plâtre, et forment ainsi des toits tout composés de faîtières et de rigoles, sur lesquels l'eau ne peut séjourner. Aussi les vents, si effrayans en Chine pendant les changemens de mousson, n'y ont-ils aucune prise, rien n'étant plus solide, plus propre, plus régulier que ces toitures. Il serait à désirer qu'elles fussent imitées par nos couvreurs, surtout à Paris, où les accidens des tuiles arrachées par le vent sont si fréquens.

Très peu de fer est employé dans les bâtisses en Chine. Tous les matériaux de construction sont abondans et à bon marché à Canton; les bois, en majeure partie d'une espèce de sapin, viennent par grands trains flottés du haut de la rivière.

Les briques sont fabriquées dans les environs et apportées par bateaux; leur prix varie de 3 à 8 dollars (18 à 48 fr.) le mille; elles sont d'une couleur bleu de plomb ou brun clair; il y en a peu de rouges. On trouve d'excellentes pierres de construction dans les montagnes du Nord de la province et dans les îles du Sud de la ville. Ce sont principalement des pierres de granit et de sable de plusieurs espèces.

Les croisées des maisons chinoises sont petites et rarement vitrées en verre, presque toujours en coquilles d'huîtres blanches et plates, d'une nacre très mince et très diaphane, polies à cet effet; ou bien encore en feuilles de mica (exfoliation du quartz) ou toute autre matière transparente.

En traversant les rues de Canton, on est en général frappé de la diversité des maisons. L'apparence extérieure n'est en aucune façon l'indice de la position du propriétaire, car souvent le riche Chinois n'habite pas une maison plus belle que l'homme de la classe peu aisée, et l'on ne peut vraiment reconnaître, par les maisons, d'autres classes que celle qui est tout à fait misérable et qui habite le long des canaux, à l'extrémité des faubourgs et dans la partie du Nord de la vieille ville. L'habitation des pauvres se compose de cabanes de terre délayée et de bambous ; elles sont basses, étroites, obscures et sans divisions intérieures ; là, habitent des familles de 6, 8, 10 membres et quelquefois du double. On reste étonné que des êtres humains puissent vivre ainsi renfermés, agglomérés, jouir d'une bonne santé et la conserver jusqu'à un âge parfois très avancé.

Dans des habitations un peu plus grandes et plus propres que celles de ces malheureux, réside environ un tiers de la population de Canton. Dépourvues d'avant-cour, elles sont contiguës au bord des rues, et n'ont qu'une seule entrée fermée par une sorte d'écran grossier en bambou, suspendu au dessus de la porte. A l'intérieur, il n'existe pas de pièces superflues ; elles se divisent, en général, en deux ou trois, dont une ou deux sont destinées à la famille et l'autre aux besoins du ménage. Les maisons chinoises s'ouvrent en général du côté du sud, usage qui souvent, dans ces pauvres habitations, est forcément négligé. Les maisons de cette dernière espèce sont louées 4 ou 5 dollars (24 ou 30 fr.) par mois.

Une autre classe d'habitations est celle des Chinois jouissant d'une certaine aisance, et, par conséquent, moins nombreux que les précédens. Leurs maisons et le terrain sur lequel elles sont construites sont environnés de murs de 10 à 12 pieds de haut, s'élevant sur le bord de la rue, et cachant entièrement la construction aux yeux des passans. Les rues où elles sont bâties sont d'un aspect fort triste ; mais si l'on est autorisé à entrer dans une de ces habitations, le coup-d'œil change et devient plus agréable. Après avoir dépassé la première enceinte, à travers une grande et large porte, on entre dans une belle cour bien aérée, d'où un domestique vous conduit à la salle de réception du maître, laquelle, en général, est une petite pièce meublée de chaises, de canapés, et, entre ces meubles, de petites tables à thé d'un pied carré, etc. ; les murs en sont ornés d'ouvrages en bois sculpté, de jolis écrans en bambous, à travers lesquels l'air peut librement circuler, et de cadres renfermant des sentences de morale des philosophes chinois, ou de mauvais paysages, ou encore des fleurs et des oiseaux élégans. Quelques lampes et lanternes chinoises complètent l'ameublement. L'hôte vous reçoit dans cette pièce et vous présente parfois les plus jeunes membres de sa famille. Ces maisons ont souvent une école et un jardin.

Les maisons de quelques uns des plus riches Chinois de Canton ne sont en rien, excepté peut-être, par l'espace qu'elles occupent, inférieures aux palais de l'empereur. Celles de quelques uns des anciens marchands hongs ou *hanistes* sont de bons spécimens de ces sortes de constructions.

L'habitation du défunt *Conséqua*, laquelle tombe actuellement en ruines, fut autrefois superbe; celles de *Penset-Chin* et de l'aîné des marchands *hanistes*, sont aussi sur le pied d'une grande magnificence; celle de *Penset-Chin* est une admirable et élégante villa, située sur la rive nord de la rivière, à peu de distance des factoreries; elle se compose d'une longue suite d'appartemens richement décorés, moitié à la chinoise, moitié à l'européenne. Les maisons des principaux fonctionnaires du gouvernement ne méritent pas d'être mentionnées; elles ne diffèrent des maisons ordinaires qu'en ce qu'elles sont beaucoup plus spacieuses.

Très peu de maisons ou de temples de Canton ont plus d'un étage; les salles ont en général toute la hauteur du bâtiment, et les plafonds laissent même ressortir les poutres des toits. Souvent il y a, au-dessus de ces toits, avec balustrades à hauteur d'appui, des terrasses qui procurent une retraite agréable pour prendre le frais pendant les soirées d'été. Du haut de ces terrasses on découvre les plus admirables points de vue; celle de la maison du mandarin *Penset-Chin* fait apercevoir le panorama d'une grande partie de la ville de Canton et surtout de la rivière et de la ville flottante; quand le soir, les maisons et les bateaux sont éclairés, il est impossible de voir rien de plus animé ni de plus beau.

Temples et établissemens religieux de Canton. — Les temples ou établissemens religieux de Canton, sont :

1° *Kwang-heaou-sze*, qui signifie *temple de la gloire et du devoir filial.* Les temples sont baptisés par les boudhistes, prêtres chinois; *sze*, est le mot le plus ordinaire pour désigner un temple, et *Kwang-heaou*, le nom propre. Il est très difficile, et souvent impossible, de traduire les noms des vieilles pagodes; nous les donnerons donc simplement, suivant l'orthographe des manuscrits chinois.

Le temple *Kwang-heaou*, l'un des plus grands et des plus riches de Canton, est situé dans la vieille ville, à l'angle du côté nord-ouest;

il a 35 acres de terres attenantes, louées pour l'entretien des prêtres, au nombre d'environ 200. Ce temple fut construit l'an 250 de l'ère chrétienne et reçut, depuis lors, de fréquentes réparations et un nombre considérable d'idoles.

2° *Tsing-hwuy sze.* Ce temple, situé près de celui de *Kwang-heaou*, bien que moins étendu, lui est en tout semblable (il existe en général, une grande ressemblance entre les divers monumens religieux). Le temple *Tsing-hwuy-sze*, construit sous la dynastie des *Leang*, est remarquable par la haute tour qui s'élève dans son enceinte.

3° *Hwae-shing.* Ce temple fut construit par des *fan-jin* (étrangers), sous le règne de la dynastie des *Tang*; on y remarque un dôme surmonté d'une aiguille, s'élevant à environ 47 mètres de haut. Il fut reconstruit en 1468 de l'ère chrétienne, sous le règne de la dynastie des *Ming*. *Ah-too-lah* (Abdallah), officier civil, y résida, avec dix-sept familles qui étaient probablement toutes mahométanes et qui s'élèvent aujourd'hui à environ 3,000 individus; les Chinois les distinguent comme *gens n'ayant pas d'idoles* et *ne mangeant pas de viande de porc*.

4° *Hae-choo-tsze-too*; 5° *Paou-to*; 6° *Keae-yuen*; 7° *Sechen-kwei-fung*; 8° *Sehwa*, et 9° *Tae-tunh-koo*. Les six temples que désignent ces noms ne sont remarquables que par le grand nombre d'idoles qui les encombre; leurs cours et parties extérieures sont le réceptacle des mendians et des vagabonds qui y passent leur vie à jouer. Les parties intérieures donnent refuge à un grand nombre de misérables, qui ignorans et paresseux se sont, pour vivre aux dépens d'autrui, faits boudhistes.

10° *Chang-show-gan*. Le mot *gan* s'applique presque toujours aux couvens de femmes, dont plusieurs existent à Canton; mais il n'y en a aucune dans le temple dont il s'agit. Le nombre des prêtres qui le desservent est d'environ 100, qui touchent, pour leur entretien, un revenu de plus de 7,000 taëls (56,000 fr.) provenant du fermage des terrains; ceux qu'occupent les constructions de l'édifice dont nous parlons sont d'une superficie de 3 à 4 acres. Quelques unes de ses salles sont belles et spacieuses; une d'elles, qui vient d'être bâtie par un des membres de la famille du marchand haniste *Howqua*, est très richement décorée. Dans la plus grande de ces salles, il y a une fort belle statue de Boudha, placée dans l'attitude du *Dieu de la Paresse*; grosse masse bien nourrie, qui, si l'on apprécie au poids des chairs les mérites de la divinité, fait certainement honneur au personnage déifié qu'elle représente. Immédiatement au dessus, dans une autre pièce, se trouve le *Dieu de la Clémence*, personnage qui n'a de surhumain que sa taille, laquelle est de plus de 4 mètres. Le temple de *Chang-show-gan* est situé en dehors des murailles de la ville, à environ trois quarts de mille, au nord des factoreries. Il est fréquemment visité par les Européens. De l'étage supérieur d'un de ses bâtimens, on découvre le panorama d'une partie des faubourgs de l'ouest.

11° *Che-yuen*; 12° *Chung-fuh*, et 13° *Hwa-lin-sze*. Ce dernier temple, dont le nom signifie *la Forêt fleurie*, et situé à environ 200 mètres nord-ouest des factoreries, a été fondé vers l'an 503 de l'ère chrétienne par *Ta-mo*, professeur de l'*école contemplative*, venu de l'Inde; il fut reconstruit en la 11ᵉ année du *Shunche* (1755), et ses jardins embellis de plantations d'arbres. Il renferme environ 200 habitans.

Du quatorzième temple au vingt-cinquième cités par la chronique chinoise, nous ne mentionnerons rien, pas même les noms, passablement barbares, par lesquels on les distingue; mais nous croyons devoir nous arrêter sur la description et la légende du plus célèbre d'entre eux, le vingt-sixième, lequel a nom *Hae-chwang-sze* ou temple d'*Honan*. Les détails suivans donneront quelque idée des fables populaires qui, en Chine, se lient à l'histoire de la religion.

Chronique du temple d'Honan. — L'emplacement du grand temple d'*Honan*, si célèbre dans les annales chinoises, fut primitivement un jardin; mais, il y a de cela plusieurs siècles, un prêtre, appelé *Che-yue*, y bâtit un édifice qu'il appela le temple des *Dix mille Automnes*, et le dédia à *Boudha*. Plus tard (vers l'an 1600), un autre prêtre, célèbre par sa dévotion, aidé de son disciple *Ah-tsze*, l'éleva, au milieu d'une foule de circonstances extraordinaires, à son état de splendeur actuel. Voici ce que la chronique rapporte à ce sujet :

Sous le règne de *Kang-he*, la province de Canton n'étant pas entièrement soumise, un gendre de l'Empereur y fut envoyé pour la réduire complétement. Ce prince en eut bientôt achevé la conquête, et reçut, en récompense, de l'Empereur, le titre de *Ping-nan wang* (*Roi du Midi subjugué*). Il alla prendre son quartier général dans le temple d'Honan. On comptait alors sur l'île de ce nom treize villages dont il avait ordre de faire exterminer les habitans, pour les punir d'avoir résisté aux armes impériales. Au moment où le Roi *Ping-nan-wang*, qui était d'un naturel cruel et sanguinaire, allait mettre à exécution cet ordre barbare, il aperçut, selon la légende, le prêtre *Ah-tsze*. Le voyant très replet, il pensa, non sans quelque raison, que ce n'était pas à l'aide du seul régime végétal auquel était voué ce serviteur de Dieu qu'il avait pu acquérir un tel embonpoint. Il lui reprocha donc d'être un hypocrite, de n'avoir que de faux semblans de dévotion, et, le condamnant à mort, tira son sabre et voulut l'exécuter lui-même; mais, au moment de le frapper, son bras, demeurant suspendu en l'air, se roidit et se paralysa tout à coup. Saisi d'épouvante, *Ping-nan-wang* renonça à l'exécution : pendant la nuit suivante, une divinité lui apparut et l'avertit que *Ah-tsze* était un saint et qu'il ne pouvait le tuer sans injustice. Le matin suivant, le Roi, touché de repentir, étant allé trouver *Ah-tsze*, se confessa de ses crimes, et l'usage de son bras lui fut à l'instant rendu. Alors il se soumit au prêtre, le prit pour tuteur et pour guide, et la légende ajoute même que, matin et soir, il allait le servir comme un simple serviteur.

Les habitans des villages condamnés à être exterminés ayant entendu parler de ce miracle allèrent trouver le prêtre et le supplièrent d'intercéder pour eux auprès du Roi; ce que fit *Ah-tsze*. Le Roi répondit qu'il avait reçu un ordre impérial d'exterminer les rebelles, mais que, puisque son maître l'assurait qu'ils étaient repentans et soumis, il allait faire un rapport à l'Empereur pour demander leur grâce. Il remplit en effet cette promesse, et les villages furent sauvés. Leur gratitude envers le prêtre ne connut alors plus de bornes, et des dons de terrains, d'argent et d'encens lui arrivèrent de toutes parts; le Roi, de son côté, engagea ses officiers à faire des donations au temple, qui, à dater de ce jour, prit une grande célébrité.

Le temple d'Honan, à cette époque, n'avait pas encore de salle *des Rois célestes*, et, près de la porte de sortie, il y avait un étang appartenant à un homme fort riche, qui, malgré toutes les offres de *Ah-tsze*, se refusait à le vendre pour y construire ce pavillon. Le Roi, en conversant un jour avec *Ah-tsze*, observa que le temple n'était pas complet, puisqu'il n'avait pas de salle *des Rois célestes*; le prêtre lui répondit :

« Nul, plus qu'un roi terrestre, Votre Honneur, n'est en position d'élever une salle aux Rois célestes ! » Le Roi, ayant compris l'allusion, fit saisir l'étang et ordonna au propriétaire récalcitrant que le pavillon y fût bâti en quinze jours, délai que, par l'intercession du prêtre, il prorogea à un mois, et, en travaillant jour et nuit, les ouvriers élevèrent le pavillon dans cet intervalle.

Telle est l'histoire du temple d'Honan, le plus grand, le plus beau et le plus richement doté de Canton. Le nom d'Honan lui vient de l'île de ce nom, située au sud de la rivière, ainsi que le désigne son nom traduit littéralement. Le village, qui s'étend sur un long espace, au bord du *Choo-keang* (rivière des Perles), en face de la ville, peut être en quelque sorte considéré comme faisant partie des faubourgs du Sud. Les maisons de campagne que possèdent les principaux marchands de Canton derrière le village d'Honan, et le concours d'étrangers qu'y amène le temple, font de cet endroit un des plus remarquables de Canton.

Les bâtimens de cet édifice sont nombreux et occupent un terrain d'environ 7 à 8 acres ; le tout est environné d'une haute muraille. Après avoir traversé la rivière un peu au-dessous et à l'est des factoreries, passé sous la première porte et traversé une longue cour, on arrive à la porte dite de *la Colline*, au-dessus de laquelle est écrit en grands caractères, *Hae-chwang*, nom du temple. A gauche et à droite de cette porte on voit les statues colossales de deux guerriers déifiés, placées là comme pour garder jour et nuit l'entrée des cours intérieures ; on traverse ensuite une autre cour et l'on entre dans le palais des quatre grands Rois célestes. Là sont en effet les figures de quatre anciens héros ; enfin une belle avenue conduit au grand et magnifique palais. Ici, curieux profanes, prosternez-vous! vous êtes en la présence *des trois précieux Boudha !* c'est-à-dire de trois immenses statues représentant le *Boudha* passé, le *Boudha* présent et le *Boudha* futur. La salle dans laquelle elles sont placées forme un grand quadrilatère dont chaque côté peut avoir environ 34 mètres ; elle contient un grand nombre d'autels et d'autres statues, toutes en bois sculpté et peint, bizarrement vêtues des plus riches étoffes de brocard d'or, d'argent et de soie, aux couleurs éclatantes. Par le dessin et la main-d'œuvre, ces statues sont la preuve incontestable de la complète immobilité des arts en Chine. C'est dans cette salle que les prêtres célèbrent leurs vêpres, tous les jours vers les cinq heures de l'après-midi. Plus loin, on trouve d'autres salles appartenant à des pavillons détachés, encombrées d'idoles, parmi lesquelles on aperçoit la statue du *Dieu de la Clémence*.

A droite, en entrant dans le temple, se trouve une longue suite de petits bâtimens, dont partie sert à une imprimerie, partie forme de petites cellules pour les prêtres; le reste est destiné à recevoir les poules, les canards et les porcs que les fidèles apportent en offrande et dont les prêtres font leur nourriture.

A gauche, on voit des constructions semblables; un pavillon renfermant la statue de *Kwan-foo-tsze*, demi-dieu guerrier; une salle pour la réception des visiteurs, une trésorerie; un pavillon pour le *Te-tseang-wang*, Dieu des Ombres; le logement du prêtre en chef, une salle à manger et les cuisines. Derrière ces bâtimens, il y a un vaste jardin, à l'extrémité duquel est un mausolée où l'on dépose à un jour déterminé les cendres des prêtres morts pendant l'année et dont les corps ont été brûlés. A côté du mausolée est une fournaise qui sert à cet usage, plus une petite cellule où sont déposées les jarres destinées aux cendres, en attendant l'ouverture annuelle du mausolée. Là encore sont des tombes à l'usage des fidèles qui laissent de l'argent pour leurs funérailles.

Le temple d'*Honan* est desservi par environ 175 prêtres, entretenus par les revenus attachés à l'établissement; bien peu d'entre eux ont reçu quelque instruction; leur apparence est en général grossière et cynique; leur costume journalier est d'une couleur grise et à peu de chose près le même que celui de nos pauvres de Bicêtre; ce qui ajoute à cette similitude, c'est que les prêtres chinois ne portent pas queue et ont les cheveux coupés ras; ils sont du reste d'une extrême malpropreté.

Nous supprimons, pour abréger, une foule de détails fournis par les chroniqueurs chinois (dont la prolixité passe de beaucoup tout ce que l'imagination peut prêter aux plus féconds de nos Scudéris), sur un grand nombre d'autres temples, une centaine environ; et si nous avons quelque peu insisté sur ces descriptions, c'est que, même dans un ouvrage dont la matière et le but sont essentiellement commerciaux, il n'est pas sans intérêt, pour les rapports établis ou à établir avec un peuple, de se rendre exactement compte du degré d'attachement qu'il porte à ses croyances, de l'influence qu'elles exercent sur sa vie publique et privée, comme de celle qu'ont sur lui les dépositaires de l'autorité politique et religieuse.

On trouve, outre ces temples, à Canton, nombre de chapelles destinées aux dieux des *champs*, des *collines*, des *rivières*, de la *pluie*, du *tonnerre*, des *nuages* et des *vents*, des *grains*, des *fruits*, etc. A tous ces dieux, ainsi qu'à ceux des temples, il est fréquemment fait des offrandes et sacrifices, d'œufs, de volailles, de porcs et d'autres animaux, de poissons, de gâteaux, de confitures, de vins, liqueurs, d'encens et surtout de *pièces d'artifice*, tant par les officiers et employés du gouvernement que par les particuliers. Indépendamment des prêtres attachés aux temples et aux autels, on compte de nombreux serviteurs, qui y passent toute leur vie, pour le service des idoles. Le jour des anniversaires des dieux et dans d'autres fêtes publiques, des processions transportent avec pompe les figures des dieux, revêtus de leurs plus brillans costumes, et parcourent les rues de Canton, précédées de bandes de musiciens, de prêtres, de jeunes garçons montés sur des chevaux, de jeunes filles dans des palanquins ouverts, de vieillards et de jeunes gens portant des lanternes, encensoirs, drapeaux, banderoles et autres insignes, etc., ainsi que de licteurs portant rotins, et de soldats martialement armés de *sabres de bois*.

Chaque rue et chaque corporation de Canton a, du reste, sa fête religieuse, qu'elle célèbre par des illuminations, des feux d'artifice et des *sing-songs* (théâtres en bambous sur lesquels on joue des mystères, et où l'on fait des tours de gymnastique et de la musique). Les Chinois font beaucoup d'extravagances dans ces sortes de fêtes, où chacun cherche à surpasser ses émules, exactement comme dans nos foires et fêtes de village, où le paillasse et la grosse caisse, appuyés de la criarde clarinette ou des retentissantes cymbales, luttent à qui mieux mieux de clameur et de bruit. Enfin, indépendamment des temples, autels, dieux, déesses et demi-dieux publics, tous les autels, chapelles et *châsses* de chaque maison sont remplies de *dieux pénates*, pour lesquels, à chaque événement de famille, on brûle quantité de papier doré, de pétards et d'encens.

Des établissemens de charité à Canton. — Il y a peu d'institutions de charité à Canton, et le petit nombre de celles qui y existent sont de peu d'étendue et d'une date récente.

On doit placer en première ligne le *Yuh-ying-tang*, ou hospice des *enfans trouvés*, institution qui, fondée en 1698 de l'ère chrétienne, fut reconstruite et considérablement augmentée en 1732. Elle est située en dehors des murailles, à l'est de la ville, et peut recevoir 200 ou 300 enfans ; sa dépense annuelle est de 2,522 taëls (20,176 fr.). On peut, par l'exiguité de cette somme, juger du peu de secours effectifs qui y sont donnés.

Vient ensuite le *Yang-tse-yuen*, asile ou lieu de refuge pour les pauvres, les vieillards aveugles ou infirmes, qui n'ont ni parens, ni amis et sont sans ressources. Il est situé en dehors de la ville, près de l'hospice des enfans trouvés, placé comme ce dernier sous le patronage de l'Empereur, et reçoit une somme de 5,100 taëls (40,800 fr.) par an. Cette somme et celle précitée sont prélevées, en tout ou en partie, sur un droit imposé aux navires qui apportent le riz à Canton, et qui s'élève à 620 taëls (4,960 fr.) par navire.

Enfin nous citerons le *Ma-fung-yuen*, hôpital des *lépreux*, établissement situé aussi à l'est, en dehors des murailles de la ville, pouvant contenir environ 340 malades, qui sont entretenus au moyen d'une dépense de 3,000 taëls (24,000 fr.) par an.

Il y a plusieurs siècles, il existait à Canton une *pharmacie publique*, dans laquelle on délivrait, gratis, des médicamens aux malades pauvres ; mais cet utile établissement a depuis bien longtemps disparu.

On compte encore parmi les institutions de charité de Canton de petits terrains situés à l'est et au nord de la ville, et dans lesquels on enterre les malheureux. Comme il est défendu d'inhumer dans Canton même, il a été ouvert des *champs de repos* tout autour de la ville (1).

Ces établissemens de charité, placés sous la direction du gouvernement, sont administrés avec une sordide parcimonie ; leur situation est des plus misérables ; les enfans trouvés, lorsqu'ils sont grands, sont souvent vendus et quelquefois achetés pour d'ignobles et vicieux motifs. Telles sont les institutions de bienfaisance du Céleste Empire !

(1) Voir la note page 245.

Un docteur anglais vient d'établir à Canton un hôpital destiné au traitement des paralytiques. Espérons que cette œuvre philanthropique réussira au gré des désirs de son charitable auteur.

Du gouvernement de Canton, et de ses fonctionnaires civils et militaires. — Jetons maintenant un coup d'œil sur le gouvernement de Canton, sur les principaux fonctionnaires de la province, de la ville, et sur leurs attributions.

A Canton, comme en tous les lieux de la vaste domination *Mantchou-chinoise*, le pouvoir suprême et exécutif est dans les mains de l'Empereur, assis sur le *siége du-dragon*, et qui s'intitule le *vice-régent du Ciel élevé.* Dans chaque capitale des provinces de l'Empire, il y a une vaste salle (espèce de salle du trône), appelée *Wan-show-kung*, dédiée à l'Empereur ; les tentures et tous les meubles en sont jaunes, c'est-à-dire de la couleur impériale. A Canton, le *Wan-show-kung* est situé à l'angle sud-est de la nouvelle ville ; on ne s'en sert que pour honorer l'Empereur et sa famille, trois jours avant et trois jours après l'anniversaire de la naissance du souverain. Les hauts fonctionnaires civils et militaires, ainsi que les principaux habitans, s'assemblent dans cette salle pour l'adorer, bien qu'il ne soit pas présent. On observe pendant ces cérémonies le même respect et le même décorum que si le souverain y assistait : aucun siége n'est permis dans la salle ; seulement chaque personne présente apporte un coussin sur lequel elle s'asseoit les jambes croisées. Telle est l'espèce de culte que les Chinois rendent à leur Empereur, même absent.

Voici, d'après l'ordre de hiérarchie, les principaux fonctionnaires et officiers exerçant une autorité à Canton.

Du Gouverneur général, ou Vice-Roi des deux Kwangs.—Premièrement, le *Tsung-tuh* (ou Vice-Roi). Les titres de ce fonctionnaire sont *leang-kwang tsung-tuh*, qui signifient gouverneur des provinces du *Kwang-tung* et *Kwan-se.* Il est revêtu de la haute autorité, et, dans beaucoup de circonstances, il agit seul et indépendamment de tous les autres fonctionnaires de sa juridiction. Le plus habituellement, cependant, il agit de concert avec les fonctionnaires, qui, ainsi que lui, ont été commissionnés et envoyés par l'Empereur. Le Vice-Roi ne peut faire, ni mettre à exécution, aucune nouvelle loi sans la sanction de l'Empereur ; il est requis d'agir suivant les statuts de la législation existante. Dans de certains cas prévus par les lois, il peut, de concert avec le *foo-yuen* (lieutenant gouverneur), infliger immédiatement la peine de mort. De nouveaux réglemens sont souvent soumis à l'Empereur par ces *tsung-tuh*, et lorsqu'ils ont reçu son approbation, ce qui arrive presque toujours, ils deviennent immédiatement exécutoires. Le Vice-Roi des deux *Kwangs* est ordinairement président honoraire du conseil suprême de la guerre à Péking, et membre du Cabinet impérial.

Le Vice-Roi actuel est *Ki-ying*, oncle de l'Empereur régnant, qui aux qualités que nous venons d'énumérer joint celles de professeur du prince impérial. C'est lui qui fut le signataire des traités anglais, américains et français, et l'on se rappelle qu'il en a été fréquemment question dans les récits qui nous sont parvenus dans le temps, par les feuilles publiques, sur les cérémonies et négociations auxquelles donna lieu notre ambassade en Chine.

Les ordres de ce fonctionnaire sont péremptoires, et l'on ne résiste jamais impunément à son autorité. De son côté, il est sous le poids d'une immense responsabilité, étant rendu garant envers Sa Majesté Céleste, non seulement de la bonne administration des deux provinces de son gouvernement, mais encore de tous les événemens fâcheux qui peuvent y arriver, dépendans ou même indépendans de la prudence et de la prévoyance humaines. C'est ainsi que, pour la plus grande garantie de la prospérité du peuple, il est responsable des bonnes ou mauvaises récoltes. Il doit faire un rapport à l'Empereur et au suprême tribunal, de toutes les calamités publiques, occasionnées par le feu, l'eau, la sécheresse, les tremblemens de terre, etc.; et cela, sous peine d'être dépossédé de son emploi. La moindre faute réelle, ou même simplement supposée, dans ses actes, l'expose souvent aux plus sévères punitions; témoin le dernier Vice-Roi, *Le*, qui, par suite de l'insurrection de *Leen-chow*, fut dépouillé de son rang, de tous ses honneurs, enchaîné, mis en prison, condamné, et enfin envoyé dans un lointain exil.

Quand un incendie se déclare dans l'une des villes du gouvernement du Vice-Roi, si plus de 10 maisons sont brûlées, on condamne ce dernier à perdre neuf mois de son traitement; si 30 ont été consumées, il perd l'année entière; enfin, s'il y en a eu 300, il est dégradé d'un degré. Les feux qui ont lieu dans les faubourgs ne l'exposent pas aux mêmes peines.

Les principaux fonctionnaires de Canton, et aussi quelques-uns des premiers habitans, font de fréquentes visites à son excellence, soit pour affaires, soit par cérémonies, en certaines circonstances, telles que l'arrivée d'un gouverneur nouveau. Dans ce cas, les officiers civils et militaires sont obligés de lui envoyer un compte détaillé de leur position personnelle, de leurs fonctions et de l'état des affaires du district.

Il paraît que les gouverneurs des deux *kwangs* ne peuvent établir de relations suivies et intimes avec aucun de leurs administrés, si l'on en juge d'après le fait suivant.

Un des derniers Vice-Rois de Canton déclarait que : « si par aventure il arrivait à quelqu'un des officiers civils ou militaires, supérieurs ou inférieurs, marchands hanistes, ou toute autre personne, de se vanter d'être dans son intimité ou d'avoir sa confiance, il le ferait à l'instant mettre en jugement, ainsi que les personnes devant lesquelles un pareil propos aurait été tenu et qui ne lui en auraient pas immédiatement rendu compte. »

Tous les appels en dernier ressort, dans les deux provinces, se font au Vice-Roi. Aux portes du palais, sont attachées des tablettes qui contiennent des instructions appropriées à toutes les causes qui peuvent amener des plaignans devant lui. Ces instructions sont :

Sur la première tablette, pour ceux qui ont été *lésés par des fonctionnaires avides et concussionnaires ;*

Sur la seconde, pour *ceux qui ont été volés ;*

Sur la troisième, pour *ceux qui ont été faussement accusés ou calomniés ;*

Sur la quatrième, pour *ceux qui ont été friponnés par des joueurs ou des escrocs ;*

Sur la cinquième, pour *ceux qui ont été victimes des méchans*, de quelque façon que ce soit ;

Sur la sixième, enfin, pour les personnes *qui désirent révéler ou donner des informations* sur des complots, machinations, etc.

Tous les troisième, huitième, treizième, dix-huitième, vingt-troisième et vingt-huitième jours de chaque mois, il est permis à chacun de prendre en main les tablettes concernant la plainte qui l'amène et de monter dans une salle de réception, où il trouve le Vice-Roi en personne, auquel il peut expliquer son affaire. On suit, du reste, rarement ce mode de procédure, et les plaignans préfèrent envoyer tout simplement une pétition au Vice-Roi. Quand toutes les voies de juridiction sont épuisées, on a la ressource d'un dernier appel à Péking.

La maison du gouverneur, située dans la nouvelle ville, près de la porte de Lew-lan, est spacieuse et appartient au gouvernement. Le traitement annuel payé au Vice-Roi s'élève à 15,000 taëls (120,000 fr.), et l'on croit généralement qu'il touche, pendant l'année, plus de douze fois la même somme, chiffre qui paraît exagéré, depuis surtout qu'un état de choses régulier et légal est venu abolir, ou affaiblir du moins, les exactions qui pesaient sur le commerce, exactions dont le Vice-Roi recevait en partie le produit.

Le Vice-Roi actuel, Chinois Tartare des provinces du Nord, est un homme âgé, d'une bonne figure qui ne manque pas de finesse, et paraissant très désireux de voir chacun remplir avec soin les devoirs que lui imposent ses fonctions. Environné d'un grand nombre de conseillers, secrétaires, employés, domestiques, il a aussi autour de lui un petit nombre de soldats qui lui forment une espèce de garde du corps, et font en même temps partie de la police de Canton.

2° Le *Foo yuen ou Lieutenant-gouverneur, commandant en second de la province de Canton.* — On appelle encore ce fontionnaire *Seun-foo*; il est la seconde autorité dans le province de Canton, à laquelle se limite sa juridiction. L'ancien *Choo*, à présent *Foo-yuen*, d'après les papiers officiels du gouvernement, s'intitule ainsi : Officier assistant au conseil militaire, membre de la cour des examinateurs universels, censeur impérial, juge de paix de Canton, guide des affaires militaires et contrôleur des taxes.

La division du pouvoir est la politique de la famille Mantchou, surtout quand il s'agit de le confier aux mains d'agens choisis parmi le peuple. D'après ce principe, le *Foo-yuen*, bien que second du gouverneur général, n'est pas sous son contrôle : dans de certaines circonstances, il agit indépendamment de son supérieur. Lorsque le gouverneur et son second ne peuvent pas s'accorder, l'affaire est soumise à l'Empereur. Le *Foo-yuen* peut appliquer le *wang-ming* (ordre de l'Empereur) ou droit de vie et de mort, en vertu duquel, lorsqu'il y a urgence, un criminel peut être immédiatement exécuté sans qu'il soit besoin d'en référer au souverain.

La résidence du Lieutenant gouverneur est située dans la vieille ville, dans un palais bâti sous le règne de *Sunche*, par des généraux tartares qui furent envoyés à Canton pour pacifier le pays révolté. Le personnage actuellement investi de ces fonctions, natif du *Keang-soo*, est sombre, résolu, tient peu à l'argent, méprise les présens corrupteurs, et est la terreur des bandits, l'ennemi des vagabonds, respecté par quelques personnes, craint par beaucoup, haï par tous. Grand et bien fait de sa personne, le *Foo-yuen* a un regard qui prouve l'inflexibilité de son commandement; il remplit aisément et sans peine ses fonctions, dans lesquelles il a vieilli. Sorti des rangs du peuple, il doit sa haute position à ses services et à son mérite. Ainsi que le Vice-Roi, il a autour de lui une petite troupe de soldats; mais il emploie peu d'autres personnes, et son administration est très simple et très économe.

3° Le *Tseang-keun*. — Cet officier, qu'on appelle ordinairement le général tartare, est le commandant des troupes tartares de Canton et répond de la défense de la ville. Dans beaucoup de circonstances, il agit indépendamment du Vice-Roi et du Lieutenant gouverneur; tous les soldats sont sous son commandement, à l'exception d'un petit corps stationné sur la rivière. Les soldats sont casernés dans la vieille ville, dans laquelle le général tient aussi sa cour et son quartier général. Ce chef est toujours un Tartare Mantchou, et souvent même un membre de la famille impériale. Le *Tseang-keun* a pour subordonnés les deux *Foo-too-tungs*, ou lieutenans-généraux, et un grand nombre d'officiers inférieurs qui ont rang de majors, capitaines, lieutenans, etc.

4° Le *Hae-kwan-keen-tuh*. — Ce fonctionnaire est connu par les étrangers sous le nom de *Grand Hoppo* du port de Canton (surintendant ou directeur général des douanes (1). Quand un consul ou un

(1) Voir ce qui en a été dit, page 130.

Européen s'adresse à lui, c'est le titre de *Grand hoppo* qu'il doit lui donner. Il est ordinairement membre de la maison impériale, et reçoit sa commission et son traitement régulier de l'Empereur lui-même. Sa juridiction, comme surintendant des douanes, se limite au commerce maritime de Canton.

5° Le *Heo-yuen*, *Chancelier littéraire de Canton, ou examinateur des études*. — C'est l'officier littéraire du plus haut rang de la province de Canton; il exerce la plus grande influence, ayant reçu de l'Empereur le titre d'examinateur. C'est le dispensateur des grades littéraires, sans lesquels nul Chinois ne peut parvenir à aucune fonction civile de l'Etat. Ce fonctionnaire a le contrôle général de toutes les écoles, des colléges et des examens des lettrés de la province. Dans quelques circonstances spéciales, son autorité s'étend sur le militaire.

6° Le *Poo-ching-sze*, *Receveur général et trésorier de la province de Canton*. — Ce fonctionnaire, placé sous le contrôle du Vice-Roi, perçoit tous les revenus et paie tous les fonctionnaires du gouvernement. Les principaux employés sous ses ordres sont : le *king-leih*, ou secrétaire ; le *chaou-mo*, ou gardien du sceau ; et le *koo-ta-sze*, ou caissier trésorier.

7° Le *Gan-cha-sze*, ou *An-cha-sze*. — Ce fonctionnaire est le juge criminel de la province; toutes les affaires criminelles sont jugées par lui. En général, il siége et juge seul; mais, lorsqu'il s'agit de la peine capitale, il est assisté par les autres chefs de la province. En certaines circonstances, il exerce le pouvoir civil en concurrence avec le *Poo-ching-sze*, ou receveur général ; il a aussi sous son contrôle les postes du gouvernement. Parmi les fonctionnaires sous ses ordres, il y a un *sze-yo*, ou contrôleur général des prisonniers de la province, dont les attributions sont à peu près les mêmes que celles de nos directeurs de prisons.

8° Le *Yen-yun-sze*, ou *Surintendant général des sels de la province*. — Sous ses ordres sont un *yun-tung* ou inspecteur, qui surveille le transport des sels d'un lieu à un autre, un secrétaire, un trésorier et plusieurs autres employés subalternes. Le commerce du sel, en Chine, est un monopole dont les taxes forment une des principales branches du revenu impérial. Ce commerce est limité entre un petit nombre de marchands qui en ont la licence; ils sont en général fort riches et souvent obligés à fournir de forts subsides en argent au gouvernement provincial.

Il y a quelques mois, lors de mon départ de la Chine, plusieurs riches maisons anglaises et américaines commençaient à faire ouvertement, et avec de grands bénéfices, la contrebande des sels. Ce sera un coup porté au Trésor chinois, et qui, si quelque *casus belli* venait à se produire entre l'Angleterre et la Chine, pourrait bien n'y pas être étranger.

9° Le *Tuh-leang-taou, Inspecteur général des greniers publics d'abondance de Canton.* — Tous les magasins de prévoyance des grains et céréales de la province sont sous la direction de ce fonctionnaire, et tous les surintendans de ces greniers sont sous son contrôle et son inspection; il y a à Canton et aux environs quatorze greniers publics d'abondance qui doivent toujours être remplis pour subvenir aux besoins du peuple dans les temps de disette.

10° Le *Kwang-chow-foo-che foo*, ou *Magistrat du département de Kwang-chow* (sorte de préfet). — Ce fonctionnaire est placé à la tête de tous ceux qui exercent des fonctions dans la subdivision de la province qu'il est chargé d'administrer.

11° Le *Nan-hae-heen, che-heen.* — Ce fonctionnaire est subordonné au magistrat (ou préfet du département) de *Kwang-chow*. Il est à *Nan-hae* ce que son supérieur est à *Kwang-chow*, c'est-à-dire premier magistrat ou préfet du *Heen*, ou district, ou subdivision de province. Le département *Kwang-chow* est divisé en quatorze *heens* ou districts, dont *Nan-hae* et *Pwan-yu*, sur lesquels se trouve situé Canton, sont les plus importans.

12° Le *Pwan-yu, heen che-heen.* — Ce fonctionnaire est le premier magistrat ou préfet du *heen* ou district de *Pwan-yu;* ses fonctions sont les mêmes que celles des deux autres préfets de *Kwang-chow* et *Nan-hae.*

Telle est la division générale des pouvoirs à Canton. Au premier aperçu, une aussi grande quantité de fonctionnaires, dont les attributions hiérarchiques paraissent souvent s'entremêler, semblerait devoir déterminer des conflits, de l'anarchie et du désordre. Il n'en est rien cependant, et les pouvoirs de Canton fonctionnent, sans jamais se heurter, avec un ensemble et un ordre parfaits.

Deux influences principales, l'une littéraire et l'autre militaire, concourent au même but, la force du gouvernement. La religion, qui, dans tous les autres pays, est un agent puissant dans le gouvernement, paraît en Chine n'avoir pas une action très sensible sur la destinée politique des peuples.

Il y a, outre les divers fonctionnaires dont on vient de parler, deux officiers généraux, commandant en chef, l'un les forces de terre de la province, l'autre celles de mer. Ils agissent quelquefois seuls et parfois de concert avec les autres autorités.

Le gouvernement chinois est monarchique et militaire, et organisé de telle sorte que les différentes autorités des provinces se tiennent mutuellement en bride, et que chaque chef est responsable de ses subordonnés. Dans tous les actes du pouvoir principal, on remarque une grande prudence et un soin constant à diviser et à balancer les pouvoirs secondaires, et cela même dans les choses les moins importantes. Ainsi, les résidences désignées par le gouvernement aux différentes autorités de Canton sont fixées de telle façon que l'on voit, dans la nouvelle ville, le Vice-Roi demeurer à une portée de fusil seulement du *Grand Hoppo*, le plus fidèle sujet, l'esclave de l'Empereur. Dans la vieille ville, le Lieutenant gouverneur est placé exactement dans la même position, relativement au général tartare, commandant les forces militaires, et, dans l'hypothèse d'une révolte, ces deux dernières autorités sont posées de manière à pouvoir agir coërcitivement contre les premières et réciproquement.

Le même principe de prudence est observé dans les dispositions prises pour la distribution des troupes. La totalité des forces de terre et de mer s'élève, dans la province de Canton, à 100,000 hommes. Ces troupes sont, dans de certaines limites, sous le contrôle du Vice-Roi, qui n'a cependant de commandement immédiat que sur un corps de 5,000 hommes; mais ce corps doit être stationné à une distance assez grande et bien déterminée, de la ville, sa garde ordinaire à Canton se composant seulement de quelques soldats de police.

Le Lieutenant gouverneur n'a que 2,000 hommes sous ses ordres, tandis que le général tartare en a dans la vieille ville 5,000, au moyen desquels, dans un cas extrême, il pourrait se rendre maître de Canton.

La véritable résidence du Vice-Roi est à *Shaou-king-foo;* mais, par suite des avantages que lui offre Canton, on l'a autorisé à y résider, sans cependant lui permettre d'en faire approcher ces 5,000 hommes, parce que, joints aux 2,000 du Lieutenant gouverneur, ils pourraient tenir en échec le chef tartare. Ainsi, telle est la pondération entre les diverses autorités supérieures de la province, que le *Grand Hoppo* se trouve opposé au Vice-Roi, et que le général tartare, qui, par naissance, lui est naturellement antipathique, contre-balance le *Foo-yuen*, seconde autorité, mais d'origine chinoise.

Une autre disposition du gouvernement, qui dénote aussi une extrême prévoyance, c'est que nul Chinois ne peut exercer de fonctions publiques dans l'endroit où il est né, et à une distance de cet endroit moindre de plusieurs centaines de milles.

La totalité des troupes stationnées dans Canton n'excède donc pas, dans la vieille ville, 5,000 hommes de troupes régulières (celles du général tartare); mais il y a, en outre, les 2,000 hommes du *Foo-yuen*, employés à la police dans la vieille et la nouvelle ville.

On compte plusieurs forts aux environs de la ville, qui est elle-même, ainsi que nous l'avons dit, entourée de murailles crénelées; mais tous ces moyens de défense sont dans le plus triste état, et les troupes sont à moitié nues et armées seulement de quelques mauvais fusils à mèches, d'arcs, de petits sabres, de piques et de boucliers. La police municipale de Canton est active, régulière et exacte; il y a un grand nombre d'agens, espèces de constables, qui veillent nuit et jour; presque chaque rue est fermée la nuit, aux deux bouts, par des portes solides, et près desquelles sont ordinairement des corps-de-garde; toutes les nuits, une foule de *watchmen*, ou veilleurs, parcourent la ville en frappant les heures sur des bambous creux; beaucoup d'habitans ont aussi l'habitude de payer des veilleurs autour de leurs maisons. Pendant les mois d'hiver, quand le danger du feu et des voleurs est le plus grand, on construit des *tours de veille*, en bambous, au-dessus des maisons, de distance en distance; on découvre ainsi ce qui se passe, et dès qu'on aperçoit un feu ou des voleurs, l'alarme est en un clin d'œil répandue dans toute la ville par les veilleurs de nuit. Lorsqu'une émeute, un tumulte ou une rixe ont lieu dans les rues, tout est bientôt dissipé par une solide application de fouet ou de bambou ; un grand nombre de coupables se soustraient, sans nul doute, à la justice ; la plupart, cependant, sont jugés et punis, et la quantité des jugemens est considérable à Canton chaque année. La justice y est souvent administrée de la manière la plus sommaire ; aussi n'est-il pas rare de voir un délinquant saisi, jugé, châtié et rendu à la liberté, le tout dans l'espace d'une heure.

La forme des procès est fort simple, il n'y a là ni jury ni plaidoiries : le prévenu s'agenouille devant le magistrat, qui entend les témoins et prononce la sentence, et le coupable est renvoyé en prison ou conduit au lieu de l'exécution ; les acquittemens sont assez rares. Si les témoins manquent, on met l'inculpé à la torture jusqu'à ce qu'il ait fourni une évidence contre lui.

Il y a quatre prisons à Canton, chacune desquelles contient plusieurs centaines de détenus ; les Chinois les appellent *te-yo*, enfers, ou, littéralement, *prisons sous terre.*

Les condamnés à la peine capitale sont exécutés en dehors de la porte du Sud, près de la rivière ; plusieurs centaines de criminels périssent chaque année en ce lieu. Lorsque le patient arrive à l'endroit fatal, il s'agenouille, et, avec tous les signes de la soumission ou même de la gratitude, il s'incline devant la cour impériale, et expire aussitôt sous le glaive de l'exécuteur.

Des institutions littéraires en Chine et de leur action sur le gouvernement. — Les institutions littéraires ou les lettrés, en Chine, constituent, sans contredit, la base la plus solide de la stabilité de l'Empire. Ses forces militaires sont tout à fait incapables de maintenir sous une direction centrale et unitaire les nombreuses et considérables contrées qui composent aujourd'hui le domaine de la dynastie régnante ; c'est avec de grands efforts que les armées tartares conquirent autrefois, une à une, ces vastes provinces et s'étendirent vers l'ouest et le sud, dans la Chine proprement dite. Depuis lors, la discipline a décliné, et, dans ce moment, les armées impériales n'ont plus de formidable que leur chiffre numérique. Les insurrections récentes de Leen-chow et de Formosa ont prouvé de la manière la plus évidente la complète nullité des armées chinoises; nullité qui n'existe pas seulement dans cette partie de l'Empire, car le long des côtes jusqu'à la grande muraille, vers le nord, et même, au-delà de cette muraille, dans la Tartarie Mantchou, la démoralisation des troupes de terre et de mer est complète, et le gouvernement, depuis longtemps déjà, ne peut plus compter sur leur appui.

Bien des auteurs, envisageant avec admiration l'imposante grandeur de l'Empire chinois, ont cru qu'il était assis sur des bases aussi indestructibles que ses éternelles montagnes. Une étude plus approfondie de son histoire passée et de son organisation actuelle leur démontrerait que souvent cet Empire a été renversé ou bouleversé par des chefs rebelles, par des hommes d'État ambitieux ou des gouvernans malhabiles, et que sa stabilité, sa force actuelle doivent être principalement attribuées à la puissante influence de ses institutions littéraires.

Dans tous les pays, les sciences et la littérature, bien qu'elles fassent la gloire et l'ornement des peuples, n'exercent pas une influence très directe sur la force et l'action des gouvernemens. Chez les peuples civilisés, les richesses, la naissance et les relations qu'elles donnent, conduisent souvent plus promptement aux honneurs que les talens et le vrai mérite. Chez les Chinois, au contraire, les institutions littéraires sont telles, que la carrière publique est complétement fermée à celui qui n'est pas lettré à un certain degré. On n'y entre qu'après avoir acquis un premier grade, et chaque pas qu'on y fait est pour ainsi dire marqué par un nouveau degré littéraire plus élevé, auquel il faut être parvenu par suite d'un nouvel examen.

Aucun Chinois ne peut donc occuper de hautes fonctions dans l'Empire, s'il n'a été reçu *lettré* par les examinateurs du gouvernement, littérateurs qui eux-mêmes ont été tirés du rang des lettrés. Les grands fonctionnaires, en Chine, sont assez généralement des hommes du peuple, que de longues années de travail et d'études ont élevés au commandement, et qui, ayant constamment appris, pendant leur laborieuse carrière d'étudiant, à respecter les institutions de leurs ancêtres, dont ils sont eux-mêmes appelés à devenir les soutiens, conservent, on doit le comprendre, toute vénération pour ces mêmes institutions, lorsqu'ils sont arrivés par elles à la tête de l'État. C'est en confiant ainsi le pouvoir aux mérites réels, constatés par ces examens, que les anciens législateurs chinois ont fondé la puissance des institutions littéraires et en ont fait la base et le plus ferme appui du trône.

Jetons un coup d'œil rapide sur ces institutions, et voyons si, dans leurs résultats, elles répondent à la sagesse de leur organisation.

Des examens publics des lettres ; lois relatives à ces examens. — Les examens dont il vient d'être parlé, réglés par un code de lois spéciales, et ayant pour but de faire surgir le vrai talent des masses, sont ouverts à tous, excepté aux domestiques, aux exécuteurs de la justice criminelle (ces derniers, armés de fouets, bambous, etc., précèdent, dans les cérémonies, les mandarins, comme les anciens licteurs précédaient le consul romain), aux acteurs et aux prêtres. C'est par les examens que sont connus les sujets qui s'élèveront aux honneurs, augmenteront la prospérité de leur pays et honoreront leur race, comme ceux qui devront retourner dans l'obscurité des masses pour y vivre et mourir oubliés.

Jamais les compétiteurs aux jeux olympiques ne se produisirent dans l'arène, devant leurs innombrables concitoyens assemblés, avec une émotion plus vive et plus profonde que celle qui fait battre le cœur des candidats chinois à la palme littéraire. Les jours solennels de ces examens et ceux où sont proclamés leurs résultats sont les époques les plus glorieuses de la ville de Canton.

Les examens des plus hauts degrés littéraires sont triennaux et se font à Péking. Quelques autres, tout exceptionnels, sont accordés par faveur spéciale de l'Empereur. Les écoliers les plus distingués se hâtent d'accourir de toutes les provinces de l'Empire à ces examens, mais leur admission ne s'obtient pas facilement : il a fallu de longs et pénibles efforts pour être admis devant ce redoutable tribunal, et c'est par de préalables examens, également triennaux, que l'aspirant a été jugé digne de s'y présenter : ces derniers sont passés dans la métropole de chaque province et ont un immense intérêt, car c'est là qu'après de longues années d'études et de sacrifices se fermera ou s'ouvrira, pour le candidat, le chemin des honneurs et des richesses.

Les deux examinateurs choisis à Péking, sous le contrôle immédiat de l'Empereur, parmi les fonctionnaires les plus distingués, doivent se mettre en route cinq jours après leur nomination, ils ont à leur disposition les chevaux de poste du gouvernement, et il est accordé aux examinateurs qui vont à Canton 600 taëls (4,800 fr.) de frais de route, somme dont ils reçoivent le tiers en partant, le surplus leur étant remis par le gouverneur de la province après l'accomplissement de leur mission. A ces deux examinateurs en sont adjoints dix autres, choisis parmi les fonctionnaires de la province et présidés par le *Foo-yuen* (Lieutenant gouverneur); puis, une foule d'autres officiers inférieurs employés, dans ces occasions, comme inspecteurs, gardes, etc.

Toutes ces personnes, y compris les candidats et leurs parens, s'élèvent à environ 10,000 et au delà, et s'assemblent au *Kung-yuen*, grand et spacieux édifice, consacré exclusivement à cet usage et contenant un grand nombre de pièces, de façon à ce que chaque candidat se trouve isolé de ses compétiteurs. Toutes les pièces sont numérotées et forment des espèces de petites cellules, basses, étroites, n'ayant qu'une seule entrée et pas d'autre meuble qu'une chaise et un petit pupitre.

Cette affluence des candidats, de leurs parens et amis à Canton, augmente notablement à cette époque le mouvement et l'activité de la ville, et chaque branche de l'industrie en reçoit une plus vive impulsion. Les candidats, en général jeunes gens de distinction et de mérite, sont appelés *sew-tsae*, titre assez semblable à celui de *bachelier ès lettres;* mais ils sont divisés en plusieurs classes, et ceux qui ont acheté leur degré sont généralement moins respectés que ceux qui le doivent à leur travail. Ils se réunissent à la huitième lune (huitième mois), mais nul ne peut entrer en examen s'il n'a été préalablement enregistré sur les listes du Chancelier littéraire de la province; l'âge, le signalement, le lieu de résidence, le lignage de chaque candidat, sont inscrits dans les listes du Chancelier, et copie en est déposée dans les bureaux du Lieutenant gouverneur. Celui qui ferait une fausse déclaration serait à l'instant dégradé et renvoyé, aucun candidat ne pouvant être admis à l'examen, sans prouver préalablement que sa famille habite la province depuis un certain nombre de générations, ce qui paraît aussi sévère que difficile à établir.

Les examens se continuent plusieurs jours, pendant lesquels chaque candidat subit différentes épreuves. La première se fait le neuvième jour de la lune, la seconde le douzième, et la troisième le quinzième. Les candidats entrent dans leurs cellules, ou, comme on dit chez nous, *en loge*, le jour qui précède les examens, et y restent jusqu'après celui où ils finissent. Le premier jour, on leur soumet trois thèmes, choisis dans les *quatre livres*, et dont ils doivent expliquer le but et la signification; on leur donne encore ce jour là, un quatrième thème sur lequel ils doivent faire un petit poëme en vers.

Le deuxième jour on leur donne un thème tiré de chacun des *Cinq classiques*, et le troisième, ils ont à résoudre *cinq questions relatives à l'histoire où à l'économie politique du pays.* Les thèmes doivent être sentencieux et avoir une signification lucide et profonde. Les questions diffèrent de celles qui ont déjà été discutées; les sujets à traiter en vers doivent être graves et importans. Dans les thèmes pour essais d'économie politique, les principales questions doivent rouler sur des sujets d'une *utilité réelle et importante*, et d'une nature précise, évidente et correcte. Toutes les questions touchant le caractère ou les mérites des hommes d'État de la dynastie régnante sont soigneusement écartées, ainsi que celles relatives à leurs actes et à leur politique.

Pour montrer combien les Chinois sont minutieux dans leurs pratiques et rigoureux observateurs des règles, nous ajouterons que le papier sur lequel les candidats doivent écrire leurs thèmes et leurs essais, est spécialement préparé pour cet usage avec le plus grand soin, et préalablement examiné dans les bureaux du *Poo-ching-sze.* C'est un papier d'un grain ferme et épais, dont le prix est fixé par l'autorité. Les lignes écrites par les candidats doivent être droites, et tous les caractères corrects et beaux.

Au bas de chacune des feuilles contenant des compositions en vers, ou des réponses aux questions posées, le candidat est obligé de déclarer combien il a effacé ou altéré de mots; et si le nombre de ces ratures dépasse cent, l'élève est *Tsee-chuh*, ce que nous traduirions volontiers par l'expression, très connue à notre Ecole polytechnique, de *fruit sec*, si le mot chinois n'avait en soi une signification plus sévère. Le candidat *Tsee-chuh*, en effet, voit son nom publiquement affiché au dessus des portes de la salle comme s'étant rendu coupable de violation d'une des règles établies, et il est, par suite, expulsé des examens de l'année. On compte généralement une centaine de candidats et souvent plus, ainsi renvoyés des examens de Canton pour contraventions aux réglemens.

Outre qu'il est défendu aux étudians de s'enivrer ou de commettre aucun désordre pendant la durée des examens, nulles relations d'amitié, correspondance, échanges de repas ne sont permis entre les examinateurs et les parens ou amis des candidats. En entrant dans la première porte du *Kung-yuen*, chaque élève inscrit son nom sur un registre tenu à cet effet, et, si l'on découvre que le nom a été faussement écrit, l'officier gardien du registre est immédiatement envoyé devant la cour des enquêtes; si le candidat emprunte l'aide d'une autre personne pour composer ses thèmes, etc., il est arrêté avec son complice, mis en jugement et puni. Bien plus, le candidat en entrant dans le *Kung-yuen* est fouillé, et s'il est trouvé sur lui quelque thème préparé ou copie en miniature des classiques, il est condamné à porter la *cangue* (collier fait d'une grosse pièce de bois), dégradé de son rang de *sew-tsae* (bachelier ès sciences), et déclaré pour jamais incapable de se présenter comme candidat aux honneurs littéraires; son père et son tuteur, en outre, sont eux-mêmes poursuivis et punis. Inutile d'ajouter que toutes les précautions imaginables sont prises vis-à-vis des serviteurs, soldats, domestiques, etc., qui pourraient prêter au candidat une aide frauduleuse; on va jusqu'à visiter, fouiller les objets mobiliers garnissant la cellule du candidat ainsi que les alimens qui lui sont transmis. Dans ce but, une garde de soldats veille jour et nuit dans les cours extérieures et intérieures du *Kung-yuen*.

Sur les milliers de candidats réunis à Canton pour les examens, soixante et onze seulement peuvent être élus et promus au degré de *ken-jin* (*homme promu*): leurs noms sont publiés dans une proclamation, le dixième jour de la neuvième lune, 25 jours après les examens. La proclamation, revêtue des signatures requises, est affichée dans les bureaux du *Foo-yuen*, Lieutenant gouverneur, puis à une heure fixée, trois coups de canon sont tirés, et au même instant le Lieutenant sort de son palais; la proclamation à la main, il s'avance vers les candidats assemblés, lit les noms des élus au degré de *ken-jin*, les salue chacun à son tour pendant une seconde salve de trois coups de canon, puis rentre à son palais au bruit d'une troisième salve de trois coups.

Un grand banquet, présidé par l'examinateur en chef et le *Foo-yuen*, est donné aux lauréats; on les comble d'éloges, et l'on envoie leurs noms, leurs thèmes et leurs diverses épreuves à l'Empereur.

Il y a trois autres examens à Canton, dont le premier est passé par les étudians des *heens*, ou districts de *Nan-hae* et de *Pwan-yu*; ce sont les *che-heens*, ou préfets de ces districts, qui président. Dans le second, qui a lieu pour tous les élèves du département de *Kwang-chow-foo*, c'est le *Che-foo*, préfet général du département, qui a la présidence. Enfin, dans le troisième, qui est passé par tous les étudians de la province, c'est le chancelier littéraire qui préside, et seul il a la prérogative de conférer le degré de *sew-tsae* à un nombre très limité des candidats les plus distingués.

Il est à remarquer que ces concours sont ouverts à des hommes de tout âge, et il n'est pas rare de voir un vénérable étudiant de quatre-vingts ans s'y présenter, soutenu par son fils et son petit-fils. Ceci peut donner une idée du respect et de l'amour des Chinois pour les honneurs littéraires.

Ecoles et colléges de Canton. — C'est dans les écoles et colléges des premiers degrés qu'on prépare, à Canton, les élèves pour les derniers examens, et surtout qu'on les forme pour le rang et les honneurs auxquels ils aspirent dans l'Etat. Mais presque tous les enfans commencent leurs études dans les écoles particulières, qui fourmillent à Canton, et où ils apprennent seulement ce qui est nécessaire à la vie commune. Les habitans riches prennent un précepteur, qui travaille seul à l'instruction de leurs enfans; d'autres se cotisent entre eux, ouvrent une école où ils paient un professeur. Bien qu'il y ait des professeurs entretenus par le gouvernement dans tous les districts des provinces de l'Empire, il n'existe cependant pas d'écoles publiques ou de charité pour les masses. Chacun s'arrange pour l'instruction de ses enfans comme il le peut.

Le salaire des professeurs varie beaucoup. Dans quelques circonstances, l'élève ne paie, au taux le plus bas, que 2 ou 3 dollars (12 ou 18 fr.) pour toute une année; mais, généralement, 15 ou 20 (90 ou 120 fr.). Quand un professeur donne tous ses soins à deux ou trois élèves, il reçoit souvent 100 dollars (600 fr.), et même plus, par élève.

L'aspect d'une école ordinaire à Canton, malgré toutes ses imperfections, n'est pas sans intérêt. A l'entrée de la salle, il y a une tablette sur laquelle est écrit en grandes lettres le nom du sage CONFUCIUS (*le maître et l'exemple pour des myriades d'âges*); devant cette tablette, il y a un petit autel, sur lequel brûle constamment de l'encens. Quand l'élève entre le matin, il s'incline d'abord devant l'autel, puis devant son maître; le premier salut n'est pas seulement un acte de respect, mais bien de culte religieux envers *Confucius*. Les élèves arrivent à l'école, où ils ne sont généralement envoyés qu'à l'âge de sept ou huit ans, à six heures du matin, et y restent jusqu'à six du soir; on leur accorde deux ou trois heures de repos. Ils étudient à haute voix, tous ensemble, et chaque élève cherchant à crier plus fort que ses voisins, il en résulte un bruit infernal, étourdissant pour des oreilles européennes. Le maître fait, du reste, sur le dos des désobéissans et des paresseux un emploi très libéral du rotin : chaque leçon doit être parfaitement apprise par cœur, et l'enfant qui manque de mémoire est obligé de recommencer à apprendre à genoux; la récidive de faute amène même punition, mais cette fois sur du gravier ou de petits cailloux.

Le *San-he-king*, ou les fameux *Trois caractères classiques*, est le premier livre qu'on mette dans les mains d'un élève. Bien que paraissant spécialement écrit pour l'enfance, il ne semble pas plus intelligible pour elle que ne lui seraient les propositions d'Euclide. Mais ce livre n'est pas destiné à être d'abord compris et commenté. Jusqu'à ce premier degré, les élèves étudient successivement les quatre livres, sans aucunement les comprendre; puis ceux qui ne sont pas destinés à suivre la carrière littéraire apprennent à tracer quelques caractères d'écriture : là se bornent leurs études. Quant à ceux qui doivent continuer, ils apprennent par cœur les commentaires des quatre livres, et passent ensuite à d'autres classiques. Dans les écoles communes, l'étude de l'arithmétique, de la géographie et de l'histoire, ne fait pas partie de l'éducation.

Les hautes écoles et colléges sont nombreux, mais aucun d'eux n'est convenablement dirigé pour l'éducation et l'instruction des élèves. Il y a quatorze hautes écoles et trente colléges à Canton; la plupart, fondés depuis des siècles, tombent aujourd'hui en ruines et sont tout à fait déserts. Trois des plus grands reçoivent au delà de deux cents élèves, et ont, comme les autres, un ou deux professeurs seulement.

Quelques vieux livres chinois contiennent de bons préceptes pour l'instruction des enfans, et indiquent de bons exercices gymnastiques pour fortifier leur santé; mais là semblent se borner les progrès dans l'art d'enseigner de ce peuple; il n'a aucune idée des nouveaux systèmes d'éducation et d'enseignement mutuel de l'Occident, qui répandent si rapidement l'instruction dans les masses.

Il n'y a guère que la moitié de la population de Canton qui sache lire; l'éducation des femmes y est nulle. L'opinion publique et l'usage ont, de temps immémorial, été contre l'instruction des femmes chinoises, et l'on compte à peine une école de filles dans toute la ville. Ainsi, en Chine, la plus belle moitié de l'espèce humaine naît, vit et meurt, à bien peu d'exceptions près, à l'état de la brute. Comment, avec un système si barbare, la nation chinoise pourra-t-elle jamais se policer, laissant dans l'abrutissement la femme, ce guide tendre et attentif de l'homme dans l'enfance, cette compagne dont les sentimens délicats et nobles adoucissent la rudesse de ses mœurs!

On nous pardonnera sans doute cette digression sur les institutions littéraires et l'instruction en Chine : la question nous a paru mériter quelque détail, en ce qu'elle est intimement liée à celle de la force du gouvernement chinois.

Du commerce de Canton *et de ses relations, tant avec les différentes provinces de l'Empire qu'avec l'étranger.*—La situation géographique de Canton et la politique du gouvernement chinois ont fait de cette ville l'entrepôt d'une immense commerce, tant intérieur qu'étranger. A l'exception des caravanes russes qui traversent les frontières du nord de l'Empire, et des navires portugais et espagnols qui visitent Macao, presque tout le commerce de la Chine avec les nations de l'Occident se centralise à Canton. On trouve dans cette ville des productions de toutes les parties de l'Empire, et on importe à Canton des produits de tout l'Orient et du monde entier.

Nous avons déjà parlé, aux chapitres des *importations* et des *exportations* (pages 18 à 120), des articles dont se compose le commerce général extérieur de la Chine, des tarifs qui leur sont appliqués, de la nature et du mode des opérations suivies ou à suivre avec le commerce chinois en général, etc. En ce qui concerne plus spécialement les transactions intérieures de Canton avec les provinces, qui sont au nombre de dix-huit, nous nous bornerons à donner un aperçu général des envois des *principales productions*, par province, en y joignant, pour démontrer l'importance que ce commerce peut atteindre, le chiffre de chaque population, d'après les relevés chinois du recensement fait en 1812, suivant le *Ta-tsing-hwuy-teen*. Nous commencerons par les provinces maritimes, en suivant les frontières du Nord, de l'Ouest, du Sud, et en terminant par les provinces du Centre.

La population de la province de *Kwang-tung* s'élève à 19 millions d'âmes, et pourra, sous une meilleure organisation, consommer beaucoup plus de produits étrangers, et fournir beaucoup plus aussi de produits indigènes. Elle envoie à Canton, sa capitale, des *soies*, du *riz*, du *poisson*, du *sel*, des *fruits*, des *légumes* et plusieurs sortes de *bois*, de l'*argent*, du *fer*, des *perles* en petite quantité, de la *casse*, des *noix de bétel* et un peu de *thé*.

La population du *Fuh-keen* est de 15 millions d'habitans; son commerce augmentera en importance, par suite de l'ouverture de son port, *Fuh-chow*; ses produits, transportés par le commerce étranger, seront moins chers à Canton que par le transport des indigènes. La province envoie à Canton des *thés noirs*, du *camphre*, du *sucre*, de l'*indigo*, des *tabacs*, du *papier*, des objets en *laque*, du *grass-cloth* et une petite quantité de *minéraux*. Elle reçoit en retour des *étoffes de laine et de coton* de différentes sortes, des *vins*, des *montres* et autres articles.

La province de *Che-keang*, dont la population s'élève à 26 millions d'habitans, fait à Canton d'assez fortes demandes en *produits d'Europe*; elle en ferait de bien plus considérables sans les frais énormes du transport. Elle envoie à Canton ses meilleures *soies*, du *papier*, des *éventails*, des *crayons*, des *dattes*, des *fleurs artificielles* et *dorées*, des *jambons*, et du *lung-tsing-cha*, *thé* précieux et fort cher.

La province de *Keang-nan*, qui est à présent divisée en deux districts, celui de *Keang-soo* et celui de *Gan-hwuy*, avec une population de 72 millions d'habitans, possède les ressources aussi bien que les besoins d'un grand royaume, et pourrait, sans sa distance énorme de Canton et les frais considérables de la route, faire une immense consommation en produits d'Europe, dont elle reçoit cependant de fortes quantités, et en échange desquels elle envoie à Canton ses *soies* et ses *thés* verts.

La province de *Shan-tung*, dont la population est de 28 millions d'habitans, envoie à Canton des *fruits* et autres *végétaux*, des *boissons*, des *drogues* et des *peaux*. Elle reçoit en échange des *draps* grossiers et d'autres produits des fabriques d'Europe; mais le transport de ces produits de Canton à *Shan-tung*, soit par terre, soit par mer dans les jonques chinoises, augmente tellement leurs prix que la classe pauvre, qui est la plus nombreuse, ne peut y atteindre.

La province de *Chih-le*, dont la population s'élève à 27 millions d'âmes, dépend presque entièrement des autres provinces de l'Empire pour les choses de première nécessité. Elle envoie à Canton du *ginseng*, des *raisins*, des *dattes*, des *peaux*, de la *viande de cerf*, des *boissons*, des *drogues* et des *tabacs*. Elle reçoit en retour des *étoffes de laine et de coton* de diverses sortes, des *pendules*, *montres* et autres articles d'Europe.

La province de *Shan-se* a 14 millions d'habitans; elle envoie ses *peaux*, ses *boissons* et *esprits*, etc.; beaucoup de ses capitalistes se rendent à Canton, et y font valoir leur argent en prêts sur nantissement. La province reçoit en retour différentes sortes de *draps* et *étoffes*, des *montres* et autres marchandises d'Europe.

La province de *Shen-se*, qui a 10 millions d'habitans, envoie à Canton du *cuivre*, du *fer*, des *pierres précieuses* et des *drogues*. Elle reçoit en retour des *étoffes* de *drap*, de *coton*, et autres marchandises : son commerce est considérable.

La province de *Kan-suh* a 15 millions d'âmes, et envoie à Canton de *l'or*, du *vif-argent*, du *musc*, des *tabacs*, etc. Elle ne reçoit en échange que peu de marchandises.

La population de la province de *Sze-chuen* est de 21 millions d'habitans, c'est la plus grande province de l'Empire. Elle envoie de *l'or*, du *fer*, du *cuivre*, de l'*étain*, du *musc*, et une grande variété de *drogues*. Elle reçoit en retour des *draps* et autres *étoffes*, des *horloges*, *montres*, *longues-vues*, et autres articles des manufactures d'Europe.

La province de *Yun-nan*, dont la population s'élève à 5 millions d'habitans, envoie à Canton du *cuivre*, de l'*étain*, des *pierres précieuses*, du *musc*, des *noix de bétel*, des *oiseaux*, des *plumes de paon*, et reçoit en échange des *étoffes de laine, soie et coton*, différens autres articles d'Europe, et des tabacs.

La province de *Kwang-se* a 7 millions d'âmes ; elle fournit au marché de Canton de grandes quantités de *riz*, de *casse*, du *fer*, du *plomb*, des *écrans*, des *bois*, et prend, en retour, beaucoup d'*articles d'Europe* et des autres provinces de la Chine.

La province de *Kwei-chow* a une population de 5 millions d'habitans ; elle envoie de l'*or*, du *vif-argent*, du *fer*, du *plomb*, des *tabacs*, de l'*encens*, des *drogues*, etc. Quantité de produits européens sont envoyés en retour.

Les deux provinces de *Hoo-nan* et de *Hoo-pih*, dont les populations sont de 45 millions d'habitans, envoient de grandes quantités de *rhubarbe*, du *musc*, du *miel*, des *tabacs*, des *chanvres*, une quantité considérable d'*oiseaux*, etc., et reçoivent en retour des produits d'Europe et des autres parties de la Chine.

La province de *Keang-se* compte 23 millions d'âmes ; elle envoie des *étoffes* grossières, du *chanvre*, des *porcelaines* et des *drogues ;* elle reçoit, en retour, des *étoffes* de *laine*, de *coton*, d'autres produits d'Europe et des *livres* chinois.

La province de *Ho-man*, dont la population est de 23 millions d'habitans, envoie de la *rhubarbe*, du *musc*, des *amandes*, du *miel*, de l'*indigo*, etc., et reçoit en retour des *draps*, *étoffes* de *coton*, et quelques autres marchandises.

Cet aperçu est très approximatif et donne en nombres ronds les chiffres de la population chinoise ; nous en présenterons plus loin le tableau exact et officiel.

Population de Canton, son industrie et ses manufactures. — Les fabrications et diverses branches de commerce de Canton sont très nombreuses. La construction et l'emploi des machines et mécaniques y sont, comme nous l'avons dit plus haut, entièrement inconnus, et, par suite, on n'y trouve pas de ces grands établissemens industriels qui font la gloire et la richesse des villes européennes.

Les Chinois ne savent pas encore *économiser le temps*, et c'est la preuve la plus manifeste de leur état arriéré en matière d'industrie; aussi la quantité de bras employés est-elle considérable. 17,000 personnes environ sont annuellement occupées, à Canton, à tisser de la soie; leurs métiers sont d'une grande simplicité, et leur travail est d'ailleurs fort convenable. Environ 50,000 ouvriers sont constamment appliqués à la fabrication des *étoffes*, et lorsque la demande des marchandises s'accroît, ce nombre augmente considérablement. On compte 2,500 boutiques, dans chacune desquelles est une vingtaine de travailleurs.

Il y a à Canton environ 4,200 cordonniers, 7,300 barbiers: ces derniers n'exercent leur état qu'au moyen d'une licence; 2,000 médecins, chirurgiens et pharmaciens. Chacune de ces professions, qui sont divisées en corporations, a ses coutumes, ses lois et usages particuliers.

La population de Canton est fort difficile à établir, par suite de la situation de cette ville, dont une partie se trouve dans le *Heen*, ou district de *Nan-hae*, et une partie dans celui de *Pwan-yu*.

L'ensemble des professions que nous venons d'énumérer donne un chiffre de 80,000 personnes, chiffre qui ne présente qu'environ le quart de la totalité des ouvriers ou industriels de Canton, car nous n'y avons pas compris les *graveurs*, *ciseleurs en bois*, *en cuivre*, *or*, *argent* et *pierres précieuses*, les *bijoutiers*, *fabricans de laqueries*, de *porcelaines*, de *verreries*, de *lanternes*, *ferblantiers*, etc. On peut, sans crainte d'exagération, compter environ 320,000 travailleurs; les documens chinois représentent toujours la population ouvrière de cette ville comme n'étant que le quart de sa population générale. Le chiffre total s'en élèverait donc à environ 1 million 280,000 âmes. Si l'on y ajoute 300,000 habitans, vivant, comme nous l'avons dit plus haut, dans les 100,000 bateaux de la *ville flottante*, on aura un total général de 1 million 580,000 habitans pour la seconde ville de l'Empire, la capitale de la province de *Kwang-tung*. Nous ne pouvons garantir l'exactitude de ce chiffre, mais il ne nous paraît pas exagéré.

Voici le tableau officiel de la population de la Chine, fait d'après les relevés chinois, pendant la dix-septième année du règne de *Kea-king* (1812), suivant la nouvelle édition du *Ta-tsing-hwuy-teen*, publiée à Péking par ordonnance impériale, la huitième année du règne de *Taou-kwang* (1828).

POPULATION DE LA CHINE.

NUMÉROS D'ORDRE.	NOMS des DIX-HUIT PROVINCES.	POPULATION.	SUPERFICIE PAR PROVINCE en milles carrés (1).	SUPERFICIE PAR PROVINCE en acres anglaises (2).	Nombre d'hectares par province.	POPULATION par mille carré anglais.	POPULATION par 100 hectares.
1	Chih-le............	27,990,871	58,949	37,727,360	15,279,580 80	644	180
2	Shan-tung....	28,958,764	65,104	41,666,560	16,874,956 80	368	190
3	Shan-se............	14,004,210	55,268	35,371,520	14,325,465 60	488	90
4	Ho-nan.............	23,037,171	65,104	41,666,560	16,874,956 80	384	150
5	Keang-Soo..........	37,843,501	92,961	59,495,040	24,095,491 20	344	233
6	Gan-hwuy...........	34,168,059					
7	Keang-Se...........	23,046,999	72,176	46,192,640	18,708,019 20	263	190
8	Fuh-Keen...........	14,777,410	53,480	34,227,200	13,862,016 »	280	120
9	Che-Keang..........	26,256,784	39,150	25,056,000	10,147,680 »	536	250
10	Hoo-pih............	27,370,098	144,770	92,652,800	37,524,384 »	187	120
11	Hoo-nan............	18,652,507					
12	Shen-se............	10,207,256	154,008	98,565,120	39,918,873 60	195	75
13	Kan-suh............	15,193,125					
14	Sze-Chuen..........	21,435,678	166,800	106,752,000	43,234,560 »	162	210
15	Kwang-tung.........	19,174,030	79,456	50,851,840	20,594,995 20	264	90
16	Kwang-se...........	7,313,895	78,250	50,080,000	20,282,400 »	128	290
17	Yun-nan............	5,561,320	107,969	69,100,160	27,985,564 80	74	533
18	Kwei-chow..........	5,288,219	64,554	41,314,560	16,732,396 80	140	333
						Moyenne.	
	TOTAUX.......	360,279,897	1,297,999	830,719,360	336,441,340 80	257	170

(1) L'acre anglaise = 40 ares 1/2.
(2) Le mille carré = 2 kilom. carrés 6.

Factoreries européennes. — Ces grands entrepôts du commerce de l'Europe et de l'Amérique dans le premier port du Céleste Empire se composent de belles et commodes constructions, dont l'enceinte est relativement très limitée, et dont le terrain est loué comme celui sur lequel sont construits les *hongs* ou magasins chinois. Les factoreries s'appellent, à Canton, *Shih-san-hang* (*les treize factoreries*). A l'exception de deux ou trois petites rues qui les traversent, elles forment un massif sur toute la longueur duquel s'étend chaque factorerie, qui a son nom particulier.

La première, en commençant par l'est, est *E-ho-hang* (la factorerie *de paix et de justice*). Les étrangers l'appellent la factorerie grecque.

La seconde, *Tseih-e-hang* (la factorerie de *justice choisie*). C'est la factorerie hollandaise.

La troisième, *Paou-ho-hang* (factorerie qui *assure la tranquillité*).

La quatrième, qui n'est séparée de la troisième que par une ruelle étroite, est le *Fung-tae-hang* (la *grande et influente* factorerie).

La cinquième est le *Lung-shun-hang*, la vieille factorerie anglaise.

La sixième, *Suy-hang*, est la factorerie suédoise.

La septième est le *Ma-ying-hang*, communément appelée la *factorerie impériale.*

La huitième est le *Paou-shun-hang* (la *précieuse et prospère* factorerie).

La neuvième est le *Kwang-yuen-hang* (la factorerie des *grandes fontaines*). C'est la factorerie américaine. Une large rue, appelée *China street* (rue de la Chine) la sépare de la dixième.

La dixième est occupée par un marchand hong (*haniste*).

La onzième est la *factorerie française.*

La douzième est la *factorerie espagnole.*

La treizième et dernière est la *factorerie danoise*, séparée de la douzième par une rue appelée *New China street* (nouvelle rue de la Chine).

Chaque factorerie est divisée en trois, quatre maisons ou plus, dont les facteurs occupent ordinairement deux ou trois, et quelquefois plus, suivant les circonstances.

Les maisons, construites en granit ou en briques, sont de deux étages; elles ont bonne apparence, et arborent chacune le pavillon de la nation qu'elles représentent. Elles forment avec ces bannières et l'architecture des maisons chinoises qui les environnent, un grand contraste, et rappellent l'Europe, ce qui, dans ce lointain pays, réjouit l'œil de l'étranger.

Pour clore la description de Canton, nous indiquerons, par ordre de dates, quels sont les premiers Européens qui sont venus en Chine.

Les Portugais, ainsi qu'il a été dit plus haut, paraissent être le premier peuple de l'Occident qui ait abordé en Chine. Ils y arrivèrent par le cap de Bonne-Espérance, vers 1516, commandés par Fernao Perez de Andrada et Raphaël Perestrella.

Les Espagnols vinrent quelques années plus tard; les Français se montrèrent pour la première fois à Canton en 1520; les Hollandais vers 1601; les Anglais vers 1635; les Suédois et les Danois en 1732, et les Américains dans l'année 1784.

NOTICE DESCRIPTIVE SUR MACAO.

Macao est une petite péninsule située à l'extrémité de l'île de *Heang-shan*, par 22 degrés 11 minutes 30 secondes de latitude nord, et 111 degrés 32 minutes 30 secondes de longitude est de Greenwich.

Longtemps avant que les Portugais fussent autorisés à l'habiter, ce qui eut lieu en 1557, la stérile péninsule de Macao était devenue célèbre parmi les Chinois, à cause d'un temple renommé (la *Pagode des rochers*), appelé *Ama-goa*, situé près du fort de la Barre, et dont l'idole s'appelle *Ama*.

En 1583, les Portugais donnèrent à Macao le nom de *Porto de nome de Deos* (port du nom de Dieu), et maintenant ils l'appellent *Cidade do santo nome de Deos de Macao* (ville du saint nom de Dieu de Macao). Cette colonie est administrée par un sénat dont les membres sont électifs, et qui se compose de deux juges, trois sénateurs et un procureur. Il s'intitule le *Loyal Sénat*, et est ordinairement présidé par le doyen des sénateurs.

Macao dépend de *Keang-shan-keen*, ville de troisième classe de la province de *Kwang-tung*. L'extrémité de la péninsule, occupée par les Portugais, est entièrement séparée de la grande île de *Heang-shan* par une muraille qui commence du côté de la mer et va rejoindre la baie intérieure. Au milieu de cette muraille, il y a une porte avec un corps-de-garde et quelques soldats chinois ; elle est appelée *la Barrière chinoise* et sert de limite aux Portugais et aux Européens, qui ne peuvent la franchir.

Deux chaînes de collines, l'une allant du sud au nord, et l'autre de l'est à l'ouest, forment un angle dont la base va s'appuyer sur la rivière ou rade. Le terrain uni, compris dans cet angle, est, à l'exception de quelques maisons européennes, rempli par des bazars chinois et la ville chinoise. Du côté de la grande rade, sur le penchant des collines, est bâtie la ville portugaise, qui se termine, vers la mer, par un beau quai, appelé la *Praya-Grande ;* c'est la promenade des habitans. A l'est, sur une haute montagne appelée Charil, il y a un fort dans lequel se trouve l'ermitage de *Nostra Señora da Guia*, qui donne son nom au fort. A l'ouest est la montagne de Nillau, sur le sommet de laquelle est l'ermitage de *Nostra Señora da Penha.* En entrant dans une grande baie semi-circulaire qui fait face à l'est, on a, à droite, le fort Saint-François, et, à gauche, celui de *Nostra Señora da Bomparto.* Un peu à l'est, vers le fort de la Guia, derrière la ville, s'élève au sommet de la colline le fort *del Monte.* Au milieu de la *Praya-Grande*, presque en face de la maison du gouverneur, est un petit bastion, appelé le fort Saint-Pierre ; c'est là que se répètent les signaux de navires en vue, qui se font au fort de la Guia. Un peu au sud-ouest du fort de *Bomparto*, en tournant la presqu'île vers la baie intérieure, on trouve le fort de *Santiago*, appelé généralement le fort de *Barra.* Toutes ces loca-

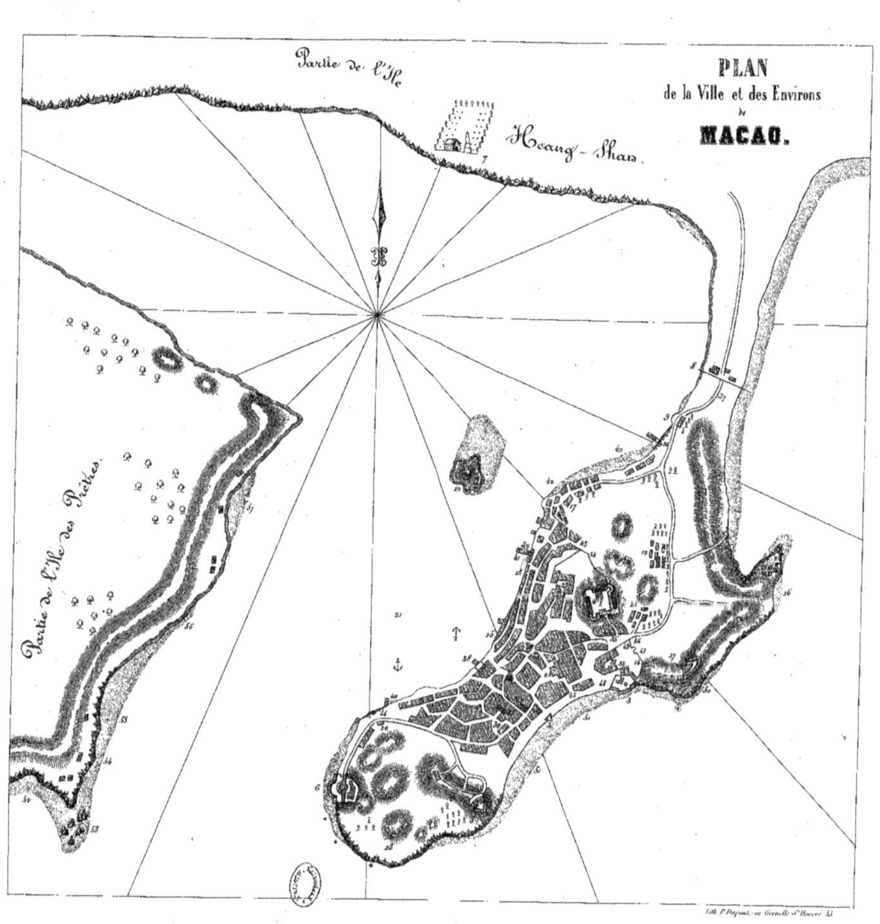
PLAN
de la Ville et des Environs
de
MACAO.
Partie de l'Île
Heang-Shan.
Partie de l'Île des Prêtres.

lités sont indiquées sur le plan que nous donnons ici de la ville de Macao (1).

Macao a de très beaux entrepôts de douane, de belles églises et plusieurs couvens ; elle est placée dans la situation la plus pittoresque du monde. On y trouve un bazar bien approvisionné, et l'air vif et sain qui y règne ferait de cette petite ville un séjour délicieux, si elle n'était, en fait, une espèce de prison, par suite de l'étroitesse des limites dans lesquelles est renfermé son territoire. On en a, du reste, tiré parti avec beaucoup de goût, et, pour se trouver exilés sur ce petit rocher de Macao qui les tient comme prisonniers, les Européens qui l'habitent n'en sont pas moins bienveillans et hospitaliers.

Le port intérieur de Macao, ouvert en 1845 seulement aux bâtimens de toutes les nations, est très vaste et offre toute sécurité ; il peut re-

---

(1) NOTE EXPLICATIVE DU PLAN CI-JOINT DE LA VILLE DE MACAO :

Nos 1 Fort Saint-Paul ou Monte.
2 id. Guia.
3 id. Saint-François.
4 id. Saint-Pierre, en face de la maison du Gouverneur.
5 id. Bomparto.
6 id. de Bar.
7 Caza Branca, résidence d'un Mandarin.
8 Barrière chinoise.
9 Pagode nouvelle.
10 Village chinois de Monchion.
11 id. id. de Patane.
12 id. id. de Mongha.
13 id. de Saint-Lazare.
14 Muraille Nord-Est.
15 Bazar.
16 Baie de Cassilha.
17 Terrain de la Crique.
18 Église et colline de Penha.
19 Muraille Sud-Ouest.
20 Pagode de la Barre.
21 Port intérieur.
22 Ile Verte.
23 Colline du Bon-Jésus.
24 Église de Saint-Antoine.
25 id. de Saint-Paul.
26 id. de Saint-Dominique.
27 id. de la Sainte-Maison-de-Miséricorde.
28 Église de Saint-Pierre ou la Cathédrale.
29 Église de Saint-Augustin.
30 id. de Saint-Laurent.
31 id. de Saint-Joseph.
32 id. de Sainte-Claire.
33 id. de Saint-François.
34 Maison du Sénat.
35 Hôpital.

Nos 36 Maisons de pêcheurs.
37 Champ de manœuvres.
38 Maison de la Douane portugaise.
39 Maison de la Douane chinoise.
40 Praya ou promenade de Manduco.
41 id. id. de Piquena.
42 id. id. de Patanes.
43 Palais-de-Justice.
44 Route du fort de la Barre.
45 Porte Saint-Antoine.
46 id. Saint-Lazare.
47 Batterie Saint-Jean.
48 Cimetière Saint-François.
49 Jardin de l'Archevêque.
50 Praya ou promenade de la Guia.
51 Praya Grande.
52 Oitem.
53 Ile des Singes.
54 Ile de Ribeira (Grande).
55 Ile de Piquenha.
56 Lappa.
57 Pacsun.

Pièces d'artillerie qui armaient les forts en 1834.

Nos		Bronze.	Fer.
1	Sur le Monte........	13	34
2	Guia..........	5	13
3	Saint-François..	7	11
4	Saint-Pierre....	2	3
5	Bomparto......	6	7
6	Bar...........	13	16
	TOTAUX.......	46	84

cevoir des navires de 400 à 500 tonneaux. L'entrée et la sortie en sont faciles en tout temps, et sa proximité de Canton, le faible droit d'entrepôt qu'y paieraient des marchandises, en font une localité très utile à étudier pour le commerce français.

Macao est aujourd'hui déchue de son ancienne prospérité ; l'établissement anglais de *Hong-Kong* a beaucoup contribué à affaiblir son commerce, les riches Anglais et la plupart des Américains l'ayant quittée pour aller s'établir dans la nouvelle colonie britannique. Aussi la ville est-elle maintenant presque déserte, et ses magasins sont-ils presque tous à louer. C'est au commerce français qu'il appartient de rendre à Macao son ancienne splendeur : tout l'y invite ; le peu de cherté des locations et sa position près du centre du commerce chinois peuvent, à l'aide de l'activité française, en faire un marché très important.

La population de Macao est divisée en trois classes, les Portugais, les étrangers et les Chinois ; elle s'élevait, en décembre 1834, à 5,093 chrétiens, répartis en trois paroisses, Saint-Pierre, Saint-Laurent et Saint-Antoine. La population chinoise de la péninsule de Macao est, y compris celle des trois petits villages qui entourent la ville, d'environ 30,000 âmes.

Macao étant entièrement dépourvue d'industrie et de fabrications, les prix des marchandises y sont basés sur ceux des marchés de Canton. Tous les approvisionnemens de la ville sont apportés par les Chinois, car, à part quelques jardins potagers ou de plaisance, il n'existe plus aucune culture sur le sol de la péninsule. Cette circonstance rend la position des habitans très précaire, le gouvernement chinois étant trop adroit pour ne pas se prévaloir du terrible moyen qu'il a entre les mains, et dont il se servirait assurément au besoin : nous voulons parler de la famine, arme qu'il peut constamment employer contre cette colonie. Un simple ordre de cesser les approvisionnemens suffirait en effet pour cela, et ce n'est du reste pas une simple supposition : de nombreux exemples le prouvent, entre autres, celui de 1748 ; à l'occasion du meurtre de deux Chinois, on réduisit à la famine, pendant vingt-cinq jours, les Macaïtes, qui furent obligés de se nourrir des alimens les plus répugnans. Heureusement, les fonctionnaires chinois n'étaient pas incorruptibles, et l'on put gagner à prix d'argent le mandarin chargé d'exécuter le blocus ; mais combien de victimes la faim ne fit-elle pas pendant cet intervalle de près d'un mois !

L'établissement anglais de Hong-Kong, situé sur un rocher nu et stérile, se trouve dans une expectative tout aussi peu rassurante : vienne le jour des représailles, qu'attend sans doute impatiemment tout Chinois, et il n'en sera pas un qui ne reçoive avec bonheur l'ordre qui lui serait donné d'intercepter les approvisionnemens du comptoir anglais, car, il ne faut pas qu'on l'oublie, rien au monde n'est plus vindicatif que le Chinois, plus haineux envers son vainqueur. D'ailleurs, les Anglais de Hong-Kong ne peuvent pas, comme les Portugais de Macao, revendiquer 288 années de relations amicales avec le gouvernement du Céleste Empire.

Les limites dans lesquelles nous sommes obligé de nous restreindre ne nous permettent pas de nous étendre plus long-temps sur la jolie et intéressante petite ville de Macao, et de donner une notice plus complète de sa fondation, de ses lois, de ses ressources, ainsi que des mœurs et usages de ses habitans; mais, rentrant plus spécialement dans notre sujet, nous jetterons un coup-d'œil rapide sur ses usages commerciaux, tels qu'ils existaient en 1844.

Nous avons dit que, vers le commencement de cette année, le port de Macao, qui n'avait été jusqu'à ce jour ouvert qu'à un nombre limité de navires portugais et espagnols, venait, par suite d'une convention entre les autorités portugaises et le Vice-Roi de Canton, d'être ouvert aux bâtimens de toutes les nations. Les droits de douanes que percevaient autrefois les Portugais sur les marchandises débarquées à Macao étaient plus élevés que les droits du tarif chinois. Voici le réglement actuel, relatif aux débarquemens et expéditions des marchandises en ce port:

RÉGLEMENT POUR L'EXÉCUTION DU NOUVEAU TARIF DE DOUANE A MACAO.

Le tarif général des douanes, à Macao, dressé conformément au nouveau tarif portugais de 1841, en diffère par la classification et aussi par l'évaluation des marchandises, laquelle a été faite sur la moyenne des prix de trois années pour le marché de Canton.

Art. 1er. Les importations, à Macao, de marchandises manufacturées de production portugaise et par navires portugais, sont exemptes de tout droit, conformément au décret du 2 novembre 1836, de même que les importations de numéraire, d'or, d'argent, de cuivre, quels que soient d'ailleurs les pays d'où proviennent ces articles.

Art. 2. Tous les droits établis dans ce nouveau tarif sont relatifs aux marchandises importées par navires étrangers, les marchandises importées de l'étranger par navires portugais ne payant que le demi-droit.

Art. 3. Il n'existe pas de droits d'exportation et de transit (ou réexportation) dans le tarif de douanes ; et comme il peut arriver fréquemment que des marchandises importées soient destinées à être réexportées par navires portugais ou étrangers, il sera fait remboursement du tiers des droits payés ou à payer par les marchandises, sur celles qui seront légalement réexportées par mer, dans l'intervalle de quatre mois à partir du jour du débarquement ou de l'entrée en douane. Malgré leur mise en entrepôt de douane ou dans des magasins particuliers, le remboursement sera fait sur la production des certificats des officiers de douanes compétens.

Quant aux marchandises de l'Inde, celles qui sont détaillées dans la note A ci-après, jouiront seules de la faveur du dégrèvement (1).

Art. 4. Le droit additionnel qui était perçu sur les marchandises importées à Macao est aboli, et les importateurs n'auront plus à l'avenir que 3 p. 0/0 à payer sur la quotité des droits nets, conformément au nouveau tarif.

Art. 5. Sur toutes les marchandises d'Europe, de l'Inde, des *Dé-*

---

(1) *A.* Marchandises de l'Inde ayant droit au dégrèvement quand elles sont réexpédiées des magasins des douanes dans les quatre mois de leur débarquement :

Bois d'aloès.
Bicho de mar.
Camphre.
Clous de girofle.
Cornes de rhinocéros.
Plumes.
Peaux de chagrin.
Noix muscades.
Faux cardamome.
Écailles de tortue.
Poissons secs.

Sang de dragon.
Peaux tannées.
Indigo.
Herbes marines.
Cuirs.
Cardamomes.
Macis.
Dents d'éléphant.
Nids d'oiseaux.
Sériboa (espèces de fruits secs).

Rutins et nattes des Détroits.
Sypoot (poisson).
Tassalho (viande sèche).
Ailerons de requin.
Entrailles de poisson.
Colle de poisson.
Amadou.
Cornes et nerfs de bœuf.
Cuirs de rhinocéros.

Tous comestibles en boîtes, etc., spermaceti, cire, suif, chandelles, huile, boissons, habits, chaussures, et tous articles de luxe.

troits (1), apportées en retour par les navires portugais commerçant avec les ports du nord de la Chine, et aussi sur toutes les marchandises provenant de l'établissement anglais de Hong-Kong, il sera perçu la moitié des droits portés au tarif, à l'exception des marchandises d'origine chinoise, telles que *thés*, *soies*, *camphre*, *casse*, etc., qui, comme auparavant, seront exemptes de tout droit.

Art. 6. Lorsque les marchandises auront été avariées, on ne percevra qu'un droit proportionnel, basé sur l'évaluation qui en aura été faite. Si, par suite de cette évaluation, il s'élève une difficulté entre la douane et le négociant, deux arbitres choisis par chacune des parties prendront un tiers arbitre, et leur évaluation aura force de loi.

Art. 7. Les marchands de toutes nations paieront 3 p. 0/0 de droit additionnel sur le montant net des droits du tarif, indépendamment de la location des *coolis* (2) et des droits de magasinage dans les entrepôts des douanes, ainsi qu'il est stipulé aux annexes n° 1 et 2 ci-après :

Annexe n° 1. Le droit de location imposé sur les marchandises emmagasinées dans les entrepôts de la douane de Macao s'établit ainsi :

Les marchandises ne paieront aucun droit de magasinage pour le premier mois, et ce droit ne commencera à courir que le quarantième jour de l'emmagasinage du premier lot de marchandises.

		t.	m.	c.	c.	fr.	c.
1° Pour toutes les marchandises de poids, par douze piculs...		»	»	1	5	»	12
2° Pour toute marchandise ou article en balle,	par ballot de batiste de 100 pièces..........	»	»	2	»	»	16
	id. de chintz de 50 pièces............	»	»	1	5	»	12
	id. de toile de coton de 50 pièces.....	»	»	2	»	»	16
	par balle de 10 pièces de drap...............	»	»	2	5	»	20
	id. de 20 pièces de long ells..........	»	»	2	»	»	16
	par pipe ou 1/2 pipe de liquide.............	»	1	»	»	»	80
	par 1/4 de pipe ou ballot de ce volume......	»	»	2	»	»	16

Tout autre colis paiera en proportion de sa dimension, excepté les malles et colis pour effets à usage personnel, lesquels ne paieront

(1) C'est-à-dire des détroits de la Sonde et de Malacca (*Straits' produce*).
(2) Voir, pour l'explication de ce mot, page 137.

rien pendant les six premiers mois, mais supporteront double droit pendant les six autres mois, et triple droit après douze mois.

Nota. — *Sur toutes marchandises importées par navires portugais, il ne sera perçu de droit de magasinage qu'après les six premiers mois.*

Annexe n° 2. Tarif de la location des *coolis* pour porter et emmagasiner les marchandises.

			t. m. c. c.	fr. c.
Toutes les marchandises	en balles, en caisses, sacs, etc., par douzaine..		» » 1 »	» 08
	fines	en paquets d'une dimension régulière, par paquet........................	» » 3 »	» 24
		en ballot d'une grande dimension, par ballot........................	» » 6 »	» 48
Par boîtes et petits paquets, chacun......................			» » 1 »	» 08

Nota. — *Il ne sera exigé aucun droit de* coolis *sur les marchandises immédiatement transportées dans les magasins du marchand ou consignataire, par ses propres* coolis; *mais il y aura à payer les vacations de l'officier de douanes chargé de les escorter et de s'assurer de leur nombre.*

Art. 8. Pour toute réclamation en dégrèvement de marchandises, on doit s'adresser au *Loyal Sénat*, devant lequel on produira préalablement le reçu des douanes, constatant que les droits ont été payés.

Art. 9. Toute espèce de marchandise sujette à entrer en fermentation ou à se corrompre doit être enlevée des magasins des douanes dans les six mois de son entrée. Passé ce délai, double droit sera perçu; et si les parties intéressées les laissent un an, le collecteur des douanes en avertira l'autorité, qui prendra les mesures en conséquence.

Art. 10. Les marchandises inflammables et combustibles, telles que poudre, sulfure, salpêtre, charbon, goudron, térébenthine, etc., ne seront pas admises dans les magasins de la douane, non plus que les bois de construction, charpentes, esparres, etc.

Art. 11. A l'effet de constater l'identité des marchandises sujettes à dégrèvement du tiers des droits de douanes, pour cause de réexportation, chaque colis sera scellé en cire rouge, du sceau de l'administration, avant d'être enlevé de l'entrepôt.

Art. 12. Toutes les marchandises non mentionnées au tarif paieront le droit *ad valorem.*

Art. 13. Le *Loyal Sénat* a le droit de réformer ou de changer le présent tarif, mais aucune modification n'aura force de loi que quatre mois après, le jour où elle aura été publiée.

Fait à Macao, dans la Session du 29 novembre 1843.

Nous avons dit que les prix du marché de Macao étaient, sauf la différence qui peut résulter du transport, les mêmes que ceux de Canton.

On paie en général à Macao au taux de 720 taëls pour 1,000 dollars (le cours du dollar ou piastre était en 1845 à 6 fr. sur France). Il y a une légère différence entre Canton et Macao pour les poids des douanes, 717 taëls à la première de ces deux places ne pesant que 716 à la dernière.

Toutes marchandises de l'étranger ou de l'intérieur entrant à Macao ou en sortant dans des jonques ou bateaux chinois, devront être visitées par la douane chinoise; mais ce réglement est facilement éludé par les marchands chinois, en ce qu'ils apportent leurs marchandises à Macao par navires portugais, et les passent ainsi en douane portugaise.

On a vu que, par l'article 10, aucune marchandise d'une nature inflammable ne pouvait être admise dans les magasins des douanes : cependant la *poudre* peut, moyennant un droit très modéré, être emmagasinée dans la poudrière du fort de Bar ou Barra. L'*opium* étant article de contrebande est également exclu; toutefois il est reçu et consommé partout publiquement. Le *tabac* à priser ne peut être importé que par des contractans.

Aucune marchandise ne peut être débarquée sur la *Praya-Grande* (promenade publique, voir page 283).

DÉSIGNATION DES MARCHANDISES.	UNITÉS.	ÉVALUATIONS en monnaie chinoise.	ÉVALUATIONS en monnaie française.	DROIT p. 0/0 à la valeur.	NOUVEAUX DROITS en monnaie chinoise.	NOUVEAUX DROITS en monnaie française.
		t. m. c. c.	fr. c.		t. m. c. c.	fr. c.
Batistes, mousselines, étoffes soie et coton, brodées et unies, etc.	la pièce.	» » » »	» »	6	» » » »	» »
Couvertures de Madras	id.	» » » »	» »	4	» » » »	» »
Id. de coton, de divers pays de l'Inde	id.	» » » »	» »	4	» » » »	» »
Id. id. d'Europe	id.	» » » »	» »	6	» » » »	» »
Id. de Manille, grandes, sans envers	id.	8 » » »	64 »	4	» 3 2 »	2 56
Id. id. grandes, avec un envers	id.	5 » » »	40 »	4	» 2 » »	1 60
Id. id. petites, sans envers.	id.	4 » » »	32 »	4	» 1 6 »	1 28
Id. id. petites, avec un envers	id.	2 5 » »	20 »	4	» 1 » »	» 80
Id. de laine	id.	» » » »	» »	4	» » » »	» »
Fils de laine, soie et lin	id.	» » » »	» »	4	» » » »	» »
Coton filé, les grands numéros fins	le picul.	15 » » »	120 »	3	» 4 5 »	3 60
Id. les petits id. gros	id.	12 » » »	96 »	3	» 3 6 »	2 88
Rubans de laine, fil, coton et soie, sur bobines, etc.	id.	» » » »	» »	4	» » » »	» »
Fils retors à coudre	id.	25 » » »	200 »	4	1 » » »	8 »
Id. du Bengale	id.	10 » » »	80 »	4	» 4 » »	3 20
Etamines blanches et de couleur, ou imprimées	la *yard*.	» 4 » »	3 20	4	» » 1 6	» 12
Id. ordinaires	id.	» 2 » »	1 60	4	» » » 8	» 06
Dentelles, voiles, mouchoirs, tulles unis et brodés, etc.	la pièce.	» » » »	» »	6	» » » »	» »
Guingams rayés, européens ou indiens	id.	2 » » »	16 »	4	» » 8 »	» 64
Id. ordinaires	id.	» 7 » »	5 60	4	» » 2 8	» 22
Guinée, étoffes grossières et autres articles semblables	id.	» » » »	» »	4	» » » »	» »
Toiles de fil, anglaises, irlandaises, unies et damassées	id.	» » » »	» »	6	» » » »	» »
Plombs à sondes, merlins, et à lignes.	le picul.	15 » » »	120 »	4	» 6 » »	4 80
Toiles à voiles, russes et hollandaises	la pièce.	8 » » »	64 »	4	» 3 2 »	2 56
Id. anglaises ou autres	id.	6 » » »	48 »	4	» 2 4 »	1 92
Id. du Bengale	id.	2 » » »	16 »	4	» » 8 »	» 64
Camelots et bombasines, larges, de toutes couleurs	la *yard*.	» 4 » »	3 20	4	» » 1 6	» 12
Id. id. étroits, de toutes couleurs	id.	» 2 » »	1 60	4	» » » 8	» 06
Bas, gants, bonnets, chemises de laine, soie, fil et coton, tricotés	la paire et la pièce.	» » » »	» »	6	» » » »	» »
Mousselines de laine, lastings, mérinos et autres semblables	id.	» » » »	» »	6	» » » »	» »
Long cloths, blanches, fines, 36 à 40 yards de long, 30 à 36 pouces de large, 1re qualité.	id.	4 » » »	32 »	4	» 1 6 »	1 28
Id. id. 2e qualité	id.	2 5 » »	20 »	4	» 1 » »	» 80
Id. id. 3e id.	id.	2 » » »	16 »	4	» » 8 »	» 64
Id. id. en fils tors, larges	id.	3 6 » »	28 80	4	» 1 4 4	1 15
Id. id. id. étroites	id.	2 8 » »	22 40	4	» 1 1 2	» 89
Id. grises	id.	2 » » »	16 »	4	» » 8 »	» 64
Drap broad cloth, superfin, de toutes couleurs.	la *yard*.	5 » » »	40 »	4	» 2 » »	1 60
Id. 2e qualité et restans	id.	2 5 » »	20 »	4	» 1 » »	» 80
Id. de qualité inférieure	id.	1 2 » »	9 60	4	» » 4 8	» 38
Id. étroits	id.	» 7 » »	5 60	4	» » 2 8	» 22
Id. Draps de dames	id.	1 5 » »	12 »	4	» » 6 »	» 48
Batistes fines, 12 yards	la pièce.	3 5 » »	28 »	4	» 1 4 »	1 12

NUMÉROS D'ORDRE.	DÉSIGNATION DES MARCHANDISES.	UNITÉS.	ÉVALUATIONS en monnaie chinoise.	ÉVALUATIONS en monnaie française.	DROIT p. 0/0 à la valeur.	NOUVEAUX DROITS en monnaie chinoise.	NOUVEAUX DROITS en monnaie française.
			t. m. c. c.	fr. c.		t. m. c. c.	fr.
75	Batistes communes	la pièce.	1 » » »	8 »	4	» » 4 »	»
76	Id. fines, de couleur	id.	3 » » »	24 »	4	» 1 2 »	»
77	Id. communes, de couleur	id.	1 5 » »	12 »	4	» » 6 »	»
78	Long ells, de toutes couleurs	id.	5 » » »	40 »	4	» 2 » »	1
79	Id. fines, cachemiriennes, et autres mélanges de laine, soie et coton.	id.	» » » »	» »	6	» » » »	»
80	Etoffes de soie, unies, brodées et coloriées, satins, damas, velours, rubans, etc.	id.	» » » »	» »	6	» » » »	»
	IIe CLASSE.						
	MÉTAUX, OBJETS MANUFACTURÉS, MINÉRAUX, FOSSILES, ETC.						
81	Aciers suédois et de Milan	le picul.	4 » » »	32 »	6	» 2 4 »	1
82	Id. anglais	id.	3 » » »	24 »	6	» 1 8 »	1
83	Id. ouvrés	id.	» » » »	» »	6	» » » »	»
84	Fil d'archal	id.	» » » »	» »	6	» » » »	»
85	Cercles de fer	id.	2 » » »	16 »	4	» » 8 »	»
86	Vif-argent en bouteilles	id.	60 » » »	480 »	4	2 4 » »	19
87	Agates	id.	» » » »	» »	6	» » » »	»
88	Ambre	id.	» » » »	» »	6	» » » »	»
89	Corail en fragmens, 1re qualité	id.	36 » » »	288 »	4	1 4 4 »	11
90	Id. id. 2e id.	id.	14 » » »	112 »	4	» 5 6 »	4
91	Id. id. 3e id.	id.	8 » » »	64 »	4	» 3 2 »	2
92	Diamans et pierres précieuses, perles fines, etc., brutes	id.	» » » »	» »	1	» » » »	»
93	Id. id. id. travaillés	id.	» » » »	» »	2	» » » »	»
94	Cuivres manufacturés	id.	» » » »	» »	6	» » » »	»
95	Id. en feuilles et clous	id.	25 » » »	200 »	4	1 » » »	8
96	Id. en munitions, comme balles, etc.	id.	14 » » »	112 »	4	» 5 6 »	4
97	Etain de Banca et d'ailleurs	id.	10 » » »	80 »	4	» 4 » »	3
98	Plomb en feuilles	id.	3 » » »	24 »	4	» 1 2 »	»
99	Id. en saumons	id.	2 » » »	16 »	4	» » 8 »	»
100	Id. en munition, comme balles, etc.	id.	12 » » »	96 »	6	» 7 2 »	5
101	Chaînes pour câbles, petites chaînes, ancres, grappins, etc.	id.	6 5 » »	52 »	4	» 2 6 »	2
102	Corail travaillé	id.	» » » »	» »	6	» » » »	»
103	Cristal	id.	» » » »	» »	4	» » » »	»
104	Id. travaillé, verres, coupes, etc.	id.	» » » »	» »	6	» » » »	»
105	Zincs	id.	3 » » »	24 »	6	» 1 8 »	1
106	Email	id.	40 » » »	320 »	6	2 4 » »	19
107	Sulfure	id.	4 » » »	32 »	6	» 2 4 »	1
108	Soufre	id.	1 » » »	8 »	6	» » 6 »	»
109	Miroirs et glaces	id.	» » » »	» »	6	» » » »	»
110	Fer en barres plates ou rondes	id.	1 5 » »	12 »	4	» » 6 »	»
111	Id. en tringles	id.	3 » » »	24 »	4	» 1 2 »	»
112	Id. en feuilles	id.	2 5 » »	20 »	4	» 1 » »	»
113	Id. en clous	id.	2 » » »	16 »	4	» » 8 »	»
114	Id. ouvré	id.	» » » »	» »	4	» » » »	»
115	Etain en feuilles	id.	5 » » »	40 »	6	» 3 » »	2
116	Fils d'or, d'argent et de cuivre, fins et faux.	id.	» » » »	6 »	»	» » » »	»
117	Presses d'imprimerie, de lithographie et types.	id.	» » » »	» »	libres.	» » » »	»
118	Faïence	id.	» » » »	» »	6	» » » »	»
119	Perles de verre	id.	» » » »	» »	4	» » » »	»
120	Numéraire en or et en argent de toutes nations	id.	» » » »	» »	libre.	» » » »	»
121	Or en barres, feuilles, poudre et autres formes	id.	» » » »	» »	1	» » » »	»

DÉSIGNATION DES MARCHANDISES.	UNITÉS.	ÉVALUATIONS en monnaie chinoise.	ÉVALUATIONS en monnaie française.	DROIT p. 0/0 à la valeur.	NOUVEAUX DROITS en monnaie chinoise.	NOUVEAUX DROITS en monnaie française.
		t. m. c. c.	fr. c.		t. m. c. c.	fr. c.
Or en bijouterie	le picul.	» » » »	» »	2	» » » »	» »
Argent en lingots, fragmens et autres formes.	id.	» » » »	» »	1	» » » »	» »
Id. en joaillerie	id.	» » » »	» »	2	» » » »	» »
Canons en fer, en bronze, fusils, pistolets ou sabres, etc	id.	» » » »	» »	6	» » » »	» »
Cornalines	le cent.	2 » » »	16 »	6	» 1 2 »	» 96
Pierres d'émeri	le picul.	2 5 » »	20 »	6	» 1 5 »	1 20
Silex	id.	» 5 » »	4 »	4	» » 2 »	» 16
Id. pour fusil	id.	1 5 » »	12 »	4	» » 6 »	» 48
Poudre à canon, grosse	la boîte.	14 » » »	112 »	4	» 5 6 »	4 48
Id. fine, en petites boîtes	id.	» 2 » »	1 60	6	» » 1 2	» 09
Sels médicinaux	id.	» » » »	» »	4	» » » »	» »
Salpêtre du Bengale	le picul.	5 » » »	40 »	6	» 3 » »	2 40
Id. du Malabar	id.	3 » » »	24 »	6	» 1 8 »	1 12
Verrerie unie ou taillée	id.	» » » »	» »	6	» » » »	» »
Verre en carreaux de vitres	id.	8 » » »	64 »	4	» 3 2 »	2 56
Id. cassé	id.	3 » » »	24 »	4	» 1 2 »	» 96
Talc	id.	3 » » »	24 »	4	» 1 2 »	» 96
IIIe CLASSE.						
PRODUCTIONS VÉGÉTALES, LEURS FABRICATIONS, HUILES, GOMMES, RÉSINES, ETC.						
Bois d'aloës, 1re qualité	le picul.	60 » » »	480 »	4	2 4 » »	19 20
Id. 2e id	id.	28 » » »	224 »	4	1 1 2 »	8 96
Goudron suédois	le baril.	6 » » »	48 »	4	» 2 4 »	1 92
Id. américain et autres	id.	4 » » »	32 »	4	» 1 6 »	1 28
Indigo du Bengale	id.	» » » »	» »	4	» » » »	» »
Id. de Manille	le picul.	7 2 » »	57 60	4	» 2 8 8	2 30
Id. id. non purifié	id.	2 » » »	16 »	4	» » 8 »	» 64
Huile d'olive	l'almude.	4 » » »	32 »	3	» 1 2 »	» 96
Id. en bouteilles	la douz^e.	4 » » »	32	3	» 1 2 »	» 96
Id. de ricin	id.	4 » » »	32 »	3	» 1 2 »	» 96
Id. de cocos et autres	le picul.	4 » » »	32 »	3	» 1 2 »	» 96
Id. de baleine	id.	3 » » »	24 »	3	» » 9 »	» 72
Assa-fœtida	id.	2 » » »	16 »	6	» 1 2 »	» 96
Ardaz (espèce de fruit)	id.	1 5 » »	12 »	6	» » 9 »	» 72
Amandes	id.	8 » » »	64 »	6	» 4 8 »	3 84
Id. pelées	id.	» » » »	» »	6	» » » »	» »
Pruneaux et autres fruits secs	id.	» » » »	» »	6	» » » »	» »
Id. à l'eau-de-vie	la bouteille	» 4 » »	3 20	6	» » 2 4	» 19
Fruits conservés dans de l'esprit ou du sucre.	id.	» » » »	» »	6	» » » »	» »
Sirops de toute espèce	id.	» 4 » »	3 20	6	» » 2 4	» 19
Noix de bétel	le picul.	1 5 » »	12 »	4	» » 6 »	» 48
Safran	id.	60 » » »	480 »	6	3 6 » »	28 80
Id. d'Asie	id.	6 » » »	48 »	6	» 3 6 »	2 88
Sucre en pains	id.	4 » » »	32 »	6	» 2 4 »	1 92
Id. en poudre	id.	2 5 » »	20 »	6	» 1 5 »	1 20
Poix blanche de Manille	id	4 » » »	32 »	4	» 1 6 »	1 23
Id. noire id	id.	2 » » »	16 »	4	» » 8 »	» 64
Herbes marines	id.	1 » » »	8 »	4	» » 4 »	» 32
Camphre malais, 1re qualité	le catty.	15 » » »	120 »	6	» 9 » »	7 20
Id. id. 2e id	id.	10 » » »	80 »	6	» 6 » »	4 80
Id. id. 3e id	id	5 » » »	40 »	6	» 3 » »	2 40
Id. id. mêlé avec de la poussière	id.	2 » » »	16 »	6	» 1 2 »	» 96
Cardamomes, 1re qualité	le picul.	160 » » »	1,280 »	6	9 6 » »	76 80
Id. 2e id	id.	100 » » »	800 »	6	6 » » »	48 »

NUMÉROS D'ORDRE.	DÉSIGNATION DES MARCHANDISES.	UNITÉS.	ÉVALUATIONS en monnaie chinoise.	ÉVALUATIONS en monnaie française.	DROIT p. 0/0 à la valeur.	NOUVEAUX DROI[TS] en monnaie chinoise.	NOUVEAUX DROI[TS] en monnaie françai[se].
			t. m. c. c.	fr. c.		t. m. c. c.	fr. c.
173	Cardamomes inférieurs	le picul.	60 » » »	480 »	6	3 6 » »	28
174	Id. sauvages	id.	18 » » »	144 »	6	1 » 8 »	8
175	Casse de Ceylan, Cochinchine, etc.	id.	» » » »	» »	6	» » » »	»
176	Clous de girofle des Moluques	id.	15 » » »	120 »	6	» 9 » »	17
177	Id. de Maurice	id.	13 » » »	104 »	6	» 7 8 »	6
178	Id. de la Malaisie	id.	8 » » »	64 »	6	» 4 8 »	3
179	Cutch du Pégu (terre du Japon, matière colorante)	id.	2 » » »	16 »	6	» 1 2 »	»
180	Id. de la côte malaise	id.	1 » » »	8 »	6	» » 6 »	»
181	Café	id.	4 » » »	32 »	4	» 1 6 »	1
182	Noix de cacao	id.	10 » » »	80 »	4	» 4 » »	3
183	Orge	id.	6 » » »	48 »	6	» 3 6 »	2
184	Cigares	id.	» » » »	» »	6	» » » »	»
185	Chocolat	le catty.	» 3 » »	2 50	4	» » 1 2	»
186	Cumin (Graine de)	le picul.	4 » » »	32 »	4	» 1 6 »	1
187	Colle	id.	5 » » »	40 »	6	» 3 » »	2
188	Macis	id.	28 » » »	224 »	6	1 6 8 »	13
189	Id. sauvage	id.	6 » » »	48 »	6	» 3 6 »	2
190	Ginseng américain, 1re qualité	id.	60 » » »	480 »	6	3 6 » »	28
191	Id. id. inférieur	id.	25 » » »	200 »	6	1 5 » »	12
192	Id. id. rebut	id.	10 » » »	80 »	6	» 6 » »	4
193	Gomme arabique blanche	id.	5 » » »	40 »	6	» 3 » »	2
194	Id. id. noire	id.	7 » » »	56 »	6	» 4 2 »	3
195	Id. Copal	id.	10 » » »	80 »	6	» 6 » »	4
196	Id. Laque, de 1re qualité	id.	3 6 » »	28 80	6	» 2 1 6	1
197	Id. id. de 2e id.	id.	3 » » »	24 »	6	» 1 8 »	1
198	Id. Myrrhe	id.	3 » » »	24 »	6	» 1 8 »	1
199	Id. Benjoin	id.	15 » » »	120 »	6	» 9 » »	7
200	Id. Oliban	id.	5 » » »	40 »	6	» 3 » »	2
201	Autres sortes de gommes	id.	» » » »	» »	6	» » » »	»
202	Grains et farines	id.	» » » »	» »	libres.	» » » »	»
203	Noix muscades	id.	25 » » »	100 »	6	1 5 » »	12
204	Id. id. non épluchées	id.	15 » » »	120 »	6	» 9 » »	7
205	Id. id. fausses	id.	4 » » »	32 »	6	» 2 4 »	1
206	Noix	id.	» » » »	» »	6	» » » »	»
207	Huile de térébenthine	id.	5 » » »	40 »	6	» 3 » »	2
208	Id. de lin	id.	3 » » »	24 »	6	» 1 8 »	1
209	Storax	id.	30 » » »	240 »	6	1 8 » »	14
210	Huiles d'amandes, de cannelle, de clous de girofle, etc.	l'almude.	» » » »	» »	6	» » » »	»
211	Poivre blanc	le picul.	5 » » »	40 »	4	» 2 » »	1
212	Id. noir	id.	3 » » »	24 »	4	» 1 2 »	»
213	Id. en poudre	id.	8 » » »	64 »	4	» 3 2 »	2
214	Raisins	id.	» » » »	» »	4	» » » »	»
215	Putchuck	id.	8 » » »	64 »	4	» 3 2 »	2
216	Bois de rose, d'ébène et autres d'ébénisterie	id.	» » » »	» »	6	» » » »	»
217	Rotins de Banjermassing	id.	2 » » »	16 »	4	» » 8 »	»
218	Id. du Détroit	id.	1 5 » »	12 »	4	» » 6 »	»
219	Id. fendus	id.	4 » » »	32 »	4	» 1 6 »	1
220	Cannes de jonc de Malacca	le cent.	6 » » »	48 »	6	» 3 6 »	2
221	Id. id. blanc	id.	3 » » »	24 »	6	» 1 8 »	1
222	Liége fin	le mille.	3 » » »	24 »	4	» 1 2 »	»
223	Id. ordinaire	id.	2 » » »	16 »	4	» » 8 »	»
224	Racine de salep	le catty.	» 7 » »	5 60	6	» » 4 2	»
225	Sagou fin perlé	le picul.	2 » » »	16 »	6	» 1 2 »	»
226	Id. ordinaire	id.	1 » » »	8 »	6	» » 6 »	»
227	Faux cardamomes	id.	5 » » »	40 »	6	» 3 » »	2
228	Sériboa (fruit sec employé avec le bétel)	id.	3 » » »	24 »	6	» 1 8 »	1
229	Bois de sandal du Malabar	id.	6 » » »	48 »	4	» 2 4 »	1

DÉSIGNATION DES MARCHANDISES.	UNITÉS.	ÉVALUATIONS en monnaie chinoise.	ÉVALUATIONS en monnaie française.	DROIT p. 0/0 à la valeur.	NOUVEAUX DROITS en monnaie chinoise.	NOUVEAUX DROITS en monnaie française.
		t. m. c. c.	fr. c.		t. m. c. c.	fr. c.
Bois de sandal en racines du Malabar.....	le picul.	2 » » »	16 »	4	» » 8 »	» 64
Id. id. de Timor, Sandwich, etc.	id.	3 » » »	24 »	4	» 1 2 »	» 96
Id. id. en racines de Timor, Sandwich..........	id.	» 7 » »	5 60	4	» » 2 8	» 22
Tabacs en carottes................	id.	16 » » »	128 »	4	» 6 4 »	5 12
Id. en feuilles..................	id.	10 » » »	80 »	4	» 4 » »	3 20
Dattes..........................	id.	3 » » »	24 »	6	» 1 8 »	1 44
IVe CLASSE.						
POISSONS, VIANDES, RÉSIDUS ANIMAUX, PEAUX, CORNES, ETC.						
Cornes de rhinocéros de Cochinchine......	le picul.	300 » » »	2,400 »	4	12 » » »	96 »
Id. id. de la Malaisie, du Malabar..........	id.	50 » » »	400 »	4	2 » » »	16 »
Ailerons de requin blancs............	id.	20 » » »	160 »	3	» 6 » »	4 80
Id. id. noirs............	id.	13 » » »	104 »	3	» 3 9 »	3 12
Bicho de mar, noirs, 1re qualité..........	id.	30 » » »	240 »	3	» 9 » »	7 20
Id. id. 2e id............	id.	18 » » »	128 »	3	» 5 4 »	4 32
Id. id. 3e id............	id.	8 » » »	64 »	3	» 2 4 »	1 92
Id. blancs, 1re id............	id.	6 » » »	48 »	3	» 1 8 »	1 44
Id. id. 2e id............	id.	4 » » »	32 »	3	» 1 2 »	» 96
Entrailles de poisson, 1re qualité..........	id.	28 » » »	224 »	3	» 8 4 »	6 72
Id. id. 2e id............	id.	20 » » »	160 »	3	» 6 » »	4 80
Id. id. 3e id............	id.	10 » » »	80 »	3	» 3 » »	2 40
Id. et têtes de singalahs..........	id.	3 5 » »	28 »	3	» 1 » 5	» 84
Cochenille........................	id.	» » » »	» »	4	» » » »	» »
Nacre de perle, 1re qualité............	id.	2 » » »	16 »	4	» » 8 »	» 64
Id. 2e id..................	id.	» 7 » »	5 60	4	» » 2 8	» 22
Id. en fragmens..............	id.	6 » » »	48 »	4	» 2 4 »	1 92
Bœuf salé.........................	id.	4 » » »	32 »	4	» 1 6 »	1 28
Id. fumé.........................	id.	6 » » »	48 »	4	» 2 4 »	1 92
Crevettes et huîtres sèches............	id.	3 5 » »	28 »	4	» 1 4 2	1 12
Cornes de bœuf et de buffle............	id.	3 » » »	24 »	4	» 1 2 »	» 96
Id. de cerf......................	la paire.	» 7 » »	5 60	4	» » 2 8	» 22
Suif..............................	le picul.	8 » » »	64 »	4	» 3 2 »	2 56
Chandelles de suif..................	id.	14 » » »	112 »	4	» 5 6 »	4 48
Cire d'abeilles......................	id.	20 » » »	160 »	4	» 8 » »	6 40
Bougies...........................	id.	30 » » »	240 »	4	1 2 » »	9 60
Cuirs verts.........................	id.	2 » » »	16 »	4	» » 8 »	» 64
Cuirs tannés........................	id.	4 » » »	32 »	4	» 1 6 »	1 28
Peaux de mouton, de veau, de chèvre, verniés et autres..................	id.	» » » »	» »	6	» » » »	» »
Viandes et langues salées et fumées, en boîtes, etc........................	id.	» » » »	» »	4	» » » »	» »
Dents de chevaux marins..............	id.	14 » » »	112 »	4	» 5 6 »	4 48
Id. d'éléphant, 1re qual., de 1 à 12 au picul.	id.	72 » » »	576 »	4	2 8 8 »	23 04
Id. id. 2e id. 13 à 20 id....	id.	50 » » »	400 »	4	2 » » »	16 »
Id. id. 3e id. 20 et plus id....	id.	30 » » »	240 »	4	1 2 » »	9 60
Id. id. en morceaux............	id.	40 » » »	320 »	4	1 6 » »	12 80
Chandelles en spermacéti..............	id.	30 » » »	240 »	4	1 2 » »	9 60
Bésoards de vaches..................	le catty.	10 » » »	80 »	4	» 4 » »	3 20
Beurre............................	id.	20 » » »	160 »	4	» 8 » »	6 40
Lard..............................	id.	6 » » »	48 »	4	» 2 4 »	1 92
Miel..............................	le flacon.	» 2 » »	1 60	4	» » » 8	» 06
Nids d'oiseaux blancs, 1re et 2e qualités....	id.	100 » » »	800 »	4	4 » » »	32 »

NUMÉROS D'ORDRE.	DÉSIGNATION DES MARCHANDISES.	UNITÉS.	ÉVALUATIONS en monnaie chinoise.	ÉVALUATIONS en monnaie française.	DROIT p. 0/0 à la valeur.	NOUVEAUX DROITS en monnaie chinoise.	NOUVEAUX DROITS en monnaie française.
			t. m. c. c.	fr. c.		t. m. c. c.	fr.
277	Nids d'oiseaux blancs, 3e et 4e qualités...	le picul.	50 » » »	400 »	4	2 » » »	16
278	Id. avec les plumes..........	id.	10 » » »	80 »	4	» 4 » »	3
279	Nerfs de bœuf..........................	id.	8 » » »	64 »	4	» 3 2 »	2
280	Id. de cerf..........................	id.	14 » » »	112 »	4	» 5 6 »	4
281	Jambons..............................	id.	18 » » »	144 »	4	» 7 2 »	5
282	Plumes d'oiseaux......................	le cent.	10 » » »	80 »	4	» 4 » »	3
283	Stockfish et autres poissons secs..........	le picul.	4 » » »	32 »	4	» 1 6 »	1
284	Peaux de rhinocéros....................	id.	3 » » »	24 »	4	» 1 2 »	»
285	Id. de martre, loutre, castor, loup, etc.	id.	» » » »	» »	6	» » » »	»
286	Saumon, thon, sardines, anchois, etc., en boîtes, etc..........................	id.	» » » »	» »	4	» » » »	»
287	Cuir de semelles.......................	id.	8 » » »	64 »	4	» 3 2 »	2
288	Ecailles d'huître et autres............	id.	5 » » »	40 »	4	» 2 » »	1
289	Id. de tortue, 1re qualité..........	id.	400 » » »	3,200 »	4	16 » » »	128
290	Id. id. 2e id.............	id.	200 » » »	1,600 »	4	8 » » »	64
291	Id. id. 3e id.............	id.	100 » » »	800 »	4	4 » » »	32
292	Id. id. des côtés............	id.	18 » » »	144 »	4	» 7 2 »	5
293	Id. id. en fragmens...........	id.	4 » » »	32 »	4	» 1 6 »	1
294	Pieds de bœuf et de buffle..............	id.	2 » » »	16 »	4	» » 8 »	»
	Ve CLASSE.						
	ARTICLES DIVERS.						
295	Eaux de senteur, huile, essences, pommades et autres parfumeries................	le picul.	» » » »	» »	6	» » » »	»
296	Eaux minérales naturelles ou composées....	id.	» » » »	» »	6	» » » »	»
297	Liqueurs de toutes sortes.................	id.	» » » »	» »	6	» » » »	»
298	Bagages et objets à usage personnel........	id.	» » » »	» »	libres.	» » » »	»
299	Chevaux, vaches, moutons, chèvres et tous animaux vivans.........................	id.	» » » »	» »	6	» » » »	»
300	Chapeaux et bonnets de toutes sortes......	id.	» » » »	» »	6	» » » »	»
301	Achars, fruits et légumes confits.........	id.	» » » »	» »	6	» » » »	»
302	Souliers de peau et autres...............	id.	» » » »	» »	6	» » » »	»
303	Anis..................................	id.	7 » » »	56 »	6	» 4 2 »	3
304	Etoffes imperméables..................	id.	» » » »	» »	6	» » » »	»
305	Eponges et brosses de toutes sortes........	id.	» » » »	» »	6	» » » »	»
306	Nattes de rotin fines....................	id.	» » » »	» »	6	» » » »	»
307	Id. id. ordinaires..............	chacune.	» 3 » »	2 40	6	» » 1 8	»
308	Id. en jonc de Manille...............	id.	» 2 » »	1 60	6	» » 1 2	»
309	Id. de Java et d'ailleurs, doubles......	id.	1 » » »	8 »	6	» » 6 »	»
310	Id. id. simples.....	id.	» 3 » »	2 40	6	» » 1 8	»
311	Gravures de toutes sortes................	le cent.	» » » »	» »	6	» » » »	»
312	Bouteilles de toutes sortes...............	id.	2 » » »	16 »	4	» » 8 »	»
313	Cirage pour les chaussures...............	id.	» » » »	» »	4	» » » »	»
314	Plâtre en poudre.......................	le picul.	» 4 » »	3 20	4	» » 1 6	»
315	Jingeely blanc..........................	id.	3 » » »	24 »	6	» 1 8 »	1
316	Id. noir.........................	id.	3 5 » »	28 »	6	» 2 1 »	1
317	Garigue, amadou, etc....................	id.	10 » » »	80 »	6	» 6 » »	4
318	Instrumens de musique, pianos, flûtes, etc.	id.	» » » »	» »	6	» » » »	»
319	Livres imprimés.........................	id.	» » » »	» »	libres.	» » » »	»
320	Pâtes, arrow-root, etc....................	id.	» » » »	» »	4	» » » »	»
321	Copeaux de Bambou......................	id.	» 6 » »	4 80	6	» » 3 6	»
322	Huiles et drogues pour médecine et peinture.	id.	» » » »	» »	6	» » » »	»
323	Papiers et toutes fournitures de bureau....	id.	» » » »	» »	6	» » » »	»
324	Fromages de toutes sortes, exceptés ceux de Hollande...........................	le catty.	» 2 » »	1 60	4	» » » 8	»
325	Fromages ronds de Hollande.............	chacune.	» 3 » »	2 40	4	» » 1 2	»
326	Etoffes de laine, coton et soie, etc........	»	» » » »	» »	6	» » » »	»
327	Savons européens et du Bengale, Manille et Malabar................................	»	» » » »	» »	4	» » » »	»

Les *droits de douanes, tonnage* et autres à Macao sont acquittés comme pour le paiement des marchandises, au taux de 720 taëls pour 1,000 dollars, suivant les étalons des poids légaux. Ce taux n'est cependant pas toujours celui qu'on emploie pour les transactions commerciales, lequel est, comme on l'a dit plus haut, de 717 taëls pour 1,000 dollars, et se rapproche ainsi beaucoup plus de la valeur réelle du dollar.

DU CLIMAT DE LA CHINE.

TEMPÉRATURE ET VARIATIONS ATMOSPHÉRIQUES.

Pour fixer les négocians français sur la question fort importante des époques propres, en Chine, aux envois et retours, nous croyons utile de leur fournir quelques renseignemens sur le climat si inconstant et si variable de ce pays, ainsi que sur la direction des vents qui règnent le plus constamment dans les mers de Chine.

Température.

Mois d'octobre. — Pendant les premiers jours de ce mois, les vents du nord dominent assez généralement, et la température est vive et froide. Puis, durant les trois derniers quarts du même mois, les vents règnent vers le sud et la chaleur augmente instantanément de dix, quinze et jusqu'à vingt degrés, dans les vingt-quatre heures, souvent même dans l'espace d'une demi-journée. Ces variations sont très fréquentes; l'atmosphère, pendant ce temps, est pure, claire, et l'air très sec.

Novembre et décembre. — Les mêmes variations se font ressentir durant ces deux mois, seulement les vents deviennent peut-être moins changeans, et, à mesure que la saison s'avance vers l'hiver, soufflent plus fréquemment dans la direction du nord. Vers cette époque, on remarque de temps à autre quelques jours d'une atmosphère sombre, accompagnée d'orages, de pluie et de vents ; les orages sont plus fréquens vers le nord.

Janvier et février. — Du milieu de décembre à la fin de février, le temps est plus régulièrement et plus constamment froid. C'est la saison la plus agréable pour les Européens : on respire alors, en Chine ; mais il faut se garder avec la plus grande prudence des variations de la température, lesquelles, pour ne pas être aussi fréquentes, n'en existent pas moins et sont excessivement dangereuses pour les étrangers. Un lever de soleil brillant, une atmosphère pure et sereine, une vive chaleur, tout promettra une journée belle et chaude, et deux ou trois heures après il s'élèvera un vent vif et froid ; l'horizon se couvrira comme d'un voile gris, et des torrens de pluie glacée tomberont pour le reste de la journée. Malheur alors à l'Européen imprudent qui se sera, sur la foi d'un beau ciel et d'une température modérée, aventuré loin des habitations ! S'il se trouve quelque peu en transpiration, il peut rentrer avec la fièvre, la dyssenterie ou le choléra, et succomber dans les vingt-quatre heures. Ceci nous donne occasion de remarquer que, en Orient, les *vêtemens de laine* sont, pendant toutes les saisons, même pendant l'été, les meilleurs et les plus sains. Dieu veuille, au reste, que les Chinois soient bien pénétrés de cette vérité ! Nous n'en vendrons que mieux nos lainages.

Durant la période précitée, c'est-à-dire du milieu de décembre à fin de février, on voit quelquefois, à Canton, de petites gelées, mais rarement, deux ou trois fois par exemple pendant la saison.

Mars, avril, mai. — Durant le mois de mars, la température est humide et glacée, le ciel est couvert, nuageux, et il tombe ordinairement beaucoup d'eau. Comme les vents tournent fréquemment vers le sud, ils apportent une grande humidité, laquelle se condense sur la terre refroidie et forme d'épais brouillards. Vers la fin de mars, le temps, bien que constamment humide, devient lourd et d'une chaleur pesante, température qui continue ainsi jusque vers la moitié du mois de mai, époque à laquelle elle commence ensuite à remonter rapidement.

Juin, juillet, août, septembre. — Pendant les deux premiers de ces mois, les grandes chaleurs se font sentir et se maintiennent même jusqu'à la fin de septembre; à partir de la dernière quinzaine de ce mois, les nuits deviennent froides. Le thermomètre, pendant la période des chaleurs, monte presque toujours à 90 ou 95 degrés Fahrenheit (24° 30 à 25° 64 centigrades), et il s'élèverait bien davantage, n'étaient les brises de mer et de terre qui viennent quelquefois rafraîchir un peu l'atmosphère brûlante. En août et septembre, il tombe de temps à autre de fortes pluies d'orage.

Direction des vents.

Les vents, dans les mers et sous le ciel de Chine, se règlent principalement par les moussons. Il y a deux moussons, celle de sud-ouest et celle de nord-ouest; la première commence généralement vers la fin d'avril et continue jusque vers la fin de septembre; la seconde commence en octobre, et continue jusqu'à la fin d'avril. On remarque néanmoins, dans les points intermédiaires du compas, spécialement à Macao et sur les autres parties du littoral, des variations considérables dans la direction des vents; mais elles ne se font ressentir que sur les côtes. En Chine comme chez nous, leur influence disparaît à l'intérieur des terres.

Pendant la mousson du nord-ouest, les vents sautent souvent vers l'est, quand ils sont forts, et soufflent alors en rafales qui augmentent de violence à mesure que les vents se rapprochent de l'est.

L'influence des vents venant de cette direction est très funeste aux maladies de poitrine et aux fièvres intermittentes. La régularité des moussons varie beaucoup dans les différentes saisons, et ces variations augmentent pendant les deux derniers mois de leur durée; alors de fréquens sauts des vents vers les points du sud amènent de grandes oscillations dans la température.

Il est reconnu que les saisons les plus salubres, en Chine, sont celles où les variations des moussons sont le moins fréquentes. Les temps les plus malsains sont les hivers, pendant lesquels les vents soufflent le plus souvent des points du sud, et surtout de l'est-sud-est.

Durant la mousson d'été, les vents soufflent du sud-est au sud-ouest, et si alors, de ce dernier point, ils sautent à l'ouest et deviennent vents d'ouest, comme ils passent sur d'immenses régions échauffées par le soleil d'été, ils sont brûlans et augmentent beaucoup la chaleur. Cette direction des vents prévaut ordinairement pendant l'été, et surtout durant les mois de juin et de juillet. Néanmoins, dans les années de température régulière, ces vents cessent vers le 15 juillet. Un peu avant l'époque habituelle du changement de cette mousson, les vents sautent ordinairement au nord-ouest, et comme, dans cette aire, ils passent encore au dessus de contrées très chaudes, ils sont également brûlans et étouffans. L'atmosphère devient alors d'une grande sécheresse. C'est pendant de fréquens vents de nord-ouest qu'ont lieu les ouragans connus sous le nom de *typhons*. Pendant leur durée, les vents font ordinairement le tour du compas et redoublent de violence en arrivant vers l'est du nord, puis s'apaisent graduellement et s'abattent enfin tout à fait en atteignant les points ouest du sud du compas.

Ces *typhons* ont lieu ordinairement en août et septembre; on en a cependant ressenti quelquefois jusques en octobre; ils ne sont d'ailleurs nullement réguliers, et beaucoup d'années, surtout celles d'une température fraîche, ont été exemptes de cet effroyable fléau, tandis que dans les années sèches et brûlantes on essuie quelquefois plusieurs *typhons* pendant la même campagne.

Les *typhons* causent nombre de naufrages dans les mers de la Chine et ravagent quelquefois aussi ses côtes. S'il y avait, pour le navire que vient surprendre un de ces effrayans ouragans, une manœuvre qui permît d'en combattre les dangers, ce serait sans contredit de se tenir à la cape au milieu du tourbillon qui passe autour de lui, pendant cette révolution subite des vents autour du compas. On cite des exemples de pareilles manœuvres qui ont réussi.

CONCLUSION.

AVIS AUX CAPITALISTES, ARMATEURS ET FABRICANS.

Arrivé au terme d'un travail dans lequel nous nous sommes efforcé, non de rassembler dans d'élégantes pages des impressions plus ou moins intéressantes de touriste et de voyageur, mais bien de *réunir les élémens d'information les plus utiles pour le commerce de notre pays*, nous éprouvons le besoin de résumer en quelques mots notre sentiment sur la question, si diversement controversée et résolue, de la possibilité, pour notre commerce, d'engager et d'entretenir des relations commerciales avec le Céleste Empire.

Si l'on a lu avec attention les chapitres qui précèdent, on demeurera convaincu, nous le croyons du moins, que la France a en elle tous les élémens nécessaires pour ouvrir et alimenter de telles relations; mais, comme il est vrai de dire qu'elle ne se trouve pas placée, pour les entretenir, sous des conditions aussi favorables que les nations qui l'ont devancée dans cette voie, on ne perdra pas de vue que, comme nous l'avons également établi (1), notre commerce a de grands, de constans efforts à faire, et une grande prudence à apporter dans ses actes, pour améliorer ces conditions.

Le *capitaliste*, le *fabricant* et l'*armateur* doivent s'unir étroitement dans ce but; car chacun d'eux a sa place marquée dans l'œuvre de poser honorablement et fructueusement le commerce français en Chine et dans les pays de l'extrême Orient, pays déjà si peuplés et si riches en produits de toute espèce, pays que le contact, désormais inévitable,

(1) Voir les observations portées pages 74, 75, 118, 119 et 120.

irrésistible de la civilisation d'Occident, va pousser dans les voies d'une vie nouvelle et d'une activité féconde.

Dieu nous garde, cependant, de donner à nos compatriotes le conseil de s'aventurer dans des opérations qui, si elles peuvent parfois amener, d'un seul coup, de grandes fortunes, sont le plus souvent fécondes en résultats désastreux!... Non, nous leur dirons bien plutôt de s'abstenir d'expéditions hasardeuses qui, faute d'avoir été bien étudiées à l'avance, ne peuvent offrir aucune garantie de succès pour la suite, et, en compromettant le présent, ferment la porte aux espérances de l'avenir.

Nous avons dit et nous répéterons que la plus grande prudence, la plus grande circonspection doivent diriger les premiers essais commerciaux de la France avec la Chine. *Y porter beaucoup d'articles différens, et peu à la fois, mais y porter surtout des articles de défaite aussi assurée que possible, et les y porter en temps opportun, sur renseignemens éclairés et certains*; telle est la règle à laquelle doit se soumettre notre commerce, s'il veut lier des affaires..... Et maintenant, nous ajoutons qu'il ne peut pas ne pas chercher à en lier : il ne faut pas, aujourd'hui que les chemins lui sont ouverts, qu'il demeure, par crainte d'arriver trop tard ou de trop peu gagner tout d'abord, inactif et découragé ; il ne faut pas qu'il se laisse devancer par tous les peuples de l'Europe, même par les plus petits états du Nord, sur les marchés chinois.

CAPITALISTES.— Dans ce but, nos *capitalistes* doivent venir en aide à nos *fabricans*, et, sans commettre d'imprudence, savoir attendre patiemment ce moment de succès positif qui doit couronner toute entreprise bien conçue, bien dirigée. C'est dans le commerce maritime et lointain surtout qu'est de toute vérité ce grand axiome : L'UNION FAIT LA FORCE. Rien n'est impossible au génie industrieux de nos laborieux fabricans, si l'argent vient les seconder. Qu'on leur accorde seulement le temps et les moyens d'établir la concurrence avec la fabrique étrangère sur le marché chinois, et pour eux le succès nous paraît certain.

Aucun peuple assurément n'est arrivé, par le commerce et l'industrie, à un degré plus élevé de prospérité et de puissance que l'Angleterre. Puisons d'utiles leçons dans les exemples qu'elle nous donne tous les jours; étudions avec soin les gigantesques opérations qu'elle mène à fin sur presque tous les points du globe, opérations dans lesquelles les membres les plus illustres du gouvernement, de la Chambre des Lords et des Communes, en un mot de l'aristocratie anglaise, viennent apporter leurs fonds et leur confiance aux négocians anglais qui ne craignent pas d'entreprendre des affaires lointaines.

Solides et puissantes dès le début, ces opérations, étayées par des capitaux *confians* et *patiens*, peuvent compter avec le temps, et, alors même qu'elles éprouvent quelque échec, lutter contre la mauvaise fortune pour attendre la bonne. Presque toutes, enfin, réussissent, par cette raison que les Anglais savent semer, semer bien et beaucoup, attendre au besoin, et toujours marcher avec *résolution et persistance* jusqu'aux résultats définitifs.

La confiance de nos voisins dans leurs entreprises est si grande que, dans toutes les parties du monde, les fonds anglais affluent partout où une grande œuvre industrielle ou commerciale leur fait présager le succès, ce succès ne fût-il qu'une question d'avenir. Faisons comme eux pour ce qui est grand, et appliquons à notre commerce maritime l'esprit de résolution que nous avons enfin appliqué à nos chemins de fer.

Notre commerce d'exportation d'outre-mer est resté jusqu'à ce jour relativement borné. Sous nos pères, il fut vaste et puissant : la France a eu, elle aussi, sa Compagnie des Indes, et a su faire de grandes et utiles choses dans le commerce de l'Orient; des cités et des forts y ont été créés par le commerce de nos ancêtres : suivons leur exemple et créons, s'il le faut, *une Compagnie de la Chine*. Et pour cela, que faut-il? Nous l'avons déjà dit : ***un comptoir*** bien installé, bien organisé, à Canton; des ***opérations d'escale***, qui facilitent nos débouchés comme nos retours. Il faut METTRE FIN AUX EXPÉDITIONS DE PACOTILLES; il faut enfin, dussions-nous nous répéter en le disant, que les capitalistes viennent protéger nos fabriques et contribuer à relever dans l'Inde nos expéditions maritimes.

FABRICANS. — Nous pouvons le dire avec un légitime orgueil, aucun peuple ne saurait lutter contre l'art ingénieux, le dessin et le bon goût de nos fabrications; tous les étrangers nous rendent justice à cet égard; et c'est souvent à l'aide des inspirations de nos propres artistes que nos voisins cherchent à nous faire, pour tout ce qui est article de goût, concurrence sur les marchés étrangers.

Nous avons toujours eu le sceptre du goût et des modes, et toutes les nations sont, sous ce rapport, nos tributaires. En qualité, en bonté et en finesse, nos produits ne le cèdent non plus à aucun de ceux des peuples fabricateurs de l'Europe. Pourquoi donc, si nous avons sur presque tous une supériorité incontestable, obtenons-nous en général si peu de succès sur les marchés étrangers? c'est là une question que nos fabricans peuvent sans doute résoudre mieux que nous ; mais cet insuccès non mérité ne proviendrait-il pas de ce qu'habitués à voir leurs goûts acceptés par tous les peuples, ils ne savent pas assez, à leur tour, se ployer au goût étranger ? Les articles de modes nous sont acquis il est vrai, mais leur importance est faible, comparativement aux articles si considérables de la consommation des masses! articles qui, en général tissus unis de laine et de coton, de qualités communes ou ordinaires, ne suivent pas de modes et sont applicables aux objets les plus usuels.

A cet égard, nous reproduirons ici une observation essentielle : c'est que *ces objets doivent être entièrement fabriqués selon les habitudes du peuple qui les emploie*, et *avoir rigoureusement les largeur, longueur, couleurs et degrés de force ou de finesse dont il a besoin pour s'en servir.*

C'est par là que nos fabricans ont toujours péché ; le vendeur ne sera jamais bien venu en Chine, s'il veut imposer ses habitudes à l'acheteur. Pour la confection de l'ample habillement du Chinois, par exemple, les draps doivent porter au moins 1 mètre 57 centimètres à 1 mètre 60 centimètres en dedans des lisières. Eh bien, les draps envoyés de France n'ont jamais eu que 1 mètre 52 centimètres. Obliger le Chinois à changer, ne fût-ce que d'une ligne, la forme du vêtement qu'il porte depuis des milliers d'années, ce serait vouloir l'impossible. Conformons-nous donc aux mesures qu'exigent les populations, et changeons nos métiers s'il le faut, ou renonçons à leur fournir nos produits.

Il y a encore une difficulté à vaincre par nos fabricans, c'est d'arriver à prix égaux avec leurs concurrens sur les marchés de la Chine et de l'archipel Indien ; ils le pourraient sans doute dans la plupart des cas au moyen de certaines économies dans la fabrication des étoffes de laine et de coton, sans toutefois altérer la qualité des produits.

Nous avons comparé sur les marchés de Singapore, Manille et Canton, avec l'aide de négocians français, anglais et hollandais d'une expérience consommée, nos tissus de laine et de coton ordinaires à ceux des autres fabriques d'Europe, et nous nous sommes convaincu que les nôtres, quoique d'un prix plus élevé, sont comparativement moins chers eu égard à leur qualité. Nos étoffes, en effet, sont plus pesantes, d'une trame plus forte, plus serrée; la matière première que nous employons est mieux préparée et de meilleure nature; nos tissus de couleur sont beaucoup plus fins et de meilleur teint; nous excellons dans la teinture, parce que, pour les arts chimiques, nous marchons sans conteste à la tête des peuples.... Et cependant, malgré cette supériorité bien constatée, nos étoffes ordinaires ont une apparence moins flatteuse que celle de nos concurrens, et il faut, pour en reconnaître le mérite, les prendre dans les doigts et les approcher de l'œil. Les *chintzes* anglais par exemple (*toiles perses*), quoique infiniment moins beaux que les nôtres de qualité et de dessins, flattent davantage; ils sont beaucoup plus calendrés et ont acquis le lustre de la soie.

Un pareil état de choses, tout fâcheux qu'il est, ne saurait au fond être alarmant pour nos fabricans, et puisqu'ils peuvent le plus ils pourront facilement le moins. Qu'ils imitent donc avec la plus grande exactitude les tissus de laine et de coton étrangers qui se vendent sur les marchés de l'extrême Orient, et dont des échantillons nombreux sont envoyés en France, et ils pourront, sans nullement forfaire à la plus délicate probité, vendre leurs produits aux mêmes prix que ceux de leurs concurrens.

Il est donc, en résumé, indispensable que nos fabricans, s'ils veulent réussir en Chine, **modifient leurs habitudes de fabrication et les subordonnent aux goûts, usages et coutumes de ce pays.**

Armateurs. — La principale part, dans les efforts à faire pour créer le commerce français en Chine, appartient incontestablement à nos armateurs. Ce sera en effet, d'après les taux du fret, que se baseront sur les marchés chinois les prix de revient de nos produits. Et disons d'abord qu'il nous faudrait renoncer à tout espoir de commerce sérieux avec ce pays, si la plus faible moyenne actuelle du fret français à Canton (*deux cents francs* le tonneau), ne devait pas se trouver considérablement diminuée. La moyenne la plus élevée du fret anglais et américain y est de 3 livres 1/2 à 4 livres sterling (87 fr. 50c. à 100 fr.). Que pourraient nos produits contre une différence de plus du double?

En octobre 1844, les maisons anglaises Dent et Cie, Jardine, Matheson et Cie, etc., prenaient du fret à 3 livres sterling, et le *Nicolas-Cézar* du Havre demandait le taux exorbitant de 300 fr., ne chargeait pas à moins de 260 fr. le tonneau, et aimait mieux garder du lest que de charger au-dessous de ce prix. Il est pénible, dans ces lointains pays, de voir arriver presque tous les produits français sous d'autres pavilons que le pavillon national.

D'autres navires de commerce français se trouvaient en Chine vers la même époque: ils avaient presque tous eu, pour l'aller, un fret complet et avantageux, puisqu'ils avaient apporté les approvisionnemens de l'escadre française en Chine; et cependant la moyenne de leur fret de retour fut encore de 200 fr. : ils aimaient mieux refuser le couvert de leur pavillon à des propriétés françaises que de charger à moins.

Un tel état de choses ne peut durer si l'on veut commercer avec la Chine. Nos armateurs, auxquels d'ailleurs ne manque pas le patriotisme, comprendront qu'avec de pareilles instructions, non seulement leurs capitaines ont les mains liées, mais qu'alors même qu'ils réussissent à recueillir avec beaucoup de peine un bon chargement, loin d'avoir fait quelque chose pour leurs transactions futures, ils se ferment toute chance d'avenir, en attachant au nom de leur bâtiment la réputation d'un fret exorbitant et hors de toute proportion raisonnable.

La constante étude de nos armateurs doit donc être d'*arriver à une grande diminution de fret.* En s'unissant aux capitalistes pour tendre la main aux fabricans, ils doivent, en outre, prendre un intérêt dans le chargement; supporté par trois agens ainsi étroitement liés d'efforts et d'intérêts, le fardeau de mise dehors sera plus léger pour chacun. D'ailleurs, en prenant une partie de l'expédition pour leur compte, les armateurs trouveront dans les bénéfices qu'elle produira le moyen de baisser les prix de leur fret.

Mais c'est plus spécialement encore aux fabricans mêmes que nous nous adressons, attendu que, pour un commerce aussi lointain que celui de la Chine, ils doivent, à l'exemple des fabricans anglais et américains, s'intéresser eux-mêmes aux expéditions, s'ils veulent arriver à quelque chose de grand et de durable.

Après ces considérations, il ne nous reste plus qu'à présenter quelques remarques sur la manière dont nous avons procédé, pour nos évaluations, dans tout le cours de ce livre.

Nous avons maintenu le *dollar* ou *piastre* au change de 6 fr., taux auquel nous-même l'avons payé, en 1844 et 1845, en Chine. Mais ce taux élevé, nous l'avons dit ailleurs, décroîtra beaucoup dès que notre commerce avec la Chine augmentera. Sur l'Angleterre et l'Amérique, le change du dollar ou piastre varie de 5 fr. 35 c. jusqu'à 6 fr. et même 6 fr. 20 c. Nous avons évalué le *taël* à 8 fr., bien qu'il varie quelquefois de 7 fr. 80 c. à 8 fr. 20 c., et la livre anglaise, dite *avoirdupoids*, à 460 grammes, taux moyen de Chine, plus élevé que celui d'Europe, qui est de 453 grammes environ.

Que si, maintenant, on nous contestait nos évaluations de la piastre, du taël, etc., nous répéterions, d'abord, que nous sommes parfaitement sûr de l'exactitude de nos renseignemens; puis, subsidiairement, que, vu l'extrême variabilité du change, selon les lieux et les temps, avec un pays aussi lointain que la Chine, la question n'a pas en soi d'importance sérieuse : ce qu'il importe à notre commerce, c'est d'être, le plus exactement et le plus promptement possible, renseigné sur l'état du change et de l'agio, sur le prix des marchandises et la situation de la demande.

On nous pardonnera sans doute si, parfois trop préoccupé de l'importance de tel fait ou de telle observation, il nous est échappé quelques répétitions dans ce livre. On verra, par leur nature même, qu'il y avait souvent nécessité d'insister sur certains points signalés à l'attention du commerce. Nous osons espérer, enfin, qu'après avoir sérieusement étudié ce livre, le négociant pourra, dans son cabinet, sans avoir à craindre de graves erreurs, calculer, la plume à la main, le pour et le contre d'une opération avec la Chine; et si nous avons pu, en accomplissant cette tâche, nous rendre utile à quelques uns de nos compatriotes, nous ne regretterons nullement le long et minutieux travail auquel nous avons dû nous livrer pendant près de deux ans.

Les documens, renseignemens et tableaux que nous y avons réunis ne formeront sans doute qu'une modeste part de l'ensemble de travaux qu'aura fournis, sur la question, l'Ambassade du Roi en Chine; car l'incessante sollicitude de son chef, M. de Lagrené, sous les auspices bienveillans, sous la direction éclairée duquel nous avons collaboré à l'œuvre commune, n'aura certes laissé échapper aucun des détails qui peuvent intéresser le commerce français, ni rien négligé pour utiliser, dans l'intérêt du pays, le zèle actif, l'extrême bon vouloir dont, pendant notre longue pérégrination, s'est constamment montré animé chacun des membres de la mission commerciale.

Quel que soit, au reste, le concours qu'aient pu prêter nos faibles efforts, qu'il nous soit permis de remercier ici M. de Lagrené de sa constante et honorable bienveillance : elle nous a facilité notre tâche. Qu'il nous soit permis aussi de rappeler les dignes et excellens procédés que nous avons toujours trouvés dans nos collègues de la Mission : que de fois, dans les contrées les plus sauvages, nous avons pu, au milieu de leur aimable société, nous faire illusion, et nous croire encore sur le sol de notre noble France!

FIN.

aris, Imprimerie de Paul Dupont,
Hôtel des Fermes.

www.ingramcontent.com/pod-product-compliance
Lightning Source LLC
Chambersburg PA
CBHW032327210326
41518CB00041B/1318

* 9 7 8 2 0 1 4 4 7 6 0 9 5 *